中国海上丝绸之路研究
年鉴
（2018）

主编：王力军

宁波博物馆
NINGBO MUSEUM

ZHEJIANG UNIVERSITY PRESS
浙江大学出版社

图书在版编目(CIP)数据

中国海上丝绸之路研究年鉴.2018 / 王力军主编
. —杭州:浙江大学出版社,2020.8
ISBN 978-7-308-20190-2

Ⅰ.①中… Ⅱ.①王… Ⅲ.①海上运输－丝绸之路－
中国－2018－年鉴 Ⅳ.①K203-54

中国版本图书馆 CIP 数据核字(2020)第 077670 号

中国海上丝绸之路研究年鉴(2018)

王力军　主编

责任编辑	蔡圆圆
责任校对	张培洁　诸寅啸
封面设计	周　灵
出版发行	浙江大学出版社
	（杭州市天目山路 148 号　邮政编码 310007）
	（网址:http://www.zjupress.com）
排　版	浙江时代出版服务有限公司
印　刷	广东虎彩云印刷有限公司绍兴分公司
开　本	787mm×1092mm　1/16
印　张	22.25
字　数	330 千
版 印 次	2020 年 8 月第 1 版　2020 年 8 月第 1 次印刷
书　号	ISBN 978-7-308-20190-2
定　价	69.00 元

目　录

第一章 "21 世纪海上丝绸之路"研究

2013 年 9 月和 10 月,国家主席习近平在哈萨克斯坦和印度尼西亚先后提出共建"丝绸之路经济带"和"21 世纪海上丝绸之路"的重大倡议,即"一带一路"倡议。至今,共建"一带一路"倡议得到了越来越多国家和国际组织的积极响应和务实合作,影响力日益扩大,并取得了阶段性的丰硕成果。

一、"21 世纪海上丝绸之路"阶段性的成果

2018 年,中国迎来改革开放 40 周年,也是"一带一路"建设承前启后的重要一年。这一年,作为"一带一路"的总设计师,习近平主席 4 次踏出国门,足迹遍布亚非欧、拉美 13 个国家,参加了金砖国家领导人会晤、APEC 领导人非正式会议以及 G20 峰会等多场国际会议,参加了近 200 场外交活动,几乎场场都将共建"一带一路"作为主题之一。

2018 年,中国连续举办 4 场规模宏大的主场外交活动,即 2018 年 4 月的博鳌论坛、6 月的青岛上合组织峰会、9 月的中非合作论坛北京峰会、11 月的首届国际进口博览会。这些会议把人类命运共同体这一理念贯穿始终,与会各方发出"同呼吸、共命运"的时代强音,吸引了全世界的目光。

2018 年,与中国签署共建"一带一路"合作文件的国家超过 60 个,遍布亚洲、非洲、大洋洲、拉丁美洲,越来越多的国家加入"一带一路"朋友圈。到 2018 年年底,我国已累计同 122 个国家、29 个国际组织签署了 170 份政府

间合作文件。这一年,奥地利成为第一个与中国签订"一带一路"合作文件的欧盟发达成员国,希腊、马耳他、葡萄牙等欧洲国家陆续加入,欧洲多国已从最初的"一带一路"的"旁观者"变为"参与者";特立尼达和多巴哥与中国签署的《关于共同推进丝绸之路经济带和21世纪海上丝绸之路建设的谅解备忘录》是中国同加勒比地区国家首份"一带一路"合作文件,接着半数拉美国家"入群",成为"一带一路"建设重要参与方;塞内加尔成为西非首个同我国签署"一带一路"合作文件的国家,2018年"入群"的非洲伙伴达37个,掀起了又一波支持参与"一带一路"建设的热潮;巴布亚新几内亚、萨摩亚、斐济、密克罗尼西亚联邦等9个太平洋岛国与中国签订了与共建"一带一路"相关的合作文件,这为中国同岛国、各个岛国之间以及岛国同世界其他国家加强经贸联系和互联互通、更好参与经济全球化进程提供了新的路径;澳大利亚维多利亚州与中国达成"一带一路"协议,成为该国第一个正式支持"一带一路"倡议的州政府。

21世纪海上丝绸之路建设,作为"一带一路"建设的重要组成部分,经过5年多时间的发展,也取得了重大进展。以21世纪海上丝绸之路建设为核心的相关规划和政策不断得到自我完善和发展,推动着21世纪海上丝绸之路建设不断向前。2015年3月28日,国家发展改革委员会、外交部、商务部联合发布《推动共建丝绸之路经济带和21世纪海上丝绸之路的愿景与行动》,正式确定了"21世纪海上丝绸之路重点方向是从中国沿海港口过南海到印度洋,延伸到欧洲;从中国沿海港口过南海到南太平洋",从总体框架上对21世纪海上丝绸之路进行了详细的规划。2017年6月19日,国家发展改革委员会和国家海洋局联合发布《"一带一路"建设海上合作设想》,提出共同建设中国—印度洋—非洲—地中海、中国—大洋洲—南太平洋,以及中国—北冰洋—欧洲等三大蓝色经济通道,为21世纪海上丝绸之路建设提供了行动指南。2017年10月24日,"一带一路"建设写入党章,这更坚定了中国政府推进"一带一路"国际合作的决心和信心。2018年1月26日,中国政府发表首份北极政策文件——《中国的北极政策》白皮书,其中提出,"中国愿依托北极航道的开发利用,与各方共建'冰上丝绸之路'",为中国参与北极航道开发和海洋合作指明了方向。2018年3月,国务院在机构改革过程中组建了中华人民共和国国家国际发展合作署,并调整了涉海管理部门。2018年6月,针对国际商事争端解决机制和机构改革创新的重要探索——"一带一路"国际商事争端解决机制和机构建立,在深圳、西安两地设立了国际商事审判机构、组建国际商事专家委员会,并构建多元化国际商事纠纷解决机制,为推进"一带一路"建设、推动建设开放型世界经济提供了更加有力的司法服务和保障。

国际社会对21世纪海上丝绸之路建设持续关注,越来越多的国家和地区参与到这场共享海上蓝色机遇的合作发展浪潮中,21世纪海上丝绸之路成为引领沿线国家和地区发展的合作之路、繁荣之路、开放之路、绿色之路、共赢之路和廉洁之路。共建21世纪海上丝绸之路倡议同联合国、东盟、非盟、欧盟、欧亚经济联盟等国际和地区、组织的发展和合作规划对接,同各国发展战略对接。目前,共建"一带一路"倡议和共商共建共享的核心理念已经写入联合国、亚太经合组织、上合组织、二十国集团等重要国际组织和多边机制的成果文件。2018年,我国与海上丝路沿线国家实现进出口贸易额10153.37亿美元,首次突破万亿美元大关。截至2018年,我国已与世界200多个国家的600多个主要港口建立航线联系,海运互联互通指数保持全球第一,海运服务覆盖"一带一路"沿线所有国家,极大地促进了21世纪海上丝绸之路沿线国家经贸合作和全方位海洋合作等的发展。

2018年,一方面,中国继续加快推进"一带一路"建设;另一方面,学术界的研究十分踊跃,进入了一个新的发展阶段。

二、地方政府与"一带一路"建设

"一带一路"倡议提出后,如何对接"一带一路"是研究的重点方向。我国各省份广泛响应,积极参与"一带一路"建设。从相关文献检索结果的地区分布看,各省份参与"一带一路"建设十分踊跃,我国沿海各级地方政府纷纷出台相应的战略方针,部署和参与建设"一带一路"。

(一)关于广西壮族自治区参与"一带一路"建设问题的研究概况

广西开放发展的区位优势独特。2015年3月,中央赋予广西"构建面向东盟的国际大通道、打通西南中南地区开放发展新的战略支点,形成'一带一路'有机衔接的重要门户"新的三大定位。2018 年 4 月,中共广西壮族自治区委员会提出"南向、北联、东融、西合" 全方位开放发展新格局的重大战略举措。2018 年有关广西如何参与 21 世纪海上丝绸之路建设也取得了很大进展。陈华在《全力实施"南向、北联、东融、西合"打造广西全方位开放发展新格局》(《桂海论丛》2018 年第 5 期)中诠释了广西开放格局的新内涵。文章认为"南向,就是抓住中国—东盟自贸区升级发展和中新互联互通南向通道建设的机遇,办好中国—东盟博览会,加快互联互通的基础设施建设,构建贸易、物流、产业、金融、港口、信息、城市等多领域合作新平台,探索新型跨区域国际合作机制,深化与海上东盟国家的合作。北联,就是加强与贵州、四川、重庆、甘肃等省市的合作,打通关键节点、关键通道,更加通畅联通'渝新欧',把'一带'与'一路'连接贯通起来。东融,就是加快推进珠江—西江经济带建设,积极参与泛珠三角区域合作,主动融入对接珠三角、粤港澳大湾区发展,进而与长三角、京津冀等沿海发达地区加强合作,主动承接产业转移,着力引进资金、技术、人才等,借力加快发展。西合,就是联合云南等省份,加强与越南、缅甸、老挝、泰国、柬埔寨等湄公河国家合作,大力推进基础设施的'硬通道'和政策、规则、标准的'软通道'建设,推动优势产业走出去,深度参与澜沧江湄公河区域合作,开拓新兴市场"。文章认为要把广西的工作放到全国大局和面向东盟、面向世界开放的大格局中去思考谋划、部署推进。文章对此提出的具体对策建议有:加快互联互通基础设施建设,进一步加强对外合作交流,着力优化营商环境,强化各级领导干部责任等。

陈学璞、庄严在《简论广西"一带一路"有机衔接重要门户的定位》(《广西社会科学》2018 年第 1 期)中对如何正确认识广西作为"一带一路"重要门户的战略地位进行探讨。文章首先诠释了"重要门户"的地位,指出:"广西在国家对外开放大格局中作为'国际通道''战略支点''重要门户',三者相互联系、相互贯通,其共同点是站稳脚跟,开拓创新,扩大开放,加大开发,加快发展,发挥广西的区位优势、后发优势。三个方面,各有侧重,'国际通道'侧重于信息港、现代物流、立体交通,'战略支点'侧重于基础建设、经济

实力、联动发力,'重要门户'侧重于大局定夺、边关强固、进出有度。""但三者的作用不是平行的,'国际通道'的交通、信息、旅游、物流,必须归结于'重要门户'的互联互通,'重要门户'受阻,不可能有'国际通道'的流畅;'战略支点'的建设是长期而艰巨的任务,短中期广西不可能超过西南、中南地区的发达省份,广西只有打造好'一带一路'有机衔接的重要门户,成为东盟和'一带一路'其他沿线国家的灯塔,才有可能真正成为撬动西南、中南地区经济的战略支点。所以,所谓广西'三大定位',归根到底就是一个定位:'一带一路'有机衔接的重要门户。"文章接着写道:"广西要真正成为'一带一路'有机衔接的重要门户,首先必须深入研究'重要门户'的含义、来历、要素构成、互动关联、功能作为,以及'一带'和'一路'如何有机衔接。"文章最后就广西如何打造"一带一路"有机衔接的重要门户提出对策,有:传承和发扬古代海上丝绸之路始发港的开放传统;谋划建设中国(北部湾)自由贸易试验区和中国—东盟海洋合作试验区;充分发挥广西保税区的重要门户作用;打造中国—东盟博览会和投资峰会的升级版;创新、转型、升级、提速边境贸易;深入推进以人为核心的新型城镇化和农业现代化;打造中华文化与"一带一路"沿线国家文化交流的"重要门户"。

何成学在《当代广西》中相继发表了《从大历史中增强广西参与"一带一路"的文化底蕴》(2018年第3期)、《从大布局中理清广西参与"一带一路"的基本思路》(2018年第4期)、《从大作为中推进广西参与"一带一路"的深度融入》(2018年第5期)三篇文章。其中《从大布局中理清广西参与"一带一路"的基本思路》一文认为要从大布局中进一步理清基本思路,增强广西参与"一带一路"的主动性和能动性,进而从大布局维度提升广西在"一带一路"建设中的影响力。文章从以下7个方面提出了广西深度参与和融入"一带一路"建设的基本思路:海陆双线相辅相成(构建"海陆互动格局""五大对外通道""海路陆路'两条腿'走路"等);打"五通牌"凸显枢纽作用;构建"沿海沿江沿边三区统筹"新格局(沿海重点打造北部湾经济区升级版,形成服务"一带一路"发展的国际经济合作新高地;沿江重点加快珠江—西江经济带发展,提升西江黄金水道通行和港口吞吐能力,打造优势互补的沿江产业带;沿边重点加快边境地区开发开放,大力推进重点开发开放试验区、跨境经济合作区、沿边口岸等建设,以及加快边民互市贸易发展);实施 8 个方面的合作重点(一是推进互联互通合作;二是推进商贸物流合作;三是构建跨境产业链;四是推进跨境金融合作;五是密切人文交流;六是开展海上合作;七是加强生态环保合作;八是构建重大合作平台);重点打造"一廊两港两会四基地";构建"四维支撑、四沿联动"的国际国内合作新格局;加快推动文化"走出去"的步伐。《从大历史中增强广西参与"一带一路"的文化底蕴》这篇文章分析了面对"一带一路"建设大布局,"大任"何以降广西。作者认为,广西拥有与东盟国家陆海相连的独特优势,二者之间有着深厚的历史文化渊源。也就是说,在中国—东盟文化中有诸多广西元素,归纳起来讲有三大方面的元素:广西合浦是我国汉代海上丝绸之路最早的始发港和主港之一;广西与部分东盟国家有着密切的血缘关系;广西华侨华人为发展和保卫东盟国家的文化做出了历史性贡献。因此作者认为要以此为契机确立发展广西文化产业的新理念和新思路:从"一带一路"建设大布局高度深入挖掘和整理中国—东盟文化中广西元素的相关文献和实物;把中国—东盟文化中的三大广西元素转化为广西文化产业发展的原动力;要站在"一带一路"建设大布局高度确立广西文化产业发展新理念新思路。作者在《从大作为中推进广西参与"一带一路"的深度融入》一文中认为要找准深度融入的主攻方向和着力点,从大作为维度提升广西在"一带一路"建设中的影响力。文章认为可以从 7 个方面着手:以发展优势体现大作为;夯实大通道彰显大作为;做好先行者展现大作为;打造三大升级版显现大作为;全力推动项目落地展示大作为;以金融融通商机体现大作为;深化全方位开放合作绘就大作为。

张家寿在《广西参与推进"一带一路"建设研究》(《桂海论丛》2018 年第 11 期)中写道:"习近平总书记视察广西时指出,广西有条件在'一带一路'建设中发挥更大的作用。"文章先分析广西参与推进"一带一路"建设所具有的特有优势:深厚的历史文化底蕴;海陆兼备的特殊区位;广西与东盟开放合作的良好态势;战略支点建设增强了广西综合实力。接着,文章介绍广西参与推进"一带一路"建设已取得的成效是显著的,具体表现在:突出建强"两会"等服务平台,有力促进了政策沟通;突出推进"一道两港"等项目建

设,有力促进了设施联通;突出建强"两国双园"等国际合作园区和推动商贸物流合作,有力促进了贸易畅通;突出沿边金融改革创新,有力促进了资金融通;突出推进全方位人文交流,有力促进了民心相通。但存在的比较突出的问题有:自身经济规模小,综合实力不强;基础设施不完善,互联互通能力不强;外向型经济发展不足,开放的广度深度不够;高层次产业人才短缺,创新能力不强。针对以上问题,文章提出了相应的对策:增强中国—东盟博览会平台功能,提升促进政策沟通能力;加强通道设施互联互通,提升促进设施联通能力;增强贸易便利化功能,提升促进贸易畅通能力;增强金融服务功能,提升促进资金融通能力;增强人文交流合作功能,提升促进民心相通能力。

东盟是21世纪海上丝绸之路建设的重点方向和区域,广西是中国面向东盟开放合作的前沿和窗口。因此关于广西与东盟合作发展的研究较多。唐奇展、杨凤英的《"一带一路"背景下广西对接东盟文化产业合作路径探析》(《广西大学学报·哲学社会科学版》2018年第1期)一文就从文化产业的合作发展视角来探讨。文章对广西—东盟文化产业合作现状进行剖析并得出结论:"广西文化产业的发展已取得初步成效,地区文化软实力得到进一步提升,但与全国发展水平以及新形势下文化产业和地区发展目标的要求相比,依旧存在较大差距。与东盟文化产业的合作发展依旧存在限制性因素。"作者认为不足主要表现在以下方面:规模效应不足,产业组织集约化程度较低;品牌效应不强,走向东盟的产业优势不足;人才队伍欠缺,人才互通通道不足;资金投入不足,物质发展条件不强硬;文化色彩多元化,文化差异障碍明显。针对这些问题,作者提出建议:转变发展理念,以互联网思维带动文化产业发展;以人才促发展,积极加强多层次人才队伍建设;联动政策投入,加大财政政策对文化产业发展的扶持力度;以"内核"促发展,对内提升广西文化产业的发展质量;积极推动对外发展和合作,提升合作层次。

汪瑾、韩佳伶的《"一带一路"下广西与越南边境贸易发展研究》(《广西社会科学》2018年第10期)围绕广西与越南边境贸易发展情况进行了研究。文章分析认为广西与越南边境贸易发展现状特点有:边境贸易方式主要为边境小额贸易,边境贸易商品结构互补;持续贸易顺差;边境口岸与边民互市贸易点开放数量多。接着,文章分析了广西与越南边境贸易发展现存的问题有:边境地区经济发展落后导致边贸结构单一;工业基础和加工贸易薄弱;边境税收优惠政策不适应边境发展现状;边贸政策及管理制度不完善;边贸合作领域有待深入。文章对此提出广西与越南边境贸易发展路径:以科技推动商品结构与边贸产业转型升级;促进边境地区加工贸易的发展;健全税收优惠政策;推进口岸建设与口岸基础设施建设;促进重点领域的有效合作;积极推动跨境经济合作区建设和发展。

广西北部湾是广西进入东盟国家最便捷的出海门户。广西北部湾经济区和东盟开放合作办公室撰写的《全力打造北部湾经济区升级版 谱写新世纪海上丝绸之路新篇章》(《广西经济》2018 年第 1 期)介绍了目前北部湾经济区龙头带动作用凸显:主要经济指标继续领跑广西,"核"的作用初步显现;产业升级取得实质性进展,"产"的支撑更为突出;区域性交通枢纽基本建成,重点推进南向通道建设,"通"的网络日益完备;沿海港口加速崛起,"港"的龙头更加高扬;开放合作深化拓展,"合"的效应更加凸显;改革创新先行先试,"新"的活力不断释放。文章提出,围绕北部湾经济区升级版建设 6 个重点领域下功夫,推进一批重大项目和重点事项落地见成效:围绕蓝图落实下功夫,构建科学发展新局面;围绕产业升级下功夫,汇聚经济发展新动能;围绕港口建设下功夫,打造向海发展新基石;围绕深化改革下功夫,激发创新发展新活力;围绕扩大开放下功夫,拓展开放发展新空间;围绕同城化改革下功夫,布局纵深发展新阶段。其中钦州市是广西北部湾经济区的地理中心和核心发展区域,在与东盟共建 21 世纪海上丝绸之路中具有不可替代的作用。钦州市社科联、钦州市政协研究室联合调研组的《大力提升综合服务能力 加快推进"一带一路"南向通道陆海枢纽城市建设——广西钦州市融入"一带一路"建设的探析》(《大陆桥视野》2018 年第 9 期)中提出:广西钦州市委市政府抢抓机遇,把"建设'一带一路'南向通道陆海枢纽城市,构建大开放、大通道、大港口、大产业、大物流新格局"作为新时期钦州发展新目标新思路。文章还指出钦州市在推进"一带一路"南向通道陆海枢纽城市建设中存在的困难和问题:基础设施衔接性不强,影响物流大进大出;物流成本居高不下,港口竞争力不强;查验手段落后,通关效率不高;集

聚能力较弱,货源严重不足;建设资金缺口大,投入压力较重;政策体系不健全,影响南向通道建设。课题组提出加快推进钦州市"一带一路"南向通道陆海枢纽城市的建议:完善通道基础设施,提升集疏运服务能力(加快铁路基础设施建设,加快港口基础设施建设,加密钦州港国际班轮航线,进一步加快物流园区建设);降低综合物流成本,突出竞争比较优势(向上积极争取政策支持,进一步减低铁路运价,进一步降低港口码头收费);实行口岸通关一体化,提升通关便利化水平(加快建立通关一体化平台,加快口岸电子信息化建设,创新进出口货物监管模式,推动渝桂川黔陇五省区市通关一体化);大力发展通道经济,培育物流货源市场(加大力度发展通道经济,发展服务贸易和物流产业,积极拓展通道货源市场,促进"广西货走钦州港");强化顶层设计推动,引领南向通道发展(争取出台扶持政策,创新合作平台机制,加大资金支持力度,保障项目用地用海)。

2018年有关广西如何参与21世纪海上丝绸之路建设的文章还有范志明、李晓东和朱晓明的《加大境外经贸合作区扶持力度——打造"21世纪海上丝绸之路"上的"广西支点"》(《中国农垦》2018年第2期),李好、刘志超和曾许鹏的《"一带一路"视域下广西推进与马来西亚经贸合作的SWOT分析》(《桂海论丛》2018年第2期),郑好的《广西特色海上丝绸之路文化遗产保护区建设的思考》(《广西社会主义学院学报》2018年第3期),梁刚、蒋励佳和莫丽茵的《广西支持海上丝绸之路东南亚国家绿色金融发展的策略研究》(《开发性金融研究》2018年第3期),邓元媛的《"海上丝绸之路"建设背景下广西地方高校国际贸易应用型人才培养模式的改革与创新研究——以广西财经学院为例》(《传播与版权》2018年第4期),李好、王耀华和刘志超的《"一带一路"背景下中国深化与东盟经贸合作研究——以桂越、桂马合作为例》(《会计与经济研究》2018年第4期),黄福东的《共建"21世纪海上丝绸之路"——打造广西与越南边境旅游合作的升级版》(《广西教育学院学报》2018年第5期),景朝阳的《扬起新时代对外开放新风帆——建设海上丝绸之路北部湾自由贸易港区的若干思考》(《中国产经》2018年第6期),黎芷伶的《"一带一路"背景下广西六堡茶船文化探究》(《广西社会科学》2018年第6期),张卓莉的《发展伦理视域下广西"海上丝绸之路"建设研究》(《纳税》2018 年第 9 期)、《广西参与 21 世纪"海上丝绸之路"建设战略研究》(《湖北函授大学学报》2018 年第 15 期),龚娜和彭本利的《21 世纪海上丝绸之路背景下玉林妈祖文化遗产的法律保护》(《法制与社会》2018 年第 36 期),刘伟和许露元的《"一带一路"倡议下广西与东盟经贸合作的机遇、挑战及对策研究》(《经济研究参考》2018 年第 59 期),等等。

(二)关于海南参与"一带一路"建设问题的研究概况

海南是 21 世纪海上丝绸之路建设的重要战略支点。2018 年,关于海南参与 21 世纪海上丝绸之路建设的文章主要有:邓颖颖的《"一带一路"建设背景下大力推进海南与东盟文化交流的思考》(《新东方》2018 年第 1 期)、阎根齐的《论海南渔民在"南海丝路"上的地位和作用》(《南海学刊》2018 年第 1 期)、王胜和黄丹英等的《海南加强与泛南海地区国家经济合作探析》(《南海学刊》2018 年第 2 期)、刘淑玉的《海上丝绸之路海南特色档案建设》(《档案时空》2018 年第 3 期)、宋明翰的《"一带一路"视域下的海南文化产业传播平台》(《青年记者》2018 年第 5 期)、李华丽的《"一带一路"背景下的海南"侨牌"之策》(《中国统计》2018 年第 12 期)、侯冠平的《海上丝绸之路"支点下的三亚旅游业发展战略思考》(《中国经贸导刊》2018 年第 20 期)、李贺的《"一带一路"背景下海南全域旅游视角下的发展研究》(《教育教学论坛》2018 年第 52 期),等等。

在上述文章中,王胜、黄丹英和钟天祥的《海南加强与泛南海地区国家经济合作探析》里的分析很有现实借鉴意义。文章开门见山介绍说:"泛南海地区指的是南海周边、太平洋西部以及印度洋东部地区,包括越南、老挝、柬埔寨、菲律宾、印度尼西亚、新加坡、马来西亚、文莱、泰国、缅甸、巴布亚新几内亚、东帝汶、孟加拉国、斯里兰卡等国家和地区。古代海上丝绸之路就是从我国东南沿海经南海到东南亚、印度洋以及东非国家的。""21 世纪海上丝绸之路是从我国沿海港口经南海到印度洋,延伸至欧洲;从我国沿海港口经南海到南太平洋。""泛南海地区是 21 世纪海上丝绸之路的重要支点,同时也是当今世界经济发展最有活力和潜力的地区之一。"因此文章指出加强与泛南海地区国家经济合作的重要意义有:加强与泛南海地区经济

合作对 21 世纪海上丝绸之路建设具有重要的促进作用,可淡化南海争议。文章认为合作的有利条件有:泛南海地区国家资源丰富,合作潜力巨大;我国与泛南海地区国家人文交流密切;我国与泛南海地区国家经济互补性强;我国与泛南海地区国家政治互信基础良好;我国"一带一路"倡议与泛南海地区国家发展战略高度耦合。但文章也指出:"泛南海地区由于部分国家的发展相对滞后,区域内各国政治、民生、社会、民族、宗教等矛盾交织。尽管我国与泛南海国家开展经济合作具有良好的政治互信基础和雄厚的人文基础,在加强与泛南海国家开展经济合作的同时,对区域内存在的各种风险也应予以足够的重视,应充分做好风险评估和预判。"作者认为面临的风险与挑战有:大国掣肘风险、恐怖袭击风险、政治安全风险、社会安全与舆情民意风险、商业环境风险。文章提出:"海南应依托北连粤港澳大湾区,南接东盟经济圈的枢纽区位,紧紧抓住 21 世纪海上丝绸之路、自由贸易试验区和中国特色自由贸易港建设的重大历史机遇,从低敏感度领域着手,通过提升开放程度和国际化水平,将自身打造成我国面向太平洋和印度洋的重要开放门户。"具体的途径有:加大顶层设计和项目前期调研的力度(充分利用博鳌亚洲论坛的"中国—东盟省市长对话""21 世纪海上丝绸之路岛屿经济分论坛"等平台,向有关国家宣介"一带一路"倡议;编制加强与泛南海国家经济合作的项目清单,争取获得各方面的理解和支持;组织力量对泛南海国家的政治、法律、文化、商业环境等方面进行深入研究,同时大力培养和引进适合"走出去"需要的复合型人才;鼓励海南省有实力的企业"走出去"开展物流、人流、资金流和信息流等多领域的合作;筹建"海南海上丝绸之路基金"与"国家丝路基金"对接,争取更多国家金融和项目支持);以非敏感领域为突破口,逐步推进与泛南海地区国家的经济合作(以邮轮旅游作为早期收获项目的突破口;做足"请进来"功夫,邀请国际大邮轮公司和国际大旅行商参与环南海邮轮旅游的建设,开通泛南海地区"一程多站"邮轮旅游航线,并择机召开"海上丝路邮轮旅游论坛";积极与南海周边国家开展海洋渔业合作,推动海洋渔业的共同开发和养护;以海南建设自由贸易试验区和中国特色自由贸易港为契机,在海南建立辐射东南亚乃至全球的海产品交易平台;与南海周边国家开展粮食和热带经济作物育种、农业科技推广与示范以及农渔

产品深加工的合作）；加强基础设施和旅游软环境建设（建设大型旅游综合项目、医疗康体项目和海南的本土文化项目吸引国际游客；加紧制定邮轮、游艇产业发展规划；进一步加强邮轮、游艇码头及其配套设施建设，建造可靠泊超大型邮轮和可以同时靠泊多艘邮轮的国际邮轮母港；结合海南实际，制定相关的邮轮产业配套政策，在邮轮产业发展资金、税收、用地等方面给予政策扶持，创新管理方式，推动邮轮产品的合作开发和行业拓展；充分发挥好"21世纪海上丝路沿线邮轮旅游城市联盟"的作用，加大与泛南海国家开展邮轮旅游合作的力度；加快培养邮轮产业专业人才）；多措并举，营造与泛南海地区国家开展经济合作的良好国际氛围（积极践行习近平总书记提出的"亲、诚、惠、容"周边外交理念，支持社会各界与相关国家积极开展防灾减灾、扶贫、健康、疾病防治、环境保护等民生和公共服务领域的合作；与泛南海国家广泛建立友城关系，通过涵养友城和侨务资源推动相关国家与我方开展多领域、多层次的合作；找准切入点，大力推动海南本土文化走出去）；做好对境外投资环境进行深入调研，树立底线思维，加强危机管理（严格做好项目的风险评估工作；制定完整的、可操作性强的海外安全风险防范工作规章制度，打造安全风险防范的完整链条，实现海外项目安全管理制度化和体系化；努力扩大与当地社会利益的交汇点，塑造利益共同体，拓宽企业和谐发展空间；加强安全软环境建设，积极融入当地社会；加强日常管理，强化遵守外事纪律意识）。

　　海南是我国面向东盟地区的重要中转点。因此邓颖颖的《"一带一路"建设背景下大力推进海南与东盟文化交流的思考》就从中国与东盟地区人文交流视角开展研究。文章写道："基于地缘战略地位，海南是我国面向东盟地区的重要中转，也是21世纪'海上丝绸之路'建设的重要战略支点。""作为中国具有独特区位优势和历史文化的省份，海南在促进中国与东盟地区人文交流方面具有其独特的优势和地位。从这个角度上说，海南积极参与'一带一路'建设的重要内容便应当是：以文化为黏合剂，消除隔阂，促进中国与东盟的相互了解，从而探索新的合作领域，促进中国—东盟的共同发展。""不仅是历史渊源的延续，更是21世纪'海上丝绸之路'建设的必然要求。"文章认为海南参与21世纪海上丝绸之路建设的优势有：区位优势、政

策优势和人文优势。对此文章提出的措施有：不断夯实海南东盟文化交流的政治基础；进一步发挥博鳌亚洲论坛的重要平台作用；以"泛南海旅游合作圈"建设推进海南与东盟进一步交流；以智库学术交流促进人文交流与合作的纵深发展；发挥海南高校在与东盟地区人文交流、民心沟通中的桥梁作用；发挥媒体宣传优势，促进海南与东盟多元人文交流。

海口港是海南岛最重要的港口，也是21世纪海上丝绸之路建设最直接的参与者、推动者和受益者。郑泽民的《海口港的发展与海上丝绸之路建设》（《南海学刊》2018年第1期）这篇文章先回顾了海口古港是海上丝绸之路的重要中转站：海南岛的岛屿地理特征造成在古代海上运输成为海南岛对外交往的唯一方式；海口区域是中国大陆封建时期统治者重点经营区域；海南岛北部地区人口聚集也得益于海口区域古港口作为海南岛对外交流主要通道的作用；海南岛经济的发展推动对外贸易的繁荣，海口古港口发挥了重要影响。文章接着写道："海南岛古港口尤其是古海口港是古海上丝绸之路上的重要港口，既是中转站，又发挥着吞吐港的影响，海南岛与古海上丝绸之路沿线各国的货物、人员交流既可通过海口港与广州、泉州等港口的联系与海上丝绸之路沿线各国交流，又可直达海上丝绸之路沿线的东南亚各国。"文章又写道："海口港作为建设21世纪海上丝绸之路要加强建设的港口之一，又居于21世纪海上丝绸之路重点建设方向的起始点以及面对东盟的区位优势，在参与21世纪海上丝绸之路建设中优势明显，为海口港带来新的发展机遇。"文章介绍了海口港目前积极融入21世纪海上丝绸之路建设的措施：积极规划、制订参与21世纪海上丝绸之路建设规划；积极开辟与东南亚各国港口航线；打造港口"朋友圈"；科学定位海口港的发展。但文章认为其建设发展与海南省参与21世纪海上丝绸之路建设的战略与规划还存在不相适应之处，一是宏观方面，与广东、广西沿海主要港口相比，海口港规模较小，在建设规模、港口水深、航道通过能力、服务水平、信息化程度等方面存在差距；海口港陆向经济腹地范围狭小且拓展不易，经济发展水平相对较为落后，难以为海口港发展提供较为充足的货源；与广东、广西沿海主要港口之间存在一定程度的竞争关系，尤其是与北部湾内港口之间的竞争，港口定位相似，不仅包括货源竞争，也包括航线竞争，如竞相开辟与东南亚各国港口之间的航线,等等。二是海口港自身建设方面也存在发展瓶颈,主要包括:港口信息化、标准化程度不高,市场占有率较低,整体盈利水平较低;码头布局不合理,码头泊位等级低,深水泊位、专业性泊位少,专业化程度不足,而普通散货、件杂货码头过剩;物流企业的经营规模小,管理水平不高,功能单一,企业间缺乏纵向与横向联系,跨区域、跨企业、多联式的社会化物流服务功能有待加强。

董光海的《海口:撬动"海上丝绸之路"开放发展的支点》(《大陆桥视野》2018 年第 3 期)认为海口作为 21 世纪海上丝绸之路支点城市的优势有:区位优势、人文优势、互联互通优势、政策优势、产业优势。因此海口应该从各个方面主动融入 21 世纪海上丝绸之路建设:建设面向东南亚的航运枢纽和物流中心;推进海南自由贸易试验区海口片区建设;加强与 21 世纪海上丝绸之路沿线国家经贸文化交流与合作。文章最后指出:"海口作为'琼州海峡经济带'的参与者和受益者,要借'一带一路'和省第七次党代会东风,乘势而上、顺势而为,助推'21 世纪海上丝绸之路'建设行稳致远,为建设美好新海南扛起省会城市的责任担当。""以建设'琼州海峡经济带'为引领,为打造支点城市注入动力。"文章接下来提出的具体措施有:加强顶层设计,实现琼粤两岸一体化发展;实现海洋强市,为"琼州海峡经济带"搭建平台;加强旅游合作,共打"一峡两岸"牌。

(三)关于广东参与"一带一路"建设问题的研究概况

广东作为海上丝绸之路的发祥地,积极投身于 21 世纪海上丝绸之路的建设。2018 年,关于探讨广东参与 21 世纪海上丝绸之路建设的文章主要有:张晓和白福臣的《广东与东盟"四位一体"科技合作模式研究——基于海上丝绸之路建设视阈》(《广东开放大学学报》2018 年第 1 期)、曾晓平和龚晓瑾的《"一带一路"对广东产业发展的机遇》(《发展改革理论与实践》2018 年第 2 期)、夏海霞和何沅宁的《"一带一路"倡议背景下如何提升广东外贸竞争力》(《上海市经济管理干部学院学报》2018 年第 3 期)、袁丁的《中国(广东)自由贸易试验区在 21 世纪海上丝绸之路建设中的节点作用》(《东南亚纵横》2018 年第 5 期)、姚可欣和严智琳的《"海上丝绸之路"振兴背景下广东自贸区功能定位的思考》（《市场周刊》2018年第8期）、苏明的《广东港口物流企业发展路径探究——基于"海上丝绸之路"倡议》（《北方经贸》2018年第8期）、丁畅的《广东参与海上丝绸之路建设的对策》（《中国商论》2018年第29期），等等。

在上述文章中，袁丁在《中国（广东）自由贸易试验区在21世纪海上丝绸之路建设中的节点作用》一文中指出："自由贸易区建设的发展和扩大是新时期广东省经济发展和对外开放的机遇，与21世纪海上丝绸之路建设息息相关。"文章写道："中国（广东）自由贸易试验区地处中国粤港澳大湾区的核心地带，毗邻港澳台，濒临南海，有与东南亚隔海相望的独特区位优势。"但在21世纪海上丝绸之路建设中也存在一定的问题，如"中国（广东）自由贸易试验区除了发挥促进粤港澳经济一体化、建设粤港澳大湾区的作用，是否有更多、更大的'试验田'意义？中国（广东）自由贸易试验区'走出去'与21世纪海上丝绸之路沿线国家的自由贸易区或出口加工区开展合作是否局限于目前的伊朗、马来西亚和印度尼西亚等传统的海上丝绸之路沿线国家？中国（广东）自由贸易试验区在中国国内如何内引外联，加强泛珠三角区域合作？中国（广东）自由贸易试验区如何加强与中国其他省区市自由贸易试验区的联系？""中国（广东）自由贸易试验区除了在常规的投资、贸易、金融和管理体制等方面大胆探索，在其他哪些方面还应当有强化的举措？中国（广东）自由贸易试验区在高标准自由贸易时代如何先行先试？在服务贸易如教育、医疗、住房和文化等基础公共服务方面，中国（广东）自由贸易试验区如何进一步开放？在旅游、电信、铁路和民用航空等方面，是否可以进一步开放市场？服务人员的自由流动如何开放？学位、培训、科研和职业资格等方面要如何互认？"面对这些问题，作者认为对广东自由贸易试验区而言，"除了发挥好对接港澳、加速粤港澳大湾区建设的作用，另一方面，是要重视发挥自身在中国与周边国家共建21世纪海上丝绸之路中的关键节点作用，这样才能最大限度地发挥广东省改革开放排头兵的作用，促进自由贸易试验区的发展和中国的进一步改革开放。这个节点作用不仅仅体现在货物贸易、资金融通和人员往来方面，更重要的是要成为技术和管理实践互相交流的关键节点。不仅仅是对外引进，更是要让中国经验、中国标准、中国技术和中国文化借助自由贸易试验区这个平台走向海外、走向世界"。文章认为应该要考虑的方面有:(1)培育支点城市,撬动跨国贸易;(2)推动贸易畅通;(3)协调中国国内各省区市及各地方对接的需要;(4)主动对标 TPP 和 TTIP,积极为中国国际贸易规则的研究和制定以及欧亚自由贸易市场的构建做准备。同时还需要加强在贸易便利化、金融监管、风险预警、投资保障、知识产权保护、环境保护和劳工待遇等方面的制度创新。

夏海霞、何沅宁的《"一带一路"倡议背景下如何提升广东外贸竞争力》就如何提升外贸竞争力着手探讨。文章分析了广东外贸发展状况,并采用国际市场占有率、贸易竞争力指数、出口商品结构转化率对其贸易竞争力进行评价,采用"钻石模型"分析影响广东外贸竞争力的有利和不利因素。针对高级生产要素尚不足、高端科研人才短缺、民企核心竞争力不强等不利因素,文章对如何提升广东省外贸竞争力提出相应的对策:广东省政府应积极响应"一带一路"倡议,通过政策鼓励支持,全面提高劳动力素质;优化外贸发展方式和产品结构;大力发展服务贸易;广东企业应积极开拓新兴市场,提高企业的核心竞争力。

张晓、白福臣的《广东与东盟"四位一体"科技合作模式研究——基于海上丝绸之路建设视阈》一文是以科技合作为切入点进行研究。文章认为广东与东盟科技合作的基础有:经贸合作成果丰硕,相互增强科技合作认同感;科研资源丰富,助推双边科技合作;国际科技合作格局形成,与东盟国家科技互补性强。接着文章认为有必要构建集"广东—东盟科技合作平台、广东—东盟科技协同创新联盟、广东—东盟产学研合作价值链、广东—东盟人才交流互联互通"四位一体的科技合作模式,促进广东与东盟国家科技合作的转型升级。最后文章指出了广东与东盟"四位一体"科技合作模式的发展维度:拓宽科技合作的广度,加强核心技术领域的交流深度,固化长效可持续发展的科技合作效度,实现效益最大化式共同发展。

2018 年,还有一些文章是专题研究广东各城市参与 21 世纪海上丝绸之路建设问题的。其中关于广州的文章最多,主要有周兴樑的《广州海丝之路溯源及其发展过程研究》(《中国名城》2018 年第 1 期),严辉华的《"一带一路"背景下广州发展邮轮旅游的思考》(《广州城市职业学院学报》2018 年

第 1 期),霍秀媚的《"一带一路"倡议与岭南文化的传承传播》(《探求》2018 年第 3 期),姚宜和伍庆的《广州建设文化对外开放新枢纽路径》(《开放导报》2018 年第 4 期),陈坤的《广州海上丝绸之路文化在数字创意产品设计中的传承与创新》(《美与时代(上)》2018 年第 7 期),梁玲金、陈东菊和王海的《"一带一路"沿线国家(地区)技术性贸易措施对广州出口贸易的影响分析》(《中国标准化》2018 年第 20 期),潘瑞侠的《"海丝之路"背景下广州空港发展分析》(《纳税》2018 年第 27 期),等等。

文化交流开放是 21 世纪海上丝绸之路建设中重要的组成部分,广州又是古代海上丝绸之路的重要始发港,因此霍秀媚的《"一带一路"倡议与岭南文化的传承传播》中指出:"广州是古代海上丝绸之路的重要始发港,又是岭南文化的中心地,蕴含着丰富的古代海上丝绸之路的文化遗迹,承载着灿烂的岭南文化的内容。"作者认为应该扩大岭南文化在"一带一路"沿线国家中的影响,具体对策为:加强对岭南文化中海上丝绸之路文化遗迹的挖掘、保护和利用;继续推进申报海上丝绸之路世界文化遗产工作;积极开发以海上丝绸之路为内容的文化产品;积极拓展海外文化生产和贸易基地;加强与海上丝绸之路沿线国家学术机构的合作。姚宜、伍庆的《广州建设文化对外开放新枢纽路径》围绕着 21 世纪海上丝绸之路国家倡议为广州文化对外开放带来新的历史机遇而展开。文章认为广州建设文化对外开放新枢纽的条件有:资源优势明显(历史资源优势、地理区位优势、人文资源优势、政策资源优势);发展基础良好(对外人文交往资源网络已基本形成;文化产品资源进出不断增长,文化产业规模不断扩大;文化信息对外传播初具成效;城市外交资源创新发展)。文章提出面临的问题主要有:机制端缺乏统筹整合;产品端竞争力不强;主体端市场和社会参与不足;营销推广亟须创新;平台资源不足;高层次文化人才缺乏。文章认为广州打造 21 世纪海上丝绸之路文化对外开放新枢纽的总体定位是:国际文化产品交易中心、国际文化资源配置基地、国际城市文化外交平台、国际文化创新示范城市。同时认为构建文化开放合作三大圈层是:构建核心合作圈层,建立紧密合作圈层,拓展战略协作合作圈层。最后作者提出相应的政策建议:加快推进文化对外开放的体制改革;加快文化产业、事业发展;创新文化对外传播与推广策略;壮大文化对外开放的社会力量；强化穗港澳合作，形成文化开放合力；推动海上丝绸之路文化合作圈建设等。

深圳是中国改革开放的重要窗口城市、对外贸易的"海上门户"、21世纪海上丝绸之路的重要节点城市。2018年有关深圳参与21世纪海上丝绸之路建设的文章有：王林生的《"一带一路"倡议中深圳城市文化品牌建设的优势、问题与路径》（《城市观察》2018年第5期）、马东伟和马东阳的《深圳参与"一带一路"建设的优势分析与对策研究》（《特区经济》2018年第7期），等等。

在上述文章中，王林生的《"一带一路"倡议中深圳城市文化品牌建设的优势、问题与路径》聚焦于城市文化品牌。文章提出："城市文化品牌是城市文化建设的重要内容，'一带一路'倡议为深圳城市文化品牌建设提供了新的契机。"文章认为，从不同的角度看，深圳城市文化品牌建设具有不同的内涵：在国际城市体系中，文化品牌的打造有助于城市国际地位的提升；在国内城市体系中，文化品牌的打造有助于增强城市转型发展的示范效应；在城市自身发展体系中，文化品牌的打造有助于城市强化质量领先优势。作者分析指出"一带一路"倡议下深圳城市文化品牌建设的优势有：文化对外开放的不断扩大；文化产业的繁荣发展；文化金融的介入与创新；城市会展功能的完善；"设计之都"品牌的塑造。但同时存在的问题有：城市文化品牌核心价值不清晰；城市文化品牌识别体系不健全；城市文化品牌传播整合营销规划缺失；城市文化品牌治理体系不健全。最后提出对应的对策和措施：强化顶层设计，准确定位城市品牌；构建城市品牌识别系统，提升城市品牌认知；强化品牌整合营销与传播，扩大城市品牌影响力；培育和推介优秀企业品牌，发挥城市文化品牌与企业品牌的联动效应；创新城市品牌治理，提升城市治理体系和治理能力。

在2018年发表的文章中，还有一些是从广东其他城市和角度来研究的。如陈松州的《汕头在"21世纪海上丝绸之路"建设中的发展策略研究》（《南方职业教育学刊》2018年第2期），黄穗光的《"一带一路"节点的外贸发展——以广东汕头为例》（《辽宁工业大学学报（社会科学版）》2018年第2期），彭新东、吴爱邦的《"21世纪海上丝绸之路"背景下东莞文化艺术对外

交流与传播研究》(《文化学刊》2018年第5期),邱立汉的《"一带一路"背景下客家文化资源的整合与利用——以梅州松口古镇为例》(《嘉应学院学报》2018年第7期),李齐、侯喆和辛文的《"海上丝绸之路"背景下珠海产业转型升级的创新路径研究》(《中国国际财经(中英文)》2018年第9期),杨慧全、谢德通的《海上丝绸之路对广式家具融合与创新的影响》(《设计》2018年第9期),王幸福、高维新的《湛江海洋产业对接"一带一路"倡议的对策研究》(《湖北经济学院学报(人文社会科学版)》2018年第10期),尹辉、戴学军的《"海上丝绸之路"背景下的惠州市生态文明建设》(《科技资讯》2018年第35期),等等。

这些文章针对各城市地区研究的视角有所不同。其中陈松洲的《汕头在"21世纪海上丝绸之路"建设中的发展策略研究》一文以汕头在海上丝绸之路建设中的角色为视角进行考察。文章提出:"我们要抓住国家提出'一带一路'倡议的机遇,积极推进汕头港疏港铁路的建设和广梅汕铁路的扩能改造,以广澳港为枢纽形成规模化、集约化经营,进一步发挥集聚辐射作用,依托大港口发展大流通。要整合粤东(汕头、潮州、揭阳)港口群资源,实现汕潮揭港口错位发展、协同发展,进而将汕头港打造为21世纪'海上丝绸之路'枢纽港之一。"接着,文章分析汕头在21世纪海上丝绸之路建设中可能面临的机遇和挑战,认为机遇主要有:利用海外华人华侨众多的优势,密切与东盟国家的联系;有利于打造为21世纪海上丝绸之路的重要门户;有利于建设成为国家新一轮改革开放的创新平台。而面临的挑战主要是来自21世纪海上丝绸之路建设中的政策挑战、贸易转型挑战、人才挑战。最后,文章提出了发展策略:发挥港口优势,把汕头建设成为粤东区域航运中心;构建21世纪海上丝绸之路区域交流新平台(建设产业合作平台,打造开放发展平台,构建金融合作平台,搭建文化交流平台);完善21世纪海上丝绸之路开放合作新机制(争取开放政策,创新发展机制,开放社会领域);积极实施创新驱动发展战略,大力发展通信枢纽和大数据产业;发展特色鲜明的海洋经济,引导社会资金参与海洋综合开发;发挥侨资侨智优势,建立华侨人才服务体系(以建设21世纪海上丝绸之路重要门户为依托,搭建华侨人才干事创业平台;积极发挥"海智计划"汕头工作基地等人才平台的宣传和引导作用;打造国际化人才服务环境)。

湛江市是国家"十三五"海洋经济创新发展示范城市,也是汉代海上丝绸之路的起点。因此王幸福、高维新在《湛江海洋产业对接"一带一路"倡议的对策研究》一文中提出:"在'一带一路'的倡议下,湛江市依托其自身特殊的地理位置和资源优势,突出海洋优势,大力发展海洋经济。"文章在介绍分析湛江海洋产业发展现状的基础上提出发展中的问题有:海洋经济大而不强,产业结构亟须优化;海洋捕捞业障碍多多,制约渔区经济发展;旅游资源开发力度不够,资源优势未充分发掘;临港外资水平不高,高端专业人才匮乏;水产品加工量增长缓慢,加工技术有待改进;海洋文化发展滞后,相关产业发展亟须提高。文章从地理位置、历史渊源和政策支持三方面分析了湛江海洋产业发展的可行性和必要性,从而提出对策措施:"合、运、投、技、资、态、人、财"齐头并进;巩固海洋优势产业,大力发展海洋经济;打造国际贸易和港口服务业,推动海洋贸易稳定发展;继续强化"三个支撑",融入"一带一路"大舞台;合理布局海洋产业,提升海洋工程实力。

(四)关于福建参与"一带一路"建设问题的研究

福建作为 21 世纪海上丝绸之路核心区,跟以往年度一样,2018 年对该省参与海上丝绸之路建设研究的文章最多,研究涉及角度广,成果也最丰富。主要有:张娜娜、谢红彬的《福建省海丝文化旅游区的构建》(《三明学院学报》2018 年第 1 期),潘静静、王莹的《福建省港口融入海上丝绸之路建设现状与思路》(《重庆交通大学学报(社会科学版)》2018 年第 1 期),彭志坚的《海丝文化的阐释与表现:"一带一路"背景下泉州城市品牌建设路径研究》(《青岛科技大学学报(社会科学版)》2018 年第 1 期),梁培金的《金融支持"21 世纪海上丝绸之路"城市发展研究——以"海丝"起点城市泉州为例》(《福建金融》2018 年第 1 期),全毅的《"一带一路"框架下福建拓展欧洲经贸合作的策略探讨》(《发展研究》2018 年第 1 期),王琼、王珍珍的《闽台合力开拓海上丝绸之路旅游市场的路径研究》(《龙岩学院学报》2018 年第 1期),罗先智、杨京钟的《论福建泉州推进"21 世纪海上丝绸之路"经贸合作优势》(《沈阳农业大学学报(社会科学版)》2018 年第 2 期),林丽娟的《福建打造 21 世纪海上丝绸之路核心区的战略思考》(《福州党校学报》2018 年第 2 期),廖萌的《21 世纪海上丝绸之路核心区的发展现状、问题和对策研究》(《经济视角》2018 年第 2 期),侯利民的《21 世纪海上丝绸之路核心区建设中农业发展的路径分析——以漳州为例》(《惠州学院学报》2018 年第 2 期),康汉彬的《闽南海丝文化信息资源服务平台的构建》(《泉州师范学院学报》2018 年第 4 期),黄驰的《海丝战略支点建设背景下福州与东盟深化经贸合作的路径》(《福州党校学报》2018 年第 5 期),周燕妮、陈铭德的《泉州打造海上丝绸之路会展品牌策略研究》(《现代营销(下旬刊)》2018 年第 5 期),刘丹、范换利和徐红的《基于"海上丝绸之路"建设的物流业发展对策研究——以福建省为例》(《创新》2018 年第 5 期),周建标的《"海丝泉州"城市品牌建设路径选择》(《文化与传播》2018 年第 5 期),郭晓珍、何军明的《福建省推进 21 世纪海上丝绸之路核心区建设对策研究》(《厦门特区党校学报》2018 年第 6 期),全毅、陈元勇的《福建省融入中巴经济走廊的路径与对策建议》(《福建论坛(人文社会科学版)》2018 年第 6 期),叶惠珍、陈嘉静的《城市政务微信多模态话语结构与传播影响力研究——以海上丝绸之路起点城市泉州为例》(《山西大同大学学报(社会科学版)》2018 年第 6 期),尚胡新的《泉州建设 21 世纪海上丝绸之路先行区的文化优势》(《福建党史月刊》2018 年第 6 期),夏云鹏、余依桐和吕乐的《物流与金融协同发展关系的应用研究——以"一带一路"海上丝绸之路核心区福建省为例的实证分析》(《物流工程与管理》2018 年第 8 期),王婷、陈柳武和王笑君的《福建自贸区与"21 世纪海上丝绸之路"深度对接研究》(《福建论坛(人文社会科学版)》2018 年第 10 期),福建省人民政府发展研究中心课题组的《关于打造福建省"一带一路"交流合作平台升级版的研究》(《发展研究》2018 年第 10 期),陈昕的《"海上丝绸之路"文化城市品牌建设探究——以福建省会福州为例》(《东南传播》2018 年第 12 期),郑冬梅的《21 世纪海上丝绸之路核心区创新驱动发展机制研究》(《中共福建省委党校学报》2018 年第 12 期),许爱云的《提升"海上丝绸之路核心区"本土酒店核心竞争力的研究——以泉州石井悦凯酒店为例》(《中国市场》2018 年第 25 期),刘晓杰、张皓乙的《福建高校"海丝"智库建设路径研究》(《智库时代》2018 年第 29 期),陈章桃、章娇娜

的《海丝文化融入福建高校大学生思政教育探究》(《管理观察》2018年第29期),等等。

以上文章中,对于如何建设福建核心区,不同学者研究的视角和方法不同。如廖萌在《21世纪海上丝绸之路核心区的发展现状、问题和对策研究》中从如何发挥核心区的优势着手。文章指出:"十九大报告指出'一带一路'建设是我国经济建设和全方位外交布局的重要组成部分。福建省作为21世纪海上丝绸之路核心区,要充分发挥优势,弘扬丝绸之路精神,融入'一带一路'建设,在服务国家对外开放大局中体现更大作为。"文章介绍了福建从"五通"角度着手建设21世纪海上丝绸之路核心区所取得的成效,同时指出存在的问题有:核心区地位不突出;企业"走出去"风险加大;"多区叠加"的政策优势发挥不够;与海上丝绸之路沿线国家华侨华人联系不够密切;基础设施互联互通网络尚不够完善。文章提出相应的对策建议有:深入挖掘国际产能合作潜力;统筹推进抓好自贸区建设;坚持"福厦泉"错位发展;充分发挥华侨华人作用;优化产业合作模式;进一步推动人文交流;深化闽台合作;建立与海上丝绸之路核心区相配套的金融支持系统。

林丽娟的《福建打造21世纪海上丝绸之路核心区的战略思考》围绕着如何应对挑战而建设"海丝核心区"这一中心。文章认为福建省围绕国家赋予的定位,大力推进"海丝核心区"建设,取得了显著成效:基础设施建设取得新进展,经贸产能合作向纵深推进,海洋合作有效提升,人文交流不断深化。但文章也指出:由于文化、经济基础以及社会制度等差异,福建省企业与全国企业一样,在"海丝核心区"建设过程中也要面对复杂的内外部环境,特别是海上丝绸之路沿线国家民族众多、信仰各异,有着巨大的文化差异。福建在"海丝核心区"建设过程中也碰到了许多困难和挑战:尚未与各省形成良好的协调机制,存在海上交通运输安全问题,文化差异带来的交流沟通阻碍,企业融资难,以及建设"海丝"人才短缺等。最后作者提出的对策建议为:加强协调沟通,让福建成为"海丝"国内协同体系的组织协调者和引领者;创新体制机制,打造"海丝"国际协作平台和载体;深化与"海丝"沿线国家和地区人文精神的融合交流;深化融资体制改革,为企业发展提供更多资金支持;大力培养和引进核心区建设急需的人才。

郭晓珍、何军明的《福建省推进21世纪海上丝绸之路核心区建设对策研究》以厘清海上丝绸之路核心区建设的落脚点为切入点。文章写道:"福建作为海上丝绸之路的重要发祥地和我国最早对外开放的省份,在21世纪海上丝绸之路建设中具有不可替代的地位。紧紧抓住国家实施'一带一路'建设的历史性机遇,推进核心区建设是福建省当前经济发展的中心工作。"文章认为首先要正确把握海上丝绸之路核心区建设落脚点:以促进福建省经济社会发展为落脚点,以提升福建省在国家"一带一路"建设中的地位并发挥重要作用为落脚点。在此基础上文章提出相应的重点对策:统筹布局"走出去"战略支点,构建福建海上丝绸之路经贸网络;发挥对台优势,打造21世纪海上丝绸之路海峡两岸核心区;构建福建"走出去"的支持服务体系。

王婷、陈柳武和王笑君的《福建自贸区与"21世纪海上丝绸之路"深度对接研究》中提出:"福建自贸区定位之一便是拓展与'21世纪海上丝绸之路'沿线国家和地区交流合作的深度和广度,因此,福建自贸区与'一带一路'对接重点是'21世纪海上丝绸之路'。"文章首先对福建自贸区与21世纪海上丝绸之路对接机理进行分析,认为福建自贸区是21世纪海上丝绸之路的重要节点、21世纪海上丝绸之路的重要支撑、21世纪海上丝绸之路的改革试验田;21世纪海上丝绸之路引领福建自贸区发展方向,提供福建自贸区升级机遇,提供福建自贸区广阔腹地。文章论证介绍了福建自贸区运行三周年以来与21世纪海上丝绸之路对接所取得的显著成效,提出了面临的挑战有:缺乏对接整体战略规划与平台建设;统筹协调不足,缺乏路径配合;对接模式与机制创新不足。最后提出了福建自贸区与21世纪海上丝绸之路倡议深度对接的路径:福建自贸区应服务于对接21世纪海上丝绸之路大局;福建自贸区应打造对接21世纪海上丝绸之路的制度安排;福建自贸区应创造对接21世纪海上丝绸之路切入点;福建自贸区应创新与21世纪海上丝绸之路对接模式与机制;福建自贸区应培育对接21世纪海上丝绸之路战略海洋经济合作基础;福建自贸区应提升对接21世纪海上丝绸之路软实力。

潘静静、王莹的《福建省港口融入海上丝绸之路建设现状与思路》以港口作为切入点与关键突破点。文章写道:"建设港口互联互通是福建省建设海上丝绸之路核心区、实施海上丝绸之路战略的最佳切入点。福建省大陆海岸线绵长,海港众多,尤其是深水岸线资源居全国首位。"文章从港口布局和集装箱吞吐量入手阐述福建省港口发展现状,通过班轮公司船期数据分析福建省港口与海上丝绸之路沿线港口互联互通现状。在此分析基础上作者提出了福建省港口融入海上丝绸之路建设的思路:加强福建省港口建设(提升港口物流能力,促进港航业发展);推进陆向腹地与福建省港口的陆上互通(拓宽内陆腹地,优化集疏运网络);推进海向腹地与福建省港口的海上互通(完善海上丝绸之路航线网络,推动港口之间全方位合作)。

全毅、陈元勇的《福建省融入中巴经济走廊的路径与对策建议》探讨福建省如何融入中巴经济走廊。文章指出,中巴经济走廊是"一带一路"建设的战略重点,此项目的成功将对"一带一路"建设具有重要意义。为此文章先分析"中巴经济走廊"的重要意义:"一带一路"倡议推进的先行"试验区"、"一带一路"倡议取得成效的"示范区"、"一带一路"倡议实践的"创新区"。文章在介绍中巴经济走廊建设现状以及福建与巴基斯坦经贸合作现状的基础上,深度分析中巴经济走廊推进中的问题与面临的风险:产业基础薄弱;技术人才短缺;经济开放程度低;政治局势不稳;安全形势堪忧;经济实力难以支撑走廊项目持续投入。对此,文章提出了福建参与中巴经济走廊的建议:准确把握中巴经济走廊在"一带一路"建设中的定位,支持国家经济外交的优先方向;发挥优势,强化基础设施互联互通(强化基础设施领域的合作,强化双方港口和港口自由经济区的对接,强化与新疆丝绸之路经济带核心区的对接);明确双边经贸合作的重点领域,推进贸易与产能合作(货物贸易领域,产能合作领域);不断提高应对风险能力,推动福建企业在中巴经济走廊建设中行稳致远(中巴经济走廊的许多项目都是两国政府间的合作项目,但存在巴基斯坦国内的部族利益集团和党派竞争,随时可能遭遇各种风险;要规范项目参与企业及人员的行为,为中方树立良好形象,减轻和避免不同文化间的误解与冲突);要加强政党沟通(包括巴基斯坦反对党、部族首领)、人文交流和教育合作,积极协调中巴两国国内在具体项目操作上的分歧,增进两国民众之间的相互理解和认同;要加快掌握巴基斯坦国情的国

际化人才的培养。

(五)关于浙江参与"一带一路"建设问题的研究概况

浙江作为海陆丝绸之路的重要交汇点,积极参与"一带一路"建设。浙江省委、省政府提出的参与"一带一路"建设的目标定位是打造"一带一路"战略枢纽。黄勇在《对打造"一带一路"战略枢纽的三点建议》(《浙江经济》2018年第3期)中针对浙江省如何打造"一带一路"战略枢纽明确提出了三点建议:开放门户建设要空港优先、四港联动;企业走出去要抱团出海、化难避险;争创自由贸易港要两手准备、相机抉择。

文长存、王丽娟和陈秧分的《"一带一路"倡议背景下浙江农业"走出去"的 SWOT 分析及发展策略》(《浙江农业科学》2018年第11期)一文针对浙江农业走出去该如何抓住"一带一路"建设机遇进行分析。文章认为:"浙江是经济大省、资源小省,实施农业'走出去'战略是解决浙江自身农业资源禀赋不足的必然选择和有效途径,是解决浙江农业供求矛盾,实现农业可持续发展的重要举措。"文章运用 SWOT 分析,指出浙江农业走出去具有的优势:地理区位优势十分突出,农业产业基础扎实,舟山远洋渔业基地建设日趋完善,"一带一路"合作基础较好。劣势在于:企业国际竞争力不强,国内服务支持政策不完善。机遇有:"一带一路"沿线国家农业发展诉求强烈,"一带一路"倡议框架下农业合作基础条件日益完善,"一带一路"沿线国家农产品进口需求增长。挑战有:政治风险、经济风险与安全风险;国际经贸规则重构与资源保护主义加剧风险;"新殖民主义批评"等社会舆论风险;气候安全风险。文章最后提出的政策建议是:政策层面(完善农业走出去规划体系,统筹制定浙江农业"走出去"战略规划;完善农业"走出去"信息平台建设;建立灵活多样的农业"走出去"激励机制,培育具有国际竞争力的境外农业投资主体);产业层面(扩大农业对外投资合作;拓展优势农产品海外市场;以产业融合思维深化农业"走出去",联动提升农业"走出去"水平)。

宁波是古代海上丝绸之路的重要起航地之一,因此在所有文章中,对宁波的海上丝绸之路建设关注度最高,分析具体细致。如陈利权的《宁波发展的战略举措:创建"一带一路"综合试验区》(《大陆桥视野》2018年第12期)

中提出谋划创建宁波"一带一路"建设综合试验区,是宁波融入"一带一路"建设的重大使命和推动高质量发展的内在需要。文章分析认为宁波创建"一带一路"综合试验区的优势有:上级领导有力支持;港口资源得天独厚;改革开放基础扎实;民营经济优势明显;历史积淀非常深厚。但也存在着对外交流层次还不够高、投资贸易便利化机制有待完善、交通枢纽建设力度有待加大、涉外高端人才不足等问题,亟须及时改进。文章提出了宁波谋划"一带一路"综合试验区战略的五方面重点工作:探索贸易畅通新路径(争创中东欧投资贸易合作示范城市,推进梅山新区自由贸易岛建设,培育出口竞争新优势,实现从"一带一路"沿线国家进口新突破);培育产能合作新模式(打造"一带一路"沿线国家经贸合作平台,培育一批国际产业合作园,加强与"一带一路"沿线国家经济技术合作);拓展商路连接新渠道(构建海上大通道,构建陆地大通道,构建空中大通道,构建网络大通道);构建跨境金服新体系(推进保险领域改革创新,培育跨境金融服务主体,提升金融服务实体经济能力);打造民心相通新载体(扩大与"一带一路"沿线国家人文交流合作,深化与"一带一路"沿线国家教育合作,促进与"一带一路"沿线国家科技创新,推动与"一带一路"沿线国家双向旅游)。文章最后提出了实施措施:健全体制机制,深化改革创新,强化人力资源支撑,健全"走出去"服务体系,加强海外风险防范工作。

吴韬、俞峰的《宁波建设"一带一路"综合试验区:现实基础与战略方向》(《管理观察》2018年第2期)认为宁波建设"一带一路"综合试验区的现实基础有:十分重要的城市战略区位、广泛深厚的开放合作基础、功能丰富的开放平台、开拓创新的企业家群体。文章提出宁波建设"一带一路"综合试验区的战略方向是:增强互联互通功能,提升开放发展辐射力;服从服务国家创业创新战略,打造产业集聚大平台;扩张贸易网络,构建多层次贸易合作网络;坚持先行先试导向,创新体制机制。

何玉华、何介强的《宁波建设国际港口名城存在的短板和对策研究》(《宁波经济(三江论坛)》2018年第9期)一文以与宁波类似的鹿特丹、汉堡、新加坡、香港、釜山等世界著名港口城市为对照,通过细致的分析和梳理指出宁波建设国际港口名城存在的短板:"大港小航"问题突出,港口综合竞

争力有待进一步增强(缺乏灵活的自由贸易政策,高端港航服务发展滞后,口岸通关效率有待进一步提升);主导产业不够突出,港城互动效应有待进一步提升(产业结构不够合理,服务业发展缓慢;临港工业发达,但对城市经济的带动作用不够突出;新经济新动能培育成效不明显);创新基础支撑不足,城市创新氛围和集聚效应有待进一步加强(创新载体有限;高校、人才等创新资源紧缺;创新环境有待优化);城市开放引领动能不强,国际化水平和投资贸易环境有待进一步提升(缺少一批国际化品牌企业,海港空港国际服务功能较弱,国际营商环境仍有差距);城市品质不高,公共服务水平和生态环境有待进一步优化(城市规划不够合理,优质公共服务供给能力不足,生态环境有待改善);文化创意产业不够发达,文化资源利用和国际文化交流有待进一步增强(文化产业发展水平不高,历史文化资源尚未得到充分利用,国际文化合作交流水平有待提升)。文章提出建设宁波国际港口名城建设的对策建议:围绕港口建设,提升港口辐射力;围绕产业转型,提升城市综合竞争力;围绕创新驱动,提升城市可持续发展力;围绕开放发展,提升城市国际知名度和美誉度;围绕民生保障,提升城市居民幸福感;围绕文化交流,提升城市魅力和吸引力。

宁波舟山港是21世纪海上丝绸之路建设中重要的窗口和口岸,对此研究的文章也较多。如刘万锋和王军的《"一带一路"背景下宁波舟山港国际强港发展之路》(《浙江经济》2018年第13期)就考察了宁波舟山港如何从国际大港发展为国际强港的问题。文章首先对国际强港的定义做了如下界定:"国际强港是指港口发展具有较高的国际化水平和较强的国际竞争力,以完善的港口设施和畅通的集疏运网络为基础,以先进的港口物流为核心,以发达的贸易、金融、信息等港航服务业为支撑,以功能齐全、集约高效的管理机制为保障,具有较强全球资源要素配置能力、可持续发展的综合性国际枢纽港。"文章认为宁波舟山港虽已成为国际大港,但与"一带一路"沿线传统知名港口如鹿特丹、新加坡、釜山等相比,在集疏运、港口物流、贸易、航运服务、金融信息服务、口岸政务服务等方面还存在明显差距。对标国际强港差距也明显,主要体现在:一是港航延伸服务能力不足,高端航运服务业在整个航运服务业占比较低,制约了航运服务资源集聚和配置水平的提升;二是港口创新引领能力欠缺,在参与行业国际规则和国际标准制定方面基本空白,在港口品牌国际影响力上也较为落后;三是港口辐射带动能力较弱,宁波舟山港的经济拉动效应显著,港口吞吐量与城市经济 GDP 相关度很高,但港产城联动发展仍有较大的提升空间。对此,文章建议:加快提升国际化物流组织能力(积极拓展"一带一路"海上丝路航线网络,大力拓展长江经济带港口布局,加快构建东西双向铁路物流通道);加快提升现代化综合枢纽辐射能级(有效提升对"一带一路"港口中转功能;加快港区功能布局优化调整,完善主要货类运输体系;大力发展港口多式联运);加快提升全球化大宗商品资源配置能力(加快建设国际油品储运基地,加快建设铁矿石亚太分销中心,加快建设大宗商品交易中心);加快提升国际化高端化现代航运服务能力(加快建设国际海事服务基地,提升发展现代港航物流服务业,培育发展高端航运服务业)。

王绍卜的《"一带一路"背景下宁波—舟山港经济腹地空间布局与拓展》(《浙江万里学院学报》2018 年第 1 期)以宁波—舟山港及丝绸之路经济带节点城市为研究对象,选取 2007—2014 年浙江省各市外贸数据及 2014 年港口企业的集装箱吞吐量,采用 ArcGIS 空间自相关、加权场强计算研究方法,研究宁波—舟山港直接经济腹地的空间分布特征和在丝绸之路经济带节点城市间接经济腹地的影响力。结果表明:(1)从全局的角度看,宁波—舟山港直接经济腹地的外贸经济空间分布是不相关的随机分布,宁波、杭州占绝对优势;(2)从局部看,宁波、绍兴、杭州为高值区域,丽水、衢州为低值区域;(3)从发展趋势看,金华因义乌电子商务的快速发展带动了外贸经济的快速增长。在丝绸之路经济带间接腹地方面,通过场强模型和可达性定量计算,宁波—舟山港和上海港在节点城市的场强(影响力)有明显的竞争优势。文章提出的建议有:在直接经济腹地,应以港口产业链为主要支撑,经济、社会、文化、生态紧密联系,相互协调、有机结合,加强区域经济合作,打破条块分割,建立区域经济的协调机制,不断加大与腹地的来往,共同发展区域经济共同体,实现"圈层带动、线性辐射、网络牵引、产业支撑";在丝绸之路经济带,加强与上海港的合作,通过"海铁联运""无水港"构建创新型运输模式,加深与中西部的联系,增强口岸服务功能,吸引更多的货源;发挥

"义新欧""渝新欧"等国际铁路的优势,相互协作,使宁波—舟山港成为欧洲、中亚、西亚与日韩、澳洲、东南亚的桥梁。

台州市发改委课题组还发表了《台州参与"一带一路"建设的路径研究》(《大陆桥视野》2018年第10期),文章在梳理台州市"一带一路"建设现状的基础上,认为"一带一路"建设中台州具有历史人文优势、民营经济优势和特色产业优势。但同时也要清醒地认识到台州在参与"一带一路"建设中还存在着不少短板:一是缺政策,缺少国家和省级层面的政策扶持;二是缺平台,缺少高能级的开放平台;三是缺通道,缺少"义新欧""义甬舟"之类的海陆大通道。在上述分析的基础上,课题组认为台州在参与"一带一路"建设中的定位应该是:建设"一基地四区"(浙江省国际港航物流枢纽的重要基地、国际贸易枢纽的先行区、国际产能合作枢纽的示范区、国际新金融服务枢纽的试验区和国际人文科教交流枢纽的融合区),努力成为21世纪海上丝绸之路重要节点城市。具体实施路径有:积极争取国家政策红利,补齐政策短板(争取在浙江省"大湾区"建设中先行先试;争取共享宁波"一带一路"建设综合试验区政策红利;深化区域合作,争取政策外溢);加快台州"大湾区"建设,补齐平台短板(加快打造"一体两翼三带四区"发展格局,加快关键要素向湾区集聚);强化"四路"共建,补齐通道短板(加强"海上丝路",完善"陆上丝路",构筑"空中丝路",拓宽"网上丝路");充分发挥台州特色产业优势,加快"走出去"和"引进来"并举(推动农渔业走出去,推动"台州制造"走出去,推动服务贸易创新发展,加快高端要素"引进来");充分发挥民企民资优势,加快"三网"布局(加快布局国际金融网,加快布局境外园区网,加快布局丝路友城网);充分挖掘台州人文山水优势,全方位参与"一带一路"建设(深化人文交流合作,强化旅游特色发展);强化"妈妈式"服务保障,打造更优的营商环境(创新制度供给,优化贸易服务,加强财政支持,强化人才支撑)。

除了上述这些文章,2018年有关浙江省参与21世纪海上丝绸之路建设的文章主要还有丁珏的《"一带一路"倡议背景下浙江跨境电商与跨境物流协同评价分析》(《商业经济》2018年第10期)、聂红隆和沈友华的《"一带一路"战略下宁波国际贸易与国际物流协同发展研究》(《江西科技师范大学学报》2018 年第 2 期)、霍杰的《宁波在海上丝绸之路地位演变研究》（《内蒙古科技与经济》2018 年第 3 期)、王延隆和王泽彪的《"一带一路"背景下浙江茶文化"走出去"路径研究》（《文化艺术研究》2018 年第 4 期)、袁乐乐和蒋琴儿的《浙江对"一带一路"出口农林产品的贸易关系持续性研究》（《齐齐哈尔大学学报(哲学社会科学版)》2018 年第 6 期)、秦良杰的《"一带一路"倡议背景下浙江海港城市文化产业提升路径》（《江苏商论》2018 年第 10 期)、杜平的《构建浙中"一港三区"框架深度参与"一带一路"建设》（《浙江经济》2018 年第 13 期)、王红珠的《从"一带一路"看宁波城市创新发展新格局》（《经济研究导刊》2018 年第 27 期)，等等。

（六）关于其他省市参与"一带一路"建设问题的研究概况

2018 年有关上海参与"一带一路"建设问题的研究主要有：周德全、梁元卿和高志军的《21 世纪海上丝绸之路与上海国际航运中心联动发展》（《中国航海》2018 年第 2 期)，王列辉、朱艳的《上海港在"21 世纪海上丝绸之路"的地位及发展战略研究》（《人文地理》2018 年第 4 期)，干春晖、王强的《上海自贸试验区对接服务"一带一路"建设研究》（《科学发展》2018 年第 12 期)，李锋等的《上海打造服务"一带一路"桥头堡进展及其重大抓手》（《科学发展》2018 年第 8 期)，龚柏华的《"一带一路"背景下上海自由贸易港构建的法治思维》（《上海对外经贸大学学报》2018 年第 2 期)，邹磊的《上海加强与"一带一路"沿线国家科技创新合作研究》（《科学发展》2018 年第 3 期)，等等。

在这些文章中，王列辉、朱艳的《上海港在"21 世纪海上丝绸之路"的地位及发展战略研究》基于 1995 年、2005 年和 2015 年的中国国际航运数据，以"海丝之路"沿线港口为研究范围，采用枢纽度模型和复杂网络方法重点分析了上海港在 21 世纪"海丝之路"的港口地位变化。文章认为上海港在"海丝之路"沿线航运网络中的地位主要体现在：上海港与"海丝之路"海向腹地扩大，联系频率和强度增强；上海港与"海丝之路"中的联系重点是东南亚港口，包括新加坡港、巴生港、丹戎帕拉帕斯等；在整个"海丝之路"航运网络中，上海港的综合排名跃居第一，成为"海丝之路"沿线最重要的港口；中

国通往"海丝之路"沿线国家的航运网络已形成了较为明显的层级结构,上海港在国内四中心结构中位居首位,上海—宁波航线覆盖范围重合度较高,同质竞争激烈。港口资源和航运服务是上海参与"一带一路"建设的重要内容。最后文章提出的建议有:(1)港口层面实施东南亚战略,东南亚是"海丝之路"建设的重点区域,也是上海港与"海丝之路"沿线联系最紧密的地区,应该加强上海对东南亚地区巴生港、新加坡、丹戎帕拉帕斯等重点港口的投资;(2)区域层面实施上海与其他港口的协同发展战略,包括与相邻港口宁波港的协同发展、与香港在政策整合及人才培养等方面的合作;(3)国家层面实施金字塔战略,国内港口已经形成了明显的金字塔形层级结构,国家各部门除了加大对上海港建设的支持力度外,还要推进制度创新和管理创新,对上海自身来说,要充分体现国家战略,代表国家参与国际竞争。

上海 2018 年在 21 世纪海上丝绸之路建设中重点加强、全面加大服务国家"一带一路"桥头堡建设力度。因此李锋、陆丽萍和邱鸣等的《上海打造服务"一带一路"桥头堡进展及其重大抓手》一文以桥头堡建设作为切入口。文章首先介绍分析上海打造服务"一带一路"建设、推动市场主体"走出去"的桥头堡目前已取得的进展:多层次的经贸合作机制初步构建;跨境金融服务体系建设加快推进;基础设施服务枢纽功能持续优化;人文交流和科技合作不断深化;"一带一路"智库建设稳步推进。接着,文章分析其面临的新环境和新要求主要有:从国际看,面对中国加速崛起,西方发达国家竭力维护其全球主导地位和既有利益,加快"一带一路"建设更加紧迫;从国内看,兄弟省市参与"一带一路"建设十分踊跃,上海在一些领域还需加强;从上海自身看,目前在推进"一带一路"建设中还面临一些难点和薄弱环节。因此作者认为上海必须依托自身优势,紧密对接国家战略需求,进一步形成若干有标志性和影响力的重大抓手,具体有:加快推进自由贸易港建设;充分发挥中国国际进口博览会辐射带动效应;建立"一带一路"债券市场;建设"一带一路"人民币跨境支付和清算中心;打造"一带一路"大宗商品交易平台;推动亚太示范电子口岸网络(APMEN)建设;支持中远海运与上港集团合作推进"一带一路"港口投资布局;加快建设"一带一路"联合实验室;打造"一带一路"智库协同研究平台,深化沪港合作服务企业"走出去"。文章最后提出相关的保障和支撑机制有:进一步加强协同联动与资源共享;针对推进中的突出问题,争取国家相关部委支持;充分发挥市场主体在"一带一路"桥头堡建设中的作用;加强与长三角区域及其他省市参与"一带一路"建设的协同和主动服务。

干春晖、王强的《上海自贸试验区对接服务"一带一路"建设研究》一文围绕上海自贸试验区与"一带一路"倡议的联系着手探讨。文章提出上海自贸试验区是实施"一带一路"倡议的桥头堡,上海自贸试验区对接服务"一带一路"国家战略建设的定位是:中国沿海最东面的"桥头堡"、"一带一路"沿线重要节点枢纽城市,具有雄厚的科技基础和文化积淀。文章分析了上海自贸试验区对接服务"一带一路"建设存在的优势:制度创新具有先发优势(以负面清单为核心的投资制度创新成果,以贸易便利化为重点的贸易制度创新成果,以金融服务业开放为目标的金融制度创新成果);要素资源具有集聚效应(经济总量集聚,外贸活力集聚,金融机构和资本集聚,国际航运中心造就物流集聚,科技创新高地和人才集聚);对周边地区具有辐射效应(区域经济的"增长极"效应,金融开放和资本运筹的中心效应,贸易自由化和便利化先行区的示范效应,国际物流和航运中心效应,文化传播和舆论宣传辐射效应);与地方发展具有联动效应(区内改革与上海改革联动,与上海国际金融中心建设联动,与科技创新中心建设联动)。文章认为存在的挑战有:提升投资贸易便利化的制度创新还需继续推进(负面清单管理制度尚未成熟,与"证照分离"制度相适应的监管制度存在缺失,体现贸易便利化的"一线放开"的监管模式还需改进,国际贸易"单一窗口"监管效率不高);支持中国企业"走出去"的平台建设有待加强(服务企业"走出去"的综合能力缺失,针对中小企业"走出去"服务机构缺少);金融支持服务"一带一路"建设存在瓶颈(跨境资本融资平台建设障碍,金融监管制度改革面临挑战);适用于离岸业务的税收制度改革还需完善。在上面分析的基础上,作者认为上海自贸试验区未来改革思路应为:一是注重系统性,把制度创新作为对接服务工作的主线。着力于制度设计、制度建设、制度运行、制度维护等关键环节,通过扩大开放、深化改革,形成简政放权、放管结合、优化服务为体系的制度模块,使制度创新沿着点(试验点)、线(管理条线)、面(综合管理界面)全面覆盖。二是注重开放性,完善和创新高标准的国际经贸投资规则。打造开放型合作平台,维护和发展开放型世界经济,共同创造有利于开放发展的环境,推动构建公正、合理、透明的国际经贸投资规则体系,促进生产要素有序流动、资源高效配置、市场深度融合。最后文章提出了路径选择:探索"高标准"国际投资贸易规则,打造开放合作桥头堡(完善上海自贸试验区负面清单制度;在对接高标准国际投资贸易规则的同时,注重探索适合发展中国家的"适度标准";提高国家贸易"单一窗口"监管效率,带动长江经济带及海上丝绸之路重点国家和节点城市的开放水平);加强服务系统化集成,打造企业"走出去"的桥头堡(加快形成有利于企业"走出去"的集成化服务能力;放大上海自贸试验区有利对外投资的引力效应);推进金融创新开放,打造"一带一路"金融服务桥头堡("外围"改革,加快推进金融市场的开放;资本流动管理,探索金融风险防控新机制);吸取国外先进经验,探索离岸税制改革实施办法(吸取国际离岸税制改革的经验,积极探索离岸税制改革实施办法);实现海内外双向开放,扩大联动效应(与国际金融中心、科创中心建设联动,服务"一带一路"实体经济发展;与全市发展联动,加快与国际规则接轨;推动跨国产业链建设、构建21世纪海上丝绸之路城市)。

江苏处于丝绸之路经济带和21世纪海上丝绸之路的交汇点上。2018年一些文章专门探讨关于江苏作为"一带一路"交汇点的问题。如古龙高、古璇和赵巍的《加快江苏"一带一路"交汇点建设的思考》(《大陆桥视野》2018年第4期)一文写道:"加快交汇点建设步伐,服务'一带一路'倡议,是新时代江苏适应新常态、迎接新挑战、引领新发展、实现新跨越的根本举措。"文章首先从地理区位层面的定位、国际经济合作走廊层面的定位和江苏在"一带一路"合作倡议总体格局中的定位这三方面考量分析"一带一路"交汇点的定位内涵。文章接着论证加快"一带一路"交汇点建设的意义有:有利于推进中亚、东亚国家的贸易畅通;有利于培育江苏全省开放开发新优势;有利于推进沿海、东陇海沿线地区快速崛起;有利于对全省开放布局的优化和区域协调发展的牵引。文章分析认为江苏作为"一带一路"交汇点建设的优势有:区位优势、开放优势、产业优势、先发优势、区域创新优势、区域非均衡发展的交通优势、"走出去"的园区优势等。但面临的挑战有:开放度对产业发展和城市综合承载能力的带动功能明显滞后;"一带一路"交汇点核心区发展滞后;经济强省定位与区域发展严重不平衡。作者认为"一带一路"交汇点建设的重点应该是:突出建设大门户,突出建设大通道,突出建设大物流,突出发展大经贸,突出繁荣大人文。文章最后提出江苏要坚持优势引领,突出问题导向,实现统筹推进,其路径选择有:统筹推进交汇点建设与沿海开放战略,海陆联动;统筹推进黄金水道、黄金海岸建设,江海联动;统筹推进共享多重国家战略优势,区域联动;统筹推进沿海沿桥建设,东中西联动。

吴权在《新时代推进"一带一路"交汇点建设的思考》(《群众》2018年第5期)中写道:"江苏处于'一带一路'交汇点上的这一定位,分量很重、地位独特。"文章指出,需要从更宽广的维度对"交汇点"进行把握:地理空间上的交汇、主要交通运输方式上的交汇、市场的交汇、文化上的交汇、政策上的交汇,等等。文章认为近几年来江苏积极参与国家"一带一路"建设,全方位发力,取得了良好成绩,但也存在一些不足,仍有提升空间:要突出以"积极融入和参与"国家"一带一路"建设大局的姿态做好江苏应有的工作;要突出做强"交汇点"应有的融合功能、铰链功能、枢纽功能,努力做到交通汇通八达、商品汇涌世界、资金汇聚四方、人才汇集天下、文化汇丰民众;要突出谋划好"一带一路"交汇点的核心区、重要纽带、重要拓展区等省内总体布局,明晰主要城市的综合枢纽功能、产业文化支撑功能、运输链接功能等,形成整体联动优势;要突出重点新区、园区的主要载体作用,明确将南京江北新区、苏州工业园区、上合组织(连云港)物流中转基地打造成交汇点的三颗璀璨明珠;要突出能够体现"一带一路"交汇点的江苏标志性符号,力推丝绸、绿茶、大米、紫砂、郑和宝船经典符号,打响纺织服装、计算机、智能工程机械、光伏、物联网等当代符号。

连云港是江苏省"一带一路"建设的核心区和先导区。杨东升的《建设连云港"一带一路"交汇点核心区和先导区的思考与建议》(《大陆桥视野》2018年第1期)就从交汇点核心区和先导区角度来研究。文章首先分析了连云港作为"一带一路"交汇点核心区和先导区的理论依据:从世界地理来看,连云港是陆上丝绸之路与海上丝绸之路的交汇点,是连接中国东中西区

域与中西亚及欧洲诸国和中国南北沿海地区与环太平洋沿岸国家或地区的一个中间枢纽;从世界交通经济来看,连云港是新亚欧大陆桥东桥头堡,是为促进世界经济一体化和亚欧大陆间国际货运服务的铁水中转站;从中国经济地理来看,连云港是中国沿海与沿桥的战略节点,是中国陇兰经济带融入环黄海经济圈最经济的出海口和最顺直的门户。接着作者分析指出,"连云港是古代海陆丝绸之路的龙头城市,也是当代'一带一路'建设中的龙头城市","为了中华民族的伟大复兴,必须实现中原与关中地区的复兴,而中原和关中地区的复兴,必须首先将'一带一路'交汇点核心区和先导区的连云港建设成为国际性海港中心城市"。文章认为连云港在"一带一路"建设中的枢纽作用体现在资源转换作用、要素集聚作用和要素扩散作用上。文章在介绍连云港"一带一路"交汇点核心区和先导区建设过程中所取得的成效的基础上,认为也存在一些问题:开放层次低,与国际贸易的要求不适应;经济总量小,与承担的责任不匹配;城市功能弱,与交汇点核心区和先导区的地位不相称。文章在分析基础上将连云港的发展目标定位为"四个城市四个中心",即国际性的海滨城市和金融商贸中心、世界著名的港口城市和物流中心、现代化的工业城市和科技研发中心、国内外向往的旅游城市和休闲娱乐中心。最后,文章提出的具体举措和建议有:国家牵动战略,中央给予连云港开发特殊的政策扶持;开放拉动战略,推进全方位宽领域多层次的对外开放;创新驱动战略,以改革创新激发内生动力;环境带动战略,提高要素集聚和承载能力;人才推动战略,打造人才创新创业特区。

2018 年关于江苏建设 21 世纪海上丝绸之路研究的文章还有:王晶晶的《扬州海上丝绸之路文化旅游资源开发探讨》(《扬州职业大学学报》2018年第 2 期)、杨伟的《地方城市参与共建"一带一路"的机制与路径研究——以南通为例》(《中共伊犁州委党校学报》2018 年第 4 期)、戴翔的《探析"一带一路"交汇点建设的江苏定位》(《群众》2018 年第 17 期)、耿波和张恒中的《"一带一路"倡议下节点城市物流发展的机遇探析——以徐州市为例》(《价值工程》2018 年第 24 期)、徐晓亮的《"一带一路"背景下江苏对外开放路径研究》(《中国商论》2018 年第 35 期),等等。

2018 年关于山东参与 21 世纪海上丝绸之路建设的文章还是不多。主要有陈玉红、袁晓莉和徐连基的《青岛市与"一带一路"国家产能合作产业选择研究》(《青岛科技大学学报(社会科学版)》2018年第2期)、丁黎黎等的《"一带一路"建设下青岛海洋经济发展的新思路》(《海洋经济》2018年第2期)、王可佳的《山东积极融入21世纪海上丝绸之路建设的战略优势和发展方向》(《中共青岛市委党校·青岛行政学院学报》2018年第3期)、刘颖的《基于"一带一路"战略的青岛港海铁联运发展研究》(《经贸实践》2018年第10期)、徐一杰的《日照港:海陆双向布局打造"一带一路"综合性枢纽港》(《中国港口》2018年第4期),等等。

青岛是21世纪海上丝绸之路建设的海上合作战略支点。丁黎黎、刘梦溪、宋维玲等合撰的《"一带一路"建设下青岛海洋经济发展的新思路》就关注发展青岛海洋经济新思路。文章提出,作为山东海洋经济发展龙头的青岛,需要从"一带一路"的视角对海洋经济定位进行新诠释。文章认为"一带一路"背景下青岛海洋经济发展的机遇有:提升海洋经济发展空间,加快海陆空一体化交通网络建设,进一步优化海洋产业结构,推进海洋经济要素结构改革。但面临的挑战有:沿海地区海洋产业形成竞争态势;海洋管理体制制约顶层设计效率;沿线国家发展落后,存在潜在风险;沿线国家的利益诉求多元化。文章写道:"根据青岛市制定的《青岛市建设国际先进的海洋发展中心行动计划》,到2020年,全市海洋生产总值年均增长率保持在10%以上,海洋生产总值占全市生产总值的比重达到30%以上,人均海洋生产总值3.2万元以上,成为全国海洋经济领军城市。同时,青岛将统筹推进'一谷两区'的战略布局,强化三大区域支撑,致力将蓝谷核心区、西海岸新区、红岛经济区建设成为海洋科技创新策源地、海洋高端产业集聚区及海洋战略性新兴产业基地,将青岛市打造成为世界一流的海洋科技创新中心、国内领先的海洋高端产业集聚区。"文章建议青岛海洋经济发展的新思路应为:完善海洋经济发展"顶层设计",加强与沿线国家友好合作关系,大力推动海洋金融发展,激励海洋产业企业自主创新。

王娟、孟凤娇、杨晨等在《"21世纪海上丝绸之路"通道建设研究——以青岛为例》(《青岛科技大学学报(社会科学版)》2018年第3期)中写道:"'21世纪海上丝绸之路'是'一带一路'倡议的海上之翼,而建设开放、安全

的海陆空通道也是我国国家利益的需求所在。"文章选取与青岛具有相同行政级别的深圳、厦门、宁波、大连4个计划单列市作为比较对象,通过对这5个沿海港口城市的交通通道建设水平进行测度比较和分析,结果显示,青岛的通道建设存在比较优势和不足:青岛港的腹地经济环境较为优越,但港口基础设施建设不足;青岛流亭机场的基础建设设施条件较好,但机场规模小;青岛的公路密度虽在五市中排名第一,但轨道交通建设不完善。对此,文章提出的对策是:构建全球化港口网络(积极开辟北极航线,打造"互联网+"港口,设立自由贸易港区);完善基础设施建设(提升互联互通,加强科技合作,发展多式联运);建立通道保障体系(创建开放型体制机制,建立面向国内、国际市场的多元协作机制;搭建通道安全保障网络信息平台;加大通道建设的资金支持)。

此外,还有文章探讨了2018年其他沿海城市参与21世纪海上丝绸之路的建设问题,主要有:罗琼和臧学英的《天津市海洋经济融入"一带一路"建设的对策建议》(《中共天津市委党校学报》2018年第1期)、张再生的《发挥天津独特优势 推进"一带一路"建设》(《大陆桥视野》2018年第3期)、吴婷和张娟的《天津融入"一带一路"建设研究》(《产业创新研究》2018年第5期)、吕晓涵的《"一带一路"战略下天津港转型与发展》(《经贸实践》2018年第9期)、张健的《加快推动"一带一路"战略的天津沿海区域经济长效性发展的研究》(《现代商业》2018年第15期)、杨继涛和王进的《大连融入"一带一路"建设物流领域问题研究——基于物流信息化角度分析》(《中国经贸导刊(理论版)》2018年第2期)、大连海洋经济研究基地课题组的《大连参与"一带一路"建设拓展海洋经济新空间的对策建议》(《大陆桥视野》2018年第5期),等等。

上述文章中,张再生的《发挥天津独特优势 推进"一带一路"建设》开篇就指出天津参与"一带一路"建设面临的机遇有:促进天津经济结构的转型升级;提高天津开放型经济水平;提升京津冀协同发展水平;提升天津的整体竞争力和影响力。而面临的挑战是:来自其他地区的激烈竞争;与中亚、蒙俄等地区的经济联系有待加强;资源环境的约束加剧;投资安全、宗教文化差异等问题突出。文章对此提出的对策建议是:发挥政策优势,拓展合作领域,实现融合发展(利用好自贸区和国家自主创新示范区政策优势,实现法律、法规、政策的对接沟通,探索新投资贸易合作规则,加强与"一带一路"沿线国家的技术交流与合作,进一步扩大服务业和先进制造业开放领域;利用滨海新区开发开放优势,探索投资市场和贸易市场便利化合作方式,完善"一带一路"的通关综合服务体系,构建对外投资合作服务平台;借力京津冀协同发展和雄安新区规划建设,充分利用京津冀三地资源,加快国际航运和物流中心建设);发挥产业优势,完善产业对接,推动转型升级(确定重点合作产业及领域,发挥制造研发优势;提高对外投资水平,提升天津国际竞争力和影响力;发挥滨海新区先行先试优势,吸引沿线国家企业来津投资发展);发挥港口优势,升级物流中转,形成港口经济圈(进一步完善和发展天津港的国际中转功能;共建无水港、中欧经济通道、国际物流园区等多层次的物流网络合作平台;构建以天津港为核心的新型贸易格局);发挥区位优势,构建交通网络,搭建贸易桥梁(构建综合交通体系,抢占"一带一路"桥头堡地位,着力打造"一带一路"交通枢纽;优化天津港航线网络布局,建立新型贸易通道;深挖航空等运输市场潜力,延伸机场服务,增强服务辐射能力,打造空中丝绸之路);发挥金融优势,探索金融创新,服务项目建设(发挥融资租赁优势,完善资本市场体系,深化金融领域开放创新);发挥软实力优势,促进民心相通(牵头组建国际港口城市联盟,将秘书处设在天津市,定期举办港口城市发展论坛和智库论坛,扩大影响,深化合作;发挥人文优势,加强与"一带一路"沿线国家的民间交流和合作,探索与意向城市共建"友好城市"交流项目;发挥教育优势,对"一带一路"国家予以政策倾斜,鼓励扶持留学生和教育培训项目,特别是鼓励职业教育"走出去",为"一带一路"建设提供人才储备等)。

罗琼、臧学英在《天津市海洋经济融入"一带一路"建设的对策建议》一文中写道:"天津市明确提出到2020年全面建成'海洋强市'。天津未来发展靠海洋,天津未来发展的潜力和优势也在海洋,大力发展海洋经济是增强天津市整体竞争力的必然选择。"文章论证了"一带一路"倡议为天津市海洋经济发展提供强大助力:推动海洋产业结构转型升级;构建海陆空立体化交通网络,促进海洋经济发展;提升天津海洋经济开发开放层级;加强天津海洋经济辐射带动能力。文章分析天津海洋经济发展面临的突出问题有:海洋产业"走出去"步伐缓慢;海洋产业结构仍不合理;海洋生态脆弱;海洋经济产值规模小。文章接着认为其产生的原因有:海洋经济相关管理部门职权不明,融入"一带一路"机制不畅;尚未形成崇尚"靠海吃海"的海洋文化氛围;从事海洋产业人才不足;海洋经济发展存在先天劣势。文章提出的对策建议有:完善海洋开发管理体制机制,优化主管部门服务功能;树立全球性海洋经济战略思维,借助"一带一路"倡议"走出去";发挥自身优势融入"一带一路"建设,丰富与沿线国家海洋合作内涵;营造"崇"海"重"海的海洋文化,强化海洋思维;紧抓"一带一路"倡议契机,推动海洋产业结构转型升级;构筑海洋交通运输体系,建成"一带一路"国际物流大通道。

大连海洋经济研究基地课题组的《大连参与"一带一路"建设拓展海洋经济新空间的对策建议》一文针对如何拓展海洋经济新空间来探讨。文章提出:"大连作为中蒙俄经济走廊的重要节点城市、海上丝绸之路的重要战略支点、'一带一路'东北亚地区的重要海铁联运交汇点及出海口,应当充分发挥自身优势,积极参与并推进'一带一路'建设,深化大连与'一带一路'沿线地区在宽领域、高层次的开放合作,拓展海洋经济新空间。"文章明晰分析大连参与"一带一路"建设的优势:区位优势明显;海陆空集疏运体系发达;拥有良好的产业基础和发展平台;与"一带一路"沿线国家经贸合作基础良好;海洋经济要素齐全。文章认为大连的关键不足有海洋产业结构不尽合理;海洋资源开发压力过大,后备资源不足;海洋环境不容乐观;海洋科技投入及创新能力不足;开放型经济体制不完善。最后文章提出的对策建议有:把握"一带一路"建设实施的核心需求,提升海洋产业研发的新高度;抓住"一带一路"相关国家的主要短板,开拓海洋经济发展的新市场;识别"一带一路"相关国家的互补优势,寻求海洋产业合作的新渠道;服务"一带一路"内陆地区的出海需要,拓展门户城市服务的新腹地;完善"一带一路"建设互动的合作机制,搭建海洋经济开放的新平台;强化"一带一路"建设参与的绿色形象,构筑海洋生态发展的新屏障。

(七)关于港澳台地区参与"一带一路"建设问题的研究概况

2017年12月14日《国家发展和改革委员会与香港特别行政区政府关

于支持香港全面参与和助力"一带一路"建设的安排》正式签署。2018 年 12 月 6 日《国家发展和改革委员会与澳门特别行政区政府关于支持澳门全面参与和助力"一带一路"建设的安排》正式签署。这两个"安排"有利于发挥香港和澳门的独特优势,助力"一带一路"建设,也有利于香港和澳门通过参与"一带一路"建设,提升自身竞争力,培育发展新优势,开拓发展新空间,实现更好发展,对于促进香港和澳门在国家改革开放进程中发挥更大作用,进一步支持香港和澳门融入国家发展大局具有重要意义。

2018 年,一些学者从不同的角度对香港和澳门进行了研究,主要有:荣健欣和毛艳华的《"一带一路"倡议下香港伊斯兰金融中心的构建》(《港澳研究》2018 年第 2 期)、李董林和张应武的《游离之外还是融入其中?——"一带一路"背景下香港的 FTA 路径选择研究》(《当代港澳研究》2018 年第 2 期)、贾善铭和位晓琳的《香港经济转型路径研究——基于空间经济学的视角》(《港澳研究》2018 年第 3 期)、龙建辉的《香港融入国家开放发展的路径与协同策略研究》(《广东社会科学》2018 年第 4 期)、曾忠禄的《国家"一带一路"建设与澳门的机遇》(《当代港澳研究》2018 年第 1 期)、张明轩的《一带一路环境下的澳门发展机遇及路径》(《现代商业》2018 年第 27 期),等等。

荣健欣、毛艳华的《"一带一路"倡议下香港伊斯兰金融中心的构建》一文就"一带一路"中如何发展香港伊斯兰金融中心开展系统的研究分析。文章指出:"伊斯兰国家占'一带一路'沿线国家总数的 45% 左右,是推进'一带一路'建设中不可忽略的合作伙伴。""在'一带一路'沿线国家中,伊斯兰金融高度集中于'21 世纪海上丝绸之路'的东南亚国家和海湾国家。""伊斯兰金融作为基于伊斯兰教教义的特殊金融形式,也是'一带一路'建设中值得关注的投融资模式。"文章认为"一带一路"建设涉及在沿线伊斯兰国家的大量投资和融资事务,倡议的推进将极大增进沿线经济体伊斯兰金融的发展潜力,体现在:"一带一路"倡议下的基础设施建设项目增加了对伊斯兰金融形式的投融资需求;"一带一路"沿线的人民币国际化可采用伊斯兰金融的形式;伊斯兰债券能够服务中小企业的直接融资需求。文章分析认为香港在发展伊斯兰金融业务、服务"一带一路"倡议中的作用很独特:"香港构

建伊斯兰金融中心,有望充分发挥其作为内地与'一带一路'沿线经济体的'超级联系人'作用,以更为灵活多样的金融工具,助力'一带一路'倡议的顺畅实施,促进自身充分融入国家发展大局,分享内地乃至'一带一路'沿线的经济增长红利。""香港构建伊斯兰金融中心还有助于扩展香港作为国际金融中心的视野,提升香港金融业的国际竞争力。"同时香港发展伊斯兰金融具有的主要优势包括:香港是国际知名的自由港与金融中心,是内地与海外沟通交往合作的桥梁,是一个多元文化聚集的都市。文章指出也要正视当前发展的不足之处:香港伊斯兰金融的发展规模仍然偏小,一些重要的伊斯兰金融监管框架尚未建立,过度依赖政府主导。文章提出香港构建"一带一路"伊斯兰金融中心的路径有:香港作为内地对外开放窗口,吸引中东石油富国投资内地基础设施建设,对接丝绸之路经济带交通建设;香港作为离岸人民币金融中心,促使境内人民币资产"走出去",按伊斯兰金融形式投资"一带一路"项目;香港可以通过伊斯兰金融对接各类主权基金;香港建设伊斯兰金融中心,通过完善市场配套设施,增进伊斯兰债券和投资项目的流动性,完善"一带一路"各类项目民间匹配。最后,文章认为为加快香港伊斯兰金融中心的建设步伐,香港特区政府和金融产业界还需做出努力:培训熟悉伊斯兰金融的复合型人才;加强与"一带一路"沿线伊斯兰金融优势地区之间的交流沟通;政府与民间平台相配合共同培育有深度的伊斯兰金融市场;建立法治化的伊斯兰金融监管框架。

龙建辉的《香港融入国家开放发展的路径与协同策略研究》一文从如何为香港经济注入新动力的角度进行探讨。作者认为需要"跳出香港来看香港",开放发展是香港经济保持长期繁荣稳定的重要引擎。文章分析了开放发展理念给香港带来的机遇和空间:外部环境改善助推香港优势产业顺势发展,国家开放战略引领香港优势产业借力发展,中国制造转型促进香港优势产业黏合发展。存在的问题有:体制机制有待于深入对接和完善,要素流动自由化程度有待于提升,观念认知有待于深入了解和交流。文章接着提出问题:香港如何有效融入国家新开放理念?答案是必须对"融入方向、融入方式、融入程度、融入秩序"进一步明晰化。融入方向涉及:抓紧"一带一路"倡议机遇,抓紧粤港澳大湾区战略机遇,抓紧自贸试验区机遇,抓住国家和地方规划机遇。融入方式有：以"超级联系人"身份融入，以"超国民待遇"融入。至于融入程度，则可以从定性和定量两个视角观察香港融入国家开放发展理念的程度。从融入秩序来看，依次是制度融入、角色融入、产业融入和观念融入。文章最后提出的协同策略与建议有：角色锁定，作为"超级联系人"融入国家发展；路径衔接，积极主动融入相关战略及其规划；项目摆渡，搭建香港融入开放发展的大平台；政策引导，优化香港融入开放发展制度环境。

澳门学者曾忠禄的《国家"一带一路"建设与澳门的机遇》的分析很有深度，针对性强。文章开篇就说："澳门经济面临两个最大的风险：一是对博彩业的过度依赖，二是对内地游客的过度依赖。"因此文章明确提出澳门经济需要多元化：为降低对博彩产业的依赖性，澳门需要产业多元化，即推出博彩产品之外还要发展非博彩产品，包括酒店、餐饮、零售、非博彩娱乐和会展；为了减少对内地客源的依赖性，澳门需要客源地区多元化。同时文章指出，澳门的博彩企业在实施产品多元化战略的同时，也需要实施客源地区多元化。文章指出中央实施的"一带一路"建设为澳门博彩企业推动客源地区多元化提供了机遇，主要有：潜在的商机；客源地区多元化将使澳门博彩公司进入新的空间、不同的市场；更高程度的客源地区多元化更能分散博彩公司的经营风险。文章还指出："'一带一路'倡议的推进为澳门还带来另外一种机遇：通过与内地和香港的交叉营销，实现澳门的客源多元化。"文章分析提出澳门的博彩业有实现客源地区多元化的基础：首先，澳门的度假村集群规模在世界上仅次于拉斯维加斯，是东半球最大的；其次，澳门的博彩中介在发现豪客和提供贴身服务方面有着丰富的经验，有系统的网络，这是世界其他地方难以比拟的优势；再次，澳门是企业所得税世界最低的地区之一，因此澳门零售商品有低成本竞争的潜力；最后，澳门的气候和文化独具特色。

2018 年，关于台湾地区参与"一带一路"建设问题的文章有：殷存毅和吴维旭的《分享与融合："一带一路"与深化两岸经济关系的新趋势》（《台湾研究》2018 年第 1 期）、石正方和李嘉欣的《"一带一路"视域下两岸文创产业合作探讨》（《现代台湾研究》2018 年第 6 期）、何英和刘义圣的《"一带一

路"下两岸关系的问题与新路径》(《发展研究》2018年第12期),等等。

在上述文章中,何英、刘义圣在《"一带一路"下两岸关系的问题与新路径》中明确提出:"面对当前两岸关系存在的风险与挑战,可以通过推动两岸合作参与'一带一路'建设,共同进步,同向而行,以促进两岸经济合作和推动台湾经济发展,为两岸提供新的机遇。"文章具体分析两岸携手"一带一路"发展的障碍有:岛内社会对两岸经济合作的态度复杂,岛内政治生态趋向"民粹";民进党当局执政直接冲击台湾参与"一带一路"建设;美国和日本合力牵制两岸统一,政策掣肘严重;两岸之间互信不足,导致两岸合作矛盾丛生。作者认为:"'一带一路'倡议的提出为深化两岸经济合作提供了新的机遇,两岸合作参与'一带一路'建设也引起了两岸各界人士的广泛关注。'一带一路'是中国崛起和经济全球化发生全新变革的体现,它的提出对两岸经济合作有着重要的影响。两岸必须共同突破障碍,携手克服挑战,利用'一带一路'带来的巨大机遇与发展空间,促进两岸更加紧密的经济合作,共同迈向和平繁荣,不断深化两岸合作的深度和广度。"文章最后提出的具体新路径为:推动两岸产业合作与"一带一路"建设相结合,深化两岸产业合作;围绕"一带一路"建设,全面加强两岸贸易投资合作;推动福建自贸区加快融入"一带一路"倡议,积蓄两岸"一带一路"合作新能量;共同推动"一带一路"文化交流,提升两岸文化认同。

殷存毅、吴维旭的《分享与融合:"一带一路"与深化两岸经济关系的新趋势》这篇文章探讨在一个中国原则下,台湾何以可能且如何参与"一带一路"倡议。文章写道,大陆已是台湾最大贸易伙伴、出口市场与对外投资目的地,"一路"沿线五省市是台商主要投资与集聚区域,大陆发展战略的调整对台湾的实际影响甚大。文章具体分析了台湾同胞分享"一带一路"机遇的必要性。文章写道:"两岸既有的经济合作不论是在经贸与投资规模,还是产业合作的既有制度建设方面,均有较高程度的积累,这为两岸共同参与'一带一路'建设提供了必要的经济基础与制度性保障。首先,将台湾纳入'一带一路'倡议有利于进一步推进两岸区域经济与社会整合,加强台湾方面'联结(或经由)大陆,走向世界'的路径力量。其次,由于两岸要素禀赋结构的变化以及产业竞合问题对当前两岸产业合作构成新的挑战,两岸必须探寻新的合作形式与动力路径，'一带一路'内外结合的战略方向为两岸各自产业发挥比较优势、调整产业整合布局以及多元市场驱动提供极好机遇，即在当前岛内政党轮替所引发的既有两岸制度性经济合作平台多数停摆的背景下，两岸应该善用'一带一路'平台，探索新形势下两岸产业合作的新制度路径。"文章认为台湾同胞分享"一带一路"的原则是：分享形式应以民间为主，参与面向以大陆为主。最后，文章提出了台湾同胞机遇分享的路径：体制机制的建立；融入重点区域发展；推动产业的融和；提升台胞往来、居住和就业创业的便利化程度；在"一带一路"沿线开展合作。

石正方、李嘉欣的《"一带一路"视域下两岸文创产业合作探讨》这篇文章是关于两岸文创产业合作的探讨。文章中明确指出："'一带一路'建设重在'民心互通'，而'民心互通'重在文化认同。推进中华文化与沿线地区多元文化交流互鉴，从而构筑文化认同之基，需要文化自信为支撑。"为此文章分析了当前两岸文创产业合作的主要问题：合作领域受限，产业链合作水平不高；龙头企业少，产业集聚效应不明显；民族特色不浓，文化内涵挖掘不够；隐形壁垒较高，社会参与度不足。接着文章分析了两岸文创产业合作中存在问题的原因：两岸社会互信不足的深远影响；相关管理制度差异性的制约；政策支持体系和平台建设不完善；顶层设计引领缺位。作者认为"一带一路"视域下两岸文创产业合作方向定位是：促进两岸文化认同，增强中华文化凝聚力；整合两岸文化资源，提升中华文化生产力；弘扬民族文化特色，提升中华文化影响力。最后，在作者看来，策略建议可以采取：做好基础性、前瞻性、储备性研究，把握和引领两岸合作方向（构建引领两岸文创产业合作发展的文化哲学；打造区域性乃至国家层级的智库平台；强化顶层设计的引领作用；推进基础性资源汇整，建立两岸基础资源数据库）；优化产业合作软环境，促进两岸文创全产业链合作（加快政策支持体系和法律保障体系建设；推进两岸合作平台、机制"多点对接"；深化两岸民间交流，增进两岸社会互信）；打造两岸文创产业的国际影响力（强化政府的宏观指导和服务；因地制宜确定资源开发重点及开发时序；以人才为核心促进两岸合作；充分借重国际平台和国际通路资源；着力打造"互联网＋文化"创新平台）。

2018年3月5日，政府工作报告首次将"粤港澳大湾区"与"京津冀区

域一体化"和"长江经济带"并列,粤港澳大湾区被赋予了海上丝绸之路据点的地位。因此 2018 年学者对此研究较多,主要有:李猛的《"一带一路"背景下制定高标准粤港澳大湾区自由经贸协定研究》(《亚太经济》2018 年第 2期),黄本新、黄本建和黄美的《"一带一路"背景下的粤港澳物流协同发展探究》(《广东开放大学学报》2018 年第 5 期),黎江韵的《"一带一路"建设背景下,粤港澳大湾区的发展与挑战》(《特区经济》2018 年第 10 期),毛艳华、荣健欣的《粤港澳大湾区的战略定位与协同发展》(《华南师范大学学报(社会科学版)》2018 年第 7 期),后藤武秀、郝仁平的《中国南方"一带一路"据点——"粤港澳大湾区"规划与建设》(《日本研究》2018 年第 3 期),陈华的《"一带一路"倡议背景下的粤港澳大湾区文商旅融合发展》(《经济研究导刊》2018 年第 29 期),等等。

其中,李猛在《"一带一路"背景下制定高标准粤港澳大湾区自由经贸协定研究》中写道:"粤港澳大湾区正式成为国家级战略湾区,从区域经济合作上升到全方位对外开放的国家战略,未来粤港澳大湾区有望成为亚太地区最具活力的经济区。与此对应,迫切需要高标准和国际化的现代经贸规则支撑,推进实现粤港澳大湾区的规范有序发展。"文章分析了制定粤港澳大湾区自由经贸协定的现实意义:粤港澳大湾区具有服务"一带一路"的内在功能属性;将粤港澳大湾区自由经贸协定作为范本在"一带一路"中推广使用,为"一带一路"法治建设创造条件和积聚经验。同时文章从必要性与可行性两方面分析了协定对接高标准国际经贸规则。从必要性角度来看主要在于:突破现有体制束缚,积极参与经济全球化,融入世界经济格局;推动"一带一路"建设与经济体制改革。文章认为可行方式有因地制宜选择性对接和依据自身国情试行部分对接。作者提出制定粤港澳大湾区自由经贸协定的基本原则是:坚持"一国两制"方针与遵循 WTO 规则,借鉴 CEPA 实践经验,协议内容应以服务业投资贸易为主,对接高标准国际经贸规则,注重国家战略间的互动衔接。在作者看来,应当把握历史机遇,对接高标准国际经贸规则,尽快制定更高水平的、多边性质的粤港澳大湾区自由经贸协定,具体建议有:明确粤港澳大湾区自由经贸协定的法律性质与协议形式;制定"可持续发展友好型"自由经贸协定范本;用负面清单+准入前国民待遇的外资管理模式;推行高水平跨域知识产权保护规则;试行高标准和宽范围的劳工保护规制;重视投资环境保护,践行绿色发展理念;设立粤港澳大湾区投资争端解决机制;完善国有企业竞争中立制度;引入 TISA 金融服务贸易规则;构建粤港澳大湾区事中事后监管体制。

黎江韵的《"一带一路"建设背景下,粤港澳大湾区的发展与挑战》首先提出了建设"粤港澳大湾区"的重要意义:打造世界级经济湾区,发挥区域辐射带动作用;深化改革开放,发挥粤港澳大湾区在全国的改革创新引领作用;粤港澳大湾区建设是维护港澳繁荣与稳定的需要。文章接着分析提出了"粤港澳大湾区"参与"一带一路"建设的优势:粤港澳大湾区是"一带一路"建设的重要枢纽;粤港澳大湾区经济发展迅速,参与国际竞争优势明显;发挥港澳政治经济优势,推动"一带一路"倡议实施。文章认为发展中存在的困境与挑战有:"两种制度"下难以实现有效的跨境协调机制;粤港澳大湾区跨境多中心区域内城市发展定位不清;粤港澳三地间经济制度不同,法律制度相异;部分民众对粤港澳大湾区的融合发展存在疑虑。最后作者提出的建议是:建立中央层面的统筹协调架构,有效地进行跨境协调管理;找准城市定位,多中心错位发展,构建湾区发展版图;推进经济运行机制高效对接,建立法律保障制度;加大湾区宣传力度,释放民生红利,推动粤港澳跨境生活圈的形成。

此外,关于海外华侨参与 21 世纪海上丝绸之路建设的文章有:吴小玲的《钦廉籍华侨华人与海上丝绸之路》(《八桂侨刊》2018 年第 2 期)、邱小鹍的《21 世纪海上丝绸之路建设中东南亚华侨华人的作用》(《郑州航空工业管理学院学报(社会科学版)》2018 年第 3 期)、李鸿阶和廖萌的《海外华侨华人参与"一带一路"建设研究》(《统一战线学研究》2018 年第 3 期)、魏斌的《华侨华人与"一带一路"战略》(《天津市社会主义学院学报》2018 年第 4 期)、宋灵的《"21 世纪海上丝绸之路"倡议在印尼实施中华侨华人的作用》(《社会主义研究》2018 年第 5 期)、贾发义和李志贤的《东南亚华人的关帝崇拜——"海上丝绸之路"文化传播的一个例证》(《山西大学学报(哲学社会科学版)》2018 年第 5 期),等等。

三、21 世纪海上丝绸之路与世界发展

实现 21 世纪海上丝绸之路发展,于沿线各个国家及地区均大有裨益,因此坚持各国各地区间共同协商、共同建设、共享成果是实践 21 世纪海上丝绸之路的有益保障。如何促进与沿线国家的战略对接、推进与沿线国家和经济体的合作,也是 21 世纪海上丝绸之路研究的重要内容。

(一)中国与东南亚国家的关系

东盟已成为海上丝绸之路建设推进的首要和重点地区。从 2013 年 10 月习近平主席在印度尼西亚国会提出与东盟国家共同建设 21 世纪海上丝绸之路至 2018 年年底,中国与东盟 10 国已全部签署共建"一带一路"政府间合作文件,合作对接越来越细致完善。因此,2018 年学术界对中国与东南亚国家共建 21 世纪海上丝绸之路的关注更多更广。主要有:俞国祥和胡麦秀的《"21 世纪海上丝绸之路"背景下中国与东盟水产品贸易的竞争性和互补性研究》(《海洋开发与管理》2018 年第 2 期)、杨耀源的《泛北部湾经济合作转型升级的"助推器"——论中新互联互通南向通道在泛北部湾经济合作转型升级中的作用》(《东南亚纵横》2018 年第 2 期)、姜巍的《海上丝绸之路倡议下东盟基础设施禀赋的经济增长效应及其启示》(《广西财经学院学报》2018 年第 4 期)、王玫黎和吴永霞的《"一带一路"建设下中国—东盟港口建设发展研究》(《广西社会科学》2018 年第 6 期)、刘岩和高晓巍的《"一带一路"下我国与东南亚国家文化交流探索》(《北方经贸》2018 年第 6 期)、张天桂的《中国与东盟共建"一带一路"的基本经验与启示》(《改革与开放》2018 年第 19 期)、王运昌和杨柳的《基于"海上丝绸之路"视角的东盟跨境电商发展研究》(《中国集体经济》2018 年第 20 期),等等。

还有一些专门是从中国与东南亚国家海上合作的角度进行研究的,主要有:程晓勇的《"一带一路"背景下中国与东南亚国家海洋非传统安全合作》(《东南亚研究》2018 年第 1 期)、骆永昆的《中国与东南亚国家的海洋产业合作》(《国际研究参考》2018 年第 2 期)、李铭的《"21 世纪海上丝绸之路"

对中国—东盟在南海问题上的影响》(《经济师》2018 年第 3 期)、周楠和周欣的《试论中国与东盟海上反恐刑事合作机制的构建》(《太平洋学报》2018 年第 3 期)、卢虹的《19 世纪东南亚海上丝绸之路沿线海盗问题探析》(《文化创新比较研究》2018 年第 29 期)等。也有学者从东南亚华人角度进行探讨的,其中有邱小鹃的《21 世纪海上丝绸之路建设中东南亚华侨华人的作用》(《郑州航空工业管理学院学报(社会科学版)》2018 年第 3 期)、贾发义和李志贤的《东南亚华人的关帝崇拜——"海上丝绸之路"文化传播的一个例证》(《山西大学学报(哲学社会科学版)》2018 年第 5 期),等等。

在上述文章中,有的分析非常具体到位。如王玫黎、吴永霞在《"一带一路"建设下中国—东盟港口建设发展研究》中写道:"'21 世纪海上丝绸之路'现阶段的建设将以发展中国—东盟港口交通设施为重点,港口、产业、城市多方面合作联动,形成'海上港口网络',引领中国—东盟地区海洋和经济的合作与发展,不断推进中国—东盟地区合作模式的升级。"文章还在介绍分析中国—东盟港口发展合作所经历的 3 个阶段的基础上,提出中国—东盟港口建设发展存在的问题有:港口基础设施水平参差不齐;港口建设合作机制上的不足;港口便利化水平不高;具体行业规则、标准衔接不够。对此文章针对性提出的建议有:(1)合作共赢,共同打造"海上港口网络"。这点在作者看来,"'21 世纪海上丝绸之路'建设不是依靠一个国家的力量就能实现,中国与东盟作为世界上发展最具活力和潜力的两大经济体,陆海相连,传统友谊源远流长,互补性强,合作潜力大。作为一个特定地理区域以及经济密切合作的区域,各方更应关注整体优势和区位优势,才能提升国际竞争力。中国—东盟港口建设不应是某一个国家港口软硬件水平的提高,而应当是中国—东盟沿线港口软硬件水平的整体提高。中国—东盟沿线港口之间不应是孤立、无联系的,作为互联互通和经济合作中的关键节点和重要枢纽,中国—东盟沿线港口除了航线的连接功能外,更重要的应当是通过中国—东盟沿线港口的枢纽作用将中国与东盟连接成一个政治互信、交通便利、经济发展、文化交流的'海上港口网络',促进中国—东盟地区的繁荣发展"。(2)加快港口基础设施建设(加快老港区的功能调整和升级及大型专业化码头建设;加快支线港口建设;加强以港口为重点的交通基础设施建

设的同时注重港口与内河、陆路、铁路、航空运输的联通,形成高效、便捷的交通网络;对物流、贸易、金融、工业整体产业配套设施进行完善和升级,以适应信息化、综合化、一体化的现代港口的需求);完善港口建设合作机制(建立多层次、多领域的交流机制,构建港口合作平台,构建港口信息共享机制,完善港口城市合作机制);完善港口通关便利化制度(机制改革,科技先行,内部管理);港口相关规则、标准的相互衔接(物流标准的衔接和统一,构建和完善港口相关行业标准)。

程晓勇的《"一带一路"背景下中国与东南亚国家海洋非传统安全合作》是从海洋非传统安全领域开展考察研究。文章中写道:"要扎实推进'一带一路'建设仍然面临着不少挑战,其中一个不容忽视的挑战是沿线地区的安全环境对'一带一路'的影响。虽然安全合作并未包括在'一带一路'倡议的主要内容之中,但在相当程度上,'一带一路'建设能否顺利推进,沿线地区和国家之间的经济合作能否取得丰硕成果,与'一带一路'沿线地区的安全环境密切相关。基于此种认识,中国有必要加强与相关国家在安全领域的交流与合作,为'一带一路'塑造良好安全环境。""尽管中国政府高度重视'一带一路'沿线的安全问题,但'一带一路'沿线安全环境不是中国能够单独提供的,作为一种'公共产品',安全环境需要沿线国家共同来塑造与维护。"文章接着指出:"东南亚是'一带一路'海洋安全环境的关键性区域,一方面,东南亚是'一带一路'的重点区域,'一带一路'规划的六大经济走廊中有两条涉及东南亚,同时海路是中国与包括东南亚国家在内的'21 世纪海上丝绸之路'沿线国家经贸往来的主要路径。另一方面,中国与东南亚国家在海洋安全方面存在诸多现实问题,双方在该领域具有合作的基础与必要性。"文章在分析中国与东南亚国家海洋安全合作必要性时写道:"虽然中国与东南亚国家的经济联系紧密,政治关系良好,但安全关系发展滞后。尤其是近年来,海洋领土权益争端升温,影响着部分东南亚国家与中国的政治与安全互信。""在海洋领土争端等传统安全问题难以在短时期内得到解决的前景下,探讨各方在海洋非传统安全领域切实可行的合作议题及合作方式,以海洋非传统安全合作的增量来培植各方的政治与安全互信,进而产生合作的'溢出效应',为'一带一路'建设塑造良好的政治与安全环境。"作者认为中国与东南亚国家在海洋非传统安全合作方面存在合作的基础有：海洋是中国与东南亚国家经贸合作的重要纽带；发展海洋产业、维护海洋安全环境是中国与东南亚国家的共同利益；中国和东南亚国家面临共同的海洋非传统安全威胁。文章还介绍中国与东南亚国家海洋非传统安全合作进展也面临着挑战："一带一路"倡议引起国际社会的广泛关注和区域内国家的积极响应，但同时也不乏疑虑、质疑和反对之声；中国与东南亚国家开展海洋安全合作也绝非水到渠成，其间面临着双方的"信任赤字"障碍。文章最后写道："鉴于中国与东南亚国家在某些海洋非传统安全问题方面已经具备了合作基础，中国可积极主动地推进海洋非传统安全合作的深度，扩展海洋非传统安全合作空间，以'一带一路'倡议为合作平台，以构筑和保障海洋互联互通网络安全为合作目标，从保障海洋航道安全、打击海洋跨国犯罪、实施海洋人道主义救援和海洋自然灾害救助、维护海洋生态安全等领域做起，逐步将合作延伸扩大到其他领域，最后提升到传统海洋安全合作领域，形成多层次、全方位的海洋安全合作格局。""除了依托东盟和获得东南亚国家的支持与合作外，中国还应重视与区域外大国在海洋非传统安全治理上的协调与合作，凸显共同利益，避免竞争和冲突。"

也有一些文章是从中国与某个具体国家的关系的角度进行关注，其中以印度尼西亚的文章最多，主要有：廖萌的《21世纪海上丝绸之路背景下中国企业投资印尼研究》（《亚太经济》2018年第1期）、潘玥的《"一带一路"背景下中印尼合作：成果、问题与对策》（《战略决策研究》2018年第1期）、李伟的《印度尼西亚深化经贸合作共建海上丝绸之路探析》（《对外经贸实务》2018年第1期）、杨宏云的《中国与印尼海洋文化交流和合作对策研究——以"21世纪海上丝绸之路"建设为背景》（《合肥工业大学学报（社会科学版）》2018年第5期）、宋灵的《"21世纪海上丝绸之路"倡议在印尼实施中华侨华人的作用》（《社会主义研究》2018年第5期）、李清立的《印尼"全球海洋支点"战略对接"一带一路"研究》（《中国产经》2018年第6期）、许利平的《"一带一路"背景下印尼国民性研究》（《云南社会科学》2018年第6期），等等。

廖萌的《21世纪海上丝绸之路背景下中国企业投资印尼研究》一文指

出,中国企业对印尼的投资起步较晚,但增长迅速。目前,印尼已吸引了1000多家中国企业投资,分布于能源、电力、农业、加工制造业、通信、基础设施、金融等领域。文章分析了中国企业投资印尼的新机遇有:"全球海洋支点"愿景计划与21世纪海上丝绸之路倡议高度契合;印尼提高经济特区的投资吸引力;印尼投资环境逐渐改善;印尼推出投资新政。文章同时指出印尼是一个民族、宗教、文化多样性十分突出,发展很不平衡的国家,国内政策多变,在该国投资也面临多重风险,主要表现在以下几个方面:政治风险,商业风险(法律风险、汇率风险、政策的不稳定性、印尼的物流网络严重滞后、雇佣成本逐年增加),安全风险(人身安全、腐败问题),域外大国干预风险,中印渔业纠纷风险。在此分析的基础上作者提出的对策建议有:(1)充分发挥华侨华人的优势和作用(印尼华侨华人数量众多,可以通过他们对印尼上层和普通民众多做解释和说服工作,以逐步消除其对中国"一带一路"倡议的疑虑,拉近印尼政府和人民与中国政府和人民的感情距离;充分发挥印尼华商和华人社团的桥梁和中介作用,积极邀请中国内地官方及民间访问团到印尼考察;举办各种投资经贸国际论坛,向中国各地方政府和企业推介印尼的投资环境、法律环境和投资项目,引导中国企业到印尼投资)。(2)积极采取本土化经营(实现本地化发展;重视社区和谐和企业社会责任;中国企业在学习知名跨国公司的投资经验的时候,也要根据印尼当地的特点,试探性地推行各种制度,形成中国企业自己的投资模式)。(3)加强渔业合作,重开谈判(明确妥善解决渔业争端的意义;主动释出善意,消除印尼疑虑;尽快展开新的渔业协议谈判)。(4)拓展投资领域(继续加大基础设施投资,深化能源投资合作,加强海洋产业投资合作)。

潘玥在《"一带一路"背景下中印尼合作:成果、问题与对策》一文中写道:"印尼是'一带一路'重要的沿线国家,也是建设'21世纪海上丝绸之路'的重要支点,两国在政策沟通、设施联通、贸易畅通、资金融通和民心相通方面,取得了不俗的成绩。"文章首先基于印尼语文献和实地调研访谈的结果,从政治、经贸和人文三方面简述中印尼两国在"一带一路"倡议实施以来取得的成果。在政治方面,印尼"海洋强国"构想与我国21世纪海上丝绸之路具有广阔的合作空间,政治互信不断加深,合作成果丰硕,高层互访频繁,高层对话机制完善。在经贸方面,中印尼经贸关系日益密切,经贸合作的广度和深度不断加深,雅万高铁项目不断推进。在人文方面,两国建立副总理级人文交流机制,在文化、教育和旅游等重要方面取得不俗的成绩。文章接着指出,随着合作的深入,许多深层问题逐渐浮现,有以下方面:(1)政策沟通:战略对接欠具体,佐科总统怀有海洋及外交战略的雄心,纳土纳问题成海洋合作的主要障碍。(2)设施联通:印尼的征地问题突出,行政审批程序繁复,贪腐问题严重,政府的协调能力有限,用工问题突出。(3)贸易畅通:"通而不畅"现象依然普遍,部分优惠政策难落地,商业证照手续繁复,印尼的营商环境大打折扣。(4)资金融通:我国企业和金融机构面临成本高、收益低、风险大等不利因素。(5)民心相通:印尼对"一带一路"倡议认知较低,各界的态度与反应两极化,"中国威胁论"或"新殖民主义"在印尼有一定的市场。作者认为如果两国政府和企业不重视和解决上述问题,将影响"一带一路"倡议在印尼的落实与推进。因此文章提出了相应的对策建议:国家层面(两国应加强沟通交流和顶层设计,明确合作舒适度原则,协商解决纳土纳问题;中国应重视对外宣传工作,厘清基本概念,消除疑虑与猜忌;希望印尼能着力解决国内的深层问题,如中央与地方的协同性问题、政策法律的连续性问题、贪腐问题、劳动立法和执法的问题、征地问题等);企业层面(中国企业应从观念上建立起对印尼投资环境的正确认识,多做长远布局;中企应有一定的资金实力和风险承受能力,这是投资印尼项目不可或缺的条件;中国企业应重视合法用工问题,需要完善本身的人力资源结构,包括中方和印尼方员工)。

关于中国与新加坡方面的研究主要有杨达的《大战略理论视角下的"一带一路"风险评估——基于中国对新加坡多元指标的向量自回归分析》(《贵州财经大学学报》2018年第3期),钱耀军的《中国与新加坡贸易合作研究——基于"21世纪海上丝绸之路"战略背景》(《调研世界》2018年第4期),吕小明、黄森的《"一带一路"背景下中国企业对新加坡直接投资的现状与风险分析》(《对外经贸》2018年第7期)、陈佳雯的《中国"一带一路"倡议对新加坡的影响》(《改革与开放》2018年第18期)。其中钱耀军的《中国与新加坡贸易合作研究——基于"21世纪海上丝绸之路"战略背景》一文侧重

点是以21世纪海上丝绸之路为战略背景,基于1992—2016年两国贸易数据和GDP数据,采用TCD、RCA、互补性指数和回归函数预测等实证分析对中国和新加坡贸易合作进行全面系统的研究。文章得出的结论是:"1992年以来中国与新加坡的货物贸易和服务贸易虽有波动,但增长均较快;中新货物贸易中中国基本上处于顺差状态,服务贸易中中国基本上处于逆差状态;中新贸易总额占新加坡贸易总额的比重高于中新贸易总额占中国贸易总额的比重;中国与新加坡贸易的初级产品所占百分比下降明显,资本技术密集型产品所占百分比基本呈上升趋势,劳动密集型产品所占百分比相对平稳,未分类商品在中新贸易中的地位较低。""中国GDP和中新进出口贸易额、新加坡GDP和中新进出口贸易额等的相关性均呈正线性相关关系,且随着中国、新加坡GDP的持续增长,中新进出口贸易额也呈稳定增长趋势,说明中新贸易未来合作前景是可喜的。"文章最后提出建议:"一是要借助'21世纪海上丝绸之路'政策优势,大力发展中新两国的双边贸易,尤其是中国应尽快扭转中新服务贸易中中国处于逆差的状态;二是两国在发挥各自比较优势的同时,应加强贸易商品互补性合作;三是两国应在自由贸易区建设上进一步深入合作,寻求更大的发展机会。"

泰国位于中南半岛核心,关于中国与泰国合作的文章主要有:泰国颇钦·蓬拉军的《"一带一路"与中泰关系》(《南开学报(哲学社会科学版)》2018年第1期)、周昌仕和姚芳芳的《"21世纪海上丝绸之路"背景下中泰水产品贸易互通研究——基于影响因素和发展潜力的实证分析》(《世界农业》2018年第3期)、郑国富的《"一带一路"倡议下中泰农产品贸易合作发展的演进、问题与前景》(《印度洋经济体研究》2018年第3期)、姚芳芳的《泰国主要海洋产业发展及其与中国的对比与合作——基于海上丝绸之路建设视角》(《中国渔业经济》2018年第5期),等等。

颇钦·蓬拉军在《"一带一路"与中泰关系》这篇文章中阐述了其对"一带一路"的理解和看法。首先文章中解释了什么是"一带一路"。作者写道:"这个概念最早来自习近平关于'丝绸之路经济带'和'21世纪海上丝绸之路'的论述。当时,关于'一带一路'的英文表述很多,比如Belt and Road,Yidaiyilu,One Belt One Road。但是最后还是采用了Belt and Road,因为这意味着一条中国联通各国的道路,而 One Belt One Road 只意味着'一带'或者'一路',很多人并不容易认识到它从哪里来到哪里去。Belt and Road 则意味着一种连接性,所有沿线国家都可以参与进来。这使各国人民可以更好地理解这一倡议,理解这并非中国对沿线国家的扩张,而是要营造亲如兄弟家人的联系纽带。在当前的中国,习近平提出的'人类命运共同体'与'一带一路'倡议这两个概念需要引起特别关注。""有人说,'一带一路'倡议是中国的战略。中国学者否认了这一观点,因为将其定义为'战略',就等于说中国来控制世界、在世界范围内进行扩张。其实这是一个倡议,是一个构想,正如 2017 年 1 月习近平在联合国日内瓦总部演讲时所说,提出'一带一路'倡议就是要实现共赢共享发展。中国将通过坚持对话协商、共建共享、合作共赢、交流互鉴、绿色低碳,共同构建人类命运共同体,将世界各国紧密联结起来,使人们在中国以外的地方也获得生存的机会。"文章接着说:"'一带一路'倡议不只属于中国,而是放眼全世界,大家都应参与进来,因为长远目标的实现离不开具体方案。如果想把国家都联结起来,中国是一个很大的国家,泰国、老挝则要小得多,那如何处理大国和小国的关系呢? 国家无论大小,都必须在平等的基础上多多交流和协商,平等的交流意味着对他国国格的尊重,国家之间也需要坚持人道主义精神。这和过去一些霸权国家不同,他们无论到哪儿都带着战舰、军队、作战计划,你不接受就攻占你。但'一带一路'倡议是很和平的、温和的,它欢迎任何国家在愿意和准备好时加入。""另外,中国还建立了亚洲基础设施投资银行和丝路基金。如若要把世界联结起来,在某种程度上,即使是中国也需要大笔资金,这就需要一家银行来提供更便捷的渠道,这样就不用去找其他银行,包括被美国人控制的世界银行或被日本人控制的亚洲开发银行。亚投行虽是中国政府倡议设立的,但银行股东委员会的成员却来自多国。亚投行遵循协商共赢的原则,行事与决策相对中立,它在很多方面的标准极高,中国通过实际行动而不是空头支票成功地证明了自己的伟大。""习近平将'一带一路'倡议的特色总结为以下五点:第一,这是一条和平之路。因为没有和平,就无法实现发展。……第二,这是一条繁荣之路……这不仅是为实现中国发展,而是为实现世界联通……中国愿意以'一带一路'为契机来共筑命运共

同体,选择并推动'一带一路'不是受到谁的压力,而是因为这不仅是让中国人民生活得更幸福的中国梦,也是各国共同的梦想。……第三,这是一条开放之路。因为需要朋友,需要发展,需要公正地将发展成果惠及人民。……第四,这是一条创新之路。……第五,这是一条将不同文明联结融通的路。智库交流值得推崇,特别是丝绸之路智库和政党联合组织十分重要。用铁路、港口、高铁为手段来联结,是物质的联结;而想要浸润与渗透人心,则需要文化。"作者接着论述了"一带一路"倡议将对泰国产生何种影响。文章认为:"应该从正反两个方面全方位地考虑这个问题。这个倡议利大于弊,尽管政府考虑可能并不乐观。""在讨论'一带一路'时,应将泰国视为联通东亚与南亚的一扇大门。如果中国真的这样做了,我们一定对我们的人民广而告之,无论是来自像清迈这样的泰国北部城市,还是来自泰国西部,这个计划将会吸引大量的人口聚集。在经济特区与自由贸易区建设方面,中国始终在国际上处于领先地位,我个人更喜欢经济特区的叫法。开放自由贸易区,处理同西方国家的贸易,必须有一整套完备的体系框架,因为国内政策与外部环境分属两套系统,如何做好两套系统的协调至关重要。泰国在这方面也许会更容易些,因为泰国更接近西方国家的管理体制。""应该将克拉运河建成一个国际经济特区。泰国一些人认为这个特区应由泰国国家独资建设,但那将很少有人参与进来。当你拥有了一个伟大的想法,许多新事物将接踵而至,人们也将不断为你的好想法投入资金。因此,首先必须有伟大的想法。当伟大想法成为可能时,再向民众解释那将变成一个容易被人接受的事情,资本也会不断聚集。……如果克拉运河项目成功,那将成为21世纪海上丝绸之路的样板。郑和600年前途经马六甲海峡,从中国东部一路西行,途经柬埔寨、泰国、马来西亚、孟加拉国、印度以及斯里兰卡,如果今天这段航程可以缩减,将会产生比郑和更大的影响力。每个人都将从'一带一路'建设中受益,沿线参与国家如此,泰国更是如此。美国无法阻碍这一事业的推进,因为他们也将从中获益。泰国欢迎每一个国家,这也是我们高度认同'一带一路'倡议的原因。当然,泰中当前仍存在一些老生常谈的现实问题,中国有自己的项目与意见,中国官方对我方的提议也有不同的计划与声音。'一带一路'建设只是 个机制构建、一种手段,如果将其视为整个世界的目标,那可能意味着将有机会共同生存在和平与双赢的合作之中。"最后文章中写道:"总之,我们应响应'一带一路'倡议,并一步一步推进实施。""'一带一路'建设困难得多,因为它涉及各个维度,要一步一个脚印,一点一滴掘出成果。"

还有一些文章考察了中国与其他东盟国家合作方面的问题,主要有:李政阳的《"一带一路"倡议实施中的越南宗教风险研究》(《世界宗教文化》2018年第2期)、邱普艳的《"一带一路"背景下的中越经济合作:现状与展望》(《和平与发展》2018年第4期)、马捷和李小林的《从一则"丝绸之路"中医药文告看中越医药文化交流》(《中医药文化》2018年第6期)、蒋玉山的《"一带一路"视阈下中越合作机遇与前景——基于越南交通基础设施建设的考察》(《钦州学院学报》2018年第7期)、王文和刘典的《柬埔寨:"一带一路"国际合作的新样板——关于柬埔寨经济与未来发展的实地调研报告》(《当代世界》2018年第1期)、邵建平和宗蔚的《"一带一路"在柬埔寨:进展、困难和前景》(《和平与发展》2018年第5期)、刘盈的《"一带一路"在缅甸的进展、前景和挑战》(《和平与发展》2018年第5期),等等。

(二)中国与印度及其他南亚国家的关系

南亚地区位于"一带一路"海陆交汇处,在21世纪海上丝绸之路建设中有着天然的优势,占有重要地位。2018年,对有关中国与南亚合作方面进行探讨的文章主要有:徐菲、张春和谢琨的《"一带一路"倡议下中国—南亚区域合作:发展、困境与转向》(《南亚研究季刊》2018年第1期),温亚琴、杜军和鄢波的《21世纪海上丝绸之路背景下"囚徒困境"之破解——基于中印关系的博弈论视角》(《当代经济》2018年第3期),刘鹏的《南亚安全格局重塑与"一带一路"的推进》(《南亚研究季刊》2018年第3期),陈利君的《印度的南亚战略及其对"一带一路"国际合作的影响》(《当代世界》2018年第3期),郗笃刚等的《"一带一路"建设在印度洋地区面临的地缘风险分析》(《世界地理研究》2018年第6期),等等。

徐菲、张春和谢琨的《"一带一路"倡议下中国—南亚区域合作:发展、困境与转向》就中国与南亚合作问题做了比较深入的探讨。文章写道:"南亚

地处'一带'与'一路'的海陆交汇点,是'一带一路'倡议重要枢纽,它北壤中国,南面印度洋,西通中亚、非洲和欧洲,东接东南亚,地域广阔,人口众多,市场容量大,发展潜力无限。""目前中国与南亚国家交流互动遍及投资、贸易、基础设施、科技、文化等领域,合作范畴逐步拓展,协作水平不断升级。南亚国家也是我国重要海外工程承包市场和投资目的地。"文章介绍了中国与南亚区域在设施联通、贸易畅通、政策沟通、资金融通和民心相通方面所取得的发展成果。但文章也指出,"一带一路"倡议下中国南亚区域合作既有新发展,也面临风险挑战,主要有:南亚地区较为落后,复杂的地区安全形势制约中国参与南亚基础设施项目建设和资金融通;南亚小国受印度牵制明显,在一定程度上阻碍了中国与南亚国家政策沟通;从贸易对象国来看,不同国家间经贸合作总量差异明显,中方更倾向于同经济体量大的南亚国家开展经贸合作,这与中国在南亚的多元化利益诉求相矛盾,进一步推进多边贸易畅通受阻;"一带一路"虽能给南亚国家带去就业、税收,但是由于民间交流有限,频繁的交流方式多为官方往来,加之媒体宣传不力,中国与南亚民众间互不信任的案例增多。因此,"如何未雨绸缪,做好风险防范,中国需要进一步加强认识。我们必须以'多管齐下'的心态谋划与南亚国家区域合作,重新校准合作基本定位和未来取向,这是当下中国外交顶层设计和政策创新的需要"。作者认为,"扩展'五通'合作内容,是实践层面推进中国南亚区域合作转型升级的关键路径"。"中国参与南亚区域合作要融入相容性理念,从精神层面全面加强无缝互联互通,推进可持续发展。"可采取的具体措施有:首先,需秉承"人类命运共同体理念"的相容性思维;其次,需秉承"战略对接"的相容性思维,推进中国与南亚国家合作。文章最后写道:"'一带一路'在南亚能否成功,取决于中国能否将海外的经济存在转化为当地民众切身福利、能否将一国综合国力转化为国与国之间的政治互信,而其关键在于,中国要具备将经济发展转换为本国国民及南亚民众福利的娴熟能力,进而推进中国南亚区域合作实践,实现共同发展与繁荣。"

斯里兰卡是 21 世纪海上丝绸之路的重要支点,2014 年中国与斯里兰卡签署了 21 世纪海上丝绸之路的合作备忘录并达成行动计划。所以有的学者还关注了中国与斯里兰卡海上丝绸之路建设,主要有:郑崇伟的《21 世纪海上丝绸之路:斯里兰卡海域的波浪能评估及决策建议》(《哈尔滨工程大学学报》2018 年第 4 期)、文少彪的《新时期中国参与斯里兰卡港口建设探析》(《当代世界》2018 年第 5 期)、周琪的《斯中经济文化协会:丝绸之路经济带之遇见斯里兰卡》(《中国社会组织》2018 年第 7 期),等等。

　　文少彪的《新时期中国参与斯里兰卡港口建设探析》考察了中国参与斯里兰卡港口建设问题,具有一定的现实参考价值。文章开门见山指出,斯里兰卡是处于印度洋航线中心位置的岛国,在欧亚大陆之间的海上走廊中拥有卓越的战略重要性,也是连接亚非、辐射南亚次大陆的重要支点。斯里兰卡港口是构建 21 世纪海上丝绸之路的重要节点之一,"参与斯里兰卡港口建设是中国在印度洋地区重要的政治经济合作行为,共建'21 世纪海上丝绸之路'的愿景与斯恢复印度洋航运中心的发展政策高度契合,也为两国港口项目合作提供了难得的机遇"。文章指出:"斯里兰卡希望抓住'21 世纪海上丝绸之路'的历史机遇,恢复其印度洋的航运中心地位,而中国企业也在积极推进斯港口项目。目前,中国在斯里兰卡投资了南部的汉班托塔港和西南部的科伦坡国际集装箱码头。"文章进一步指出中国在印度洋地区开展经贸合作与构建海上互联互通需要面对更多的挑战:中国参与斯里兰卡港口建设面临的内部问题(斯里兰卡内部政治变动导致外交政策的调整,经济方面的平衡是斯里兰卡的重要考虑因素,斯里兰卡的社会问题对中国的投资构成一定隐患);来自外部大国的地缘政治挑战(印度以排他性地缘安全竞争的视角看待中国在印度洋的活动;美国正在加快构建印太伙伴关系网,推进多边安全合作框架的形成;在客观原因和中国因素的刺激下,日本也同样关注斯里兰卡在印度洋的战略重要性)。作者认为上面的因素将斯里兰卡推到了战略竞争的"风口浪尖",中国在斯里兰卡的投资会因其与各方搞"平衡"而趋于复杂,并在一定程度上影响到两国的合作发展空间。因此文章最后又着重指出:"相关国家以海上地缘安全竞争为行动导向,实际上掩盖了中国为印度洋地区提供海上'公共产品'的努力与贡献。中国像其他国家一样,也需要维护稳定、自由的印度洋秩序。面对新形势,中国宜将'公共产品'的新内涵嵌入斯里兰卡港口项目建设和运营过程中,将其建设成为公共产品和投放公共产品的平台,并纳入印度洋海上经济与非传统安

全治理框架,同时展示并提高中国提供区域'公共产品'的能力。中国在斯里兰卡布局港口所带来的外溢效应,将使'印太洋'地区相关国家在贸易与货物中转、后勤补给与休整、人道主义与灾害援助、打击海盗与走私等各个方面享受'搭便车'的好处。"

非洲是中国实践21世纪海上丝绸之路战略建设重要的参与方和合作伙伴。2018年有关21世纪海上丝绸之路中国与非洲合作的文章有:全毅和高军行的《"一带一路"背景下中非经贸合作的定位、进展与前景》(《国际经济合作》2018年第1期)、胡欣的《"一带一路"倡议与肯尼亚港口建设的对接》(《当代世界》2018年第4期)、徐静静和谭攻克的《21世纪海上丝绸之路战略构架下中国—肯尼亚海洋合作之探讨》(《海洋开发与管理》2018年第5期)、姚桂梅的《中非共建"一带一路":进展、风险与前景》(《当代世界》2018年第10期)、孙海泳的《中国参与非洲港口发展:形势分析与风险管控》(《太平洋学报》2018年第10期),等等。还有有关其他地区研究方面的文章,如邢瑞利的《新西兰与"21世纪海上丝绸之路"倡议对接研究》(《战略决策研究》2018年第1期)、王成福和黄承锋的《古新丝路视域下的中巴伊土国际通道文化价值研究》(《太平洋学报》2018年第5期)、谢文泽的《中国—拉共体共建"一带一路"探析》(《太平洋学报》2018年第2期),等等。

同时,值得注意的是,2018年1月《中国的北极政策》白皮书提出:"中国发起共建'丝绸之路经济带'和'21世纪海上丝绸之路'重要合作倡议,与各方共建'冰上丝绸之路'。"共建"冰上丝绸之路"是中国北极政策中的重要倡议,也是新时期"一带一路"海上合作的方向之一。"冰上丝绸之路"的提出引起了世界各国的广泛关注。因此2018年一些学者就对"冰上丝绸之路"的建设进行了关注和探讨,主要文章有:窦博的《冰上丝绸之路与中俄共建北极蓝色经济通道》(《东北亚经济研究》2018年第1期)、赵隆的《共建"冰上丝绸之路"的背景、制约因素与可行路径》(《俄罗斯东欧中亚研究》2018年第2期)、王志民和陈远航的《中俄打造"冰上丝绸之路"的机遇与挑战》(《东北亚论坛》2018年第2期)、夏立平的《新时代"冰上丝绸之路"的发展布局研究》(《人民论坛(学术前沿)》2018年第11期)、李铁的《发挥东北区域优势加快推进"冰上丝绸之路"建设》(《太平洋学报》2018年第12期),

等等。

上述文章从不同视角探讨"冰上丝绸之路"的建设和发展。其中赵隆的《共建"冰上丝绸之路"的背景、制约因素与可行路径》一文首先就"冰上丝绸之路"倡议的缘起做了介绍，文章写道："'冰上丝绸之路'的概念最早由俄罗斯提出。相关资料显示，中国首先在外长层面对该倡议做出了积极回应。""2017年7月，习近平主席在莫斯科会见俄罗斯总理梅德韦杰夫时表示，要开展北极航道合作，共同打造'冰上丝绸之路'，落实好有关互联互通项目。同年11月，习主席在梅德韦杰夫总理访华时再次提出，共同开展北极航道开发和利用合作，打造'冰上丝绸之路'，正式确认共同打造'冰上丝绸之路'的设想。"文章写道："在俄罗斯的语境中，'冰上丝绸之路'建设是指以北方航道（Northern Sea Route）开发为核心的北极航道合作。""俄罗斯正在大力升级海运、铁路和公路基础设施，投入大量资源改善北方航道，使其成为具有全球竞争力的运输动脉。""'一带一路'与北方航道的相互对接可完全重构欧亚大陆的运输格局，从而成为探索全新区域和加快经济及投资活动的关键。"文章继续介绍道："北方航道是西起冰岛经巴伦支海沿欧亚大陆北方海域直到白令海峡的东北航道的主要部分，也是连接亚欧的高纬度运输通道。在航道的构成范围上，俄罗斯官方将北方航道限定于北纬66度05分以北，西起东经68度35分的热拉尼耶角（Cape Zhelaniya），东至西经168度58分。""按照目前的模型估算，从中国上海经北方航道前往荷兰鹿特丹比传统的苏伊士运河航线航程缩短8079海里，节省约23%的航程距离。较短的地理距离和较为有限的过境国家使北方航道的经济效应进一步凸显。不仅俄罗斯、美国、挪威等北冰洋沿岸国在本国北极政策中将航道开发列为优先，包括日本、韩国等国在内的北极理事会观察员国也将参与北方航道开发纳入本国政策。"接着文章分析俄罗斯提出"冰上丝绸之路"的主要战略考量是：（1）全面开发北极战略的助推；（2）航道主权和管辖权主张的需要；（3）拓宽基础设施建设的资源渠道。文章也指出"冰上丝绸之路"建设同时面临着制约：俄美博弈的常态化，相关法律争议的扩大化，过境运输需求的波动性。文章接着分析："北极的影响已超越地理局限。中国不是北极国家，但对北极变化的感知直接且迅速。"在作者看来，中国参与"冰上丝绸之路"建设的意义重大,主要体现在:"在地缘政治层面,北极国家间的政治博弈对地区和国际秩序产生传导效应,北极潜在的军事化可能也会对地区和平与安全造成深远影响;在地缘经济层面,北极的开发和利用对国际航运、生物和非生物资源、旅游等领域的影响逐步显现,中国作为重要新兴市场国家和贸易大国,自然成为相关领域的潜在使用方和重要参与方;在地缘环境层面,北极地区的自然环境系统与中国生态系统的运转紧密关联,关系到中国生态系统的稳定和农业生产安全,北极的环境变化可能给中国的气候系统和生态安全带来负面的影响。对中国来说,参与建设'冰上丝绸之路'有助于再次明确中国在北极事务中的自我定位,明确中国与北极开发与保护的关联性。""同时,'冰上丝绸之路'建设可成为'一带一路'海上合作的组成部分。""'冰上丝绸之路'建设可以成为'一带一路'倡议与'欧亚经济联盟'建设有效对接的重要实践。""'冰上丝绸之路'建设有助于探索北方航道和东北航道整体的常态化运行,为中国突破'马六甲困局'和国际海运线路多元化提供新备选。"文章认为具体可通过5个方面与俄罗斯开展北方航道开发和利用的对接合作:一是国家层面的战略对接;二是操作层面的目标对接;三是知识层面的行动对接;四是项目层面的资金对接;五是法律层面的制度对接。文章最后得出的结论是:"共同打造'冰上丝绸之路'是中俄两国领导人层面形成的共识,与各方共建'冰上丝绸之路'也是中国北极合作中的最新方向。俄罗斯将北方航道开发作为'冰上丝绸之路'建设的核心,对外部资金、技术与合作具有直接需求。""中国以参与俄罗斯北方航道建设为抓手,既可以深化中俄战略协作伙伴关系的内涵,也可以带动'一带一路'倡议与欧亚经济联盟对接合作的实践,并以此作为经北冰洋连接欧洲的蓝色经济通道建设的主体工程。同时,在参与'冰上丝绸之路'建设时应避免目标与主体的单一化,应继续拓展与芬兰、挪威、丹麦等北欧国家和日本、韩国等其他利益攸关方共同开发北极航道的平台,为促进北极地区互联互通和经济社会可持续发展创造合作机遇,也为中国的国际远洋运输通道多元化打下基础。"

夏立平的《新时代"冰上丝绸之路"的发展布局研究》从发展布局的视角展开研究。文章指出:"冰上丝绸之路"是"一带一路"的重要组成部分,特别是 21 世纪海上丝绸之路的重要组成部分。"21 世纪海上丝绸之路主要有西线、南线和东线三条线。西线从中国沿海港口出发,过南海,经马六甲海峡和印度洋(途经东南亚、南亚、西亚、中东、北非)通达欧洲。南线从中国沿海港口出发,过南海,经东南亚抵达南太平洋国家。东线将不仅直抵朝鲜半岛、日本和俄罗斯远东地区,而且可以到达北美大陆和拉丁美洲,这是 21 世纪海上丝绸之路的自然延伸。随着北极环境变化和北极航道的开通,甚至可以抵达欧洲和北美大陆东海岸。北极航道将成为新时代'冰上丝绸之路'的重要航线。"文章强调:"中国对新时代'冰上丝绸之路'必须进行战略运筹和总体设计,从长远出发进行统筹考虑。这是一种必不可少的顶层设计。其发展布局应是综合性、多方面、宽领域的,必须将硬实力与软实力相结合形成巧实力,在此基础上形成'冰上丝绸之路'发展布局的总体设计。中国'冰上丝绸之路'发展布局的目标体系应是依托北极航道的开发利用,积极推动共建经北冰洋连接欧洲的经济通道,致力于与沿线各国共建可持续发展的北极地区命运共同体,并在此基础上根据中国'冰上丝绸之路'战略目标和其具有的极地战略能力来实现造势和借势。"文章认为中国可以在 4 个方面推进与国际社会特别是相关国家共同打造"冰上丝绸之路":(1)推进北极航道的开发利用。北极航道指穿越北冰洋连接欧洲、东亚、北美等地区的海洋交通运输通道,将进一步强化这些经济地域之间的联系。(2)逐步参与北极地区油气和其他自然资源的开发利用。北极地区地域空间辽阔,资源丰富且具有多样性,在全球资源格局中具有重要地位。(3)以科考带动航运、贸易、投资、基础设施布建、资源开发、渔业等。近期中国在北极的科考重点应包括以下几个方面:极区环境观测;研究极区变化对全球及我国气候的影响;研究北极地区资源探测与利用;加强北极航道环境适航性探查与安全保障研究;实施北极长期观测计划,提升我国在北极国际地缘政治中的影响力和话语权。(4)积极参与北极区域合作机制和北极地区治理。文章接着提到,在统合全局的长远规划指导下,建设极地战略能力,应具有适当的战略手段。为此,中国必须制订"冰上丝绸之路"能力建设计划,确定战略手段和谋划战略保障等。在文章作者看来,中国"冰上丝绸之路"能力建设计划应包括:"北极地区航运能力、科考能力与科考网站布局、在北极的军民融

合能力、在北极地区的基础设施能力、与北极国家关系、在北极相关国际组织中的作用、北极渔业能力、北极资源开发能力、北极搜救能力、北极软实力科研能力等。"战略手段应该包括:"外交手段(不仅有一轨外交,也有一轨半或二轨外交)、科考手段、贸易手段、投资手段、运输手段、军民融合手段、军事手段等。"文章认为打造"冰上丝绸之路"的战略保障能力应包括:"科考船能力、破冰船能力、水上飞机和冰上飞机能力、大型运输机能力、远洋和冰区海军能力、军民融合科研能力等。"

王志民、陈远航的《中俄打造"冰上丝绸之路"的机遇与挑战》开门见山地指出:"'冰上丝绸之路'将极大地拓展'21世纪海上丝绸之路'的地缘范围,'一带一路'也由此联通太平洋、印度洋、大西洋、北冰洋等四大洋,中俄开始构建'丝绸之路经济带'与'21世纪海上丝绸之路'陆海联动的合作新格局。""'冰上丝绸之路'作为蓝色经济通道已被纳入'一带一路'的总体布局,成为连接欧洲、亚洲及北美洲之间的最短航道,被誉为'国际海运新命脉'。'一带一路'目前主要包括北极东北航道和北极开发两个重要支点,将推动北极国家和近北极国家在海上运输、极地开发和北极治理等领域的全方位合作以实现互利共赢,逐步构建一条'冰上经济走廊',并极大地拓展'21世纪海上丝绸之路'的地缘空间,创新'一带一路'合作模式与合作理念。"文章指出:"'冰上丝绸之路'作为'北方航道'的升级版,有着数百年探索的历史渊源,凝结着中俄两国合作共赢的强烈意愿,同时也承载着两国和平繁荣的梦想。"文章认为"冰上丝绸之路"将为中俄经济合作提供难得的发展机遇,主要有:"冰上丝绸之路"将打造升级版的"北方航道";中俄以全面战略协作伙伴构建"冰上经济走廊"。文章也指出:"'冰上丝绸之路'是一条完全位于北极圈内的航道,将直接影响传统航线,同时又受到北极国家和近北极国家的制约。随着'冰上丝绸之路'大规模商业化运营,特别是未来东北航道、西北航道和北极中央航道等三条航道的开通,将会影响不同国家和区域的利益分配。"对此作者具体分析了中俄共建"冰上丝绸之路"面临的多领域挑战,主要有:"冰上丝绸之路"须直面北极国家的地缘政治挑战(中国以北极理事会观察员身份参与北极事务会受到一定制约;"冰上丝绸之路"还面临美俄军事争夺及东北亚局势演变的挑战;"冰上丝绸之路"面临来自北极重要国家加拿大的挑战;中俄合作打造"冰上丝绸之路"自身存在潜在挑战);"冰上丝绸之路"面临着传统贸易航线的现实挑战;生态脆弱将严重制约"冰上丝绸之路"的深度拓展。因此作者认为,"'冰上丝绸之路'不仅要与相关国家合作构建蓝色经济通道,而且与北极地区国家特别是与俄罗斯合作推动北极开发以实现互利共赢,必须针对北极地区合作的机遇与挑战进行针对性研究,既要贡献出更多的中国智慧和中国方案,还必须提出中国的对策与建议"。为此作者提出的针对性对策和建议有:"冰上丝绸之路"建设,须将俄远东开发与中国振兴东北老工业基地有效整合;"冰上丝绸之路"须综合谋划东北航道、西北航道和北极中央航道;中国应加大参与北极开发力度,进一步拓展蓝色经济走廊;加强对北极地区的研究和科学考察,积极参与北极游戏规则制定;打通额尔齐斯河至北极的内河航道,实现我国西北地区北冰洋出海。

四、学术界对"一带一路"的探讨

自 2013 年习近平主席提出建设 21 世纪海上丝绸之路这一重要倡议后,近五年获得学术界越来越多的关注。在"中国知网"以"主题"和"海上丝绸之路"为关键词进行检索,结果显示,有 2018 年发表的关于海上丝绸之路相关的学术性论文成果共 334 篇,这些成果从多角度、宽领域对 21 世纪海上丝绸之路建设展开了卓有成效的研究。系统地梳理与归纳这些文章的主题,大体可以分为以下几类。

（一）对 21 世纪海上丝绸之路进行宏观的探讨

2018 年,从内涵、背景及对策等方面对 21 世纪海上丝绸之路进行宏观研究的文章主要有:赵凌飞的《"一带一路"史研究综述》(《中国社会经济史研究》2018 年第 1 期),章骞的《海权与海上丝绸之路》(《地理教学》2018 年第 1 期),田圣宝的《东方海上丝绸之路研究述评》(《山东行政学院学报》2018 年第 1 期),刘佳和田帅的《区域经济视角下海上丝绸之路研究体系的构建》(《经济视角》2018 年第 1 期),何雨的《基于"21 世纪海上丝绸之路"建

设的"一海两洋"战略研究》(《海南热带海洋学院学报》2018年第1期),林春培、刘佳和田帅的《基于文献计量的国内海上丝绸之路研究热点分析》(《情报杂志》2018年第2期),张文广的《护航21世纪海上丝绸之路》(《人民法治》2018年第3期),沈阳和燕海鸣的《申遗背景下的中国海上丝绸之路史迹研究》(《中国文化遗产》2018年第3期),符娟的《浅谈"一带一路"建设的现实价值》(《世纪桥》2018年第3期),阙维民的《世界遗产视野下的"一带一路"时空解读》(《浙江大学学报(人文社会科学版)》2018年第3期),林依硕等的《基于基金项目的"一带一路"研究格局与态势分析》(《浙江大学学报(理学版)》2018年第4期),杜懋之、杜普莱和杨莉的《重新审视中国的"海上丝绸之路"倡议》(《国外社会科学》2018年第4期),董晓珺和杜艳的《"一带一路"的内涵及其建设进展》(《中国邮政》2018年第8期),刘畅、李清和高嵩的《海运通关——助力"21世纪海上丝绸之路"建设的有力抓手》(《中国远洋海运》2018年第9期),梁颖和陈乔的《加强政策沟通 推动21世纪海上丝绸之路建设》(《宏观经济管理》2018年第10期),李文增的《澄清丝路文化概念推进"一带一路"建设》(《求知》2018年第11期),张偲和王淼的《海上丝绸之路沿线国家蓝碳合作机制研究》(《经济地理》2018年第12期),谢文一、孔贝溶和高清贵的《海上丝绸之路之再建》(《广西质量监督导报》2018年第12期),李洁宇的《21世纪海上丝绸之路创新内涵、阻力及应对之策分析》(《西部学刊》2018年第12期),邱靓的《打造数字丝绸之路战略门户》(《浙江经济》2018年第19期),刘新霞和王茹的《海上丝绸之路与冰上丝绸之路比较研究》(《产业与科技论坛》2018年第24期),等等。

在上述文章中,梁颖、陈乔的《加强政策沟通 推动21世纪海上丝绸之路建设》一文是从政策沟通的角度进行考察。文章明确指出:"'政策沟通'是'海丝路'建设的关键环节,也是沿线国家进行务实合作的重要基础。政策沟通的关键是与沿线国家现有战略进行有效对接。"文章阐述了"一带一路"建设以来,我国不断深化和拓展与"海丝路"国家的全方位交流合作。目前"海丝路"沿线的32个重要国家中有21个国家与中国签署了合作伙伴协议,中国与"海丝路"沿线国家在战略对接、搭建沟通平台、自贸区建设等方面进行了大量有益的探索并取得了可喜的成绩。文章也指出还存在以下问题:进一步突出重点和突破难点(与重点发展方向及重要节点结合度不够,尚未能有效突破难点);广泛整合力量不够(在"海丝路"建设的政策沟通中,广泛整合民间力量明显不够;民间、文化、智库宣传沟通跟不上现有的政策沟通);深化沟通有待加强。最后文章提出加强政策沟通的对策有:加强"海丝路"政策沟通顶层设计和针对性(与重点发展方向及重要节点结合,加强各区域针对性的政策沟通,有效突破难点);进一步整合力量推动政策沟通(加强民间团体和组织间的对话,加强各国智库间的合作交流,探索寻求有效抓手加强文化沟通);进一步深化政策沟通(推动政策沟通基础上的"海丝路"规制建设,进一步加快"海丝路"自贸区建设)。

李洁宇的《21世纪海上丝绸之路创新内涵、阻力及应对之策分析》一文认为,21世纪海上丝绸之路倡议赋予其中国特色和时代内涵,具有创新内涵。文章指出其创新内涵表现在:打破了局限于贸易领域合作的惯例,打破了地域限制,打破了思维定式;中国是21世纪海上丝绸之路的倡议国和牵头国,而不是主宰国和控制国;体现了中国文化中的协商规范。文章对21世纪海上丝绸之路在创新方面遭遇的阻力进行分析后认为:中国参与建设或提供贷款支持的其他国家的项目建设,在当地遭遇阻力;中国倡议面临公共关系方面的挑战;21世纪海上丝绸之路设施互通前景不是对既存类似项目的简单重复;如何科学确定各省份在丝路建设中的作用值得思考。最后,文章提出21世纪海上丝绸之路背景下中国外交的应有作为体现在:深度培育新丝路精神;拓展海上丝路沿岸国家的海洋人文领域合作,妥善利用《联合国海洋法公约》处理南海问题,改善中国形象,融入国际体系;充分利用21世纪海上丝绸之路沿线国家的侨务资源,塑造良好的中国形象;实行公共外交,营造良好环境;掌握文化话语权,推动人类利益共享。

(二)从文化角度对21世纪海上丝绸之路进行探讨

文化交流与融合在海上丝绸之路建设过程中极其重要。文化角度一直是重要研究主题。2018年从多视角研究文化的特点比较明显。其中把妈祖等宗教文化与21世纪海上丝绸之路建设进行联系的研究明显增多。主要有:夏立平的《发挥妈祖文化在建设21世纪海上丝绸之路中的作用》(《妈

祖文化研究》2018年第1期），彭朝晖的《谈冼太文化在"海上丝绸之路"建设中的作用》（《科技资讯》2018年第1期），谭苑芳和林玮的《论海上丝绸之路之于"六祖革命"的文化地理学意义》（《宗教学研究》2018年第3期），连心豪的《论妈祖信仰与海上丝绸之路》（《妈祖文化研究》2018年第4期），赖怡芳的《非物质文化遗产在海上丝绸之路的传播与保护——以妈祖信俗为例》（《特区经济》2018年第5期），林明太、连晨曦和赵相相的《试析海上丝绸之路沿线主要国家的妈祖文化旅游联合开发》（《武夷学院学报》2018年第5期），郑君瑜的《论妈祖文化与海上丝绸之路的关系》（《文化学刊》2018年第8期），林明太、连晨曦和陈立峰的《我国海上丝绸之路沿线城市妈祖文化的联合旅游开发研究》（《牡丹江大学学报》2018年第11期），学愚的《佛教与21世纪海上丝绸之路》（《法音》2018年第12期），等等。也有专门从科技合作角度来探析21世纪海上丝绸之路建设的，如刘孟婵的《中国与"21世纪海上丝绸之路"沿线国家科技论文合作分析——基于Web of Science的研究》（《国际研究参考》2018年第8期）等。另外一些文章则从城市发展方面来研究，主要有陈柯和于艳英的《借助新海上丝绸之路 重塑中国城市形象》（《海南大学学报（人文社会科学版）》2018年第1期），周枣的《论海洋文化对沿海城市文化、经济、宗教的影响——评〈中国海上丝绸之路城市廊道叙事〉》（《中国名城》2018年第2期），冯素云、张凯选和鹿琳琳的《"海上丝绸之路"超大城市环境变化遥感分析》（《地球信息科学学报》2018年第5期），李莞尔、卞芳和邬占乾的《海丝文化在城市滨水景观中的应用研究》（《乡村科技》2018年第17期），等等。还有从茶叶方面探讨的，如姜含春、丁以寿和宛晓春的《国际贸易视野下茶叶之路与丝绸之路比较研究》（《南京农业大学学报（社会科学版）》2018年第4期）等。另有一些文章从高校、大学生方面来探讨，主要有：姚素月的《5W传播理论视觉下的海丝文化进高校研究》（《广州城市职业学院学报》2018年第3期）、黄咏烨和叶笑阳的《"海上丝绸之路"的文化现象及跨文化管理——以中国港湾工程有限责任公司海外发展为例》（《企业文明》2018年第10期）、杜娟娟的《"一带一路"背景下中国海洋文化传播的顶层规划与策略研究》（《新闻传播》2018年第11期）、王世泰的《大学生"海丝文化"认同感的培育》（《文教资料》2018年第

17 期)、高庆国的《中国丝绸之路文化自信的"互联网＋"研究》(《中国战略新兴产业》2018 年第 36 期)，等等。另外，从其他多元角度进行分析的有：廖亦彩的《在反思"海上丝绸之路"文化建构中发展陶瓷生产》(《工业设计》2018 年第 2 期)，章娇娜和陈章桃的《海丝文化涵养社会主义核心价值观的路径选择》(《广东青年职业学院学报》2018 年第 3 期)，刘伍颖的《服务 21 世纪海上丝绸之路的低资源语言处理》(《广东外语外贸大学学报》2018 年第 3 期)，王恒、杨昊翔和张丽的《海上丝绸之路沿线区域植被覆盖变化特征》(《遥感技术与应用》2018 年第 4 期)，李振福和李婉莹的《"郑和学院"倡议及建设构想——以共建 21 世纪海上丝绸之路为背景的研究》(《东南亚纵横》2018 年第 5 期)，汤晓颖、梁婷和方海的《开启全感知训练的跨专业工作坊教学探索——以"海上丝绸之路文化遗产的数字化传承"国际工作坊为例》(《南京艺术学院学报(美术与设计)》2018 年第 5 期)，叶建玉和谢红彬的《基于 CiteSpace 的"海上丝绸之路"研究知识图谱分析》(《海洋开发与管理》2018 年第 5 期)，张惠萍的《"21 世纪海上丝绸之路"倡议背景下侨批文献资源的建设与利用》(《长春师范大学学报》2018 年第 8 期)，胡宇的《广彩在海丝文化中的特质研究》(《中国陶瓷》2018 年第 9 期)，刘珊的《基于 LBS 模式的"21 世纪海上丝绸之路"跨境电商推荐系统研究》(《电信技术》2018 年第 11 期)，刘昕、王苅和罗洁的《面向文化创意产业的工业设计专业集中实践教学研究——以海上丝绸之路文化创意设计为例》(《艺术教育》2018 年第 18 期)，张红和张琰光的《"海上丝绸之路"沿线主要国家海道测量机构海图产品分析》(《智库时代》2018 年第 30 期)，等等。

施亚岚、侯志强和焦珊珊的《中国海丝旅游城市文化软实力建设研究：比较的视角》从文化软实力的角度进行比较研究，对海丝城市的建设很有现实意义。文章基于加速遗传算法的模糊层次综合评价模型(AGA－AHP－FCE)，构建包含文化吸引力、文化竞争力、文化生产力 3 个维度共 16 个测量指标的文化软实力评价指标体系，对 2015 年 8 个海丝旅游城市(泉州、福州、北海、广州、漳州、宁波、南京、扬州)的文化软实力进行综合评价和等级划分。研究结果表明：(1)文化软实力等级排序为：Ⅰ 级(广州和南京)、Ⅱ 级(宁波、福州和泉州)和 Ⅲ 级(漳州、扬州和北海)。(2)广州入境旅游市

场成熟,文化吸引力位居第一;南京公共文化服务设施和网络完善,文化竞争力位居第一;南京文化产业发展水平和附加值较高,文化生产力位居第一。最后文章针对性提出相应的政策:对于广州、南京等经济实力和综合竞争力较强的Ⅰ级城市,应发挥文化生产属性,促进文化产业转型升级;对于泉州、福州等海丝旅游资源赋存较为丰富的Ⅱ级城市,应整合海丝旅游资源,打造海丝文化精神载体;对于漳州、扬州、北海等在功能和区位上承担一定角色的Ⅲ级城市,应挖掘城市核心价值,强化海丝文化形象;同时要促进区域联动合作,打造海丝文化共同体。

(三)从经济学的视角对21世纪海上丝绸之路进行探讨

2018年从经济学角度探讨21世纪海上丝绸之路的文章主要有:李正红和吴红梅的《中国与海上丝绸之路国家木质林产品进口贸易效率研究》(《北京林业大学学报(社会科学版)》2018年第1期),陈秀英和刘胜的《"21世纪海上丝绸之路"沿线国家服务贸易竞争力分析》(《首都经济贸易大学学报》2018年第2期),刘镇、邱志萍和朱丽萌的《海上丝绸之路沿线国家投资贸易便利化时空特征及对贸易的影响》(《经济地理》2018年第3期),张美云、宋宇和王学东的《新海上丝绸之路出口复杂度的影响因素》(《宏观经济研究》2018年第3期),郭苏文和李丽丽的《制度质量、物流绩效与双边贸易——海陆丝绸之路国家的比较》(《财会月刊》2018年第3期),唐睿的《旅游企业对入境旅游市场效率的影响——基于"21世纪海上丝绸之路"五省市的实证研究》(《暨南学报(哲学社会科学版)》2018年第3期),黄迪和胡麦秀的《中国对外直接投资与产业结构升级关系研究——基于"海上丝绸之路"战略》(《上海管理科学》2018年第3期),唐睿和冯学钢的《"一带一路"倡议是否推动了入境旅游的发展?——基于"21世纪海上丝绸之路"沿线地区双重差分的实证》(《上海对外经贸大学学报》2018年第4期),彭渤和胡麦秀的《与"海上丝绸之路"沿线国家贸易对我国经济增长贡献率研究》(《商业经济研究》2018年第4期),谢朝武和黄锐的《"21世纪海上丝绸之路"旅游安全风险与合作治理》(《旅游导刊》2018年第5期),孟芳和周昌仕的《中国对"海上丝绸之路"沿线国家和地区水产品出口贸易影响因素的实证分析》(《对外经贸》2018年第5期),郑崇伟的《21世纪海上丝绸之路：关键节点的能源困境及应对》(《太平洋学报》2018年第7期),王君的《我国与海上丝绸之路沿线国家的跨境电商物流绩效及提升策略》(《物流工程与管理》2018年第7期),马文怡的《浅析如何实现"21世纪海上丝绸之路"与"丝绸之路经济带"对接》(《金融经济》2018年第8期),李霞和廖泽芳的《21世纪海上丝绸之路视域下中国对外贸易与OFDI联动发展考察》(《现代经济探讨》2018年第8期),杨逢珉和田洋洋的《中国与"21世纪海上丝绸之路"沿线国家农产品贸易研究——基于竞争性、互补性和贸易潜力的视角》(《现代经济探讨》2018年第8期),尹向明和魏磊的《海商兴衰对21世纪海上丝绸之路建设的启示》(《区域金融研究》2018年第9期),姜宝、李剑和江晓霞的《"海上丝绸之路"上的"互联互通"与贸易效率》(《华东经济管理》2018年第10期),郭伟锋和鄙俊利的《海上丝绸之路节点城市旅游业绩效时空分异研究》(《湖北文理学院学报》2018年第11期),朱小林、陈昌定和姚婉莹的《考虑物流绩效及规模效益的海上丝绸之路枢纽网络设计与研究》(《计算机应用与软件》2018年第11期),刘钻扩、辛丽和曹飞飞的《21世纪海上丝绸之路物流绩效对中国机电产品出口的影响》(《华东经济管理》2018年第11期),等等。

　　这些文章从多视角来进行探讨,涉及的范围较广,对各领域的研究也各有千秋。陈秀英、刘胜的《"21世纪海上丝绸之路"沿线国家服务贸易竞争力分析》一文聚焦21世纪海上丝绸之路沿线国家服务贸易竞争力因素进行探讨。文章利用2000—2013年的跨国面板数据,系统采用国际市场份额、对称性贸易竞争力、综合竞争力、净出口竞争力四种指数,对海上丝绸之路沿线主要国家的服务贸易国际竞争力进行横纵向的比较研究,并对影响服务贸易国际竞争力的因素进行实证研究,探讨中国与海上丝绸之路沿线其他国家服务贸易国际竞争力的差异及其影响因素。文章重点选取中国、印度、新加坡、泰国、马来西亚、埃及、印度尼西亚、菲律宾、南非、阿联酋等代表性经济体作为比较对象。经过分析得出的结论："第一,从整体服务贸易竞争力来看,在'21世纪海上丝绸之路'沿线主要国家中,印度、埃及与新加坡的服务贸易国际竞争力相对较强,其中,印度在计算机和信息、通信服务上

极具国际市场竞争力,而埃及的相对竞争优势体现在旅游业上,新加坡服务贸易的国际竞争力主要体现在诸如金融、保险等资本技术密集型服务领域。其他代表国家的服务贸易国际竞争力相对较弱,存在较多的变化。其中,菲律宾、南非的服务贸易国际竞争力呈现波动性特征,且菲律宾的国际市场份额取得了较大的增长,而南非的国际竞争力整体而言呈现下降的趋势;而中国、印度尼西亚、泰国、阿联酋等国家的服务贸易国际竞争力较弱。值得注意的是,泰国、马来西亚在旅游等资源密集型服务上优势明显。中国服务贸易享有国际市场占有率量上的'规模优势',然而却不具有质上的'竞争优势',在其余三个指数上表现出明显的国际竞争劣势。从细分服务业来看,中国在交通运输、建筑业等劳动密集型服务和旅游等资源密集型服务上具有竞争优势,然而却在金融、研发等知识技术密集型服务领域缺乏国际竞争力。""第二,中国服务业对内行政垄断程度过高、对外开放程度不足的'双重掣肘'是制约中国服务贸易竞争力提升的重要因素。""第三,国内消费水平、资本存量、服务业开放度、政府行政效率、信息基础设施等是形成和改善'海上丝绸之路'沿线国家服务贸易国际竞争力的重要来源。"在上述结论的基础上,作者提出针对性政策建议:(1)中国应以服务贸易引领与21世纪海上丝绸之路沿线国家合作,推进双边多边自由贸易区谈判,建设面向全球的高标准自贸区网络,为中国成为服务贸易规则的引领者创造机会。(2)中国城乡居民消费结构正由生存型消费转向服务型消费,服务消费日渐个性化、多样化,应创新消费供给,加快投资转型,改善消费环境,利用"互联网+"、跨境电商等助推国内消费水平升级。(3)服务贸易的发展离不开充足的国内资本储备,而完善资本市场的资源配置功能可使产业升级速度加快、存量资源利用更充分。应推动资本市场改革,健全多层次资本市场体系。(4)深化政府行政体制改革,完善服务贸易的法律制度环境,减少行政审批事项,实行登记备案制等来放宽服务领域投资准入限制。(5)利用服务贸易交易会推进服务贸易交流合作,通过上海、广东、天津、福建自贸区实施服务业扩大开放措施,在服务贸易口岸通关管理模式、服务贸易跨境结算、人员出入境管理等方面建立和完善促进服务贸易自由便利化的政策体系,为边境服务贸易提供配套服务,积极推动服务业双向互惠开放。(6)推动服务业扩大开放,打破服务贸易地区封锁和行业垄断,破除制约服务业发展的体制机制障碍,试行对外商投资实行准入前国民待遇和负面清单管理模式,实行更加开放的服务贸易市场准入机制,推进金融、通信、知识产权领域等服务业领域有序开放,提高利用外资的水平。(7)完善信息基础设施,依托大数据、物联网、移动互联网、云计算等新技术推动服务贸易模式创新,建设服务贸易新型网络平台,提高信息服务层次与质量。

杨逢珉、田洋洋的《中国与"21世纪海上丝绸之路"沿线国家农产品贸易研究——基于竞争性、互补性和贸易潜力的视角》一文基于联合国商品贸易数据库中2007—2016年的数据,采用显示性比较优势指数、贸易互补性指数及贸易强度指数分别从贸易竞争性、互补性以及贸易潜力3个角度对中国与21世纪海上丝绸之路沿线国家的农产品贸易特征进行分析,这对进一步优化多边贸易结构,完善多边贸易体系推进意义重大。文章分析得出结论:(1)中国对沿线国家农产品出口贸易总额呈现稳定增长的趋势,在中国农产品出口总额中占据了近四分之一的市场,其中以马来西亚、泰国、越南、印尼四国占据的市场份额最高。(2)中国与沿线国家在多种产品上均存在较强的竞争性,但各国农产品的出口优势存在显著差异;中国与沿线国家存在较强的贸易互补性,但以中国为出口国计算的贸易互补性明显强于以中国为进口国计算的贸易互补性;中国与沿线国家在多种产品上均有较大的贸易潜力。(3)中国农产品的出口结构与沿线国家的进口结构比较吻合。(4)以贸易强度指数进行衡量的中国与沿线国家贸易增长潜力显示:以中国出口计算的贸易强度指数明显大于以中国进口计算的贸易强度指数,尤其体现在马来西亚、印度尼西亚、泰国等东盟国家。根据以上分析,文章最后提出中国应积极加强农业基础建设,完善农业进出口结构,加快构建与沿线国家的自贸区框架体系,从而进一步拓展中国与沿线国家的经贸合作空间。

唐睿、冯学钢的《"一带一路"倡议是否推动了入境旅游的发展?——基于"21世纪海上丝绸之路"沿线地区双重差分的实证》基于"一带一路"倡议背景,利用2000—2015年的数据对21世纪海上丝绸之路沿线地区入境旅游发展进行分析,深度把握相关地区入境旅游市场的变化轨迹和规律。文章对上海、福建、广东、浙江、海南5省市入境旅游的发展举措进行详细的研究,发现从国际宣传交流到国内区域合作,从政府官方引导到民间自发行动,21世纪海上丝绸之路沿线地区均采取了种种推进入境旅游发展的措施:"上海发展入境旅游的举措类型最为丰富,并帮助落后地区的入境旅游业更迅速地融入'一带一路'倡议。福州和厦门成为福建省响应'一带一路'倡议发展入境旅游的主要力量,连续举办的'海上丝绸之路'国际旅游节提升了福建省的旅游知名度。广东省采取了如游记攻略等赛事活动调动普通民众的积极性,让社会大众广泛参与到与'一带一路'相关的入境旅游推广和宣传中来。海南利用自身区位优势加强与东南亚国家的合作,通过多种方式促进入境旅游市场的可持续发展。"文章接着通过双重差分模型得出结论:"一带一路"倡议对21世纪海上丝绸之路沿线地区旅游外汇收入和入境旅游人次的增长均有促进作用,说明"一带一路"倡议推动了21世纪海上丝绸之路沿线地区入境旅游的发展。旅游企业从业人员的增长、旅游企业数量的增加、产业结构的优化、对外开放程度的扩大、旅游交通条件的改善均对21世纪海上丝绸之路沿线地区入境旅游发展产生了正向影响。文章最后提出建议:加强品牌推广,塑造国际旅游知名品牌;优化产业结构,夯实入境旅游的产业基础;提高人力资本,增强旅游企业竞争力;增开国际航线,完善旅游交通体系。

(四)关于海洋、港口和南海问题的探讨

2018年从海洋角度探讨21世纪海上丝绸之路的文章主要有何雨的《基于"21世纪海上丝绸之路"建设的"一海两洋"战略研究》(《海南热带海洋学院学报》2018年第1期),杨文广等合撰的《"海上丝绸之路"的恶劣环境及应对——极值风速和波高》(《海洋开发与管理》2018年第1期),杨国桢和陈辰立的《历史与现实:海洋空间视域下的"海上丝绸之路"》(《广东社会科学》2018年第2期),许跃等的《"21世纪海上丝绸之路"的海洋环境研究——印度洋海表风速变化趋势》(《海洋开发与管理》2018年第2期),郑崇伟的《21世纪海上丝绸之路:风能的长期变化趋势》(《哈尔滨工程大学学报》2018年第3期),刘婵娟和胡志华的《"21世纪海上丝绸之路"海运网络空间格局及其复杂性研究》(《世界地理研究》2018年第3期),解晓茹、武文和郭佩芳的《社交媒体在"21世纪海上丝绸之路"沿线国家海洋防灾减灾中的应用及借鉴》(《南京信息工程大学学报(自然科学版)》2018年第3期)，杨翠香、宗康和胡志华的《中国与海上丝绸之路的连通性分析》(《上海大学学报(自然科学版)》2018年第3期)，李振福、李婉莹和徐梦俏的《新海上丝绸之路集装箱海运网络中心性》(《中国航海》2018年第3期)，杨逸凡等的《"21世纪海上丝绸之路"航线船舶压载水浮游植物群落特征》(《上海海洋大学学报》2018年第3期)，张哲等的《"21世纪海上丝绸之路"的风能和波浪能》(《海洋开发与管理》2018年第4期)，国家开发银行"海上丝绸之路战略性项目实施策略研究：重点国家的战略评估与政策建议"课题组的《"21世纪海上丝绸之路"背景下的我国海洋产业国际合作》(《海洋开发与管理》2018年第4期)，姚芳芳、周昌仕和翁春叶的《中国与海上丝绸之路沿线国家海洋产业合作模式研究——基于BCG Matrix-AHP的实证分析》(《资源开发与市场》2018年第4期)，陈强的《21世纪海上丝绸之路危险海域反海盗探究》(《海南热带海洋学院学报》2018年第6期)，王成、王茂军和王艺的《中国嵌入"21世纪海上丝绸之路"航运网络的关键节点识别》(《地理科学进展》2018年第11期)，樊兢的《"21世纪海上丝绸之路"海洋产业合作研究——基于中国与26个沿线国家的实证分析》(《改革与战略》2018年第11期)，吴磊和詹红兵的《全球海洋治理视阈下的中国海洋能源国际合作探析》(《太平洋学报》2018年第11期)，等等。

王成、王茂军、王艺的《中国嵌入"21世纪海上丝绸之路"航运网络的关键节点识别》围绕航运网络的关键节点识别因素进行研究。文章基于航运往来关系，引入社会网络分析方法，分析中外整体航运网络空间结构及核心—边缘构局，结合嵌入广度、嵌入深度和网络中介功能，类比不同地区航运网络嵌入模式差异；综合考量中外港口节点的网络中心地位和现实航运能力，识别航运网络中的功能节点。研究发现：第一，就整体关联网络而言，"海上丝路"沿线航运往来集中分布在东南亚和非洲东岸，形成"镐头"状关联结构；上海—新加坡、上海—巴生港、深圳—新加坡、深圳—巴生港之间高效联通，架构起"海上丝路"沿线港口轴辐式关联网络格局，在后续建设"海上丝路"过程中需重点巩固强化，确保航线稳定畅通。第二，就关键港口节点而言,新加坡、巴生港、孔雀港等海外核心枢纽港和上海、宁波、深圳等潜在复合型枢纽港占据网络中心位置,应择优扶植重点建设,并发挥关联网络核心节点的地域邻近优势,重视坤甸(马来西亚)、莫尔穆冈(印度)等中介功能较为突出的港口的航线建设,确保开展高效低耗的海外航运往来。根据上述结论,文章提出的政策建议有:(1)以新加坡、巴生港、孔雀港等主要的国际转口港为切入点,完善海上丝绸之路沿线航运网络建设,为加强中国与东盟、南亚各国发挥各自要素禀赋优势,促进"海上丝路"沿线地区产业合理分工与布局,搭建安全、畅通、高效的海上要素流动渠道。(2)以上海港区为龙头,渐次打造国际性复合型枢纽港。(3)突出中国主要港口的航运功能特征,沟通协调各港口有所侧重地融入海上丝绸之路建设。(4)加快完善"海上丝路"沿线港口城市基础设施建设。

港口是21世纪海上丝绸之路倡议实施的重要抓手,是我国实施"一带一路"互联互通、全球资源配置的重要战略节点。涉及港口的文章主要有:王珍珍和甘雨娇的《中国与"一带一路"沿线国家港口联盟机制研究》(《东南学术》2018年第1期),赵飞飞和周昌仕的《中国与海上丝绸之路沿线国家港口合作探析》(《四川职业技术学院学报》2018年第2期),邹云美和陈军的《21世纪海上丝绸之路我国沿海港口类型化研究》(《上海海事大学学报》2018年第3期),孙德刚的《中国港口外交的理论与实践》(《世界经济与政治》2018年第5期),牟乃夏等的《"海上丝绸之路"沿线重要港口区位优势度评估》(《地球信息科学学报》2018年第5期),杨忍等的《"海上丝绸之路"沿线重要港口竞争力评价》(《地球信息科学学报》2018年第5期),王慧和王启仿的《"海上丝绸之路"沿海港口城市国际化水平评价——基于PROMETHEE方法的应用》(《科技与管理》2018年第6期),赵旭等的《21世纪海上丝绸之路沿线港口体系演化研究——基于Logistics、Lotka-Volterra模型》(《运筹与管理》2018年第8期),丁莉的《以港口为战略支点书写21世纪海上丝绸之路建设新篇章》(《中国港口》2018年第8期),徐文强和甘胜军的《海上丝绸之路沿线国家邮轮港口合作存在的问题及对策》(《水运管理》2018年第10期),王成、王茂军和杨勃的《港口航运关联与港城职能的耦合关系研判——以"21世纪海上丝绸之路"沿线主要港口城市为例》(《经济地理》2018 年第 11 期),蔡蕊的《海上丝绸之路沿线港口发展现状及效率分析》(《时代经贸》2018 年第 19 期),等等。

王珍珍、甘雨娇的《中国与"一带一路"沿线国家港口联盟机制研究》一文分别从政策沟通、经贸往来、利益分配、基础设施、信息共享、金融服务和产港城一体化 7 个方面深度剖析了中国与"一带一路"沿线国家港口联盟的运作机制,并以上海港、天津港、宁波—舟山港、广州港、深圳港、湛江港、汕头港、青岛港、烟台港、大连港、福州港、厦门港、泉州港、海口港和三亚港等 15 个"一带一路"沿线重要节点港口为例,提出了深化中国与"一带一路"沿线国家港口联盟政策选择的措施,具体有:优化港口联盟生态圈,提高联盟国际化程度;加强港口资源整合,实现联盟成员错位发展;构建现代化集疏运体系,完善综合运输网络布局;创新联盟合作形式,强化合作关系紧密性;完善联盟成员交流机制,推动区域人才共享。

王成、王茂军、杨勃的《港口航运关联与港城职能的耦合关系研判——以"21 世纪海上丝绸之路"沿线主要港口城市为例》一文模拟映射"丝路"沿线中外港口关联网络,引介 2—模社会网络分析方法,讨论 15 个主要港口节点外向航运关联结构的同构性;摒弃网络结构分析时的自洽和自证不足,基于航运网络外的社会经济要素,挖掘港口城市网络关联的内在机制,讨论航运关联结构与港口城市产业结构相似性关系结构的耦合特征。作者研究发现:第一,沿线航运网络呈现以中国—东南亚地区紧密关联为重心的空间关联格局,上海、深圳—新加坡、巴生港共同架构起沿线港口低耗高效的轴辐式关联网络结构;第二,从个体节点中心度、整体网络格局、局部核心网络组织和主导链接群组等不同层面,分别佐证了中国港口外向关联的同构性,极易导致重复、低效、不经济的航运活动频现;第三,经关系—关系层次假设检验得到,15 个港口城市外向关联结构与港城职能相似性结构存在耦合关系;第四,木制品、纸制品和运输设备制造相关行业较为发达的港口城市,经济发展水平、综合运输能力、经济开放度较高的港口城市,以及劳动力和进出口规模相异的城市,航运关联结构同构性较强。

南海是中国 21 世纪海上丝绸之路的核心海域和必经海域,其在海上丝绸之路中的重要地位一直受到学者的关注。2018 年有关南海问题研究的

文章有:李国选和严双伍的《"21世纪海上丝绸之路"倡议推进下的中国南海岛礁建设》(《当代世界与社会主义》2018年第2期)、邓妮雅的《"一带一路"倡议下南海资源共同开发的模式选择》(《中国海洋大学学报(社会科学版)》2018年第2期)、王巧荣的《海上丝绸之路南海航线对中国南海权益的历史价值》(《桂海论丛》2018年第4期)、周士新的《试论建构南海地区秩序的行为准则》(《亚太安全与海洋研究》2018年第5期)、王诺和林婉妮的《建设"21世纪海上丝绸之路"视角下南海海上搜救体系构建研究》(《中国软科学》2018年第5期),等等。

李国选、严双伍的《"21世纪海上丝绸之路"倡议推进下的中国南海岛礁建设》一文提出把中国的南海岛礁建设放在21世纪海上丝绸之路的框架下研究,中国就能讲清楚、说明白中国南海岛礁建设的根本目的和意图。作者指出:"中国的'21世纪海上丝绸之路'倡议是在经济全球化受挫、贸易保护主义抬头、海洋争端复杂化的背景下提出的,旨在重振全球经济,造福国际社会。基本框架是恪守联合国宪章的宗旨和原则,遵守和平共处五项原则,坚持共商、共建和共享原则,以中国沿海港口经过南海到印度洋,到达欧洲和以中国沿海港口到南太平洋为两大建设重点,以政策沟通、设施联通、贸易畅通、资金融通和民心相通为合作重点。"因此提出"南海航线及重要岛礁的建设是中国'21世纪海上丝绸之路'建设的首要和优先考虑方向"。事实上在作者看来,"尽管中国运用多种方式向国际社会阐释中国南海岛礁建设的正当性与合理性,但这并没有完全消除国际社会特别是南海沿岸国对中国的南海岛礁建设的指责和疑惧。所以,在'21世纪海上丝绸之路'倡议推进的背景下,中国在南海岛礁建设问题上向国际社会增信释疑就有了现实的可能性"。文章提出,目前21世纪海上丝绸之路倡议在南海海域推进存在三大障碍:区域公共产品供给不充分、南海问题的不定期爆发和国家间信任赤字。因此作者认为:"中国的南海岛礁建设并不是谋取南海的主导权,不是利用强大的综合国力收复被侵占的中国南海岛礁,而是以建设性的方式为南海地区提供公共产品。中国通过和平柔性地展示中国的力量,充分显示了中国在南海地区要建设相互尊重、公平正义、合作共赢的新型国际关系,打造南海命运共同体,从而更好地履行南海地区义务,成为一个负责任的大国。"文章接着指出："中国的南海岛礁建设能够提供量足质优的公共产品，能够制度化管控南海问题，能够增强南海各方的信任，中国的南海岛礁建设具有为'21世纪海上丝绸之路'保驾护航的意义。"同时，文章强调："中国'21世纪海上丝绸之路'建设既不走西方列强海洋殖民的老路，也不走与美国争夺海洋霸权的邪路，而是走一条和谐共生、人海合一、可持续发展的新型海洋强国之路。""尽管美国、越南、菲律宾等国家对中国的南海岛礁建设提出了某些疑虑，但中国一方面要耐心解释，另一方面要坚定地完成南海岛礁的建设。这对南海地区甚至亚太地区的和平、发展和稳定都有巨大的贡献。"

王诺、林婉妮的《建设"21世纪海上丝绸之路"视角下南海海上搜救体系构建研究》一文针对南海海上搜救体系进行探讨。文章首先指出南海的重要地位和作用："南海不仅是我国南行和西行航线进出本土的门户，更是战略防御的海上屏障，可使我国战略防御纵深向南推进数百海里。"文章接着分析："从地缘角度审视，南海国际形势复杂，我国与部分东盟国家在海上搜救的合作上缺乏互信。""南海是连接太平洋与印度洋的通道，海上船舶过往频繁，是重要的国际海上运输走廊。""受自然等各种因素的影响，南海也是国际上航运安全问题最为突出的海域之一。"文章认为，"南海是'21世纪海上丝绸之路'的起始端，这一海域的航行安全具有典型的示范作用"。文章也深入分析研究了南海海上搜救体系的主体架构、各层机构功能、协调机制、国际协作等基本问题，在此基础上，作者对加强南海海上搜救体系建设的建议主要有：以保障海上丝绸之路安全畅通作为推进海上搜救体系建设、打破南海僵局的切入点；扩建可深入远海、与我国南海主权大国相称的海上搜救船队；依托人工岛机场、大型船舶以及油气田平台，拓展立体搜救覆盖范围；扩建可深入远海、与我国南海主权大国相称的海上搜救船队；重视将民间力量纳入南海海上搜救体系；进一步提高现代化管理水平。

邓妮雅的《"一带一路"倡议下南海资源共同开发的模式选择》一文开门见山指出："共同开发作为一种发展较为成熟的争议海域开发模式，是目前我国与南海声索国间最为可行的资源合作开发方式。"作者同时认为："中国与南海声索国能否实现共同开发，一方面取决于中国与邻国政治环境的改

善和国家合作的选择和进程,另一方面取决于中国与邻国的现实需求和制度设计可否战胜复杂的现状和困境。这两方面的因素中,前者取决于国家政治和国际政治环境的影响;后者取决于对现实的分析和制度设计,而且后者可以推动前者向积极的方向发展。"文章接着指出:"目前部分南海声索国与邻国签订了共同开发协议。除了泰国湾附近的马泰和马越共同开发案,以及澳大利亚和东帝汶共同开发案进入了实质性开发阶段外,其他几个协议仅限于达成原则共识或者已经取消。中国南海资源开发的形势表现为南海沿海各国依据 1982 年《联合国海洋法公约》主张最大限度的专属经济区和大陆架,并在主张区内联合国际石油公司进行单边开发,南海共同开发难以有实质性的进展。"文章认为南海资源开发虽然面临一定挑战和困境,但无论是维护国家海洋资源权益的需要,还是加强我国在南海的存在,加强与南海声索国之间的资源合作开发都有其必要性。在此基础上,文章通过对已经成型的三种共同开发模式即代理制模式、联合经营模式、管理机构主导模式进行比较和分析,得出结论:联合经营模式应是优先考虑的管理模式,其多元化和灵活性的特点在复杂南海海域更具有优势。在作者眼里,"这种模式合作方式多元,既克服了代理制模式下国家权力过分让渡的弊端,也节省了管理机构主导模式的时间成本,较低敏感度的管理模式更适合政治敏感度较高的南海。选择联合经营模式与不同南海声索国进行合作,也可在具体制度设计上有所差异,保证统一性和差异性兼顾"。

(四)关于 21 世纪海上丝绸之路建设所面临的风险和对策研究

21 世纪海上丝绸之路倡议已进入实践建设阶段,涉及国家众多,涵盖领域甚广,面临的挑战和风险也是多方面、复杂的,因此,如何缓解和解决其建设中面临的风险引起了学术界广泛的关注。2018 年度关于这方面研究的文章主要有:杨泽伟的《"21 世纪海上丝绸之路"建设的风险及其法律防范》(《环球法律评论》2018 年第 1 期),李文怡的《"21 世纪海上丝绸之路"贸易法治化研究》(《天府新论》2018 年第 3 期),张文广的《护航 21 世纪海上丝绸之路》(《人民法治》2018 年第 3 期),陈东、黄丽桩和莫廷婷的《"海上丝绸之路"文化遗产保护地方立法的问题与视野》(《地方立法研究》2018 年第 4

期),黄德明和杨帆的《跨部门合作法律机制在国家管辖范围外海洋保护区建立管理中的作用——兼谈对"海上丝绸之路"倡议的启示》(《云南师范大学学报(哲学社会科学版)》2018 年第 6 期),辛方坤的《21 世纪海上丝绸之路:生态风险及应对》(《太平洋学报》2018 年第 7 期),李原和汪红驹的《"一带一路"沿线国家投资风险研究》(《河北经贸大学学报》2018 年第 7 期),段林的《"海上丝绸之路"下再看船舶碰撞油污损害责任承担》(《法制与社会》2018 年第 32 期),刘群的《共建海上安全机制》(《中国投资》2018 年第 15 期),等等。

杨泽伟的《"21 世纪海上丝绸之路"建设的风险及其法律防范》就围绕着 21 世纪海上丝绸之路建设所面临的风险展开研究。文章提出 21 世纪海上丝绸之路建设的重要节点系高风险频发地区,面临较大的政治风险和人员安全风险。文章认为政治风险主要包括货币兑换风险、征收和类似措施风险、违约风险、战争和内乱风险。对于政治风险,文章提出可以通过三种方式加以防范:建立海外投资保险制度,签订双边投资条约,加入《多边投资担保机构公约》。文章认为人员安全风险,即因东道国的历史问题、民族矛盾、宗教冲突、恐怖主义威胁等,投资者的人身安全面临较大威胁。鉴于人员安全的特殊性,对其应采取特别措施,主要有:修改国内相关立法,成立中国私营安保公司;建立多个后勤保障基地,实施"保护性干预"。最后文章得出结论:建立风险预警和防范机制是 21 世纪海上丝绸之路建设风险法律防范的基础(建立 21 世纪海上丝绸之路建设的风险预警系统,成立 21 世纪海上丝绸之路风险预防和处置委员会,构建 21 世纪海上丝绸之路建设风险预防法律体系);坚持"共商共建、互利共赢"原则是 21 世纪海上丝绸之路建设风险法律防范的关键;充分发挥现有国际机制作用是 21 世纪海上丝绸之路建设风险法律防范的重要保障(加强双边合作,继续发挥 21 世纪海上丝绸之路沿线国家之间区域合作机制,深化与联合国等多边国际组织的协调与合作);协调域外大国的利益和回应合理关切是 21 世纪海上丝绸之路建设风险法律防范的重要组成部分。

李文怡在《"21 世纪海上丝绸之路"贸易法治化研究》中指出:"'21 世纪海上丝绸之路'倡议涉及东南亚、中东、非洲、南太平洋、南北美洲;如果可

能,甚至影响到北极地区。这样广泛的地区,其沿线国家的经贸政策及法治问题必将对'21世纪海上丝绸之路'倡议产生重大影响。"在作者看来,"'21世纪海上丝绸之路',其实质上是一条由沿线节点港口互联互通构成的、辐射港口城市及其腹地的贸易网络和经济带。因此,建立高效的贸易便利体系应该是'21世纪海上丝绸之路'倡议的重要内容之一;而构建先进有效的贸易规则体系也是'21世纪海上丝绸之路'法治化的核心部分"。文章在分析21世纪海上丝绸之路贸易法治状况的基础上提出:"建设'21世纪海上丝绸之路'的重要内容之一即是加强与推动各成员方在各领域的贸易合作,并构建和不断完善相关法律规范及机制,以确保区域内贸易合作能够得到长期稳定的发展。"作者分析认为:"适应全球贸易新秩序的发展趋势,参与全球贸易新秩序的构建,'21世纪海上丝绸之路'沿线国家面临巨大的挑战。"文章在分析建设21世纪海上丝绸之路在全球贸易规则重构的作用的基础上,提出中国策略:坚持多元化经贸治理,制定更具包容性的贸易规则,打造自贸区协定网络。

辛方坤的《21世纪海上丝绸之路:生态风险及应对》研究的角度比较独特,鲜有文章对此进行系统研究。文章指出:"'21世纪海上丝绸之路'建设中,沿线地区的生态风险不仅是该地区的现实威胁,而且会对中国的海外利益构成广泛威胁,需要予以重点关注。"文章通过梳理生态风险的理论体系,从资源限制、人为活动、自然灾害3个层面对海上丝绸之路沿线的东南亚、南亚、中东3个地区的生态风险进行评估,并重点研究了中国对外投资存量较大的9个沿线战略支点国家。研究得出结论:东南亚地区有着雄厚的市场开发潜力,不仅是"一带"与"一路"的交汇点,也是美、日等大国角逐的着力点,其人为活动风险、自然灾害风险均较为严重,需要重点关注。南亚地区则面临较为严重的资源限制风险和严重的自然灾害风险;中东地区的生态风险虽不及社会风险、经济风险等传统风险,但严重的资源限制风险和人为活动风险易引发政治、社会、军事等系统性风险,需要予以特别关注。最后文章提出应该合作应对生态风险的4个建议:跨界水公共产品供给与国际农业合作、绿色投资降低人为活动风险、搭建沿线国家减灾合作平台、优先培育和发展环境类国际非政府组织。

李原、汪红驹在《"一带一路"沿线国家投资风险研究》(《河北经贸大学学报》2018 年第 7 期)中写道:"'一带一路'倡议提出后,沿线国家间的资本流动成为区域合作最具活力的因素。"接着文章指出:"近年来,我国对'一带一路'沿线国家直接投资规模快速增长,但'一带一路'投资项目大多资金需求庞大、投资周期较长、涉及资本跨境合作,叠加我国对'一带一路'区域投资地区分布集中、行业分布敏感、投资主体单一的特性,导致'一带一路'沿线对外直接投资风险案例较多。"文章接着参考已有的投资风险指标体系研究,结合国际知名信息公司领英(The PRS Group)出版的"国别风险报告"(International Country Risk Guide,ICRG),从政治社会风险、经济风险、法律风险和主权信用风险 4 个角度分别衡量"一带一路"沿线国家风险情况,得出结论:(1)总体来看"一带一路"沿线国家投资风险偏高,中高风险国家占"一带一路"沿线国家总数的三分之二。中国企业在参与"一带一路"建设和进行投资决策过程中,应充分考虑东道国的风险水平,以保证投资收益。(2) 政治经济综合因子对一国的整体投资风险影响最大,可见对于"一带一路"区域来说,政府执政能力和经济现代化水平具有较强相关性,二者相互交织成为决定国家投资风险的最重要因素;除此之外,社会法律条件、营商环境、经济波动情况,政局稳定程度和主权信用状况都是对外直接投资决策需要考虑的因素。(3)将"一带一路"沿线国家综合投资风险分区与2005—2016 年我国对"一带一路"沿线地区直接投资的区域分布情况进行对比,发现我国大量投资集中在东南亚的缅甸、柬埔寨、马来西亚、老挝,南亚的巴基斯坦,中亚五国及俄罗斯、蒙古等国,而这些国家大部分都属于高风险区域,对中东欧等低风险国家的投资则较少。未来我国对"一带一路"区域的投资应着力完善区域分布结构,谨慎选择投资目的地,减少对高风险国家和地区的投资,增加与中东欧国家的投资合作。

张伟玉的《"一带一路"倡议五周年:建设成果、风险挑战及应对措施》虽简短但分析有力,论证充分。文章系统地梳理了"一带一路"倡议 5 年来所取得的成果:政策沟通更加畅通,设施联通取得突破,资金融通逐渐加强,贸易畅通成效突出,民心相通渐次夯实。在此基础上,作者分析"一带一路"建设所面临的风险挑战有:从全球层面看,大国政治竞争日益加剧,美国加紧

遏制中国；从区域层面看，沿线国家或地区安全冲突风险突出；从国家内部层面看，沿线国家或地区内部政治风险加大；从企业运营层面看，沿线国家或地区运营环境复杂加剧。最后，文章提出相应的应对措施：在合作伙伴选择上，建议从最初的"全面铺开"到"重点优选"升级，提升合作质量；在企业对外经营上，建议建立企业与当地社区的冲突管控机制，避免经济投资行为被"政治化"。同时文章也指出与"一带一路"沿线国家或地区的合作离不开政府"搭台"，离不开企业"唱戏"，离不开学界和智库的"参谋"。因此文章还认为：从国家层面，要不断寻求与"一带一路"沿线国家或地区发展愿景和总体规划的契合点，加强与"一带一路"沿线国家或地区战略的有效对接和利益的深度互嵌，为"一带一路"推进创造良好的外部环境，降低国际合作中的政治风险；从企业层面，要与当地民众建立利益共同体，避免经济投资行为被"政治化"，建立起与当地社区的风险化解机制，善于处理好与当地民众和社区关系；从智库和学界层面，要大力加强区域国别研究，加强对"一带一路"沿线国家或地区的政治局势、经济走向、文化宗教等国情的深入了解和实地调研，建设"一带一路"沿线国家或地区的国别数据库，为国家和企业提供准确及时有效的学术公共产品，提供对当地局势的准确研判和预测，减少信息误判，为国家和企业提供决策咨询和参考。

总之，21世纪海上丝绸之路建设已走过了5年历程。这5年来，"一带一路"逐渐从中国倡议转变为国际共识，从发展理念转化为合作行动，稳步推进，形成了互利共赢的良好局面。2018年国家领导人在国内外积极倡导并采取切实措施推进21世纪海上丝绸之路的建设。同时，国内外学术界对此也掀起了多角度、全方位的研究，研究成果丰硕，为建设21世纪海上丝绸之路提供了有力的理论支撑和政策建议。但同时我们也看到，相当部分文章只是泛泛而谈，高水平的学术研究并不多；总体前瞻性不够、就事论事，缺乏系统性和全面性，甚至为博社会关注，制造出许多"标题党"文章，混淆曲解概念的也有不少。21世纪海上丝绸之路的建设是一项复杂的系统工程，涉及的范围非常广泛，涵盖经济、社会、历史、文化、金融、资源、环境等领域，不可能一蹴而就，需要有长远的目光和正确的战略决策，也需要学术界进行全面而深入的研究，提供理论支持和政策建议。随着21世纪海上丝绸之路的倡议继续推进,学术界应进一步加深对 21 世纪海上丝绸之路倡议内涵的学理认知和全面把握,更注重实地调研和系统研究,拓宽并加深海丝研究的广度与深度,推动海丝建设进一步走深走实走稳,让 21 世纪海上丝绸之路建设成为构建人类命运共同体的重要实践平台。

（本章作者:姚蕾,宁波大学马克思主义学院副教授;龚缨晏,宁波大学人文与传媒学院教授,"中国南海研究协同创新中心"兼职研究员,浙江省重点文化创新团队"海洋文化研究创新团队"负责人）

第二章　海上丝绸之路东海航线研究

2018 年,海上丝绸之路东海航线历史研究有了进一步推进,相关成果集中于港城、航海贸易、文化交流、外交往来等专题。另有一些论文和著作聚焦于东海航线的航路、人员往来、国族间相互认知等领域。2018 年国内多地举办了一系列海丝主题研讨会,有力地促进了海丝东海航线研究的深化。相关研讨会包括:广州市社会科学界联合会主办、广州市文物博物馆学会承办的"海上丝绸之路:广州文化遗产"学术研讨会(6 月 30 日);通化师范学院召开的"东亚新形势下的高句丽渤海历史文化研讨会"(7 月 7 日);中国海外交通史研究会和广州大学广州十三行研究中心等在广州举办的"广州十三行与海上丝绸之路"国际学术研讨会(10 月 13—14 日);中国社科院历史研究所、中国海洋发展研究会和莆田学院等联合主办的"第四届国际妈祖文化学术研讨会"(11 月 16—19 日);南京大学元史研究室/民族与边疆研究中心举办的"文献记载与考古发现:海上丝绸之路的新探索学术研讨会"(11 月 17 日);嘉兴港区管委会和乍浦镇政府主办的 2018 年首届"乍浦—长崎"海上丝绸之路研讨会(11 月 22 日);厦门大学南洋研究院和福建泉州海外交通史博物馆联合举办的"海上丝绸之路与东南亚华侨华人——历史现状与展望"国际学术公议(11 月 24—27 日),从多学科、多领域探讨了东南亚华人在海上丝绸之路构建中的历史影响与现实意义。

2018 年海上丝绸之路东海航线研究成果方面也有些变化,主要体现在:一是东亚政治军事研究相对来说成果多,而在港口、航线研究方面则相对较少;二是在人员来往方面对海商的研究较少,而东亚僧人之间来往密切,研究成果相对较多。下面将具体介绍这一年的研究情况。

一、港口、航路、船舶及航海研究

(一)港口研究

2018 年有关海上丝绸之路东海航线港口的研究成果,主要以广州、福建、泉州、宁波、扬州、厦门等港城历史为考察对象,也主要为一些散篇文章。需要指出的是,本年度关于港口研究热度呈现出"降温"态势。但是,值得关注的是,广州、福建两地成为研究海上丝绸之路的重镇,在这一年推出了系列论著和科普性质的书作,很好地弘扬和推动了海上丝绸之路相关知识的传播。广州的有张开成等著的《广东海上丝绸之路文化与建设》(海洋出版社,2018 年)、《广东海上丝绸之路城市历史文化》(海洋出版社,2018 年)。福建有关海上丝绸之路的研究,则由福建教育出版社推出了"图说福建与海上丝绸之路"丛书,丛书分别包括陈硕炫的《闽在海中:福建与海上丝绸之路》、聂德宁和张元的《牵星过洋:福建与东南亚》、徐斌和张金红的《顺风相送:福建与东北亚》、丁毓玲和林瀚的《涨海声中:福建与波斯、阿拉伯》及吴巍巍的《舟行天下:福建与欧美》等 5 册,宏观概述了福建与海上丝绸之路的关系,以及福建造船航海的优势、福建与世界各国各地区的交往等。

苏惠苹的《众力向洋:明清月港社会人群与海洋社会》(厦门大学出版社,2018 年)一书主要聚焦在明清(16 世纪)以来福建漳州府月港的社会变迁,从长时段考察了月港从经济和社会发展相对落后到直线飞速上升的历史过程。作者认为:"明清政府在海洋管理政策上屡有变迁,地方士绅充分把握形势、建言献策,而普通百姓们则有'犯禁''顺应'和'疏离'的不同表现。"月港一度成了"海舶鳞集,商贾咸聚"的外贸商港,得益于"明清两朝政府、地方士绅和普通百姓都不同程度地参与到海洋管理的历史现场当中,他们共同推动了闽南海洋社会经济的发展与变迁"。正如王日根先生的评价:"月港曾在明朝开禁的政策下走向其繁盛的顶峰,却依然能在禁绝政策下寻求新的发展机遇,或融入到广东、香港、澳门的开放经济圈内,或展足海外,

延续闽商走四方的传奇故事。"①

　　耿元骊的《五代十国时期南方沿海五城的海上丝绸之路贸易》(《陕西师范大学学报(哲学社会科学版)》2018年第4期)一文值得关注。该文认为五代十国时期的广州、泉州、福州、明州、杭州成为"'前早期经济全球化'时期代表性港口城市。五城带动中国南方形成了贸易为重、海商为尊的观念变迁,率先成为重要的海上丝绸之路贸易港区。广州海外贸易路线最长,延伸到今天伊拉克等地;福州、泉州与东南亚、日本及朝鲜半岛来往频繁;杭州、明州与东北地区、朝鲜、韩国、日本等地交往密切"。耿元骊分析认为,"在濒海而生的小国割据体系当中,各政权都高度重视商业,视海上丝绸之路贸易为立国根本,形成了区域间竞争关系",借此,"为宋以后东南沿海海上丝绸之路贸易的蓬勃发展奠定了重要基础"。

　　实际上,泉州是我国发展对外贸易较早的港口之一。杨文新的《宋代泉州九日山祈风石刻研究》(《海峡教育研究》2018年第2期)指出,"泉州九日山祈风石刻是宋代泉州地方长官和福建市舶司官员等为航行于南海、印度洋和波斯湾等地海舶举行祈风典礼而留下的记事石刻",体现出了地方官员对海上贸易的重视。张丽娜的《明代泉州港研究》(宁波大学硕士学位论文,2018年)则聚焦于明代时期泉州港的私人海上贸易发展。张丽娜在研究中指出:"明代泉州港官方贸易港地位下降,但私人贸易兴起,泉州港走出官方贸易占主导的传统格局。海外市场扩展,也促进了泉州腹地经济的发展,泉州海洋社会逐渐成熟。"其认为,"泉州港并非如学界传统认识已经衰落,而是更为主动开放,融入早期世界一体化进程"。泉州港海上贸易的迅速发展与乡族社会、地方政府、明王朝海洋政策有关,张丽娜认为"乡族社会是港口发展的基础",然而明王朝施行的海洋政策导致官方贸易衰落,而走私贸易逐渐兴盛,特别是以"郑氏海商为代表的私人贸易使泉州港向外发展,并较早地融入世界海洋贸易圈"。王连茂的《刺桐杂识》(海洋出版社,2018年)一书涉及泉州作为重要港口在海上交流中所起到的作用,如书中收录的《泉州与琉球——有关两地关系史若干问题的调查考证》《16—18世纪泉州与

---

　　①　王日根:《明清月港周围人们的环境适应与生计谋求》,《中华读书报》2018年9月12日。

日本交流史简述》等。

古代山东地区有着地缘优势,因而一直与朝鲜半岛来往密切。权太东和高福升的《古代山东沿海与朝鲜跨海贸易探析》(《山东理工大学学报(社会科学版)》2018 年第 6 期)一文翔实论述了山东从春秋战国时期开始就与朝鲜半岛有贸易往来。作者指出,在唐朝之前,两地之间的跨海贸易多为以皮毛、丝绸为主的"国家主导和民间贸易"两种形式进行,"荣成、烟台和蓬莱是朝鲜跨海贸易的主要港口",元朝后期,"海运中心由蓬莱转至江苏的太仓"。明清时期,由于朝贡贸易和海禁政策的实施,虽然"民间跨海贸易逐渐衰落",但是促成了青岛、烟台和威海成为重要的跨海贸易港口。正如作者所言,在经济全球化格局大背景下,中韩贸易往来,"更是中朝古代海上丝绸之路的延续与发展"。

李东辉和翟渊潘合撰的《唐代登州港与新罗的交流情况》(《延边大学学报(社会科学版)》2018 年第 6 期)一文表明,唐代时期登州港已然成为"东方海上丝绸之路上一个集商业海港和军事海港为一体的综合性港口"。登州港成为唐朝与新罗之间交流的重要媒介,作者从 3 个方面进行了概括:"在政治方面,登州港不仅在唐与新罗联合对抗高句丽和百济的过程中发挥了军事战略作用,而且为唐接待新罗使臣提供了便利;在经济方面,唐与新罗之间展开的经济往来主要有朝贡贸易和私人贸易两种模式,二者繁荣均在一定程度上受益于登州港的发展;在文化方面,无论是新罗主动求取,还是唐派遣传播者,随着登州港东方海上丝绸之路的开辟,新罗更进一步学习了中国的文化和技术。"

北方港口众多,周运中的《隋唐五代北方海港与近海航路新考》(《中国港口》2018 年增刊第 2 期)就对隋唐时期北方海港与近海航路做了新的考证。作者纠正了前人考订龟钦岛、末岛、沙门岛、大人城、福岛、卑沙城、南苏城、盖牟城、葫芦岛、桃花岛、乌骨江、三会海口、白潮镇、白水、涟水等唐代中国北方港口位置的错误,并补充考证了军粮城、章武、千童、桥笼镇等港口。吴敬的《宋元时期北方地区海港体系的考古学观察》(《社会科学》2018 年第 6 期)从考古学视角考察了宋元时期北方地区的海港兴衰状况。作者指出,北方地区海港"在一定程度上或已构成了对外贸易和对内转运的两大体

系"，但因"宋元时期北方地区政治形势不稳定"，"北方海港存在着功能和区位的转换"，随着元朝统一，山东半岛南北岸的海港迎来了新局面，"直沽港逐渐成为北方沿海地区对外和对内海上活动最重要的起讫点"。

洛阳虽无地缘优势，但在古代中国具有很强的政治优势。正如徐芳亚的《古代洛阳与海上丝绸之路研究》(《洛阳师范学院学报》2018 年第 3 期)对古代洛阳与海上丝绸之路进行的考察，其认为"海上丝绸之路兴起于周秦，唐代中期以后开始兴盛，逐渐超越陆上丝绸之路。洛阳虽处于中原腹地，但水运畅通，从东汉开始，东南亚、南亚以及西方商人和使者通过海上丝绸之路来洛阳，隋代大运河开通以后，洛阳与海外的交通更加便利"。

江浙地区是东海航线的重要节点，是海上丝绸之路重镇。傅齐纨的《宁波茶港文化及对日交流》(《宁波职业技术学院学报》2018 年第 4 期)从茶文化视角，查证了宁波是中日海上交通重要港口，特别是唐宋时期，随着日本留学僧来华参访求学归国后，将中国茶文化东传，逐渐形成日本茶道。作者认为在借助中日茶文化进行交流的过程中，宁波可以发挥"'一带一路'倡议中的文化资源优势所在"。除了茶文化交流之外，瓷器也是海上贸易的重要商品。如周建灿、杨跃鸣的《台州窑青瓷与海上丝路新证》(《台州学院学报》2018 年第 5 期)一文聚焦于台州窑青瓷在海上贸易中占有的重要地位。作者认为宁波明州港遗址出土大量台州窑青瓷标本，表明唐宋时期台州窑青瓷由宁波港出口，是海上丝路的重要组成部分。

徐桑奕和顾苏宁的《六朝时期南京的海外贸易及其影响因素探析》(《中华文化论坛》2018 年第 10 期)考察了六朝时期南京海外贸易情况，认为六朝时南京(建业、建康)都城具有军事、经济、文化等方面优势，吸引了大量海外人员。正因如此，作者在对六朝时期南京海外贸易进行历史考察后，得出以下三点结论："第一，六朝海外贸易的发展和政权的支持密切相关。农业经济和手工业的发展，加之政府积极发展海外关系的政策，使得贸易体量和范围不断扩大。第二，实物贸易中可以看到技术贸易及其本土化。六朝时期中外经济交往的表现是中国的丝绸、陶瓷等制品外传，域外的方物、贵器、经书等输入本土。第三，贸易也促进了中外文化方面的交流与互动。文化上，中国的语文、思想、艺术和制度等伴随着贸易传至各地，对当地文化产生重大影响。生活上,古代中国输出的丝绸、瓷器等改善了各国人民的生活。"

双屿港作为海上丝绸之路一个重要节点和主要平台,曾经在我国海外交通史和中外关系史上扮演过重要角色,其历史可以追溯到唐末五代,尤其是两宋以降,它同东亚、东南亚国家和地区的贸易十分繁盛。但在明朝嘉靖后期兴起一场有关"开海"或"海禁"的斗争,双屿港被葡萄牙人开辟为私商贸易港口而被摧毁、填塞。在东西洋文化交流方面,双屿港一直为学术界所重视。由金国平和贝武权主编的《双屿港史料选编》(海洋出版社,2018 年)以全球视野,尽可能地将各国各语种中有关双屿港的资料挖掘出来并按语种汇编成册(中文卷、法英文卷、葡西文卷、日文卷,全 4 册),从明朝嘉靖中叶亦即 16 世纪中叶开始,一直延续到近代,可以说其对双屿港史料的整理与出版实为惠及学界。

梁杰龙的《明清时期闽浙海上航路研究——以天一阁藏〈海岛礁屿和沿海水途〉为中心》(宁波大学硕士学位论文,2018 年)利用天一阁私藏《海岛礁屿和沿海水途》重点探究了明清时期海上航线。作者首先对《海岛礁屿和沿海水途》做了简要介绍,这是一本清代佚名知识分子所抄录的中国近海航路宝典,全文共有"各处海岛礁屿便览""按边针路""各澳风信涨流""谨录沿海水途行舟便览""自三江口起至北关止水汛湾澳"等 13 份宝贵的海上航路资料。作者总结了《海岛礁屿和沿海水途》对航洋史的四点价值:"一者,有助于中国海岛资源资料的整理和开发工作;二者,为中国国内沿海交通史的研究提供了更加翔实的史料;三者,对于学界研究清代闽浙、闽台贸易关系有重要参考价值;四者,对于潮汐、信风等天文气象研究亦有助力。闽浙海上航路是古代海上丝绸之路的国内延伸段,在国际海上丝绸之路的视角下审视闽浙海上航路,努力构建新世纪的海上丝绸之路。研究闽浙航路,有利于进一步加深对闽浙劳动人民海洋风貌的认识,增进闽浙两地的经济文化互动。"

台湾是东亚海上贸易中转站,特别是在明清时期,台湾海上贸易地位日益重要。陈思的《从 17 世纪前期台湾海峡中、日、荷三角贸易格局看早期日荷在台湾的冲突》(《海交史研究》2018 年第 1 期)一文从中、日、荷三角贸易格局出发,考察了早期日荷在台湾的冲突。作者在文中指出,荷兰殖民者侵占台湾南部后便以此为据点收购中国商品,从事对日本转口贸易,并因此与

在台经营中日走私贸易的日本商人发生了激烈冲突。荷方在中、日、荷三角贸易格局中处于不利地位,特别是在日荷冲突中一直处于劣势。荷方为了避免与日本的冲突,试图通过调整中荷贸易关系来改变台湾海峡贸易格局,但最终在日荷冲突中陷入绝境。随后,日本施行锁国政策反而促成了荷方彻底摆脱了原先的受制处境,"成为新贸易格局下的一大受益者"。李细珠的《从东亚海域到东南海疆——明清之际台湾战略地位的演化》(《台湾研究》2018 年第 6 期)一文从东亚海域与东南海疆双重视角,长时段地展示明清之际台湾战略地位演变的历史脉络。作者认为台湾战略地位的演化"有一个双向演进与交互演化的历史过程"。该文从两个角度分析了台湾战略位置的转换,认为从世界史角度看,台湾是东亚海域海盗据点与国际商贸转运站,从中国史角度看,台湾则是中国东南海疆的门户与屏藩。作者的研究表明,"只有在明清易代之际,尤其是在康熙统一台湾之后,才使台湾的战略地位实现了交互演化的复杂进程,完成从东亚海域的海盗据点与国际商贸转运站到中国东南海疆的门户与屏藩的根本转变"。

除了上述提及的港口、航线外,学界还从事了澳门、广州、岭南地区的海上丝绸之路研究等,但因不在海上丝绸之路东海航线研究范围内,本章不再介绍。

(二)航路研究

2018 年海上丝绸之路东海航线的航路研究成果,主要涉及中日、中琉、中韩之间古代航路发展状况。

何国卫、杨雪峰的《就秦代航海造船技术析徐福东渡之举》(《海交史研究》2018 年第 2 期)一文从《史记》所记徐福入海求仙寻药的背景出发,立足于考察秦代航海造船技术视角,探究徐福东渡路线。通过对徐福东渡历史背景等诸多方面进行考析,作者认为《蓬莱观碑》碑文和在蓬莱山麓出土的战国时期陶器、青铜器等文物及与徐福隐迹于象山有关的古迹遗址,是"徐福曾避秦隐迹于象山的佐证"。作者从秦代航海造船技术水平判断得出,徐福东渡起航地不是琅琊而是象山,通过借助海流、风力的辅助,徐福"走的可能是东海南线的跨海航路"。张炜和祁山的《徐福与海上丝绸之路考辨》

《山东师范大学学报（人文社会科学版）》2018 年第 3 期）一文也探究了徐福东渡路线，但和上文截然相反，该文作者认为："徐福的船队从琅琊出发，沿山东半岛海岸线行至芝罘岛后，经庙岛群岛至辽东半岛，再沿海岸线驶向朝鲜半岛，目的地为朝鲜半岛南部和日本列岛。"

王铿的《六朝时期会稽郡的海外贸易——以古代中日之间的一条海上航道为中心》（《中华文史论丛》2018 年第 2 期）一文，依据《三国志·吴志》卷四十七所载孙权遣卫温、诸葛直浮海求夷洲与亶洲史料，考订认为"'亶洲'应当指日本，而'货布'应是'货市'之误"。文中指出早在东汉、三国时期运用航海技术就已经能够进行跨海航行，且该时期会稽郡与古代日本之间已存在一条海上航道。更为重要的是，作者认为，获取会稽郡生产的铜镜、瓷器、布帛、纸张等物资是亶洲人进行贸易的动力。亶洲人在鄞县和句章登陆后进行贸易，据推测，双方的交易以绵为支付手段来进行。

陈少丰的《宋初海上贡道考索》（《海交史研究》2018 年第 2 期）一文考察了宋初南方诸国上贡航线问题。作者经过详细探究，认为泉漳和吴越臣服于宋朝是南海国家借道通行的保障。作者推断宋初南海诸国入华贡道大体为："沿着五代十国时期开辟的南海航线到达泉州，再借道吴越，从福州、温州、台州、明州一路北上，抵达登州，再转陆路进入首都开封。"

许菁频、雷雾的《海上丝绸之路与宋元明时期龙泉青瓷的对外传播》（《文化与传播》2018 年第 4 期）一文从长时段出发考察宋元明时期龙泉青瓷的海上贸易路线。作者认为宋明时期，龙泉青瓷主要从东海和南海两条航线远渡重洋进行海上贸易。作者利用现代水下考古资料，证实了"龙泉青瓷技术的先进、浙江海运的便利"，从而说明了"龙泉窑青瓷是海外贸易的主力军"。

李效杰的《唐初的辽东之役与东亚的海上交通》（《暨南史学》2018 年第 3 期）一文从军事史角度探究了唐军与日军行军路线。作者指出，唐朝水军是在莱州境内大人城和成山出海，沿着"高丽道和百济道"航线航行，"分别到达了高丽都城平壤城、百济都城泗沘城和熊津江上游的熊津城"，日本水军的航行路线，则是从"难波出发，经筑紫、壹岐、对马、耽罗等地到达熊津江入海口，再沿熊津江溯流而上到达白江口"。文中指出："大人城、成山、辽东城、平壤城、熊津城、难波等是航线的端点,都里镇、鸭绿江口、浿江口、熊津江口等是多条航线的交叉点,而德物岛海域则是东亚海上交通网络的十字路口。"

海上航行中难免会发生海难事故,王丹丹的《论清朝与朝鲜两国的漂流民救助与送还》(延边大学硕士学位论文,2018年)探究了清朝与朝鲜两国漂流民救助与送还机制。首先,作者分析了清与朝两国之间的贸易背景,文中认为,"两国确立宗藩关系后,清朝展示出对朝鲜漂流民的怀柔政策,朝鲜送还清朝漂流民则受两国关系变化影响"。其次,作者论述在宗藩体系下,从清朝建立到乾隆时期的百年间,朝鲜与清朝的关系也更为密切和稳定,"在这样稳定的对外关系中,清朝和朝鲜处理漂流民问题也更加系统化"。再次,作者用第三章、第四章两章分析了清朝和朝鲜两国的漂流民送还机制。文中说道:"清朝解送回朝鲜漂流民分为两类:一类为朝鲜船只漂到清朝境内,一类为漂到东南亚境内的漂流民……海禁解除后,朝鲜漂流到沿海地区的船只逐渐增多。自1710年到1840年间漂流到沿海地区的朝鲜船只共92起,平均每年一起。""朝鲜救助清朝漂流民上百件,在此过程中由于朝鲜对华观使得朝鲜在海禁取消之后才逐渐形成漂流民救助送还政策。在救助漂流民、询问漂流民和遣返漂流民方式上形成惯例。"作者认为:"清朝与朝鲜两国的漂流民救助以官方救助为主,但实际上两国的漂流民救助经历从民间救助转化为官方救助的过程。民间救助是在人道主义的驱使下的人文关怀,而转化为官方救助后则有不同的意义,由于两国的宗藩关系,因此清朝与朝鲜对漂流民救助是宗藩体系下的政治活动。"最后,作者比较了清朝和朝鲜两国对外国漂流民救助政策中的相似性:一是两国的救助送还体系都是长期形成、逐步完善的结果;二是两国在漂流民的救助形式上基本相同;三是漂流民送还加大了两国的财政支出。

（三）船舶及航海研究

2018年古代船舶及航海研究成果数量和研究内容与近年相比,并无太多变化,但也呈现出一些新亮点。如孙键的《绥中三道岗沉船与元代海上贸易》(《博物院》2018年第2期)一文主要立足于辽宁省绥中县三道岗沉船进行研究。文章从沉船的环境、船体、船载文物等角度切入，结合文献资料对元代环渤海地区海上交通、海外贸易进行了深入研究、分析和探索。文中介绍绥中县位于华北平原和东北平原连接处的辽西走廊上，地扼关内外交通咽喉。三道岗元代沉船是我国首次凭借自己的力量实现的水下考古发掘，具有重要意义。沉船是一处以瓷器和铁器为主要堆积的元代遗存。从出水器型、釉色及装饰特征来看，绥中三道岗沉船瓷器应是磁州窑的彭城窑产品。作者认为，"从某种程度上讲中国北方环渤海贸易体系亦是历史上海上丝绸之路的一个分支"。林宏的《元代海运地名"万里长滩"考》（《中国历史地理论丛》2018 年第 3 期）一文立足于《混一疆理历代国都之图》等中文古地图与元明各种海运文献，借助历史地理学等学科知识，对元代海运地名"万里长滩"做出详细考证。作者认为，万里长滩初步成形于北宋中期，主要由长江泥沙沉积而成，"元代至明初，江口北翼陆嘴东方的'万里长滩'与苏北沿岸的半洋沙、响沙等沙洲群当为互相分离的两个沙浅体系，在成因上也有不同，前者主要应是长江泥沙在口外堆积而成，后者则主要是由黄河口下泄泥沙沿岸堆积而成"。"最晚至清初，万里长滩已明确同江口北翼陆嘴东向边滩连为一体。"

韩国学者金炳董的《韩国朝鲜时期的漕船马岛 4 号船及其木简的考察》（《海交史研究》2018 年第 2 期）一文认为，"马岛 4 号船是朝鲜时期一艘将罗州税谷运往广兴仓的漕船"，这也是迄今为止韩国打捞出的第一艘古代漕船。作者结合高丽古船马岛 1 号、2 号、3 号出水的木简内容进行分析研究，认为马岛 4 号出水的木简解决了学界之前存在的争论，证明这是一艘当时官方物流系统运送税谷的漕船。林国聪、金涛、王光远在《浙江象山县"小白礁 I 号"清代沉船 2014 年发掘简报》（《考古》2018 年第 11 期）中写道，浙江象山县"小白礁 I 号"清代沉船的船体残存龙骨、肋骨、船壳板、隔舱板、铺舱板等构件。出水遗物有青花瓷、五彩瓷、陶器、金属制品等。简报认为："'小白礁 I 号'沉于清代道光年间，是从事海运贸易，具有远岸航行能力的木质帆船，是研究清代贸易史、造船史、航路航线等的重要实物资料。"

胡晓伟的《郑和宝船尺度新考——从泉州东西塔的尺度谈起》（《海交史研究》2018 年第 2 期）一文主要借助泉州东西塔的尺度试图重新考

察郑和宝船的尺度。作者通过分析泉州东西塔所用度量单位"丈",表明有必要用新视角看待郑和宝船所用度量单位"丈"。作者采用比较研究的方法,对《明史·郑和传》之郑和宝船与《明史·和兰传》之荷兰船尺度所用度量单位"丈"提出新的解读,即其1"丈"约等于现代的1.6米。据此换算郑和宝船长"四十四丈"为70.4米、宽"十八丈"为28.8米。袁晓春的《东亚史料中的闽商与福船》(《闽商文化研究》2018年第1期)一文根据朝鲜李朝的《备边司謄录》史料记载,考察了明朝林成商船、清朝黄宗礼商船资料,得出了"明朝后期至清朝中期,福建商船单船的货物资本在白银两千两至一万两之间"的结论。

张振玉主编的《海丝遗珍》(海峡文艺出版社,2018年)考察了"碗礁一号"沉船遗址,认为其位于福建省福州市平潭县屿头岛海域五州群礁的碗礁附近。该遗址于2005年6月被发现,中国国家博物馆水下考古研究中心历时3个多月,完成沉船遗址及周边范围水下发掘清理工作,共发掘出水文物17000余件。该书就是在此基础上形成的"碗礁一号"图册,图册以图文并茂的形式展示了"碗礁一号"的各种瓷器,从而反映出清康熙年间的制作工艺。这批青花瓷器品种多样,包括碗、盘、碟、酒杯等日用瓷,至今釉面依旧如新,图案清晰可见。这批瓷器的发现既有助于勾勒出中国古代对外贸易的一条重要海路,又对海上丝绸之路研究有积极意义。此外,南海地区也有古船方面研究成果,不再详述。①

海上航行如何计算航海计程至关重要,在古代中国航海史上有多种航海计程单位。何沛东的《试析中国古代的航海计程单位"潮"》(《自然科学史研究》2018年第4期)一文主要探究以"潮"为航海计程单位。文中指出,"潮汐'自涨而落或自落而涨'称为'一潮',古人以两地航道沿途潮汐相继发生的次数(或需要候潮的次数)表示航程的远近"。文中认为,"以'潮'计程是以时间约计航程的一个形式,是古代航海从以时间计程向以里数计程发展的一个过渡形式"。作者强调明清时代的航海活动中用"更"计算和测量

① 龚昌奇、张治国:《华光礁一号宋代古船技术复原初探》,《国家航海》2018年第1期;袁晓春:《南海"华光礁I号"沉船造船技术研究》,《南海学刊》2018年第2期;赵志军:《宋代远洋贸易商船"南海一号"出土植物遗存》,《农业考古》2018年第3期;李庆新,《"南海1号"与海上丝绸之路》,北京语言大学出版社,2018。

相对简便易懂且较为准确,更加强调其换算之后的里程因素运用得最为广泛。实际上,"以'潮'计程之法亦是古人对于潮汐充分认识和熟练运用的一个重要例证"。

李文化、夏代云和吉家凡的《基于数字"更路"的"更"义诠释》(《南海学刊》2018 年第 1 期)一文试图将古代更路簿中的"更"进行诠释。作者对古代航海"更"的含义进行辨析并解读,文中认为每册"更路簿"包含若干条"更路"。"更路"有四大核心要素,包括起点、讫点、更数和针位。作者在将卢家炳、苏承芬(祖传)、王诗桃等 8 册"更路簿"的"更路"数字化的基础上,利用现代地理学、航海学知识计算出每条"路径"的最短距离,测算出每"更"约 12.5 海里,更精确地诠释"更路簿"中"更"的含义,为深入研究"更路簿"提供了更科学的依据。但是,有学者持不同意见。逄文昱的《再说〈更路簿〉的"更"——兼与李文化等先生商榷》(《南海学刊》2018 年第 1 期)一文认为,"'更'是时间单位,用于计量海船航程。'更'的引用与火长的工作环境密切相关"。作者认为"更数随航速的变化而变化,不存在一个固定对应的里程数","'定更法'是以实测风速推算航行时间的方法"。作者强调,"更"无法做到绝对的"数字化",在实际航行中需要依靠计量航海实质还是经验航海,"火长的经验起着重要作用,其精髓在于根据实际情况进行变化"。

海上航行风险重重,这在古代航海文献中也有记载。陈晓珊的《"针迷舵失"与中国古代航海活动中对岛礁区风险的认识》(《国家航海》2018 年第 1 期)关注了中国古代航海文献中"针迷舵失"的记载。"针迷舵失"这种现象多发生在特定海域中,特别是多岛礁浅滩,海流情况异常,航船偏离安全航线时,一旦进入这一区域,很容易被卷入险境,船舵与岛礁碰撞而损毁,从而引发海难事故。

二、航海贸易、海洋行政研究

(一)航海贸易研究

2018 年有关海上丝绸之路东海航线海上贸易方面的成果覆盖的专题

包括航海贸易与东亚关系、东亚货币、水路运输与海上贸易、海外贸易管理体制、海商，等等。另有一些文章专门论述中日、中韩、中荷特定时代的海上贸易状况。以下依次做一介绍。

首先就相关著作而言，孙玉琴和常旭的《中国对外贸易通史》（四卷本）（对外经济贸易大学出版社，2018 年）尤为引人注意，这是我国对外贸易史研究最新成果。第一卷重点围绕陆上和海上丝绸之路，聚焦在汉代至清前期中国对外贸易发展历程，分析贸易政策的缘起、演变，对外贸易地理方向、进出口商品及技术输出与输入，对外贸易产生的社会和经济效应。陈贞寿的《丝绸之路促文明：宋代与元代的海上贸易与海防》（中国大百科全书出版社，2018 年）一书重点围绕宋元时期海上贸易与海防进行论述。宋元时期海上航运、造船业等技术较为先进，特别是在造船工艺、材料、形制等方面取得了进步。这本书主要聚焦在宋代福州海洋社会、元代时期海战和海上贸易等，较为全面地反映了中国海洋文化在经济、文化等方面对中国历史进程所产生的巨大影响，以及中国海洋文化中蕴含的自强不息、改革创新等精神实质。陈硕炫的《闽在海中：福建与海上丝绸之路》（福建教育出版社，2018年）一书，在第二章中，从"市舶司与泉州港""海舟以福建船为上""涨海声中万国商""漳州月港的崛起"4 个方面说明福建迎来了大航海时代；在第三章中，作者分析了福建走向海洋的原因。作者全面地介绍了福建海上丝绸之路的形成与发展、海上交通贸易的主要形式与特点，意在强调福建在海上丝绸之路中的重要文化地位和历史作用。

林梅村的《观沧海——大航海时代诸文明的冲突与交流》（上海古籍出版社，2018 年）一书将考古学引入中外关系史研究，试图为大航海时代中外文化交流史研究开辟一个新天地。作者从"郑和下西洋"之后的大航海时代入手，为我们揭示这一重要时段中国与海外的航海贸易史，以及由此产生的对全球经济、文化的影响。全书大致按照时间的顺序，分专题探讨，共分为12 章。书中对大航海时代进行了精辟的概括，分为以下几部分：第一部分，大航海时代开启前中国远洋航海史之概貌，暗示传统中国海洋活动的"被动性"；第二部分，从宏观上探讨大航海时代中国与伊斯兰世界和西方国家的交流冲突，把历史时间锁定在 15—16 世纪，以中国为交流冲突的一个端点，分别讨论了中国与伊斯兰世界和西方多个国家多个端点的互动;第三部分,从细部上探讨前述中外交流冲突背景下的航海路线、航海图、贸易港和贸易岛等,并自认是"内容最为细致,故也最宜精读"的部分。①

此外,还有些编著也值得注意,如陈国灿和于逢春的《环东海文明互动与东亚区域格局研究》(中国商务出版社,2018 年)、于逢春和王涛的《环东海研究(第 2 辑)》(中国社会科学出版社,2018 年),这两本书中收录了多篇关于海上丝绸之路研究的论文,如《唐宋台州与南海贸易》《元代浙江港口与海上丝绸之路》《锁国时期中日两国对外贸易中的输入品结构——以广州、长崎为对象》《清前期(1684—1784 年)东南沿海与台湾的贸易往来》等等。

瓷器一直以来都是古代海上贸易大宗商品,深受外国消费者喜爱。这方面的研究有:秦大树和任林梅的《早期海上贸易中的越窑青瓷及相关问题讨论》(《遗产与保护研究》2018 年第 2 期)、刘冬媚的《明代晚期景德镇民窑瓷器的官窑因素——以"南澳Ⅰ号"沉船出水青花瓷器为例》(《文博学刊》2018 年第 3 期)、许菁频和雷雯的《海上丝绸之路与宋元明时期龙泉青瓷的对外传播》(《文化与传播》2018 年第 4 期)、项坤鹏的《管窥 9—10 世纪我国陶瓷贸易的域外中转港现象——以东南亚地区为焦点》(《东南文化》2018年第 6 期)、魏峻的《13—14 世纪亚洲东部的海洋陶瓷贸易》(《文博学刊》2018 年第 2 期)、刘冬媚的《陶瓷贸易:13 至 17 世纪的"海上丝绸之路"》(《艺术品》2018 年第 10 期)等。

秦大树和任林梅认为"越窑是中国古代早期海上贸易中最重要的一类输出品"。鉴于此,作者依据古代文献,并结合考古资料,探讨了越窑在 9—10 世纪海上贸易中的输出范围和规模。作者通过"东亚、东南亚、西亚、中东和非洲等几个区域各选择一个典型地点,来考察越窑瓷器在 9—10 世纪的外销情况"。通过考察上述地区,发现"越窑外销的范围涵盖了东亚、东南亚、西亚、中东地区到东非的当时海上贸易圈内的所有地点,是当时最为流行的一类海上贸易商品"。就东亚地区的日本而言,在"9—10 世纪,输往日本的中国瓷器中始终以越窑瓷器为大宗,说明了以越窑瓷器为主要货物的

① 陈贤波:《观沧海,才能得天下》,《解放日报》2018 年 7 月 14 日 006 版。

明州港可能是唐代沟通日本的最主要的港口,而越窑产区距明州最近,明州应是越窑瓷器主要的输入港。因此在日本发现的早期中国陶瓷中越窑瓷器占了绝对的多数,其贸易情况与东南亚及环印度洋地区有明显的差别"。在文章最后的总结中,作者认为,"越窑外销的高峰在 10 世纪后半叶;而外销的高峰时期也恰好是越窑瓷器生产的极盛时期,而非以往从文献得出的生产高峰时期在晚唐五代时期的观点",越窑质量最好的、最高档的瓷器产品"既被选来用于贡御,也被用来作为外销产品"。

刘冬媚在《明代晚期景德镇民窑瓷器的官窑因素——以"南澳Ⅰ号"沉船出水青花瓷器为例》中系统地阐述了"南澳Ⅰ号"出水的景德镇窑青花瓷器的基本特点,如器型、纹饰、胎釉、工艺等。作者认为"南澳Ⅰ号"沉船出水的景德镇窑青花瓷器,显示了"明代晚期景德镇窑瓷器生产达到了较高水平"。文中分析认为,景德镇民窑瓷器生产水平不断提升的原因是:"景德镇悠久的瓷器烧制历史到明代时发生了质变,整体烧造水平大幅提升;隆庆开海后,世界各地市场对中国瓷器的需求旺盛;明代后期'官搭民烧'制度促进景德镇制瓷业生产关系的进步和生产品质的提高。"此外,作者还将"南澳Ⅰ号"沉船出水景德镇窑青花瓷器与同时期官窑瓷器进行了对比,发现"民窑瓷器胎体洗练不够精细,底足有粘沙现象,纹饰也较官窑瓷器简单,绘画逸笔草草,质量与不惜工本的官窑瓷器相比还存在一定的差距,但回青料的使用、青花画法和款识无不反映出官窑瓷器对民窑瓷器烧制技术的积极影响"。许菁频、雷雳则在《海上丝绸之路与宋元明时期龙泉青瓷的对外传播》中详细探究了宋明时期龙泉青瓷海外贸易情况,认为龙泉窑青瓷之所以成为海上贸易实务主力军,与"龙泉青瓷技术的先进、浙江海运的便利和历代统治者对对外贸易的重视息息相关"。

项坤鹏在《管窥 9—10 世纪我国陶瓷贸易的域外中转港现象——以东南亚地区为焦点》中探讨了 9—10 世纪我国陶瓷贸易域外中转港现象,认为我国海上对外贸易有两条路线,即"一条自东海、黄海至高丽、日本等国,另一条自南海至东南亚、印度及阿拉伯地区等处"。作者经过论证后认为,"9世纪前中期在东南亚可能并不存在中转港;9 世纪末,在黄巢攻掠广州之后,中转港才得以逐渐形成,其地点很可能是文献记载的'箇罗国'"。魏峻在《13—14 世纪亚洲东部的海洋陶瓷贸易》中主要考察了 13—14 世纪亚洲东部海洋陶瓷贸易情况："从 13 世纪开始,大约两百年间的沉船和瓷器品类可大致分成以华光礁Ⅰ号和南海Ⅰ号沉船为代表的南宋中晚期、以白礁一号和半洋礁一号沉船为代表的南宋末期至元代早期、以新安沉船和大练岛沉船为代表的元代中晚期以及以南澳Ⅱ号和石屿二号沉船为代表的元末明初等四个阶段。"概言之,13—14 世纪是中国陶瓷外销繁荣阶段,"中国东南地区的青瓷、青白瓷和黑釉、绿釉陶瓷器等品类逐渐形成专供外销的生产体系,并通过庆元、泉州、广州等港口大量销售到亚洲东部、东南部、南部、西部和非洲东部等地"。刘冬媚在《陶瓷贸易:13 至 17 世纪的"海上丝绸之路"》中则聚焦在晚明时期。作者认为,中国瓷器"经历了资本主义因素的出现和外来文化艺术的双重冲击",因而在"吸收传统营养的基础上,发生了变革。此后经历清朝到民国,外销瓷随着贸易的频繁和文化交融的深入,呈现出独具一格的艺术风格"。

海上丝绸贸易离不开货币,万明的《15 世纪海上丝绸之路的货币新探》(《外国问题研究》2018 年第 3 期)从货币史视角考察了 15 世纪海上丝绸之路。作者认为在 15 世纪的航海贸易活动中,西洋成为东西方交汇中心区域,"推动了海上丝绸之路的繁荣发展,多元货币汇聚在这一广阔区域,从海上连接起一个整体的丝绸之路,连接起了亚、非、欧世界,为全球化从海上开端,做出了坚实的铺垫"。通过史料梳理和考察,作者确信,"16 世纪的白银时代,是以中国明朝白银货币化为开端的,中国由此参与了全球化开端的历史进程,发生了与全球的互动,推动海上丝绸之路前所未有地扩展,中国商品远播全球,交换大量白银流入中国,中国为全球化做出了历史性贡献"。

钟兴龙的《宋代铜钱之外流日本问题》(《北华大学学报(社会科学版)》2018 年第 1 期)一文考察了宋代铜钱外流日本的基本状况,文章中指出:"宋代铜钱流入日本从初期的禁止,到平安后期和镰仓幕府时期实行开放的自由贸易政策,促使宋钱开始大规模流入,之后又实行禁绝宋钱政策,最终承认宋钱的地位。其关键节点在南宋光宗绍熙年间。"宋廷对宋钱外流采取钱禁政策:第一,实施"禁钱出境"政策;第二,改变博买方式,用实物交换取代铸币;第三,加强管控。宋代铜钱外流日本产生了双向的影响,一是宋代

铜钱外流日本对两宋国内货币流通及政策造成重大影响；二是宋日民间贸易的发展和宋钱大量涌入日本，极大地促进了日本商品货币经济的发展，促使日本一些新行业的出现，以及对外政策的变化；三是宋代铜钱流入日本，使日本卷入以宋朝为核心的贸易体系之中，标志着东亚贸易体系的形成和以宋钱为核心的东亚统一货币体系最终形成。丁涛的《北宋东南钱荒缘由考辨》（《中华文化论坛》2018年第12期）一文对北宋东南钱荒缘由进行了考辨，认为北宋东南钱荒的原因有二：其一，"占城稻在东南地区的推广，使该地区的粮食产量和农田面积都大幅增加，粮食市场和土地交易规模也相应扩大，因此需要更多货币来满足市场需求"。其二，"北宋政府对东南地区货币征收高而财政支出低，致使东南地区向京师缴纳的货币留在北方而未能回流。东南地区还是北宋重要的对外贸易口岸，大量货币从东南地区流向海外，使货币进一步减少"。此外，北宋政府限制货币在各区域间自由流通，货币壁垒是东南钱荒的更深层原因。吴晶晶的《论元代货币在海外贸易中的流通》（《大连民族大学学报》2018年第4期）则探讨了元代货币在海外贸易中的流通，文章指出："元代对于海外贸易中货币的禁限原则是不禁纸钞进出口，唯禁贵金属出口，以及子进口。元代货币在海外贸易中流通，纸钞主要影响通商国家，相较而言铜钱影响国内经济。"元代为了防止铜钱外泄引发"钱荒"，禁止铜钱出口，但铜钱外流情况一直没有得到有效遏制，沿海地区铜钱走私贸易不断，大量铜钱流往海外在一定程度上导致了元末纸币不断贬值。

范金民的《16—19世纪前期海上丝绸之路的丝绸棉布贸易》（《江海学刊》2018年第5期）考察了16—19世纪前期海上丝绸之路丝绸棉布贸易。在文章中，作者认为，"在18世纪中期以前，生丝和丝绸分别是输向日本和欧洲等地最大宗的商品"。"中国丝绸棉布经由海上丝绸之路销往全球，在中外贸易史和经济交流史上产生了重要而又深远的影响，直接改变着贸易参与国的衣着和消费习尚，也直接推动或影响着江南地区的丝绸和棉布的商品生产乃至社会经济，而由日本和拉丁美洲源源输入的巨额白银使白银货币化得以实现，导致了'价格'革命和'消费革命'，商品和硬通货之间的单向巨额流动促使各国纷纷制定'贸易保护主义'政策，直接影响着中西贸易的商品流向与流通规模。"

沿海地区直接参与海上贸易是凭借着地缘优势[①]，有些内地城市也参与到了海上贸易当中则是凭借着优越的政治优势，如六朝时期的南京[②]和洛阳[③]。此外，陈衍德的《17 世纪东亚海域贸易的新态势》(《东南亚南亚研究》2018 年第 2 期)一文将东亚海域视为整体，以此考察 17 世纪东亚海域贸易发展态势。文中认为当时海上贸易的新变化是"贸易主体的多元化，贸易方式的多样化，域内域外贸易的一体化，贸易屏障的空疏化"等。

2018 年有关古代中日贸易研究的论文有高艳林的《明代日本对华施为考辨》(《廊坊师范学院学报(社会科学版)》2018 年第 1 期)、赵莹的《宋日木材流通》(山东大学硕士学位论文，2018 年)、松尾恒一和梁青的《明代后期日本长崎的国际关系和妈祖信仰——考察郑芝龙、郑成功史迹和国际友好的文化资源化》(《妈祖文化研究》2018 年第 1 期)，等等。

高艳林的《明代日本对华施为考辨》一文中，作者认为，明朝与日本的勘合贸易是不利于中国的，勘合贸易中日本幕府、守护及商人以获取最大经济利益为目标，因而日本与中国建立了史上第四次官方联系。但是，日本在勘合贸易中出现了使臣四次行凶、与中国争价及无视中国相关政策等问题，文章指出，这些"反映了日本上层统治集团因自卑而傲慢的本质及对物质资源掠夺的贪暴本性"。

赵莹的《宋日木材流通》主要探究了宋朝与日本之间海上木材贸易问题。首先作者明确说明了宋日之间木材贸易是基于民间，而非政府间贸易。"处于两国边缘的海商、僧侣等人员的活动，社会各阶层的协作，多个地域之间的联动，都赋予宋日木材流通以多彩的性格，其影响渗透到了两国社会的多个方面"。论文除序章和终章之外，由四章构成，分别是"宋日贸易的开

---

① 耿元骊：《五代十国时期南方沿海五城的海上丝绸之路贸易》，《陕西师范大学学报(哲学社会科学版)》2018 年第 4 期；权太东、高福升：《古代山东沿海与朝鲜跨海贸易探析》，《山东理工大学学报(社会科学版)》2018 年第 6 期；曾玲玲：《蔡鸿生〈广州海事录——从市舶时代到洋舶时代〉》，《海交史研究》2018 年第 2 期；蔡鸿生：《广州海事录——从市舶时代到洋舶时代》，商务印书馆，2018；[日]松浦章：《清代华南帆船航运与经济交流》，杨蕾等译，厦门大学出版社，2018。

② 徐桑奕、顾苏宁：《六朝时期南京的海外贸易及其影响因素探析》，《中华文化论坛》2018 年第 10 期。

③ 徐芳亚：《古代洛阳与海上丝绸之路研究》，《洛阳师范学院学报》2018 年第 3 期。

展""宋日木材流通的实际状况""宋日木材流通的实例分析""宋日木材流通的影响与意义"。在第一章中,作者从考察宋日两国贸易窗口与贸易管理、贸易航路及贸易品等方面进行论述,以此探讨宋日贸易发展脉络,明确木材流通基础。第二章是论文的核心部分。首先,作者意在探究并明确宋日木材流通背景;其次,作者对宋海商与入宋僧进行探究,以明确在宋日木材贸易流通中的担当者;再次,作者深入探讨宋日"木材之路"的具体线路和木材流通过程中的港口;最后,作者阐明流通木材的用途。在第三章中,作者主要是借助具体的案例进行分析,"探讨木材流通中入宋僧、海商、日本权贵等关系网的活用及社会各阶层的合作,探究木材流通与禅宗东传的密切关系"。此外,张丽娜的《明代泉州港研究》中论证了泉州港是古代我国发展对外贸易较早的港口之一,在中日之间的贸易中起到了重要的作用。

2018 年有关古代中国与朝鲜半岛之间贸易往来的论文有:权太东和高福升的《古代山东沿海与朝鲜跨海贸易探析》(《山东理工大学学报(社会科学版)》2018 年第 6 期)一文主要从长时段视角探讨古代山东沿海与朝鲜跨海贸易问题。文章认为古代山东沿海地区与朝鲜之间跨海贸易具有以下优势:"第一,地缘政治因素起到关键性作用……中国作为宗主国、朝鲜作为藩国,受朝贡制度的影响,促成了中朝之间在山东沿海地区朝贡贸易及民间贸易的发展。……第二,历史上朝鲜的尊华慕华思维,也为山东沿海与朝鲜跨海贸易提供了文化氛围。箕子朝鲜、卫满朝鲜、汉四郡设置、唐朝出兵帮助新罗统一、元朝远征高丽等,在很大程度上促进了中华文化向朝鲜半岛的传播。"作者认为这为今后"山东沿海发展与朝鲜半岛的经济合作和贸易提供了很好的历史基础"。

李东辉和翟渊潘的《唐代登州港与新罗的交流情况》(《延边大学学报(社会科学版)》2018 年第 6 期)聚焦在唐代登州港与新罗之间的往来。作者认为唐代登州港是"东方海上丝绸之路上一个集商业海港和军事海港为一体的综合性港口"。登州港为唐朝与新罗展开朝贡贸易和私人贸易提供了场域空间。宋兆元的《探析安史之乱前后唐罗关系转变的原因》(延边大学硕士学位论文,2018 年)认为,"安史之乱不但是唐朝由盛转衰的重要转折点,也是影响八世纪东北亚关系变化的重大历史事件"。就新罗而言,其与"唐朝在政治、经济、文化方面有着近两个世纪的密切的交往与联系,一直保持到唐朝灭亡"。唐朝与新罗经济来往密切,除了官方之间的朝贡贸易外,唐新两国私人海上贸易不断增多,9世纪黄海成为唐新商人的舞台,承担了唐朝、新罗和日本对外贸易任务,特别是新罗各地与扬州之间贸易往来显得最为密切。宋娜娜的《唐与新罗朝贡关系解析》(《外国问题研究》2018年第1期)一文主要考察了唐朝与新罗之间的朝贡关系。文章认为,"新罗朝贡唐情况,根据具体的历史事件可以分为四个发展阶段,每个阶段有不同的特点"。具有外藩特征的朝贡册封关系,对唐朝和新罗双方都产生了积极的影响。

王霞所著《宋朝与高丽往来人员研究》(中国社会科学出版社,2018年)主要探究了宋代与高丽之间的人员往来。作者认为,"宋与高丽关系是古代中国与朝鲜半岛关系的转型期,双方由传统的一元朝贡关系转变为复杂的多元朝贡关系"。"与大一统时代不同,此时的官方交聘行为具有明显的不稳定性,交聘目的亦灵活多变。"就两国之间贸易往来而言,相比唐朝,"宋丽贸易一个显著的特点是大量宋商前往高丽"。

当然,除了繁荣的海上贸易外,古代中国与朝鲜半岛还保持着陆路贸易关系,此处不再赘述。[①]

2018年有关古代中国与琉球的研究热度呈现出"下滑"态势,相关方面的研究成果较往年少,但也有引起我们关注的著作,如杨邦勇的《琉球王朝500年》(海洋出版社,2018年)。作者翔实论述了琉球国500年间与明清两朝的来往,其中在第三章第二节,作者论述了琉球与古代中国的贸易往来。赖正维的《福州与琉球》(福建人民出版社,2018年)一书从历史层面解读琉球与福建地区之间的关系。该书包括十三章,具体如"中国载籍中的琉球与琉球出土的福州文物""中琉宗藩关系的建立与发展""明清册封琉球"等,是一本研究琉球地区历史资料的重要著作。

---

① 郑爽:《女真与明、朝鲜贸易研究》,硕士学位论文,延边大学,2018;宋心雨:《渤海、新罗与唐关系比较研究》,硕士学位论文,吉林大学,2018;费驰、彭瑞轩:《清初敕使及随行人员在朝鲜朝的贸易研究》,《东疆学刊》2018年第4期;乔晴雨、佟波:《清代中朝鸭绿江互市研究现状》,《白城师范学院学报》2018年第5期;李爽:《高句丽与柔然关系研究》,《地域文化研究》2018年第5期。

此外,中国第一历史档案馆推出了新编中琉档案《中琉历史关系档案(道光朝 9、道光朝 10、道光朝 11)》(北京图书馆出版社,2018 年),此次档案编撰逐件摘写内容提要,注明原书出处,采用编年体例。这些档案都是清政府有关机构及地方督抚在办理琉球国事务过程中形成的,主要记载了清代中琉在宗藩封贡、海难救助、经济贸易、文化交流等各个方面的密切交往,对学界研究中琉之间贸易很有裨益。

李健的《明代前期中琉关系研究》(东北师范大学博士学位论文,2018年)一文主要聚焦在明代前期中琉关系。首先,作者认为,与其他海外国家比较,明朝招抚琉球具有相对滞后性。洪武五年为了"藩屏东海与牵制日本和强化正统与配合北征",明朝正式招抚琉球。在第二部分,作者主要对洪武七年李浩往琉球市马进行了翔实考察,并对学界认为李浩"市马"是为获得马匹这一通说提出了质疑。作者认为,"李浩此行更多的是满足琉球方面的需求,其本身的市马意味并不强烈"。其次,作者又推测了李浩在马匹之外另行收买硫黄五千斤的原因。实际上,在中琉之间的贸易上,作者认为,在"朝贡贸易体制的渐趋强化及自身对明通交贸易窗口地位的获得,为本岛从经济层面统合奄美诸岛、先岛诸岛创造了条件,在客观上推动了琉球群岛的一体化进程。'朝贡不时'特权的赐予、海船的持续下赐和'闽人三十六姓'的派遣,确保了琉球东亚转手贸易地位的稳定,提高了其远洋航海能力,有利于拓宽海外贸易网络"。

除了官方参与海上贸易外,民间是海上贸易主要动力,而民间参与者的身份则具有多元化色彩,2018 年有多篇文章关注到了东亚海洋贸易中的参与者,如杨桂芳的《明朝私人海外贸易研究》(《闽西职业技术学院学报》2018年第 4 期)、陈小法的《古代浙商与中日关系之研究》(《浙江档案》2018 年第 6 期)、李广志的《南宋海商谢国明与中国文化在日本的传播》(《宁波大学学报(人文科学版)》2018 年第 6 期)、王涛的《郑芝龙的兴衰对中国海商命运的影响》(《闽商文化研究》2018 年第 2 期)、李未醉的《琉球华人通事与中琉经贸往来》(《闽商文化研究》2018 年第 2 期),等等。

杨桂芳的《明朝私人海外贸易研究》考察了明朝私人海外贸易,认为明政府海禁政策对私人海外贸易产生了重要影响,但是并没有杜绝私人海外贸易。究其原因,作者认为沿海居民为生活所迫,不得不进行私人海外贸易。作者认为明朝私人海外贸易发展具有重要意义,即既促进经济发展、平衡财政收支,又加强中外交流、促进国内思想变革。

陈小法的《古代浙商与中日关系》聚焦于古代浙商与中日关系,文中认为唐代时"浙商"已经开始与日本进行贸易活动,元代时"浙商"在文献中已经成为固定用语。明代时,宁波、杭州两地是中日商人进行贸易活动的重要场所。但是中日海外贸易也存在贸易纠纷,甚至引发中日两国的冲突和外交矛盾等情况。

李广志的《南宋海商谢国明与中国文化在日本的传播》考察了南宋海商谢国明在博多从事跨境贸易时的活动,如在博多兴建承天寺,援助重建杭州径山寺。文中认为,"以谢国明为代表的大宋海商,旅居日本,一度在博多地区形成了中国人居住区,成为早期华人定居海外最具代表性的唐人街"。

王涛的《郑芝龙的兴衰对中国海商命运的影响》则考察了晚明时期郑芝龙集团兴衰对中国海商命运的影响。文中认为,为了与荷兰人抢占东亚海洋贸易市场,保护自己的海上贸易权利和贸易利益,中国民间海商形成了以郑芝龙为首的武装海商集团,特别是郑芝龙抓住机遇和明朝政府合作,使这个集团得以不断发展壮大,成为台湾海峡地区的贸易主导者。但是,在文章中,作者认为,"当清王朝取代明王朝后,中央政府与海商合作的基础已经不复存在,也就注定了郑芝龙个人悲惨的命运","得不到来自中央政权的支持,中国海商在与西方海洋竞争的过程中失败了",最终为此付出了沉重代价。

李未醉的《琉球华人通事与中琉经贸往来》探究了在中琉海上贸易中的琉球华人通事。文中认为,"琉球的'闽人三十六姓'在中琉关系中起着重要的作用,这些闽人及其后裔世代担任通事,为琉球的朝贡活动提供了极大的便利"。这些琉球华人通事为中琉经贸关系发展和琉球社会经济发展做出了巨大贡献。

俞如先的《客家人从"心向中原"到"面向海洋"的历史转变与原因探析》(《闽商文化研究》2018 年第 2 期)一文探讨了客家人从"心向中原"到"面向海洋"的历史转变的原因,文中认为,"宋末至元明时期,客家人开始大规模

转向中国东南沿海地区迁徙并主动吸纳海洋文化,使客家人逐步成为兼具山海特质的民系,客家人也是海上丝绸之路的弄潮儿。客家人面向海洋有宏观上呼应世界上海洋文化兴起的原因,以及中国经济、文化重心南移的原因,也有与客家地区、客家人相关的诸多原因"。

戴昇的《许栋里籍考——兼论地域认同与徽州海商群体形成》(《国家航海》2018 年第 2 期)一文主要从考察许栋里籍入手,对当前学界存在的争议进行分析。作者通过对新发现的关于许栋及其兄弟的家谱史料进行解读,断定许氏兄弟是安徽歙县人。作者认为,"王直与许栋皆为歙县人,二者同邑关系,再加上王直自身的机智勇敢,使得王直能够在许栋遇害后带领许栋的余党继续从事私人海上贸易"。"歙县城东许氏家族在明代中后期一直保持着从事海外贸易的传统。"除了上述提及的海上参与人员外,还有众多海上丝绸之路参与者。①

此外,2018 年学界还有一些篇章是评价从事海上活动人员的,如余衍子的《王涛:〈明清海盗(海商)的兴衰:基于全球经济发展的视角〉》(《海交史研究》2018 年第 1 期)、杨宪杰的《上海中国航海博物馆编著:〈新编中国海盗史〉》(《海交史研究》2018 年第 2 期)等。

余衍子的《王涛:〈明清海盗(海商)的兴衰:基于全球经济发展的视角〉》认为:"《海盗的兴衰》一书最大的创新之处在于将明清海盗、海商的兴衰放在全球经济发展的视角下探讨,突破了以往学界试图从中国内部寻找明清时期中国海盗、海商兴衰原因的研究范式……如通过中西对比,作者明确指出对待海盗、海商的不同态度导致了不同的结局,海商的衰败引起诸如海防衰败、出口贸易低端化、内陆商帮衰落等一系列消极后果,致使中国最终难逃衰败厄运。"杨宪杰的《上海中国航海博物馆编著:〈新编中国海盗史〉》则认为,《新编中国海盗史》一书"客观描述不同历史时期的海盗活动,既指出了海盗杀人越货、崇尚暴力的事实,也点明了他们在发展海内外交通贸易、开辟港口、建设沿海城镇、造船等方面的业绩和贡献"。作者对此进行评价,

---

① 松尾恒一、梁青:《明代后期日本长崎的国际关系和妈祖信仰——考察郑芝龙、郑成功史迹和国际友好的文化资源化》,《妈祖文化研究》2018 年第 1 期;陈文源:《明朝中国海商与澳门开埠》,《中国史研究》2018 年第 2 期;吕振纲:《明代中国商人在中国与东南亚区域贸易体系建构中的角色研究》,博士学位论文,暨南大学,2018。

认为"宋代商业活动的空前繁荣,也极大地推动了海外贸易事业的发展。由海商参与的海盗活动,则构成了宋代以后海盗活动的新内容和特点。编者还指出面对明清闭关锁国,抑制商业发展,阻碍社会进步的封闭政策,海盗积极同各国通商,以走私方式开放海外自由贸易,则具有重要历史进步意义"。

（二）海洋行政研究

2018 年古代海洋行政研究成果涉及具体专题包括:海外贸易政策、陆海观念、海疆防卫等。如朱子彦的《元明时期的海运与海禁》(《济南大学学报(社会科学版)》2018 年第 1 期)、陈尚胜的《隆庆开海:明朝海外贸易政策的重大变革》(《人民论坛》2018 年第 30 期)、刘璐璐的《晚明东南海洋政策频繁变更与海域秩序》(《厦门大学学报(哲学社会科学版)》2018 年第 4 期)、龚金镭的《嘉靖时期海洋贸易禁令及在浙东地区的实施》(中南财经政法大学博士学位论文,2018 年)、王华锋的《乾隆朝"一口通商"政策出台原委析论》(《华南师范大学学报(社会科学版)》2018 年第 4 期),等等。

朱子彦的《元明时期的海运与海禁》认为元明时期施行海运是为了解决南粮北调问题,因而元明时期进行了大规模的海运,带动沿海城市发展及社会经济发展,同时,也促进了"商品经济的活跃和航海技术、造船业的进步"。但是,明朝中叶因沿海地区倭寇入侵,罢废市舶司,限制沿海地区海上贸易发展,而"助长了日益猖獗的西方殖民者在中国沿海的侵扰"。更为严峻的是,使得"中国在中西科技交融及近代社会转型变迁之际,坐失发展良机"。

陈尚胜的《隆庆开海:明朝海外贸易政策的重大变革》认为,隆庆开海政策是明朝海外贸易政策的重大变革,虽然该政策带有一定局限性,但是对"东南沿海地区的经济和社会发展产生了积极作用,使晚明时期的中国市场与世界市场顺利衔接并相互促进,极大地释放了中国商民的活力"。

刘璐璐的《晚明东南海洋政策频繁变更与海域秩序》主要探究了晚明东南海洋政策频繁变更与海域秩序问题。作者认为,在晚明时期"开洋是时势所趋",因而"明末海洋政策经历了隆万时期的长期持续开海至天启四年禁海,天启五年至天启七年的开海,崇祯元年至崇祯五年再次禁海,崇祯六年以后持续开海的反复变动"。文中分析了天启崇祯以来开海反复变动的两方面原因:"一方面,放开洋禁允许贩洋,积极发展海洋贸易已为时势所趋,朝廷与福建地方已认识到开洋利多于弊;另一方面,官方的海洋控制力尚不足够支撑开洋政策。"作者认为崇祯六年以后持续开洋,"是官方海上力量整合郑芝龙民间海上力量后,能够相对控制住东南海洋的结果"。这也是明朝灭亡后,郑成功建立起商业与军事复合的海上政权,收复台湾,迫使荷兰人的势力退出中国沿海的结果,"充分体现了国家政权的支持对于发展海洋的重要性"。

龚金镭的《嘉靖时期海洋贸易禁令及在浙东地区的实施》主要考察了嘉靖时期海洋贸易禁令出台之经过和嘉靖时期海洋贸易禁令在浙东地区的实施及其效果。文中认为,"嘉靖时期的海洋贸易禁令在体例上并没有形成一部系统性的法律,而是散见于不同时间颁行的许多单行法规和诏令,其内容既有重申对此前明朝相关制度的沿用,也有新颁布的禁令"。这些禁令主要是围绕着"朝贡贸易制度、禁榷制度和民间贸易制度三方面发展",且禁令严苛,"总的趋势是较此前禁止贸易的商品种类更多,措施更严,对违反禁令的处罚力度大大增强"。作者在文中指出,朝廷扩大了浙东地区的执法机构的职权,将"'浙江巡抚兼管福建海防'单独设立,浙江市舶提举司最终废除,浙江巡察司巡视海道副使改驻宁波,并扩大其职权,以加强对浙东地区的控制"。虽然朝廷施行严厉的海洋贸易禁令,但是效果不明显,反而造成了累累弊端,遭到浙东地区利益集团间接或直接的强势反抗。浙东地区的利益集团成立了有庞大的组织的武装海商团队,甚至出现了与浙东海寇内外勾结的态势。这种形势也使得问题更加严重和复杂,"一方面地方州县为自己谋私利,权钱交易形成常见的态势,以至于海洋贸易禁令形同虚设一般,无法得到有效的实施;而另一方面是虽然民间的海洋贸易在畸形中发展起来,但毕竟没有得到官方的正式认可和保障,所以在民间海洋贸易发展中孕育着巨大的冲突和矛盾"。作者指出嘉靖时期的海洋贸易禁令及在浙东地区的实施所导致严重问题的根本原因是,"违背了互通有无的市场规律"。朝廷强制在浙东地区推行海洋贸易禁令,导致"严重阻碍了浙东地区的区域性特色经济的自然发展,阻碍了江南地区商品经济的健康发展"。

王华锋的《乾隆朝"一口通商"政策出台原委析论》考察了乾隆朝"一口通商"政策出台的原委,文中认为,"乾隆朝的'一口通商'海疆政策作为清政府禁止西洋人前往江、浙、闽三地贸易的禁令,既不是出于对西洋人和国人正常商业贸易的限制,亦非对粤、浙海关之间争利的解决方案"。但是随着清朝对外贸易发展,清廷不得不在"广州设置官办或官管商办机构"进行管理,限制外贸发展,作者指出,清廷出台"一口通商"政策,其实质是"清王朝面对西人东来、民夷交往过于频繁的无奈之举"。

当然,古代朝廷海洋政策除了上述直接关系到海上贸易外,还应涵盖到沿海地区社会秩序和海防问题。如张宏利的《宋代沿海社会秩序的构建》(《浙江师范大学学报(社会科学版)》2018 年第 2 期)一文就宋代沿海地区社会秩序进行了探究,认为沿海地区涉海人群具有流动特质,政府应该"以求引导、约制濒海居民的日常行为,进以维护国家的稳定、有序状态"。但是,宋代国家力量在沿海地区严重不足,需要借助富民阶层,然而富民"扮演着多种角色,既有维护沿海社会秩序的一面,又存在破坏该秩序的举动"。

明清时期,朝廷在沿海地区建立了较为完善的海防体制。梁虹艳、徐春伟的《"嘉靖大倭患"期间的浙直总兵考》(《浙江档案》2018 年第 11 期)一文主要对明代嘉靖年间浙直总兵驻地及担任总兵人物进行考证。作者在文章中指出,明代朝廷在"浙江设置节制数省的地方最高文官职务'总督浙直福军务兼巡抚浙江都御史'(兼管江西、山东、两广)外,也设置了地方最高武官职务'钦差镇守浙直等处总兵官'",但是,"浙直总兵"仅仅存在八年不到,后来则以"浙江总兵"官名延续下去。浙直总兵一职设置虽然短暂,却为荡平东南倭寇、保卫我国边疆做出了巨大贡献。

高志超和王云英合撰的《清前中期黄海海防述论》(《中国边疆史地研究》2018 年第 3 期)一文探究了清前中期黄海海防问题。文中指出,皇太极崇德年间,黄海海域始有海防,顺治至乾隆四朝在该海域海防体系进行了调整和增建。在陆防体系方面,将熊、盖旧线向外拓展,强化岫岩海防地位和海防力量,凤凰城边外增置汛地;洋防方面创设旅顺水师,明确巡洋会哨范围。虽雍乾时期在莽牛哨设汛和沿海增置水师问题上议而未行,给近代以后黄海海域海洋国土安全留下隐患,不过清前中期该海域因时就势的海防建设与调整,对鸦片战争前北洋海疆的稳定具有重大意义。

李雪威的《韩国海洋观的历史变迁》(《韩国研究论丛》2018 年第 1 期)一文从长时段研究方式入手,考察了历史上韩国海洋观的变迁。文章中指出:"统一新罗与高丽时期,海洋认知的跨海性特征最为突出,海洋防御意识也得以强化。朝鲜王朝时期,封闭保守的海洋观念大行其道,严格限制海上活动,强化陆地防御。二战后,韩国重塑海洋观念,形成开放的海洋意识,构建多元的海洋利益观念,拓展更为广阔的海洋安全视野。"

王煜焜的《博弈与牺牲:近世初期德川幕府海洋政策特点》(《海交史研究》2018 年第 1 期)一文则主要考察了近世初期德川幕府海洋政策的特点。作者在文章中归纳了近世初期德川幕府海洋政策的四点特征:"其一,幕府不干涉海外的纠纷,以及任何可能会将日本卷入其中的事件,德川氏竭力将交涉地点置于日本国内。其二,不干涉他国内政。其三,仅接待来日人员,不向海外派遣幕府使节。为了鼓励他国使节来日,幕府更是优待赴日之人。其四,德川将军不再演绎外交主角,而由幕府臣僚处理实务。"并认为日本闭关锁国,实际上是"德川幕府自家康以来海洋政策发展的结果,是对亚洲各地紧张局势的一种政策回应"。文中又指出,日本受到国际局势影响,使得"日本海洋政策完全转向危机管理",在同民间集团博弈中,"在海洋与陆地、贸易与统治的选择中,幕府毅然地坚守国内的政治权益",而忽略了本国人民的权益。

此外,还有其他学者从不同视角探析了明清时期的海防机制。[①]

三、文化交流、政治交往、人员往来与国族间认知研究

(一)文化交流研究

古代东亚诸国以汉字、古典汉文为桥梁和媒介进行交流往来,且都深受

---

① 何沛东:《清代方志舆图的海防描绘——以〈嘉兴府志·海防图〉为例》,《海洋史研究》2018 年第 1 期;李新贵:《明万里海防图之全海系research》,《史学史研究》2018 年第 1 期;陈博翼:《明代南直隶的海防格局和部署》,《学术研究》2018 年第 4 期;黄友泉:《明代海防同知初探——兼论明代镇戍权力格局》,《历史档案》2018 年第 4 期;李细珠:《从东亚海域到东南海疆——明清之际台湾战略地位的演化》,《台湾研究》2018 年第 6 期;温建钦:《陈贤波〈重门之御——明代广东海防体制的转变〉》,《海交史研究》2018 年第 2 期。

儒家观念和佛教思想影响,这决定了海上丝绸之路东海航线文化交流拥有丰富内涵和多样形式。

2018年古代中国与朝鲜半岛文化交流研究成果仍然丰富。除了有关文化传播样态的综合研究,其他诸如历史上思想、制度、语言、文学、典籍、艺术等方面交流的专题也得到较多探讨,而在诸多专题研究中,古代中国与朝鲜半岛之间的留学生制度、书籍传播、书院制度等起到了关键作用。赵蓉的《唐代留学生教育的特点及原因》(《佳木斯职业学院学报》2018年第9期)探究了唐代留学生教育特征,文中认为唐代留学生教育的主要特点可以概括为四点:(1)留学生来源广泛,人数众多;(2)留学生身份多样,质子、留学僧身份独具特色;(3)留学生学习内容以治国安邦的儒学经典为主,增强了周边国家对儒家思想的认同感;(4)留学生教育成果显著。唐朝能够吸引这么多留学生的原因有三:(1)先进文明强大的吸引力;(2)开放的国策;(3)强大国力的支持。权太东、高福升和苏守波一同撰写的《新罗遣唐留学生之称谓考辨》(《延边大学学报(社会科学版)》2018年第6期)一文主要探究了新罗遣唐留学生的称谓变化,内容包括宿卫生、宿卫学生、习业者与留学生等。文章指出,新罗留学生称谓变化可以分为4个不同阶段:一是新罗在631—648年向唐派遣的是真正意义上的留学生;二是新罗在648—670年以"宿卫质子"名义向唐派遣具有宿卫与留学双重性质的人员;三是在670—676年因唐罗战争,两国关系恶化,新罗没有派遣"留学"人员入唐;四是在8世纪初期以后,唐新罗恢复外交关系,新罗继续向唐朝派遣宿卫质子,但这时期派遣的宿卫质子成为留学生首领,主要职责是处理留学生入学、学习与归国等事宜。

关贺的《入唐新罗留学生研究》(延边大学硕士学位论文,2018年)也对此进行了深层次研究。论文指出,新罗"留学生归国后,其对唐文化也从一种文化认同逐渐演变成一种文化自觉践行,这密切了与唐文化的广泛交流,积极促进了新罗政治、文化等方面的发展"。

古代朝鲜半岛向中国派遣留学生固然对中华文化传播与交流起到很大作用,但是能够出国留学的人员毕竟是少数,两地之间文化交流还需要通过其他途径,如两地之间书籍交流成为继留学生之后又一个重要载体。潘茹

红的《海洋图书变迁与海上丝绸之路》(厦门大学出版社,2018 年)从长时段视角,考察了宋元以来海上丝绸之路中的图书贸易,认为"宋元开放的官方海洋政策,'海上丝绸之路'走向繁荣,官方主动面向海洋发展的思维,明清官方封闭的理念影响了对外交往范围的扩大,中国海洋发展进入民间性、地方性层面,海洋图书编写题材呈现多样化的特征,反映了中华海洋文化软实力的发展进程"。此外,还有姚兰的《试论唐罗书籍交流及其影响》(《通化师范学院学报》2018 年第 7 期)、黄修志的《书籍与治教:朝鲜王朝对华书籍交流与"小中华"意识》(《世界历史》2018 年第 1 期)、李双双的《明朝初期与周边诸国的图书交流》(《安庆师范大学学报(社会科学版)》2018 年第 5 期),等等。

姚兰的《试论唐罗书籍交流及其影响》考察了唐朝与新罗两国的书籍交流,文中指出,唐罗书籍交流阶段性特点可以分为 3 个阶段:6 世纪—7 世纪中期,处于逐步萌芽阶段;7 世纪中期—7 世纪末期,处于停滞阶段;7 世纪末期—9 世纪,处于繁荣时期。作者认为,唐新两国书籍交流的渠道可以分为官方和民间两种,中国是汉籍输出为主。唐朝传入新罗的书籍有儒家典籍、佛经、医学书籍和文学书籍等,传入书籍数量较多。唐朝与新罗书籍的交流,推动了双方社会发展与进步,对两国都产生了重大影响。

黄修志的《书籍与治教:朝鲜王朝对华书籍交流与"小中华"意识》一文主要考察了明清时期朝鲜王朝对华书籍交流与"小中华"意识。作者在行文中认为,明清王朝颁赐朝鲜书籍存在较大差异,主要体现在朝鲜对待宗主国赐书的态度上。明朝时期,朝鲜主动请求朝廷赐书;清朝时,多是清朝主动颁赐书籍。作者认为,明清时期朝鲜对中国书籍有着非常迫切的需求,因而每每朝鲜使臣赴京的重要任务和不成文的使命就是购书,特别是在朝鲜世宗时期,朝鲜专门设立购求遗典官和集贤殿作为购书和编书机构,鼓励书籍贸易。实际上,朝鲜之所以热衷于购买中华书籍,主要是政治动因,"在明代,朝鲜为了保住新生果实,全面建设'小中华',引进作为战略性政治资源和文化资源的中国书籍。朝鲜通过学习中国书籍,在消化和创新过程中,最终建立了本国礼法制度,完成了儒化政治,壮大了儒林势力,普及了儒教伦理。这使'小中华'意识在朝鲜前期就成为一个完备的思想形态,增强了朝鲜的文教自信,强化了朝鲜在东亚世界中对自身荣登'小中华'的优越感。在清代,朝鲜为了维持'小中华'政权而不坠,恢复因战乱而毁坏的图书事业,编纂书籍以适应新形势,仍然需要从清朝大量输入中国书籍。在这个过程中,朝鲜恢复甚至超越了原来的图书事业,在'尊周思明'的情绪中,逐渐产生了继承中华文化正统的'鲁存周礼'和'斯文在兹'的文化心态,日益强化'小中华'意识中的'攘清夷'色彩",从而实现维护朝鲜自身的王权体制和对朝鲜化儒学的追求。

李双双的《明朝初期与周边诸国的图书交流》(《安庆师范大学学报(社会科学版)》2018 年第 5 期)探究了明朝初期与周边诸国的图书交流,朝鲜是主要图书交流国家。作者认为,明朝初期中国古代图书交流有 4 个特征,即"第一,从图书交流途径上,主要是从陆路到海路的转变;第二,从汉籍的传播方向上,有明显的边缘性,首先是影响到周边的近邻国家地区,再由周边的近邻国家向外传播;第三,在传播方式上,明代前主要是单向性辐射传播,明代后则中外图书互传和文化互相影响;第四,在图书交流种类上,外国书籍传入多为宗教经典"。朝鲜第十代国王燕山君也非常热衷购买中华图书。①

上述除了较为模糊地概述了古代中国与朝鲜半岛之间的图书交流外,学界还对单独某本汉籍在朝鲜半岛的传播与影响进行了探究。如金善佶的《〈管子〉在朝鲜半岛的传播与影响——以朝鲜王朝为主》(山东理工大学硕士学位论文,2018 年)主要考察《管子》在朝鲜半岛的传播与影响。论文分为两大部分,在第一部分中,作者认为三国时期《管子》就可能传到朝鲜半岛,并论述了《管子》在朝鲜半岛流传、收藏、传播与重刊的情况。其中,作者重点考察了朝鲜闵昌道重刊《百家类纂》本《管子》在传播史中的重要价值。在第二部分,作者重点论述《管子》给朝鲜王朝在政治思想、教育思想、国家政策、修身思想等方面带来的影响,并考察了朝鲜后期形成实学派对《管子》思想的接受。作者认为,通过研究可以更加彰显出《管子》在海外的重要影响,并有助于促进中韩文化交流。

---

① 吴岩:《李朝燕山君时期购求唐物研究》,硕士学位论文,东北师范大学,2018。

董栋的《〈论语〉在古代朝鲜半岛的译介与传播》(《韩国语教学与研究》2018 年第 1 期)则从长时段考察了《论语》在三国、高丽和朝鲜 3 个不同时代的传播与译介问题。作者指出:"三国和高丽时代,《论语》传播的特点主要是借助政治力量,从国家层面确保传播的力度与深度。到朝鲜时代,《论语》的译介和传播带有浓厚的朝鲜式经学色彩,这也是《论语》在古代朝鲜半岛传播中所独有的特色。"

　　崔雄权的《〈清明上河图〉在朝鲜半岛的传播与接受》(《社会科学战线》2018 年第 7 期)则探究了《清明上河图》在朝鲜半岛传播与接受的过程。作者考证出《清明上河图》最迟在 18 世纪初期就已经传入朝鲜半岛,认为"朝鲜半岛朝鲜朝文人接受《清明上河图》的视角及价值取向",并且认为《清明上河图》对于 18 世纪朝鲜半岛绘画作品的风格具有潜在影响。

　　朝鲜半岛的教育体系对促进中华文化传播也非常重要。张金英的《明代儒学典籍在朝鲜王朝教育机构的传播和影响》(延边大学硕士学位论文,2018 年)主要考察了明代儒学典籍在朝鲜王朝教育机构的传播和影响。作者首先论述了明代儒学典籍在朝鲜王朝教育机构传播的思想基础是朝鲜王朝统治者推崇儒家思想,将其视为朝鲜王朝官方的统治思想。特别是明朝时期,朝鲜推崇朱子学,众多朝鲜儒学大家积极研究儒学典籍,并试图将其与本国文化相结合,进而推动了儒学典籍在朝鲜的传播。其次,朝鲜具有一套较为成熟的教育体系,成均馆是中央教育机构,乡校、书院是地方教育机构,三者都是儒家文化传承体系中的重要组成部分,在儒家文化传播过程中起到桥梁作用。作者指出,朝鲜乡校和书院"极大促进了以儒家文化为核心的社会价值观的形成,从而使得乡里社会得到规范"。特别是"朝鲜王朝在野士林阶层,成为儒家文化主要的传播者,他们用学识以及生活方式教育儒生,促进了儒家文化在朝鲜王朝的传播。统治者对儒学的推崇,是儒学典籍在教育机构得以传播的思想基础,儒学典籍被广泛地学习,促进了儒学在朝鲜王朝的发展"。

　　孟繁颖的《试论朝鲜世宗至宣祖时期书院的形成与特点》(延边大学硕士学位论文,2018 年)则具体探究了朝鲜世宗至宣祖时期书院的形成与特点。文章指出,朝鲜成立之初,便确立了"儒教立国"的治国理念,"大力支持以朱子学为代表的儒学文化在朝鲜的传播,并将其设为国学"。朝鲜中宗朝在士林支持下,建立了朝鲜第一个正规书院"白云洞书院"。宣祖朝时期,朝鲜书院不论是在数量上还是在规模上都取得了很大突破,使"儒学文化在朝鲜王朝从中央到地方得到了前所未有的巩固"。

此外,2018年古代中国与朝鲜半岛文化交流研究成果仍然丰富。除了有关留学生、书籍和书院教育外,其他诸如历史上思想、制度、语言、文学、典籍、艺术等方面的交流专题也得到了较多探讨。如关于古代中国与朝鲜半岛在绘画方面的研究有:王新宇的《儒学传播与高丽时期墓葬"岁寒三友"图像的形成》(《中国民族博览》2018年第9期)、宋伟的《壁画中的高句丽民俗体育文化》(《古籍整理研究学刊》2018年第3期)、焦明远的《仇英与李朝末期申润福绘画中女性形象的比较研究》(吉林艺术学院硕士学位论文,2018年)、高贤智的《明代浙派后期与朝鲜中期渔父题材绘画比较》(中国美术学院硕士学位论文,2018年)、成珠庆的《朝鲜南宗画之形成——兼及玄斋沈师正的山水画风》(中国美术学院硕士学位论文,2018年),等等。

王新宇的《儒学传播与高丽时期墓葬"岁寒三友"图像的形成》从儒学传播视角考察了高丽时期墓葬"岁寒三友"图像形成的关系,在文中,作者认为,儒学在朝鲜半岛得到广泛传播后,逐渐被壮大的高丽士人接受,以"文人画的方式进一步被阐释","岁寒三友"是"儒学士人不畏困难、坚毅气节的象征",从而成为高丽时期墓葬壁画的重要题材。

宋伟的《壁画中的高句丽民俗体育文化》则运用历史学与体育学、考古学与民族学交叉研究方法探究了壁画中的高句丽民俗体育文化。文中认为,"骑射狩猎、角抵、百戏等民俗体育项目,体现了民族间的文化交融,它们既深刻蕴含本民族人文特征,又充分包涵汉文化元素,是高句丽社会生活、风俗习惯等地域文化发展、延续的实践形式之一,凝聚着民族文化、承载着民族历史"。

焦明远的《仇英与李朝末期申润福绘画中女性形象的比较研究》从美术史视角探究了明朝著名画家仇英与李朝末期申润福绘画中的女性形象问题。在文章中,作者认为朝鲜与明朝交流密切,且仇英绘画作品曾流传于东亚各国,并对当地的绘画流派产生了深远的影响。李朝末期画家申润福是当时女性风俗画的杰出代表人物,其作品渗透着中国仕女画精髓。作者在进行比较研究后,认为仇英与申润福"在各自的绘画领域里继承创新,以独特的风格塑造出富有时代意义的女性人物形象"。

高贤智的《明代浙派后期与朝鲜中期渔父题材绘画比较》则以明代浙派后期与朝鲜中期"渔父"题材绘画作为主要研究对象。文章指出,在当时两国都较为流行运用"渔父"题材进行绘画创作,但是通过现存画作的比较可知,差异非常大。作者指出:"明代浙派后期绘画的特征是意境削弱,整个画面世俗倾向逐步强化,画面上人物比例增加,主要表现的是职业身份的'渔夫';而朝鲜中期绘画的特征是'安坚派'画风的残存与浙派画风的接纳,隐逸倾向逐步强化,主要表现的是儒家或道家的隐逸思想的'渔父'形象。"造成明代浙派后期绘画世俗化倾向的原因是:"第一,赞助人的审美取向。第二,文艺思潮风向。第三,画者态度。"而朝鲜中期绘画出现的隐逸倾向是:"第一,赞助人的审美取向。第二,文艺思潮风向。第三,吴派画风的传入以及影响。"此外,朝鲜王朝初期赵孟頫作品成为王族和士人争相拥有的收藏品之一,赵孟頫书法在当时朝鲜"不仅超越了学习对象的范畴,甚至被作为书法的评价尺度"。[1]

成珠庆的《朝鲜南宗画之形成——兼及玄斋沈师正的山水画风》以沈师正为出发点,考察了朝鲜南宗画形成的原因。文中对这一时期朝鲜画坛情况做了介绍,认为在 17 世纪初《芥子园画谱》传入朝鲜,标志中国南宗画已经传入朝鲜,朝鲜形成了学习南宗绘画的风气,但直到 18 世纪初朝鲜南宗画才成为主流。接着,作者对沈师正的身世做了概述,因为在仕途上的无望,沈师正一生中大半时间都在专心创作中度过,不断追求绘画画风的变化,并最终形成了独特画风——"朝鲜南宗画",正因如此,沈师正的绘画风气占据了朝鲜后期山水画画坛的执牛耳者的地位。

有关古代中国与朝鲜半岛在语言文字方面的研究有:潘悟云、王奕桦和

---

[1]　金基富:《朝鲜王朝初期对赵孟頫的学习与再利用——以〈朝鲜王朝实录〉为中心的考察》,《湖北美术学院学报》2018 年第 4 期。

葛佳琦的《中韩两国古代文化交流的印证——语言学视角》（《广西师范大学学报（哲学社会科学版）》2018 年第 1 期），张伯伟的《汉字的魔力——朝鲜时代女性诗文新考察》（《中国社会科学》2018 年第 3 期），李运富和何余华的《论朝鲜文化对汉字系统的影响——以中国古代字书所见为例》（《江西师范大学学报（哲学社会科学版）》2018 年第 1 期），皮华林和秦显韩的《"慕华事大"思想对朝鲜朝韵书编撰的影响》（《沈阳大学学报（社会科学版）》2018 年第 1 期）等。

潘悟云、王奕桦和葛佳琦在合撰的《中韩两国古代文化交流的印证——语言学视角》中指出，"通过韩语的有关历史音变，提出辨认韩语中汉语上古借词的若干方法"，并在文中胪列了一些如"丝""麦""力"等借词例子，论证汉语与韩语的发生学关系。

张伯伟的《汉字的魔力——朝鲜时代女性诗文新考察》从女性和区域角度切入，考察了朝鲜时代女性诗文，作者认为，"朝鲜时代女性诗文具有'男性化'特征"。文中指出，朝鲜女性掌握汉字书写能力后，可以"与男性作家同处一个知识共同体，而且因此可以在相当程度上改变其家庭地位和社会地位"。

李运富和何余华的《论朝鲜文化对汉字系统的影响——以中国古代字书所见为例》则考察了朝鲜文化对汉字系统的影响。汉字在发展演变过程中也会吸收别国文化，正如文中认为："朝鲜事物和语词的传入促使汉字系统增加新的字符，或专造新字，或吸纳朝鲜固有汉字，从而使汉字的构形系统和功能系统更为丰富完善。另一方面是朝鲜事物和语词的传入扩大了原有汉字的记录职能，或兼用原有汉字，或借用原有汉字，从而使汉字的字词对应关系更为复杂多样。"这对丰富和发展汉字系统起过重要作用。

皮华林和秦显韩的《"慕华事大"思想对朝鲜朝韵书编撰的影响》从朝鲜"慕华事大"思想考察了其韵书编撰问题。作者在文中认为，"当时的朝鲜学者在内心深处把中国传统韵书奉为圭臬，并以自己编撰的韵书与中国韵书的范式相近甚至相同为荣"，但是在具体的操作中为了适应本国的需要，朝鲜学者在编撰本国韵书时进行了小范围的改变，保留了"汉语语音，又记载朝鲜汉字音"，以此满足"事大至诚"。在皮华林与人合作的另一篇文章中则

考察了中国韵书在朝鲜王朝的传承与演变,表达了同样观点。[①]

有关古代中国学派与朝鲜半岛的传播与接受方面的研究有:王晚霞的《濂溪学在朝鲜半岛的传播与影响》(《河南师范大学学报(哲学社会科学版)》2018年第1期)、罗海燕的《全球史视域下的元代文学研究——以金华文派在朝鲜半岛的影响为中心》(《殷都学刊》2018年第4期)、马爽斌的《明朝时期王阳明学说在明朝两国的不同命运探析》(天津师范大学硕士学位论文,2018年),等等。

王晚霞的《濂溪学在朝鲜半岛的传播与影响》考察了濂溪学在朝鲜半岛的传播与影响。文章认为,濂溪学传播到朝鲜半岛后,深刻影响着13到19世纪朝鲜半岛的哲学与文化,特别是周敦颐的《太极图》和《太极图说》在朝鲜半岛流传最广,"成为朝鲜知识人以图说方式治学渊源,并引起有众多学者参与的太极论辩,体现了朝鲜人对周敦颐宇宙生成论、本体论思想的全面接受"。濂溪学在朝鲜半岛的传播有助于"朝鲜人解释并构建世界根本秩序以及朝鲜性理学的发展"。

罗海燕的《全球史视域下的元代文学研究——以金华文派在朝鲜半岛的影响为中心》从全球史视域下考察了元代金华文派文学在朝鲜半岛的影响。文章中认为,"元朝是中国历代正统王朝中重要一环,也是具有世界性强大帝国"。"元代具有深厚理学底蕴的诗词文赋等,在西域、南方、北方和高丽作家群体的共同推动之下,形成了南北交融和东西播迁的态势,也因此具有了全球史的意义。"文章认为,金华文派具有双重性,既是区域性文学流派,又是全国性文学流派。在此基础上,作者考察了金华文派在朝鲜的传播和影响,文章认为,"朝鲜半岛士人通过师友问学与私淑授受等方式,接受金华文派,并且在对其学术、人格、文学极大认同基础上,实现了对金华文派本土化建构"。朝鲜将金华文派转成本土化后对其学术、文学以及民族精神等产生了不同程度的影响。

马爽斌的《明朝时期王阳明学说在中朝两国的不同命运探析》则探究了王阳明学说在中朝两国的不同命运。王阳明学说又称阳明学、心学,为明朝

---

① 蒋梦麟 皮华林:《中国韵书在朝鲜王朝的传承与演变》,《中国文字研究》2018年第2期。

中后期主流学说,并对周边国家也产生了重要影响。然而,王阳明学说在朝鲜传播时却遭到了强烈抵制,与在明朝盛行形成了强烈对比。文章认为,"朝鲜人往往表现得异常团结,这就形成了一种以'忠'为核心的朝鲜民族文化,这里忠并非忠诚之意,而是抛开个人利益,强调共同价值观,从而形成一个秩序井然的社会。正由于这种生存需要,再加上这种共同价值观念,所以朝鲜在对外来文化吸收上,既有注重实用一面也有排外一面,久而久之也养成了极端民族性格"。特别是经过壬辰战争后,朝鲜民族意识兴起,在对外文化交流上,朝鲜十分注重维护本国文化的主体地位,为了捍卫朝鲜自身文化主体地位而抵制王阳明学说。

古代中国与朝鲜半岛在音乐方面的交流也较为密切,如王希丹的《中国古代音乐史视域下高句丽音乐研究的得与失》(《天津音乐学院学报》2018年第1期)、杨璐的《从宫廷乐舞看隋唐与高句丽、百济的文化交融》(延边大学硕士学位论文,2018年)、朴一薰的《韩国唐乐器概述——以〈高丽史·乐志〉和〈乐学轨范〉为例》(《当代舞蹈艺术研究》2018年第4期),等等。

王希丹的《中国古代音乐史视域下高句丽音乐研究的得与失》在以往研究的基础上,以集安高句丽壁画墓为主考察了高句丽乐舞。文章认为"集安高句丽壁画墓与公元4—7世纪朝鲜半岛大同江、载宁江流域壁画墓的关系尚需厘清",学界对高句丽音乐史研究仍有着不小的研究空间。

杨璐的《从宫廷乐舞看隋唐与高句丽、百济的文化交融》从宫廷乐舞考察了隋唐与高句丽、百济的文化交融。文中明确指出,高句丽和百济的音乐共性更多。同时认为,隋唐宫廷乐舞有着高句丽、百济因素,并在很长时间内隋唐与朝鲜半岛高句丽、百济乐舞之间是相互影响的,特别是在音乐领域能体现出政治生活。作者指出,宫廷乐舞伴随着政治性,服务于政治行为,与封建王朝兴衰同步,政治文化交往与音乐相结合,从而为隋唐与高句丽、百济的文化交融奠定了基调。

朴一薰的《韩国唐乐器概述——以〈高丽史·乐志〉和〈乐学轨范〉为例》以《高丽史·乐志》和《乐学轨范》中相关记载为中心,考察了唐乐器的变迁、音乐的特征、乐器的用处等相关情况。文章指出,朝鲜王朝建国初期,便将礼乐作为国政方针,因而千年间,唐乐器和乡乐器基本保持了其原形。唐乐

器主要用于燕乐和宴乐。编雅乐的唐乐器有拍、笛、笙。雅乐器仅用于文庙、社稷、圜丘、先农、先蚕时演奏的仪式音乐。

除此以外,2018 年学界还对古代中国与朝鲜半岛其他方面进行了研究,如学界对夫余从不同视角进行了考察,从而使得学界能够更好地对夫余族的起源、发展、演变,夫余的社会经济、文化、政治制度和汉文化等有更全面的了解和认识。[①] 学界对古代中国与朝鲜半岛的其他研究成果在这里不再具体论述。[②]

中日之间自古以来文化交流密切。2018 年古代中国与日本文化交流研究成果仍然很丰富,新出了不少专著[③],论文成果也有很多。如董科的《古代中日文化交流中的动物要素》(《浙江外国语学院学报》2018 年第 2 期)考察了古代中日文化交流中的动物要素。文章指出,古代中日两国之间以"动物为媒介的文化交流有着明显方向性",实际上是中国对日本单方面的馈赠,这些动物在古代中日文化交流中发挥了不可替代的媒介作用,不仅有着重要的物质作用,还起到非常重要的精神作用,即文中认为的"牛、马、鸡、蚕等家养动物的传入,丰富了日本列岛的物种,改善了列岛的生产生活方式;另一方面,动物所承载的科技、文化内涵深入列岛居民的心灵,极大地丰富了他们的思想力和想象力,为日本文化的形成和发展提供了重要素材"。

① 梁玉多、李希光:《汉代夫余经济文化中的中原因素小考》,《黑龙江社会科学》2018 年第 3 期;董学增:《夫余研究管见》,《地域文化研究》2018 年第 4 期;李德山、李路:《夫余王城及汉文化影响论》,《吉林大学社会科学学报》2018 年第 3 期;杨军:《濊人与苍海郡考》,《地域文化研究》2018 年第 4 期;信君、邓树平:《夫余与秽貊考辨》,《社会科学战线》2018 年第 9 期。

② 史倩男:《〈韩客巾衍集〉整理与研究》,硕士学位论文,延边大学,2018;袁成:《朝鲜时代汉字教材〈训蒙字会〉研究》,硕士学位论文,苏州大学,2018;田小维:《17—18 世纪韩国和日本的朱子学辞书比较研究——以韩国〈语录解〉和日本〈语录译义〉为例》,硕士学位论文,厦门大学,2018 年;刘捷:《从〈天地瑞祥志〉看〈山海经〉的接受与传播》,《文学人类学研究》2018 年第 2 期;孙卫国:《朝鲜世宗朝之历史教育——以〈资治通鉴〉与〈资治通鉴纲目〉为中心》,《安徽史学》2018 年第 2 期;朱冶:《〈资治通鉴节要续编〉在朝鲜王朝的传播与影响》,《史学史研究》2018 年第 3 期;曹春茹:《朝鲜诗人对黄庭坚诗歌的接受研究》,《齐鲁学刊》2018 年第 6 期;柯会:《〈高丽图经〉与宋丽文化交流史意义研究》,硕士学位论文,华中师范大学,2018;张振亭、张超:《朝鲜古代诗学中国情结的"主体间性"特征》,《延边大学学报(社会科学版)》2018 年第 5 期;马金科、杨雅琪:《韩国古代汉诗"学黄"境况探微》,《延边大学学报(社会科学版)》2018 年第 4 期;等等。

③ 朱彦:《唐宋中国与日韩工艺美术交流研究》,清华大学出版社,2018;[日]妹尾达彦:《隋唐长安与东亚比较都城史》,西北大学出版社,2018;[日]上田信:《东欧亚海域史列传》,寇淑婷,译,厦门大学出版社,2018;[日]松浦章:《清代华南帆船航运与经济交流》,杨蕾等译,厦门大学出版社,2018;潘茹红:《海洋图书变迁与海上丝绸之路》,厦门大学出版社,2018。

曾小红的《中国古琴在日本的传播情况》(《海外华文教育》2018年第3期)和赵宇欣的《东传日本的筝及流变轨迹初探》(上海音乐学院硕士学位论文,2018年)则关注到古代中日之间的乐器交流。曾小红从长时段考察了中国古琴在日本的传播情况。作者在文中认为,在七八世纪遣唐史将古琴器具和大量琴谱及琴学文献带到日本,但是当时日本民间并没有普及古琴弹奏技艺,古琴的弹奏仅限于日本皇室贵族等很小的范围内。到了明朝末年,即17世纪,"随着朱舜水、蒋兴俦(心越禅师)等的东渡日本,古琴在日本江户、京都等城市得到了较广泛传播,并掀起了一股学习古琴热潮,对日本音乐乃至文化产生了非常深刻的影响"。赵宇欣则关注到了古筝在古代中日音乐交流中的作用,因而考察了东传日本筝及其流变轨迹。作者认为,以中国为轴心的东方汉字文化圈中,东亚日本深受古代中国音乐文化影响,特别是唐朝来往于中日两国的留学僧,从唐朝带走了宝贵的文化财富,其中包括唐乐,并以此为基础将其日本化。首先,作者从中国人、日本人以及遣唐使3个方面描述、考察了日本筝跨海东传的过程和作用。其次,作者在文章中以时间为传承主线,从纵向梳理了筝乐器在日本土壤上逐渐和化的过程。经过考察后,作者认为"多元化格局为日本筝流变的特点之一,同时流变与政治、文化等存在明显的联系"。再次,作者从横向分析了乐筝谱《六段》对其谱面的传承过程。最后,作者从传承角度考察了《六段》的独奏、三曲《鹤之声》、三味线的《六段》合奏以及本替手《六段》筝谱传承及变化,以此说明古代中日之间音乐文化的交融过程。

古代中日之间贸易往来频繁,除了上文提及的木材、瓷器等海上物品外,更为重要的是日本对中国书籍的热切需求,这使得古代中国以书籍为媒介的文化交流有着明显的单向性流动,即主要是中国书籍流向日本,这也使得日本保留了大量中国古籍。如李佳的《唐日书籍传播及其汉语诗学教育影响考论》(贵州师范大学硕士学位论文,2018年)研究了唐日书籍传播及其汉语诗学教育影响,认为日本派遣使者出访唐朝,使得唐朝成为中日政治文化交流承前启后的重要时期,特别是日本派遣使者、僧人、留学生、商人等群体成为中国书籍传播的载体,而唐朝以官方赐赠、私人传抄、商业贸易等形式将儒家经典、史书、文集等传播到日本。唐朝大量书籍输入日本促进了日本的政治文化建设,其中汉语诗学方面发展尤为突出,不仅"开启了日本一代汉诗学风气",也影响了"日本教育制度和选官制度"。

　　古代中国输入日本的书籍难以计数,学界一直对此非常关注。2018年,学界对日本所藏汉籍的研究有了新成果,如邵天松的《日本石山寺藏〈大唐西域求法高僧传〉版本初探》(《古籍整理研究学刊》2018年第5期)考察了日本石山寺所收藏的《大唐西域求法高僧传》版本,通过与《赵城金藏》本、《高丽藏》本、《碛砂藏》本等诸版本进行比较,作者认为该版本"极有可能与北宋《开宝藏》具有重要的关系:或者石山寺写本所据之底本与北宋《开宝藏》刻本所据之祖本一致;或者石山寺写本所据之底本就是北宋《开宝藏》刻本"。

　　杨纪荣和孙继成合撰的《日本〈管子〉文本文献相关研究概述》(《国际汉学》2018年第4期)是有关日本《管子》文本文献的相关研究。文中认为"《管子》的海外研究和传播,以日本为最盛,成就也很突出",因而作者按照时间顺序,将近400年来日本《管子》研究分为3个时期,即:发轫期——江户时代《管子》文献及管仲其人的相关研究;发展期——20世纪前半期《管子》文献的相关研究;成熟期——20世纪后半期《管子》文献的相关研究。

　　元泰定重刊本《新编事文类聚启劄云锦》是一部交际应酬性质的日用类书,日本宫内厅书陵部现藏一个版本。鉴此,全建平的《日藏元泰定重刊本〈新编事文类要启劄青钱〉探微》(《图书馆研究与工作》2018年第12期)考察了日本宫内厅书陵部现藏元泰定重刊本《新编事文类要启劄青钱》的版本、成书时间、史料价值和编纂不足等。作者认为,与完整传世的几种宋元交际应用类书相比,"该书内容全面,分类清晰,简洁明了,最便于直接套用,部分诗文对于辑补《全宋诗》《全宋文》有一定的利用价值"。

　　2018年此类相关研究较多,正如田荣昌在《唐代长安文化对日本奈良时代古典文献影响研究》(《哈尔滨学院学报》2018年第2期)中所说,大唐文化是东亚文化圈核心,其以一种强大的文化魅力,吸引周边诸国主动从不同层面学习、吸收并内化大唐文化,从而形成各具特色的亚文化区域。《域外汉籍研究集刊》杂志中发表了不少成果,为了行文方便,不再详述,请参见注释。①

当然，古代中国与日本之间的交流是多方面的，涉及从精神层面到物质层面、从政治层面到文化层面，既有高大上的精神来往，也有平常的事务交流。如郭雪妮的《植物书写与异国想象——日本古文献〈松浦宫物语〉中的唐物研究》(《外国问题研究》2018年第4期)考察了日本古文献《松浦宫物语》中的唐物，作者以物语卷中的"梅花""牡丹"等书写中国景观，以此表达了日本"一种唯美浪漫的乌托邦唐土"。

王兰兰的《唐代冬至节及其对东亚诸国的影响》(《西安文理学院学报(社会科学版)》2018年第6期)探究了唐代冬至节在东亚诸国的影响。关于日本的冬至节，依据作者考察，在奈良时代和平安时代，约一个半世纪的时间里，有6位天皇留下了11条历史记录，还有许多天皇发布的冬至节诏敕，据此可知，唐代文化对日本有全面而深刻的影响。

唐文化对日本的影响体现在日本服饰②、绘画③上，更体现在中华文化对日本思想的影响上。刘亚东的《朱舜水学术教育思想在日本传播和影响研究》(中原工学院硕士学位论文，2018年)主要研究了明末时期朱舜水学术教育思想在日本的传播和影响。作者认为，"朱舜水学术教育思想是在明末所处的时代背景、学术教育思想风潮以及东渡东瀛后的日本学术现状的历史合力下形成的"，经过徒弟安东省庵等提炼、丰富，最终形成了"重实利功主义、先秦孔孟之道的儒学观、兼容并蓄的治学理念"。

---

① 车才良：《〈蒲室集〉版本及其在日本的流传》，《域外汉籍研究集刊》2018年第1期；石立善：《日本古钞本〈毛诗传笺·唐风〉研究(上)——与敦煌出土写卷法藏P.2529对勘》，《域外汉籍研究集刊》2018年第1期；苏晓威：《日本现藏三种〈楚辞集注〉朝鲜版本考述》，《域外汉籍研究集刊》2018年第1期；国威：《宋代禅籍〈人天宝鉴〉的域外流传与整理》，《域外汉籍研究集刊》2018年第1期；苏晓威：《日本现藏数种〈尔雅〉类文献研究》，《域外汉籍研究集刊》2018年第2期；任晓霏、毛天培、解泽国：《〈孝经〉在古代日本的传播与影响》，《域外汉籍研究集刊》2018年第2期；张伯伟：《日本〈世说新语〉注释本叙录(中)》，《域外汉籍研究集刊》2018年第2期。

此外，还有汪超：《日藏朝鲜刊五卷本〈欧苏手简〉考》，《文献》2018年第5期；韩悦：《日本京都大学藏〈周礼疏〉单疏旧钞本探论》，《文史》2018年第2期；仲秋融：《日藏弘仁本〈文馆词林〉所辑魏晋官文书的文史价值》，《杭州学刊》2018年第4期；金晓刚：《日藏足本正德〈兰溪县志〉考述》，《中国地方志》2018年第4期；兰小燕：《日藏唐钞儒家四部经典残卷整理与文字研究》，硕士学位论文，华东师范大学，2018；赵倩：《大治本〈玄应音义〉异体字研究》，硕士学位论文，广西大学，2018；张伯伟：《日本僧人〈世说新语〉注考论——江户学问僧之一侧面》，《岭南学报》2018年第1期；等等。

② 李梦竹：《汉唐服饰与日本和服形制的比较性研究》，硕士学位论文，吉林艺术学院，2018。
③ 赵双：《明清版画的东传对日本浮世绘艺术的影响》，硕士学位论文，鲁迅美术学院，2018。

古代中国与东亚地区文化交流还包括医药方面,如胡梧挺的《渤海国道地药材与东亚医药交流——以渤海人参为中心》(《北方文物》2018 年第 1 期)一文考察了渤海人参在东亚医药交流中的作用。文章认为,长白山山区与朝鲜半岛北部是渤海国境内主要的产区。唐五代以来中原医家已经认识到渤海人参作为一种道地药材的疗效,并为本草典籍所收录。渤海人参又向东输入日本,对日本医学、宫廷医疗活动及医药救助的发展起到了重要作用。

高洁等合撰的《从〈本草纲目〉看 16 世纪前后的中外医药交流》一文,考察了《本草纲目》的海外药物收载情况、海外影响力以及海外藏本。

韩东的《十八世纪朝鲜通信史笔谈中的朝日医员对话》(《外国文学评论》2018 年第 2 期)通过对朝日医学笔谈资料的考察,认为它们反映出 18 世纪两国医员对话的 3 个侧面:"其一,朝日医员在交流时,除谈论医学外,还通过诗歌唱和与文集题跋等方式,抒发情感,增进彼此间的情谊;其二,由于当时日本国内在家参栽培与准确用药方面有实际需求,日本医员格外关注人参耕作与药材辨识方面的知识;其三,朝日医员在医学思想上存在差异,朝鲜医员奉行'李朱学派'学说,日本'古方派'医员则主张以张仲景《伤寒论》等方书为正宗。这些交流也体现出十八世纪东亚社会的一些变化,即,两国医员都在自我构建的新型'华夷'体系下展开对话,以及'兰学'在两国得到了不同发展。"

回嘉莹等人合撰的《宋元时期中日医学交流史》(《医学与哲学(A)》2018 年第 3 期)一文主要以日本学者小曾户洋、真柳诚、森鹿三等人的研究著作为中心,考察了宋元时期印刷本医学典籍传日的情况、两国间中药药材交流的情况,以及茶种被带回日本之后产生的影响。文中考察了学界对于日本现存针灸铜人的来历与制作时间的考证结果,否定了其来自中国的猜测。作者在文中指出,"首次出现了日存中国轶书回流中国并出版的记录"。该时期日本医学家在吸收宋元医学成果之后,不断地摘抄与引用中国医籍,编纂了日本中世时期最大型的医学全书《顿医抄》和《万安方》,为后来日本汉方医学的繁盛打下了坚实基础。

有关古代中国与东亚地区医药交流还有其他方面的研究,此不赘述。[①]

在东亚文化圈内,随着海上丝绸之路的发展,还产生了共同的妈祖信仰,相关研究有:赵君尧的《海洋文学作品中的琉球册封航路与妈祖信仰》(《妈祖文化研究》2018年第3期)、蔡天新的《妈祖信仰的由来及其古丝路传播的时空研究》(《妈祖文化研究》2018年第3期)、连晨曦和孙家坤的《论妈祖信仰在琉球久米村的社会功能及其演变》(《妈祖文化研究》2018年第1期)、孙希国的《〈宣和奉使高丽图经〉与宋代妈祖信仰的流传》(《广西民族研究》2018年第3期),等等。

赵君尧的《海洋文学作品中的琉球册封航路与妈祖信仰》聚焦于海洋文学作品,考察了琉球册封航路与妈祖信仰的传播。作者依据册封使书写的琉球"使录"文本,详细考察了册封使创作的往返琉球册封海上遭遇的种种险难和海神妈祖显灵的惊心动魄的海洋文学作品。作者指出,册封使团的海洋文学作品是集体体验,"生死经历,令人感同身受;天妃显灵,呼唤海行者的智慧勇气;乞报神功,妈祖成了航海者的保护神"。

蔡天新的《妈祖信仰的由来及其古丝路传播的时空研究》认为妈祖信仰的形成与发展有着复杂的历史背景,"既有广大平民百姓对妈祖大爱精神的赞赏与认同,也有历代王朝巩固执政地位的需要与利用,还有经济社会发展的内在要求"。作者认为妈祖文化传播始于宋,兴于元,发展于明,鼎盛于清。

连晨曦和孙家坤的《论妈祖信仰在琉球久米村的社会功能及其演变》则考察了妈祖信仰在琉球久米村的社会功能及其演变,文中认为,妈祖信仰在琉球久米村社会承担了航路守护神、区分久米村人和琉球人的边界、促进儒学为代表的中国传统文化在琉球传播等社会功能。

孙希国的《〈宣和奉使高丽图经〉与宋代妈祖信仰的流传》则以《宣和奉使高丽图经》为中心,考察了宋代妈祖信仰的流传路径,在文章中,作者指出,《圣墩祖庙重建顺济庙记》所记的妈祖在海上显圣护佑北宋使团这件事

---

① 胡梧挺:《唐代东亚麝香的产地及其流向——以渤海国与东亚麝香交流为中心》,《唐史论丛(第二十七辑)》2018年第2期;姜毅然:《疾病的美学化与医药的风雅——从〈源氏物语〉看古代日本人对中医药的受容》,《社会科学研究》2018年第1期。

是不可信的,这应该是妈祖信仰者的附会。

还有学者考察了天津地区妈祖信仰传播。[①] 梁曦考察了琉球航海中的女神信仰,其认为,11—12世纪东亚地区海上通商圈形成以后,中国和日本的航海女神信仰也随之传入琉球。[②] 此外,2018年还出版了几本有关妈祖信仰的著作,值得学界关注。[③]

（二）政治交往研究

从东亚整体视域探讨东亚诸国政治交往史以及相关观念形态的论文有:宋心雨的《渤海、新罗与唐关系比较研究》(吉林大学硕士学位论文,2018年)、李磊的《东晋时期东亚政局中的政治传统与权力运作》(《学术月刊》2018年第5期)、李爽的《长寿王时期高句丽与北魏的关系》(《社会科学战线》2018年第6期)、张阳和李建明的《东魏、北齐与高句丽朝贡关系的变化》(《沧州师范学院学报》2018年第4期)等。

宋心雨的《渤海、新罗与唐关系比较研究》对渤海、新罗与唐的关系进行了考察,文中指出:"渤海、新罗与唐朝共存的两个多世纪中,渤海、新罗与唐在政治、经济、文化方面有着密切的交往与联系。"就三者之间政治关系而言,唐朝是渤海、新罗的宗主国,渤海与新罗都接受唐的册封,且渤海王与新罗王都是唐羁縻府州的长官,渤海和新罗在得到唐王朝册封后,都积极派使者入唐朝贡,渤海与新罗都处于唐王朝羁縻府州统治之下,同时使者间的往来也很好地巩固了唐朝与渤海、新罗的关系。

李磊的《东晋时期东亚政局中的政治传统与权力运作》探究了东晋时期东亚政局中的政治传统与权力运作问题。作者认为,西晋统治秩序崩溃,导致乐浪、带方二郡弃守,但是"中原王朝的政治传统仍在当地起着凝聚人心、塑造统治合法性的重要作用"。东晋封授的辰斯王余晖被杀后,东晋天下秩序受到冲击。义熙年间以后,"东晋由直接统治者向多边关系调解者的身份转变,天下秩序亦由此发生变化"。

①　侯杰、张鑫雅:《海洋中国:妈祖信仰的传播——以天津为中心考察》,《文学与文化》2018年第4期。
②　梁曦:《琉球航海女神信仰研究》,《陇东学院学报》2018年第4期。
③　福建省地方志编纂委员会编《妈祖文化志》,国家图书馆出版社,2018;林金榜主编《湄洲妈祖志》,人民日报出版社,2010;陈贞寿:《美名传世南国仰 沿海地区的海神文化》,中国大百科全书出版社,2018。

李爽的《长寿王时期高句丽与北魏的关系》考察了长寿王时期高句丽与北魏的关系,文章指出,长寿王时期高句丽与北魏关系微妙。"在不触及高句丽利益的情况下,竭力保持与北魏的关系,而一旦涉及高句丽的利益,高句丽又寸步不让,甚至不惜动用武力与北魏对抗。双方关系一度白热化。"长寿王为了确保南侵罗济政策顺利实施,审时度势,及时调整对北魏政策,最终未演变成战争。作者认为,高句丽与北魏关系的发展是由双方现实利益决定的,也体现出了"实用性"和"不确定性"原则。总体而言,长寿王时期高句丽与北魏大体上保持了一种和平关系。

张阳、李建明的《东魏、北齐与高句丽朝贡关系的变化》考察了东魏、北齐与高句丽朝贡关系的变化,文中将双方朝贡关系大致分为 3 个时期,即东魏时期、北齐前期、北齐后期。因为双方实力、外部环境变化,东魏、北齐与高句丽朝贡关系呈现出"先热后冷"之态势。

黄纯艳的《宋代东亚秩序与海上丝路研究》(中国社会科学出版社,2018年)一书收录了 16 篇论文,其中有多篇涉及海上丝绸之路研究,如《变革与衍生:宋代海上丝路的新格局》《从"内陆人"到"沿海人":宋代福建和浙东沿海地区海洋性地域特征的形成》《宋朝与交趾的贸易、中国古代官方海洋知识的生成与演变——以唐宋为中心》《宋元海洋意识的新变与海洋贸易时代的确立》。

张嵚的《台湾地区风云:大航海时代的失陷与收复(1368—1683)》(天津人民出版社,2018 年)一书围绕着大航海时代背景下台湾面临的危机,从长时段论述了自 1368 年明朝中期抗倭斗争至 1683 年清廷收复台湾地区这300 余年间,台湾面临的来自多方势力的侵害。日本、葡萄牙、西班牙、荷兰等侵略势力妄图染指台湾,台湾人民为抗击外来侵略做出了不懈的奋斗和巨大的牺牲,一次次成功地抗击了侵略者,保卫了美丽而又富饶的宝岛台湾。

张晴晴的《明代前期宫廷外交研究》(山东师范大学硕士学位论文,2018年)主要考察了明代前期宫廷外交政策和变化。文中指出,明朝面临着北元势力、海寇势力、国内分化势力等复杂的国内外形势,因而在明太祖朝时确立了"以'不征'为基础的和平外交政策和针对蒙古势力的防御性外交政策",为明初外交政策的制定与实行和明前期宫廷外交的发展指明了方向。

明代前期宫廷外交内容丰富,包括"朝觐、纳贡、册封、遣使、赏赐等多方面的内容",以此保证宫廷外交体制有序开展。同时,明朝前期确立了"海陆并举"的宫廷外交实践,"郑和下西洋和傅安、陈诚通西域"凸显了明代前期宫廷外交的繁盛,彰显了大国权威。作者又进一步指出,"洪武、永乐两朝发展起来的明代前期宫廷外交,具有以政治活动为主线,经济活动为政治服务,构成广、阶层多,重视文化交流的特点"。面对日益凸显的弊端,明朝宣德年间施行了"收缩海外政策,发展睦邻邦交外交模式",为明中后期宫廷外交的发展定了基调。

韩东育的《明清前东亚封贡体系的演变实态》(《社会科学战线》2018年第12期)一文,认为"东亚封贡体系,渊源于西周封建制原理,而雏形于汉魏至隋唐期","是中国礼乐秩序对周边世界的跨时空延伸"。文中指出:"宗藩间制度的趋近,不过是实现封贡关系的必要条件,而非充分条件。当我们注意到相同的制度未必能结成预期的关系,而迥异的体制却未必会构成封贡阻隔时,掩蔽于礼乐框架下的生态依存和利害依赖,反而是东亚圈域结构得以维持的更本质要素。到了明清,这一本质有了新一轮的经典表现,当然也是最后一轮表现。"

郑红英的《朝鲜初期对明"宗系辩诬"问题》(《延边大学学报(社会科学版)》2018年第6期)一文考察了朝鲜初期对明"宗系辩诬"问题。明朝与朝鲜双方之间的信任危机引起了"宗系辩诬"问题。朝鲜王朝为了让明朝进一步了解自己,维护自身在东北亚的地位,形成了一套完整的辩诬礼仪和辩诬制度,历经近两个世纪、朝鲜5代国王和26位使臣的19次奏请,最终这套制度在《大明会典》第三次改修时才得以修正。朝鲜的辩诬礼仪和辩诬制度有力地推动了两国政治外交关系的发展。[①]

黄修志的《明代嘉靖"大礼议"与朝鲜王朝之回应》(《古代文明》2018年第2期)一文考察了明代嘉靖"大礼议"对朝鲜王朝的影响。文章指出,明朝嘉靖时期"大礼议"深刻改变了明代政治格局和国家祭祀体系,并引起朝鲜

[①]　相关的研究还有:王臻:《天启年间朝鲜廷臣金尚宪入明"陈情辩诬"考述——以金尚宪的〈朝天录〉为中心》,《暨南史学》2018年第2期;黄普基:《17世纪后期朝鲜王朝政坛的"奉清""崇明"之辨——以1667年南明漂流民事件为中心》,《中山大学学报(社会科学版)》2018年第3期;等等。

王朝君臣的高度关注。"朝鲜中宗不断遣使庆贺世宗胜利,这有助于缓解其自身的内外危机和王权困境,并促成明朝关系更为亲密。"同时,作者在文章中指出,朝鲜王朝后期多次出现旁支继承王位情况,因而嘉靖时期"大礼议"成为朝鲜政治上的历史参照,"仁祖'礼讼'几乎是明'大礼议'朝鲜翻版"。

孙春日、李秀玉的《朝鲜前期"北拓"政策与"徙民"图们江、鸭绿江流域过程》(《延边大学学报(社会科学版)》2018 年第 1 期)一文认为,"朝鲜李朝自建国以来推行'北拓'政策,在图们江流域设'东北六镇',在鸭绿江流域设'西北四郡',在中朝界河南岸修建了诸多军事重镇和长城"。在此过程中,朝鲜采取了多种政策,经过 60 多年努力,李朝终于确保了在图们江、鸭绿江南岸诸多城镇的发展,达到了"实边"的目的。

实际上,朝鲜半岛一直都存在着类似的军事意图,如王长印考证了两汉魏晋时期东北地区匈奴、乌桓、鲜卑、夫余、高句丽、挹娄、"靺鞨"及汉等之间发生了诸多战争;朴聪聪则指出,高句丽不断进行征战,使得军事区域不断扩张,山城数量随之增加,逐渐形成了完备的防御体系;王欣媛则系统地研究并勾勒出前后 7 个世纪有余的高句丽"南进"历程;等等。[①]

林炫羽的《明初遣日使的外交斡旋与信息搜集——以洪武五年使团的活动为中心》(《历史教学(下半月刊)》2018 年第 12 期)一文以洪武五年使团活动为中心,考察了明初遣日使外交斡旋与信息搜集情况。文中对以往学界观点持有不同意见,作者认为,"赵秩属于祖阐、克勤使团的分支,山口之行承担为陷入外交僵局的使团打开局面的任务"。在两路使团中,"祖阐、克勤抵达京都,带回有关北朝权力结构的第一手信息,构成朱元璋对幕府外交政策的基础,相反,赵秩的信息未受重视"。作者又从日本方面进行了考察,认为"春屋妙葩重返政治中枢,鉴于与赵秩交往的良好体验,积极促成洪武十二年的遣明活动,但足利义满本人的权臣形象及直接与丞相胡惟庸交涉的外交方式,触及朱元璋的权力痛点,不仅致使日本入贡被拒,还成为胡惟庸案的导火索"。

---

① 王长印:《两汉魏晋史料所见东北战争》,硕士学位论文,东北师范大学,2018;朴聪聪:《中国境内高句丽山城防御体系研究》,硕士学位论文,东北师范大学,2018;王欣媛:《高句丽"南进"研究》,博士学位论文,东北师范大学,2018;苗威:《以"新城"为中心,考察高句丽的西部拓展》,《社会科学战线》2018 年第 6 期。

陈章的《东亚视野下的"侍卫":清代侍卫制探源》(《南京大学学报(哲学·人文科学·社会科学)》2018 年第 3 期)一文从东亚视野下考察清代侍卫制,在文中,作者发掘朝鲜史料后发现,"爱新觉罗皇族之先世清肇祖猛哥帖木儿及其家族曾长期在李氏朝鲜任侍卫",这种现象在当时女真部落中较为普遍。作者通过语句考察《高丽史》史料可知,"李氏朝鲜与王氏高丽之侍卫制一脉相承,或源于蒙古怯薛制"。因而,作者认为"清代侍卫制当源自朝鲜,清代官方将皇帝之'hiya'汉译成'侍卫'应源于上述事实,故朝鲜侍卫制与清代侍卫制颇多类似。而清代官方将王公贝勒之'hiya'汉译成'护卫'一词或源于明代藩王之护卫制"。正如作者认为的那样,"清代侍卫制乃杂糅蒙古、明朝与朝鲜传统之产物,这亦与满洲崛起之前,在地理上身处这三股政治势力之间的历史事实相符"。关于东亚时期的行政运作研究,学界从不同角度进行了探究,此不赘述。①

为了应对来自古代朝鲜半岛的军事威胁,稳定东北亚地区的政治秩序,古代中国也对此展开了一系列应对措施,如在军事上就对古代朝鲜半岛进行了征伐。研究两汉魏晋时期两地之间战争的文章有:苗威和李新的《西汉海伐卫氏朝鲜考论》(《海交史研究》2018 年第 2 期)、王长印的《毌丘俭征高句丽战争过程考补六则——以〈北史〉〈三国志〉〈三国史记〉为中心》(《古籍整理研究学刊》2018 年第 3 期)、梁文力的《王颀追击高句丽王位宫相关史事考辨》(《通化师范学院学报》2018 年第 3 期)等。

苗威和李新合撰的《西汉海伐卫氏朝鲜考论》主要是聚焦于西汉通过海路进军伐卫氏朝鲜考论,文中指出,元封二年,汉武帝派遣楼船将军杨仆率领五万楼船军"从齐浮渤海",同荀彘统领的陆军共同进攻卫氏朝鲜。历时两年灭亡朝鲜,在其故地建立乐浪等四郡,对大同江中心流域进行直接统治。汉朝军队通过水运参与灭亡朝鲜的战争,体现出了汉代水军基地、水军

---

① 择要而言,如孙成旭:《清鲜关系中清朝礼制的张力——以康熙年间清朝册封朝鲜王世弟为中心》,《文史哲》2018 年第 5 期;冒志祥:《从朝鲜〈吏文〉管窥明代外事文书的办理流程和行政效率》,《南京师范大学文学院学报》2018 年第 4 期;李花子:《宗藩关系的真实面貌:17—18 世纪朝鲜对清危机意识和防御措施》,《中国史研究动态》2018 年第 5 期;黄旭峰:《对室町幕府中前期对外关系的考察——以"国书"和"使节接待"为中心》,硕士学位论文,北京外国语大学,2018;马芸芸:《宁波日本遣明使接待制度研究——以日本遣明使日记为中心》,硕士学位论文,宁波大学,2018。

建制的完备,航海十分发达,海洋军事实力强大,造船技术高超。

王长印的《毌丘俭征高句丽战争过程考补六则——以〈北史〉〈三国志〉〈三国史记〉为中心》则以《北史》《三国志》和《三国史记》为中心,对三国时期魏国将领毌丘俭征高句丽的战争过程中随俭出征将领、毌丘俭是否有败绩、魏军行军路线、俭征高句丽时间和次数以及王颀至夫余征粮等问题进行探究。

梁文力的《王颀追击高句丽王位宫相关史事考辨》则考察了魏国将领王颀追击高句丽王位宫的路线问题。文章指出,曹魏将领王颀追讨高句丽王位宫之役,位宫并没有逃往南沃沮,"而是溯鸭绿江河谷北上,穿过长白山区之孔道直奔图们江流域的北沃沮。王颀亦沿此路线追讨,最终抵达了日本海西岸及老爷岭山脉之东南缘"。

隋唐时期,东北亚地区局势不稳定,各方矛盾激化,军事紧张,因而隋唐时期曾出兵到此,试图重新巩固中原王朝在该地区的政治秩序。党鹏举的《隋朝征伐高句丽原因探析》(《哈尔滨学院学报》2018 年第 2 期)一文考察了隋朝远征高句丽的原因。文章指出,中原内地长期战乱,导致中原王朝对古代朝鲜半岛控制力下降,使得高句丽政权壮大而与中原隋王朝抗衡。这种做法不仅破坏了原有的宗藩秩序,又威胁到隋王朝的国家安全,鉴于此,隋朝才要远征高句丽。但是,隋朝远征并没有取得预期效果。党鹏举在《唐太宗亲征高句丽与宗藩关系的维护》(《通化师范学院学报》2018 年第 1 期)一文中指出,唐朝初期,高句丽与唐朝确定了宗藩关系,接受唐朝册封。但是,唐朝因为国祚未稳,使得"苏文无视唐王朝的宗主国地位,破坏唐朝在朝鲜半岛上的均势政策,致使唐太宗为了维系宗藩关系御驾亲征"。

张晓东的《略论显庆五年后唐朝对百济政策的两个问题》(《史林》2018 年第 6 期)考察了唐显庆五年后唐廷对百济政策的两个问题。文章指出,唐朝平定百济后,"唐朝在百济推行羁縻制度,并无复兴百济国的具体政策出台,最后任命前百济王子扶余隆为百济地区羁縻州府最高长官熊津都督,建立高度自治的地方政权,并令其和新罗国王做互不侵犯的盟誓"。作者认为,"从军事的角度看,唐朝在唐丽战争之后推行的百济治理政策结果是失败的"。

冯立君的《隋唐辽东之役的延续性问题》(《西北民族论丛》2018 年第 1 期)认为,隋唐辽东之役具有延续性,因为"隋唐时人将战争称为'辽东之役'的根本原因是'辽东未宾',这一方面揭示出战国燕至十六国后燕时期一直延续存在的辽东郡最终遭高句丽吞并,进而使辽东成为高句丽代名词的历史事实;另一方面也反映了唐以前历代'征辽东'话语的惯性影响,从唐以后对东北方向战争的认知也可窥见隋唐辽东之役话语的深远影响"。作者认为,隋唐两代多位君主发动对高句丽战争,是为了达到建立稳定东部欧亚政治关系的目的,即"根治辽东问题对于帝国的必要性不断得到确认,一旦内外条件具备,辽东之役即得以重启;作为解决辽东问题的既定国策,辽东之役具有持续、恒定的作战目标和对象,其暂停期主要由帝国内部核心危机造成,而其再兴和延续则体现了战争立场对建立中央—边地政治秩序的系统性内在要求"。

刘炬责的《苏定方东征高句丽得失析》(《地域文化研究》2018 年第 6 期)认为,苏定方东征高句丽因新罗后勤供应不继,而在战役中受挫,但苏定方在此战中表现出了极高的指挥才能。

么振华、何伊的《唐罗战争后期唐朝辽东战场将领不足问题研究》(《兰州教育学院学报》2018 年第 8 期)一文认为,在唐罗战争后期,辽东战场上唐朝将领不足问题凸显,导致了唐朝军事实力下降,严重限制了唐朝对新罗的作战进程,从而迫使唐朝对朝鲜半岛实行战略收缩政策。作者在其另一篇论文《唐罗战争后期唐朝战略收缩原因新探》(《新西部》2018 年第 15 期)中则指出了,唐罗战争后期,唐朝因士兵数量不足、兵力分散以及军资补给不足,并连年东征朝鲜半岛及同时在西部与吐蕃作战,使得唐朝兵力大量消耗,因而唐军不得不进行战略收缩。

刘锋的《古代中国出兵朝鲜半岛的起因研究》(外交学院硕士学位论文,2018 年)探究了古代中国出兵朝鲜半岛的起因,文章认为,古代中国与朝鲜半岛有着深厚的历史渊源,古代朝鲜半岛与古代中国存在分封、郡县、属国、宗藩四种历史关系形态及其转变。在文中,作者认为,"除了少数民族政权在入主中原前后主动出兵朝鲜半岛外,古代中国都是在朝鲜半岛生乱生战情况下被动出兵,目的是维护朝鲜半岛的和平稳定"。这也表明,古代朝鲜半岛对中国具有重要的战略意义，而古代中国对朝鲜半岛的政策一直都是"维护朝鲜半岛的和平稳定，捍卫中国正当的国家权益"。

丰臣秀吉发动的侵朝战争成为东亚政治关系史中的大事件，也一直是学界研究的热点。2018 年学界多篇文章涉及该专题。朱莉丽的《通信使与壬辰战争前的朝日交涉及信息传递——以〈金鹤峰海槎录〉的记载为中心》（《史林》2018 年第 5 期）、范敬如的《明朝首辅赵志皋与万历明日和议》（《齐鲁师范学院学报》2018 年第 5 期）、王臻的《朝鲜壬辰战争中明朝经略宋应昌的活动探析》（《东疆学刊》2018 年第 2 期）、万明的《万历援朝之战时期明廷财政问题——以白银为中心的初步考察》（《古代文明》2018 年第 3 期）、魏沂钊的《壬辰战争中火器因素的影响探析》（《鞍山师范学院学报》2018 年第 1 期）、张晓明的《晚明东北亚变局中的建州女真——以壬辰战争时期为中心》（《鞍山师范学院学报》2018 年第 3 期），等等。

朱莉丽的《通信使与壬辰战争前的朝日交涉及信息传递——以〈金鹤峰海槎录〉的记载为中心》以《金鹤峰海槎录》的记载为中心，考察了在壬辰战争前朝日交涉及信息传递，文章指出，在壬辰战争前朝日外交中存在着诸多影响信息传递的因素。"一方面，对马为了维护自己在对朝关系中的特殊利益而刻意掩盖秀吉的侵略意图；另一方面，通信使团中处于不同立场的东、西党人关于秀吉会否发动战争的对立观点，依托于朝鲜国内复杂的政治斗争持续发酵并影响到朝鲜的外交决策。"作者认为正是因为"中间群体利益的左右而导致的信息的误传和误解是影响壬辰战争进程的重要因素"。

范敬如的《明朝首辅赵志皋与万历明日和议》聚焦在明朝首辅赵志皋在万历明日和议中起到的作用。文中认为，碧蹄馆之战后，学界普遍认为时任兵部尚书的石星是明日和议主谋，但是作者认为首辅赵志皋在和议中起到了重要的推动作用。文章指出赵志皋主张和议的原因有三："第一，明朝在壬辰战争中，兵力粮饷损耗巨大，继续远征将使国库空虚，民力负担过重，不利于明朝内部安定，不是长久之计；第二，从史料记载来看，万历皇帝本人支持册封，而在'国本之争'已经造成君臣互不信任、矛盾激化的条件下，支持皇帝的决策是首辅赵志皋的必然选择；第三，'封贡一款，中朝论议不一'，明朝政治集团关于是否议和意见不统一，通过分析主和派、主战派与首辅赵志皋关系,可以发现万历援朝时期政治生态较为复杂,党派之间错综复杂的关系在一定程度上引导了赵志皋的政治取向。"

王臻的《朝鲜壬辰战争中明朝经略宋应昌的活动探析》则探究了在朝鲜壬辰战争中明朝经略宋应昌的活动。壬辰战争爆发后,明朝应朝鲜求救出兵援助,派遣主战派兵部右侍郎宋应昌担任经略率领军队赴朝作战。根据朝鲜时局变化和军事战略考虑需求等条件,宋应昌派使臣与日本举行和谈活动。在文中作者肯定了宋应昌在这场战争中起到的重要作用,"但宋应昌的战和策略也曾引发朝鲜的不理解及明朝大臣的非议"。

万明的《万历援朝之战时期明廷财政问题——以白银为中心的初步考察》以白银为中心考察了万历援朝之战时期明廷财政问题,作者认为,"张居正改革之后,明廷财政与白银密不可分,明朝财政体系处于由实物和力役为主向白银货币为主的急剧转型之中,却突如其来地遭遇了一场不在本土进行的对外战争,这一战争是对明廷财政的极大挑战"。作者对东征花费饷银780余万两几成定论加以质疑,认为显然这一数字偏低,根据考察,作者认为在这场战争中明廷财政投入人力、物力与财力,花费军费高达2000万两以上。

魏沂钊的《壬辰战争中火器因素的影响探析》一文考察了明朝、朝鲜、日本三国在战争中对火器战场的运用情况,作者认为,"壬辰战争三国都拿出了各自具有代表性的火器,这比东亚之前任何一场战役所使用的热兵器都要多。前期日军先进的火器在陆上击溃朝鲜,但在海上不敌朝鲜配备铳筒的战船;到中期明军威力更大、更先进的火器参入战场后扭转战局;再到后期三方火器呈一种互通有无的状态"。作者进一步指出,壬辰战争中的火器较量,"在一定程度上扭转了战局、决定了战争的进程和成败结果、影响了东亚百余年的政治体制"。

张晓明的《晚明东北亚变局中的建州女真——以壬辰战争时期为中心》则以壬辰战争时期为中心考察了建州女真在东北亚变局的应对。壬辰战争中,明廷和朝鲜在战争中受到损耗,努尔哈赤统领的建州女真趁机逐渐崛起,特别是壬辰战争后,东北亚"华夷秩序"发生剧变,建州首领政治地位大大提升,明廷与朝鲜无法遏制建州女真发展势力,只能通过加大封赏力度使其安服。文章指出，"崛起的建州提升了其在朝贡体系中的地位，终在与明廷、辽东、朝鲜各方势力的较量中获得一争天下的实力与机会"。

除了论文外[①]，还有不少高校硕博论文从不同视角对壬辰战争展开了更深入的研究。如魏子健的《万历朝鲜之役中明军将领在中朝史籍中的形象建构》(山东师范大学硕士学位论文，2018年)考察了朝鲜之役中明军将领在中朝史籍中的形象建构。在文中作者运用比较分析法和个案研究，考察了明援军将领形象，如文中所指，沈惟敬、刘綎在朝鲜方面的记载形象差，但是明朝灭亡后，两人的形象转好。作者在文章中指出，明援军形象经过了几个变化阶段，即晚明时期对明援军及其将领多数持正面评价；明清鼎革之际对明援军形象描写逐渐趋向负面。"清朝官修《明史》彻底否认战争的胜利，对于明援军及其相关将领的描写记载多有简化甚至失载。而朝鲜方面在战争结束后对于明援军的评价各异，形象有正面有负面。随着明朝的灭亡，朝鲜扛起尊周思明的大旗。在怀念明朝的思潮下，明援军的形象逐渐转向正面，史实不再重要，重要的是通过不断重塑明援军及其将领的形象来表达尊重思明的信念。"

郇长波的《壬辰御倭战争中的降倭问题》(山东大学硕士学位论文，2018年)探究了战争期间明朝两国针对降倭的具体政策。明朝与日在和战期间都有大量日军士兵或主动投降，或被俘后投降成为降倭。文中将降倭分为明朝降倭与朝鲜降倭。文中指出，援朝明军获得降倭的途径有：战争中俘虏降倭、日军主动投降、利用降倭进行劝降、从朝鲜处强行索要降倭和朝鲜主动入送降倭等。明军的目的是邀功或是获取日军的"鸟铳、剑术、焰硝制作技术"。朝鲜方面的降倭分为：投降的降倭或招降而来的降倭。文章指出，"朝鲜的降倭政策也有从诛杀为主到诱降再到适当招降的转变"。在对待降

① 2018年学界对壬辰战争的研究还有很多，如孙卫国：《清官修〈明史〉对万历朝鲜之役的历史书写》，《历史研究》2018年第5期；解祥伟：《万历援朝战争初期祖承训平壤之战考述》，《暨南史学》2018年第2期；赵彦民：《壬辰战争：耳冢历史记忆的再建构、越境与交涉》，《民俗研究》2018年第4期；金洪培、李长龙：《壬辰倭乱时期朝鲜名将权慄的军事活动述略》，《延边大学学报(社会科学版)》2018年第6期；金美兰：《浅谈朝鲜朝丙子之役纪实文学的战争叙事——以〈南汉解围录〉与〈江都被祸记事〉为例》，《延边大学学报(社会科学版)》2018年第4期；黄艳：《明代平湖御倭史略》，万卷出版公司，2018；宁波市镇海口海防历史纪念馆：《浙江海防文献集成》(第1辑)，宁波出版社，2018。

倭的态度上,明朝与朝鲜两国在战争初期持不同意见,"明朝主张不杀降,而朝鲜则以诛杀为主";在降倭处置上,明朝与朝鲜两国有着相似之处,"降倭都有部分被安置到了边方,明朝将其安置在北边或四川,朝鲜则将其安置于两界地区,而且双方都利用降倭来对抗外族入侵,包括蒙古人和女真人,或者是用在国内其他战场"。此外,明鲜双方都需要有技术的降倭,特别是朝鲜利用降倭传习鸟铳的使用与制造、剑术、阵法、火药焰硝及毒药的制造等技术,还在军队中利用专门设立训练都监,训练都监中既有中国训练师又有降倭,以此提高朝鲜方军事素质。同时,文中也指出,明朝和朝鲜也积极利用降倭,获得情报和补充兵源。

李长龙的《试论壬辰倭乱时期权慄的抗倭活动》(延边大学硕士学位论文,2018年)聚焦于权慄在壬辰倭乱时期的抗倭活动。权慄(1537—1599)是朝鲜王朝中期的文人和武将,壬辰倭乱时期他与李舜臣一陆一海并成为壬辰双璧。壬辰倭乱时期,权慄先后出任光州牧使和都元帅,组织朝鲜官军和义兵抵抗日军的入侵。权慄直接指挥了梨峙防御战、秃城战役和幸州战役,直接重创日军,提升了朝鲜军民的斗争意志。丁酉再乱后,权慄为朝鲜军的最高指挥官,推荐李舜臣重整朝鲜海军,取得了鸣梁大捷。权慄领军与明军联合对日作战,也打击了日军的侵略意图。秀吉死后,日军开始退出朝鲜。63岁时,权慄辞职还乡,同年7月病死,被朝鲜朝廷追赠领议政的官职,谥号忠庄。

除此以外,还有学者考察壬辰倭乱后的中朝日三国关系演变,这场战争持续时间长、范围大、影响深远,特别是后金的崛起成为东北亚国际关系中的新兴力量,成为重建往来关系的朝鲜、日本均不能忽视的重要力量,进而成为影响东北亚国际关系发展的重要因素。[1] 另有冯其红从江户时代的《绘本太阁记》中的插图入手,考察壬辰战争。作者在文章中指出,书中插图中以日本为主要绘画对象的插图占60%以上,且明显存在赞扬日军而贬低明朝和朝鲜的情况,如文中指出,对日本重要人物相关的插图用近景方法描绘,而对朝鲜重要人物则用远景的方法描绘。对日本将领和士兵也用近景

---

[1] 陈佳美思:《壬辰倭乱后中朝日关系演变研究》,硕士学位论文,吉林大学,2018。

描绘,以突出日本武士的武勇与智慧,而明和朝鲜相关插图用近景描绘的多是战败时的惨景,通过这种对比进一步突出了日本武士的武勇。作者认为这是"体现了'日本型的华夷秩序'观及其对当时普通民众的影响"[①]。还有学者研究了明朝时期沈一贯的宦海浮沉,涉及了壬辰战争时期。沈一贯以阁臣身份参与了援朝与平播之役机务,统筹各方势力,并发挥了一定作用。文章指出,沈一贯的文臣身份,没有实权,在应对日军侵略时"只是被动应对军事危机"[②]。

此外,明代时期倭寇问题也备受学界关注。马光的《开海贸易、自然灾害与气候变迁——元代中国沿海的倭患及其原因新探》(《清华大学学报(哲学社会科学版)》2018 年第 5 期)、王树勋的《前期倭寇与明初中日关系》(陕西师范大学硕士学位论文,2018 年)、李健和刘晓东的《明初"倭人入寇"与明朝的应对》(《辽宁大学学报(哲学社会科学版)》2018 年第 3 期)等。

马光的《开海贸易、自然灾害与气候变迁——元代中国沿海的倭患及其原因新探》聚焦在开海贸易、自然灾害与气候变迁,考察了元代中国沿海倭患及其原因。作者的观点与学界以往看法不同,认为倭寇在 1309 年已开始侵扰中国沿海,且倭寇侵害范围不仅仅局限在元代东南沿海地区,而是一直向北方的山东、辽东等沿海各地延伸地剽掠。作者认为元代朝廷允许日商来华贸易,较少实行海禁,但倭寇活动依然猖獗,跟以往学界以为的"中、日和朝鲜半岛的政治形势、海洋政策等角度"引起倭寇问题认识不同。作者认为,"日本频繁出现的干旱、台风、瘟疫、洪水等自然灾害是导致日本国内出现动荡局势的重要诱因,而气候变冷则导致日本粮食减产,引发饥荒,进而导致倭寇流向朝鲜半岛和中国沿海四处掠夺"。作者补充道:"自然灾害、动荡的政局等是深层因素,那么庆元等地官吏的贪污腐败和勒索无度则是部分倭寇事件的直接导火线。"

王树勋的《前期倭寇与明初中日关系》以倭寇问题为中心,考察明代中日交往、海禁政策,试图解释倭寇产生的原因以及围绕倭寇问题当时中日关

---

①　冯其红:《〈绘本太阁记〉中的插图研究——以"壬辰战争"为中心》,硕士学位论文,北京外国语大学,2018。

②　宋立杰:《理身理国:沈一贯研究》,博士学位论文,吉林大学,2018。

系的变化。文中指出,"明代的倭寇问题、中日勘合贸易、海禁政策互为因果。明代中国的对外政策以及东亚地区的国际秩序也受这三个问题影响很大。明代中日关系的好坏与倭寇活动紧密相关,明政府为了抑制倭寇采取了勘合贸易和海禁政策"。作者认为,14世纪东亚地区出现内乱为倭寇提供了机遇,而日本的政治体制是导致倭寇产生的主要原因。明朝建立后,为了加强沿海地区的统治与管理,明朝政府对内将"海岛居民迁入内地,实行海岛无人化政策,同时也采取了禁止民间海外贸易的海禁政策"。在对外关系上,则多次派遣使者出使日本,要求禁止倭寇。但是因明朝政局不稳,加之日本结束了南北朝分裂,永乐皇帝时期册封足利义为"日本国王",足利义为了得到对明勘合贸易的利益而积极镇压倭寇势力。中日之间经过漫长的交涉与对抗,两国最终确立了勘合贸易这一政治经济交往秩序,并持续了200多年。

李健、刘晓东的《明初"倭人入寇"与明朝的应对》(《辽宁大学学报(哲学社会科学版)》2018年第3期)一文考察了明朝朝廷应对倭寇的政策。文章指出,在明朝得知倭寇侵犯时,"朱元璋产生了辽东残元势力、高丽联合'倭人'侵扰北部海疆,以牵制明军主力西进,配合北元抵抗大明的担忧"。因而,明朝连续在洪武二年和三年派出使者分别前往日本、高丽、纳哈出,以此"深入探查'倭人入寇'事件表现",同时也可以"通过威逼牵制的方式,避免出现二者联合扰边,确保明军西进北击的顺利完成"。作者认为明朝之初对日本、高丽、纳哈出的政治策略,"从根本上说都是以优先解决北元势力威胁,并进一步构建以明朝为中心的东亚区域秩序为核心的"。

此外,学界还从明代浙江备倭官制与职能视角考察明代浙江的海防官制体系和倭寇防御机制。作者认为明朝浙江一地存续了三种备倭军事体系,即随设随撤的"公侯出任""总督备倭都指挥—备倭把总—卫所体系""总兵—参将—把总体系"。[1] 梁虹艳和徐春伟具体考察了"嘉靖大倭患"期间的浙直总兵的职务和职能。[2] 另有学者则探究了明代御倭战争中的奖惩制

① 何乃恣:《明代浙江备倭官制与职能研究》,博士学位论文,陕西师范大学,2018。
② 梁虹艳、徐春伟:《"嘉靖大倭患"期间的浙直总兵考》,《浙江档案》2018年第11期。

度及其军法实践，"赏罚分明是维护军纪的保证，亦是明代御倭成败的关键性举措"，"诠释了明代军法实践逻辑与皇权政治下制度非正式运作的特征"。① 孟倩从文学作品视角出发考察了明代中后期倭寇形象，其在文章中指出，元朝之前，国人对日本人的印象是友好、善良的，进入元朝后，由于"元日战争"的爆发以及"倭寇"兴起，明代时期"宁波争贡"事件和"嘉靖大倭寇"发生后，时人对日本的认识开始转恶，随之便出现了"倭寇"形象。作者指出，"明人则是通过明末通俗小说、图像的传播，认识到倭寇的残忍。明中后期，受益于出版、印刷行业的蓬勃发展，明末以纸质文本为载体的小说、图卷等作品数量激增、市场广阔，这些作品中所刻画、宣传的内容则广为传阅、深入人心"。"倭寇形象非常相似，皆为髡头跣足的外在形象与残忍、奸诈、贪婪的内在性格的结合体。"② 邹赜韬和李广志则以浙江方志书写为中心，考察了明代东南海疆倭乱记忆中的烈女故事，其在文章中将方志对倭乱烈女塑造分为"良家殉死、弱肩挑担两大母题，呈现了儒家道义、妇女实际境遇以及倭乱势态的三位共构"。同时，作者在文章中指出："明代浙江方志中的倭乱烈女有突出的'男魂女像''无奈臆想'表征，是为地方男性创伤痛苦、愤懑的另类发泄，表达了倭乱焦虑中男性应激心理。"③

（三）人员往来与国族间认知研究

东亚各国之间有着深厚的中华文化基因，因而为各地区之间人员往来营造了良好的文化氛围。2018 年研究古代东海航线人员往来的成果比较丰富，如有关东亚各国文人之间交往的研究有：朱雄的《"共同体"视域下东亚海洋人文网络历史内涵与启示》（《浙江海洋大学学报（人文科学版）》2018年第 6 期）、杨绍固和白文的《元代色目文人与高丽——朝鲜文坛的汉语诗文互动》（《西域研究》2018 年第 4 期）、季南和陈静的《朝鲜文人金命喜与清朝文人交流研究——兼谈尺牍资料的价值》（《延边大学学报（社会科学版）》2018 年第 6 期）等。

---

① 孙丽华：《明代御倭战争中的奖惩制度及其军法实践》，《学术交流》2018 年第 6 期。
② 孟倩：《明代中后期倭寇形象——以文学作品为例》，硕士学位论文，东北师范大学，2018。
③ 邹赜韬、李广志：《明代东南海疆倭乱记忆中的烈女故事——以浙江方志书写为中心》，《浙江海洋大学学报（人文科学版）》2018 年第 3 期。

朱雄的《"共同体"视域下东亚海洋人文网络历史内涵与启示》从"共同体"视域下考察了东亚海洋人文网络历史内涵与启示,认为"近代以前的东亚跨海文化传播交流是以儒家文化为核心理念,构建起一个稳定、持续的海洋社会人文网络体系,并在这一体系下,形成了区域政治、经济、文化的'共同体'。近代以来受西方海洋文化、西方秩序的冲击,海洋人文网络逐渐从整体走向'碎片化',传统海洋人文精神逐渐丧失,给东亚海洋人文交流带来了极其恶劣的影响,文化认同、经贸往来也逐渐走向衰落"。

杨绍固和白文合撰的《元代色目文人与高丽——朝鲜文坛的汉语诗文互动》中考察了元代色目文人与高丽文人之间的汉语诗文互动,文章指出,元代色目文人与高丽文人的交谊是以官场为媒介、以汉语为载体的儒家文化交流,因"元代中后期色目文人汉语诗文的创作令高丽文人感到耳目一新,高丽文人在作品的风格和题材上进行了模仿,也开始品评色目文人的作品"。作者认为,"色目文人与高丽文人的交谊跨越了民族间的藩篱,有了追求、切磋汉文学的共同目标,客观上为东亚儒家文化圈的发展和巩固做出了一定的贡献"。

季南、陈静的《朝鲜文人金命喜与清朝文人交流研究——兼谈尺牍资料的价值》联合考察了朝鲜文人金命喜与清朝文人之间的交流。文章指出,朝鲜文人金命喜在中朝文化交流史上发挥过重要作用,一度因没有《燕行录》和文集留存而湮没无闻,但在域外留存的《尺牍藏弆集》和《清朝名家书牍》等尺牍资料的发现,为学界研究提供了研究可能。作者在文中归纳了金命喜与多位清朝文人的交往细节:"有对清朝文人个人情况的真实记述,有清朝文人对金命喜的问候、思念、祝福、赞美之情,有他们对经学、算学、训诂学等学问的探讨,还有相互之间赠送书籍、碑帖、笔墨纸砚等物品的诸多记载。"作者认为这些尺牍资料为当今跨文化交流与传播提供了成功范例。

吴映玟的《标准与个性——乾隆万寿庆典期间国事活动与私人交游中的朝鲜人形象制造》(《故宫博物院院刊》2018 年第 4 期)则考察了乾隆万寿庆典期间国事活动与私人交游中的朝鲜人形象,文章指出,"乾隆时期的万寿庆典不只是一个奢侈隆重的庆祝性活动,更是帝王树立威严、向外界显示国力强盛和盛世太平的舞台",特别是"外国使臣的使行朝拜、参加宴典使其更具有制造国际性帝国形象的意义"。作者认为,这次活动也是"清帝国对异邦夷族进行认识和塑造的视觉形象系统","并揭示其在清朝官方、朝鲜使臣和中国文人间体现出的政治与文化的复杂关联"。

朴雪梅和朴惠珍的《朝鲜使臣姜纬的中国人际交流考及其中国想象》(《延边大学学报(社会科学版)》2018 年第 5 期)也考察了朝鲜使臣姜纬在中国的人际交流。文章指出,姜纬借助两次出使国外的机会,逐渐对东亚地区各国实力和世界格局有了新认知,积极主张开展外交,主张学习西方,进而实现富国强兵的目标。同时,作者也考察了姜纬的思想,姜纬认为"儒家理想会让东亚人最终回归东亚的儒家精神,对未来显示出强大的文化自信"。

李斗石的《闽籍唐通事研究》(社会科学文献出版社,2018 年)一书根据宫田安的《在日通事家系统考》判断,在长崎 49 个唐通事家族中,来自中国的有 47 个。可以明确判明原籍为福建的有 24 个,约占中国籍唐通事家族的 51%,其中出大通事(不含大通事过人等旁系)的家族就有 10 个。作者在该书中主要收集整理了日本江户时期比较有影响力的 24 个唐通事家族。作者认为,福建籍华人家族人才辈出,大都才华横溢,擅长书法和诗文,在中日文化交流上,成为名副其实的中华文化传播使者;在实践中,不仅捐资建寺院,而且邀请福建省黄檗和尚到日本,为黄檗文化的普及做出了贡献。

东亚地区不仅具有活跃的儒家文化交流圈,还存在广泛的佛道文化交流。如吴平和吴建伟编著的《鉴真年谱》(广陵书社,2018 年)、王川的《历史文化语境下渡日元僧明极楚俊与元日文化交流》(《广东外语外贸大学学报》2018 年第 6 期)、刘祁的《七世纪上半叶唐朝、高句丽、日本的道教交流》(延边大学硕士学位论文,2018 年)、杨简硕的《金乔觉入唐求法及其对中韩佛教交流的影响研究》(延边大学硕士学位论文,2018 年)、刘啸虎的《"异僧"与"异境"——试析唐代人眼中的新罗僧及新罗形象》(《宁夏大学学报(人文社会科学版)》2018 年第 3 期)、程璐璐的《赴日元僧竺仙梵僊研究》(浙江工商大学硕士学位论文,2018 年)、谢曼的《来宋日僧俊芿与中日律宗交流研究》(浙江工商大学硕士学位论文,2018 年)等。

据吴平和吴建伟编著的《鉴真年谱》(广陵书社,2018年)所载,唐朝僧人鉴真(688—763)年谱试图在鉴真一生历程的框架下,着力凸显高僧的成长及六次东渡日本10年中三方面的内容,论述的重点放在鉴真东渡传法之前及日本10年两个时期。该书在各谱的基础上,广泛发掘、梳理中国地方文献及日本文献,并吸收现代中日学者的最新研究成果,对各谱记述不足和空白的方面进行完善和补充,力求展现鉴真较为完整的人生轨迹。

　　王川的《历史文化语境下渡日元僧明极楚俊与元日文化交流》在历史文化语境下考察了渡日元僧明极楚俊在元日文化交流中的作用。文章指出,明极楚俊应镰仓幕府之邀赴日,从而"以明极楚俊为代表的赴日元僧在中日文化交流史上占有重要地位"。这批赴日元僧"以汉诗为媒介,通过诗文唱和、笔谈等方式进行交流,在增进异文化互读与互解、区域文化交融与共生等方面得到了镰仓幕府朝野的认同,开创了日本五山文化时代",不仅对日本宗教、思想、文学、建筑等领域产生重要影响,还对东亚高丽也产生了深远影响。

　　刘祁的《七世纪上半叶唐朝、高句丽、日本的道教交流》则探究了7世纪上半叶唐朝、高句丽、日本的道教交流,认为"道教与儒学、佛教一样,在东亚文化圈的形成与发展中起到了重要作用"。这一时期三国道教交流在东亚道教史也具有划分性意义:一是促进了政治上的统一思想发展;二是促进了经济上的生产生活发展;三是促进了思想文化上的"东亚文化圈"发展。

　　杨简硕的《金乔觉入唐求法及其对中韩佛教交流的影响研究》考察了唐玄宗时期新罗僧人金乔觉入唐求法及其对中韩佛教交流的影响。因唐朝佛事的兴盛,吸引以金乔觉为典型代表的新罗僧侣争先恐后、冒险涉海入唐求法。金乔觉作为双方往来的友好使者,自入唐后不断学习和宣传地藏信仰,并且以苦行苦修的佛法实践,创建寺院,接纳弟子,吸引俗信,赢得了当时从唐朝官方到民间的广泛赞誉,使九华山真正成为伽蓝林立、道风远播的四大佛教道场之一。作为九华山地藏菩萨道场的开创者,金地藏在九华山佛教史上享有崇高地位,尤其是随着金地藏形象一步步地神圣化,九华山逐渐成为地藏菩萨圣迹显灵之地。特别是明清时期,九华山寺院耸立,地藏道场也渐成规模,在民众中影响渐大。金乔觉不仅对中韩在佛教文化交流上有着重要影响,对九华山的佛教文化、民俗文化等也都产生了积极影响。九华山士人作品的涌现也从侧面反映了九华山佛教圣地的巨大影响力。随着中韩两国交流的加深,九华山、金乔觉也成为促进中韩两国佛教文化交流的历史文化因缘和纽带。

刘啸虎的《"异僧"与"异境"——试析唐代人眼中的新罗僧及新罗形象》分析了唐代人眼中的新罗僧及新罗形象。作者指出,"唐代人眼中的新罗僧多有'神异'色彩,形象往往奇幻莫测而又暗藏神通,乃是神秘的'异僧'……唐代人这样的认知思路和理解方式,更反映出唐代对海外世界与海外来客的想象和观察"。

程璐璐的《赴日元僧竺仙梵僊研究》考察了赴日元僧竺仙梵僊。竺仙梵僊(1292—1348),临济宗僧人。元天历二年(1329)东渡日本,受到北条高时、足利氏的崇信,历任净妙寺、净智寺、无量寿寺、南禅寺、真如寺、建长寺住持,其法系被称作"竺仙派","为日本禅宗二十四派之一,有语录及诗文集存世"。作者重点考察了竺仙赴日后住持建长、净妙、净智、南禅、真如以及开山无量寿寺这一事实。文章指出,"竺仙不仅是一位禅学传播者,更是一位文学家,他促进了五山文学的繁荣。竺仙在与其弟子裔翔的问答中公开肯定了诗歌文章对悟道的辅助作用,将元代禅林重视倡颂创作,倾向于文学趣味的禅风传到日本,这种思想无疑会推动五山禅林的诗文创作热情"。竺仙对日本文化的贡献还表现在推动了出版事业的发展,使"梵呗"传入日本。他颇有艺术造诣,也很擅长书法和绘画,是首位在日本讲《碧岩录》的高僧,具有禅学传播者、文学家、书法家、画家等多重身份,在日本文化史上占有重要地位。

谢曼的《来宋日僧俊芿与中日律宗交流研究》则考察了来宋日僧俊芿与中日律宗的交流。作者对俊芿生平事迹做了简要概述。俊芿(1166—1227)是南宋中期来宋的日本律宗僧人,在宋学习 12 年之久,归国后建立律宗大本山之一的京都泉涌寺,是日本佛教史上"北京律"始祖。俊芿入宋求法学习归国后依照南宋佛教寺庙样式建立泉涌寺,并在寺内开展宋风佛教教学活动,对日本中世律宗复兴有重大意义。文章特别强调了,"俊芿作为南宋时期首位来宋的日本律僧,重新架起中日律宗交流的桥梁,促成南宋时期日

本律僧大规模来宋学习的潮流。除了推动人员上的往来,俊芿与南宋律宗交流还涉及文物交流、佛教制度仪轨交流、律学思想的交流等多个层面,中日律宗交流的广度和深度不断扩大,再次证实俊芿在中日律宗交流史上的地位及其贡献"。

此外,杨昭全对新罗名僧慧超的《往五天竺国传》展开了深入研究,认为此书对研究公元 8 世纪中西交通史、印度史和中朝印佛教交流史等方面贡献甚巨[①];严茹蕙则从《圆仁三藏供奉入唐请益往返传记》中所见唐人乐部出发考察了日唐人于唐日交流中所扮演的角色[②];有学者以成寻参五台山为中心,探究了五台山在宋日交往中的地位[③];李盈悦则对日本临济宗僧人雪村友梅生平事迹及其作品《岷峨集》进行了较为全面的研究[④]。2018 年,学界对相关的课题研究还有很多,不再一一罗列。[⑤]

在东亚人员交往中,特别是朝鲜王朝派遣入中国的使臣都会记载路途、使行人员、贡品和沿路所见的风景,对中国当时的政治、经济、文化、社会风俗都有详略各异的记述,这也成为学界持续研究的热点问题。如刘铮的《朝鲜使臣所见清代盛京社会——以〈燕行录〉为中心》(东北师范大学博士学位论文,2018 年)记载,在以清朝为中心的东亚"封贡体系"中,朝鲜每年都要数次派遣使臣前往帝京朝贡。文章以朝鲜使臣赴京朝贡日记——《燕行录》为基本研究史料,参照其他文献,通过朝鲜使臣的见闻,对清代盛京地区城市及城市生活、盛京地区宗教信仰及满族民俗诸问题进行了考察。第一,作者介绍了朝鲜使团人员和规模。朝鲜使团的使臣一般由正使、副使、书状官、通事等构成,少则二三百人,多则四五百人。朝鲜使团行程路线,一般是

① 杨昭全:《新罗名僧慧超的〈往五天竺国传〉研究》,《东疆学刊》2018 年第 3 期。
② 严茹蕙:《〈圆仁三藏供奉入唐请益往返传记〉中所见唐人乐部——兼论九世纪后半渡日唐人于唐日交流中所扮演角色》,《唐史论丛》2018 年第 1 期。
③ 雷铭:《五台山在宋日交往中的地位——以成寻参五台山为中心探讨》,《五台山研究》2018 年第 3 期。
④ 李盈悦:《雪村友梅及其〈岷峨集〉研究》,硕士学位论文,四川师范大学,2018。
⑤ 舒畅:《韩国古典小说〈春香传〉蕴含的中国儒释道文化研究》,《中华文化论坛》2018 年第 2 期;张云江:《蒙寂法师与宋初天台宗往高丽、日本求取教籍事略论》,《五台山研究》2018 年第 2 期;张淘:《苏轼转世故事的异域回响:日本五山禅僧对文人僧化典故的引用及误解》,《四川大学学报(哲学社会科学版)》2018 年第 5 期;郑浩:《杭州慧因高丽寺论考》,《浙江档案》2018 年第 8 期;白甜甜:《室町时期五山禅僧的中国观考察》,硕士学位论文,大连外国语大学,2018;GAYLE,Noaad Beahava(赞夜明):《东亚本土无神思想综论——探究中国清代日本江户时代鬼神迷信与佛教神学之批判》,硕士学位论文,浙江大学,2018。

沿着盛京行进路线渡过鸭绿江后,经凤城、辽阳、沈阳、广宁、宁远,过山海关。第二,以盛京城为中心,考察了朝鲜使臣所见清代盛京城市及城市生活,包括盛京的城池宫阙、盛京的经济、盛京的军政体制、文化教育及使臣与盛京文人交往等几个方面。第三,朝鲜使臣所见辽阳、沈阳、广宁等地区的佛道寺庙的情况。第四,朝鲜使臣以满族风俗为中心记载了盛京的风俗情况。第五,作者认为,"朝鲜使臣对盛京社会的观察和思考,始终在宗藩关系和儒家文化背景下进行,一方面,朝鲜以'小中华'自居,将政教风俗作为评判社会文明与否的标志,认为盛京是'腥膻之所'、胡俗之乡。另一方面,他们对盛京的繁荣发展惊叹不已,开明的朝鲜士大夫提出'北学中国'的口号"。刘铮在另一篇文章中则考察了18世纪清代东北的社会状况。①

黄彪的《情感与书写:明清时期朝鲜燕行使笔下的女性形象——以〈燕行录全集〉为中心》(东北师范大学硕士学位论文,2018年)以《燕行录全集》为中心,考察明清时期朝鲜燕行使笔下女性形象书写。作者指出,朝鲜燕行使的复杂情感倾注在不同地域的美女形象上,以此缓解了愁思,因而在朝鲜燕行使笔下会出现思妇、歌姬艺女、昭君、贵妃、孟姜女、季文兰等形象。作者认为,"燕行使站在儒家道德伦理的制高点对女性横加评判,并以朝鲜社会对女性的严苛要求作为评价中国妇女标准,这不仅有失公允,更缺乏现实的同情关怀。……以明清易代作为分水岭,朝鲜使臣出使明清两朝的文化心态存在着差异……则进一步说明朝鲜在政治上转奉清朝,而文化心理上仍存隔膜,又凸显出朝鲜燕行使表象忠顺而内心芥蒂的'双重性格',这种潜藏的执念亦注定使燕行使反复强调的忠顺之心与华夷之别显得苍白无力"。

此外,兰淑坤以《燕行录》的记载为中心考察了朝鲜使臣视角下清代的茶文化;车欣则以清朝为视角考察了《燕行录》中的清鲜笔谈;金明实探究了清朝时期朝鲜使臣在丹东地区的"燕行"路线及驿站形象,这些论文于此处

---

① 刘铮:《朝鲜使臣所见18世纪清代东北社会状况——以〈燕行录〉资料为中心》,《郑州大学学报(哲学社会科学版)》2018年第2期。

不再赘述。①

通过2018年海上丝绸之路东海航线研究概况，我们可以看到，这些研究在一定程度上从不同角度和层面对涉及政治、经济、军事、社会等诸多方面进行了思考和回答，成果数量和研究内容与近年相比并无太多变化，但也呈现出一些新亮点。目前学界研究成果丰硕多彩，涵盖众多学科，特别是在海交史、文学史、医学史料和海上丝绸图像史学上有所发展。据不完全统计，本年度各个高校有57篇硕博论文对海上丝绸之路各方面进行了研究，可以说研究团队在不断壮大。本年度总体上而言，东亚地区海上贸易研究成果比较突出，既有对东亚贸易制度、海洋观念的研究，也有对瓷器、书籍等具体物品贸易状况进行的探析，且对东亚地区往来人员进行了比较深入的研究。学界拓宽了研究领域，运用多元化方法，搜集和发掘海外珍贵史料。就本年度学界研究趋势而言，一是在海上丝绸之路东海航线研究中重视思想文化方面的研究，包括海上考古、海上书籍、文学史、医学史料和海上丝绸图像史学等；二是对东亚地区政治秩序方面的研究受到学界"热捧"，特别是从多角度探究了壬辰战争前后东亚地区政治秩序的构建问题；三是学界对东亚地区佛教研究呈现出升温趋势。但是，较往年而言，本年度需要注意的地方是，学界对琉球的研究力度呈现出"降温"局面，期待学术界在今后的研究中继续给予这一领域更多关注。对东亚地区而言，进一步加强海上丝绸之路中政治、经济与文化交流研究，不仅具有学术价值，也具有现实关怀的意义。

（本章作者：金城，上海师范大学人文与传播学院博士研究生；刘恒武，宁波大学人文与传媒学院教授）

---

① 兰淑坤：《朝鲜使臣视角下的清代茶文化——以"燕行录"记载为中心》，《广西职业技术学院学报》2018年第6期；车欣：《〈燕行录〉中清鲜笔谈研究——以清朝为视角》，硕士学位论文，黑龙江大学，2018；金明实：《清朝时期"燕行"路线及驿站形象研究——以丹东地区为中心》，《吉林师范大学学报（人文社会科学版）》2018年第1期。

第三章　海上丝绸之路南海航线研究

2018 年针对东南亚、西亚和非洲海上丝绸之路的研究相对少些。纵观这些研究成果，大致有如下特点：(1)涉及领域依然广泛。(2)分布产生变化。在这些研究中，文化交往、贸易研究和郑和研究等比较突出，其他领域则相对较少，政治方面尤其少。(3)文章数量很多，但质量高的文章较少；文化方面的著作增多。下面我们具体介绍这一年的相关研究情况。

一、政治研究

关于政治方面的著述较少。

苏铁的《唐、明二朝市舶太监制度钩沉——兼述对"海上丝绸之路"的负面影响》(《海关与经贸研究》2018 年第 3 期)一文对唐明二朝市舶太监制度的出现和消亡的历史轨迹及该制度对海上丝绸之路兴衰的影响进行了探究。作者通过分析、梳理相关史料发现，市舶太监制度的产生无疑有其深刻的历史原因，其兴起皆源于王朝的鼎盛期，走势既与当时朝廷对外政策(朝贡贸易、海禁)有关，更与宦官势力起伏有关。市舶太监专权、干政、扰民的特征极大地阻碍了国家海外贸易管理制度的正常建立和发展，其遗患甚巨，流毒甚广。

作者认为，研究市舶太监制度尚有许多问题有待考证，例如，其奇特的管理体制与市舶(提举)司的互动关系如何，即在各个确定的历史时期，市舶太监制度与市舶(提举)司是前后存在的并行式体制还是同时存在的架构式体制？历代市舶司建制虽有反复，这大抵是有据可查考的，但其间市舶太监制度是否也因市舶司的废罢而中止过或一度停遣过？或市舶司被裁撤了，但市舶太监依旧存在？或市舶太监被裁撤了，但市舶司依旧存在？留给今人的悬念还有，为何在魏忠贤权倾朝野时期（天启，1620—1627），市舶太监反倒没有了踪迹？如何匡算市舶太监制度的起源和截止时间？以上问题皆因历史年代跨度久远或因史籍语焉不详，近代学者只是做了零星概括式的描述和碎片化的整理，故存疑的地方依旧较多。

从制度层面加以分析，唐朝的开放并非现代意义上的开放，而明朝的海禁却是实实在在的海禁。由于封建帝王权力和贸易的利益密不可分，以内廷宦官主导海外贸易的传统，从唐朝沿袭到明朝，始终没有发生过变化。然而，海禁的加强及市舶太监制度最终在有明一朝被废除确是封建专制主义走向极致的表现。在长达几百年的时间里，使用太监掌管海关及国际贸易事务，不仅在人类历史上绝无仅有，也是中国皇权政治的莫大悲哀。由皇帝策划及市舶太监负责具体执行的"朝贡贸易"和"海禁"政策给中国历史文明进程带来了巨大的负面影响。历史教训是深刻和惨痛的，以"天朝"为中心的世界观和被阉割的文明早已被世人不齿，传统市舶文化之奴性化必然遭到彻底的批判。史料披露的市舶太监制度的腐朽性是不容置疑的。

卢虹的《19世纪东南亚海上丝绸之路沿线海盗问题探析》（《文化创新比较研究》2018年第29期）一文认为，近代之前，清廷实施海禁政策，私人船舶沿传统的海上丝绸之路前往东南亚时频繁遭受各种身份的海盗劫掠，中国南海到东南亚的海盗猖獗程度令人胆战。海盗活跃的根源是错综复杂的，但最典型的特点就是海盗活动职业化、与政治势力的联系以及欧洲殖民势力的潜在纵容。海盗活动表现为从小规模活动到大团伙大规模的劫掠。

安乐博、余康力和余梦珺的《中国明清海盗研究回顾——以英文论著为中心》（《海洋史研究》2018年第1期）一文认为，作为海上丝绸之路研究新领域的一部分，海盗前世今生的研究在过去10多年获得更多的重视。文章还回顾了研究中国明清海盗的重要英文论著。

Angela Schottenhammer的《航海、贸易以及知识转移：中古早期至近代中国的海洋政治与商业》（《国家航海》2018年第2期）一文采取一种长时段的比较视野,研究海洋贸易发展与国家政治之间的相互影响,通过对来自中国及其"伙伴国"的文本(包括地图和海路)和新近发现的考古资源(如沉船及其所载货物、随葬品、墓碑和墓志铭)进行比较分析来开展研究。

Mathieu Torck 的《火线与职责:明清之际边防与海上贸易中的中国陆军与海军》(《国家航海》2018 年第 2 期)一文认为,海防对于前现代和早期现代帝国而言,与当代国际背景下的海防问题一样重要。对于非法贸易、走私、海盗和其他外来威胁,中国有着悠久的海上行动及关防检查历史。到了明代,为了监测过境活动,以及防范海盗(倭寇)袭击,明朝政府制定了一套复杂的边防系统。

在著作方面,《大汉辉煌》编委会编著的"从丝绸之路到'一带一路'丛书"中《大汉辉煌:丝绸之路的盛大开拓》(电子科技大学出版社,2018 年)一书,从回顾丝绸之路开拓前中原王朝逐步走向大一统的历史背景开始,逐步揭示丝绸之路开拓的时代必然,带领读者逐步走进西域,领略千年西域文化,并由此阐述以丝绸贸易为代表的东西方交流及其对当时的东西方四大帝国的贸易与文明交通,中亚、西亚、欧洲乃至世界文明发展的重要影响。全书以史为证,旁征博引,从丝绸之路开拓的偶然与必然中揭示出大汉强盛的综合国力带来的中华民族的凝聚力和向心力。

张虹鸥、黄耿志的《新世纪海上丝绸之路:东南亚发展与区域合作("一带一路"专题研究)》(商务印书馆,2018 年)一书认为,东南亚是海上丝绸之路经济带发展的前沿阵地,在中国对外投资贸易格局中占有重要地位。该书从地理学的综合视角出发,利用地理分析工具和方法,着重分析了东南亚国家的地理环境、城市化、工业化、国际贸易、资源禀赋、土地利用、农业生产、交通基础设施、旅游开发、社会经济和空间规划等区域发展要素,得出了促进中国与东南亚区域合作发展的政策启示;在刻画区域发展轮廓的基础上,分析了区域内诸国家的特点及差异性,有助于从区域和国家层面认识东南亚发展的特征与趋势。东南亚是由不同政治体制、不同经济发展水平、不同发展诉求和不同资源禀赋的国家所构成的异质性地区,该书有助于完善对东南亚国家地理的认识,亦有助于进一步开展中国与东南亚区域合作理论研究。

二、经济研究

万明的《15 世纪海上丝绸之路的货币新探》(《外国问题研究》2018 年第
3 期)一文认为,货币是海上丝绸之路繁盛的见证,为我们研究丝绸之路提
供了新的视角。15 世纪郑和七下西洋——印度洋,极大地扩展了古代海上
丝绸之路。跟随郑和出洋的马欢撰写了《瀛涯胜览》,对于所至印度洋周边
以及东南亚 20 个国家的货币流通情形均有描述,展现了 16 世纪全球化开
端之前"世界经济"的雏形。文章结合葡萄牙人初到东方关于印度洋和东南
亚各国货币流通情形的观察,以海上丝绸之路上流通的货币为重要线索,探
讨海上丝绸之路的发展进程,印证了 16 世纪以前白银世纪不曾存在。

作者指出,通过马欢和皮雷斯关于海上丝绸之路上货币的记述,我们对
15 世纪郑和下西洋及其后的印度洋海上丝绸之路的繁盛发展,有了进一步
的整体认识。郑和下西洋,在东西方交汇之处——印度洋的航海贸易活动,
推动了海上丝绸之路的繁荣发展,多元货币汇聚在这一广袤区域,从海上连
接起一个整体的丝绸之路,连接起了亚、非、欧世界,从海上开端为全球化做
出了坚实的铺垫。

该书通过对 15 世纪印度洋货币的梳理,以货币的新视角,拓宽了海上
丝绸之路研究的维度和深度,从货币流通的历史这一角度打开了洞察印度
洋海上贸易的一扇门,我们可以确信,16 世纪的白银时代,是以中国明朝白
银货币化开端的,中国由此参与了全球化开端的历史进程,发生了与全球的
互动,推动海上丝绸之路前所未有地扩展,中国商品远播全球,交换到的大
量白银流入中国,中国为全球化做出了历史性贡献。此前印度洋具有"世界
雏形"的海上贸易多元货币汇聚,白银世纪不曾存在,开创近 500 年之久的
中国白银时代始自明朝。这也是讨论此课题的重要意义所在。

韩香的《唐代来华波斯商贾与海上丝绸之路》(《西北民族论丛》2018 年
第 1 期)一文认为,相对于活跃于陆上丝绸之路上的粟特人等,唐代波斯人
来华可谓海陆并重,东南沿海一带也是他们活跃的地区,这一批人多为波斯
商贾,在唐代沿海地区商业发展及海上贸易中起到举足轻重的作用。尤其

是公元 6—9 世纪,波斯船横行于从波斯湾至中国南海之间的海面上,而中国的船只 8 世纪前后也直航至波斯湾什罗夫、巴士拉一带,促进了唐代海上丝绸之路的大发展。继之而起的阿拉伯人等在唐宋元时代的海外贸易和海上丝绸之路上举足轻重,是与早期波斯商贾的努力和贡献密不可分的。

赵凯莉的《明朝初期海外诸国对华输出动物考论》(《惠州学院学报》2018 年第 4 期)一文认为,明朝初期与海外诸国的联系不断增多,尤其是郑和下西洋之后,联系更加频繁,海外诸国对华输出的动物也随之增多,这时对华输出动物主要有两种形式:一是处于朝贡体系之内的朝贡动物;二是处于朝贡体系之外的贸易动物。朝贡体系内外的对华输出动物活动对明王朝和诸国的意义并不相同,一个是政治象征,而另一个则是经济利益。政治象征和经济利益的完美协调才使得明朝初期海外诸国对华输出动物的活动得以不断深化。这一视角对探讨明王朝与海外诸国的关系有重要意义。

项坤鹏的《管窥 9—10 世纪我国陶瓷贸易的域外中转港现象——以东南亚地区为焦点》(《东南文化》2018 年第 6 期)一文认为,9—10 世纪时,我国海上对外贸易进入了第一个高峰时期,标志之一就是瓷器的大规模外销。其路线大致可分为两条:一条自东海、黄海至高丽、日本等国,另一条自南海至东南亚、印度及阿拉伯地区等处。关于后者,东南亚地区是一个重要的节点。当时在东南亚地区是否存在中国瓷器外销的中转港,学界众说纷纭。文章从爪哇海发现的黑石号、印坦和井里汶三条沉船出发,通过梳理相关文献及考古材料,认为 9 世纪前中期在东南亚可能并不存在中转港;9 世纪末,在黄巢攻掠广州之后,中转港才得以逐渐形成,其地点很可能是文献记载的"箇罗国"。

秦大树、任林梅的《早期海上贸易中的越窑青瓷及相关问题讨论》(《遗产与保护研究》2018 年第 2 期)一文指出,越窑是中国古代早期海上贸易中最重要的一类输出品,并且随着时间的不同,其在输出品中的地位有所不同,对其研究具有重要意义。文章参考古代文献,并依据考古资料,探讨了越窑在 9—10 世纪海上贸易中的输出范围和规模。近年在爪哇海打捞出的井里汶沉船中出水了 30 万件以上的越窑瓷器,器类、造型和装饰十分丰富。沉船和遗址的考古资料表明,越窑外销的高峰在 10 世纪后半叶;而外销的高峰时期也恰好是越窑瓷器生产的极盛时期,而非以往从文献得出的生产高峰时期在晚唐五代时期。在井里汶沉船中出水的部分瓷器与皇家遗址中出土的越窑瓷器相同,说明当时官方在对越窑生产施行监管的同时肩负贡御和外销瓷器生产的任务,10世纪后半叶越窑的外销具有官方掌控的某些性质。

魏峻的《13—14世纪亚洲东部的海洋陶瓷贸易》(《文博学刊》2018年第2期)一文认为,陶瓷是古代中国的重要发明和外贸商品,也是9—19世纪海上丝绸之路上最重要的货物之一。13—14世纪,中国的陶瓷外销迎来了又一个繁荣阶段,中国东南地区的青瓷、青白瓷和黑釉、绿釉陶瓷器等品类逐渐形成专供外销的生产体系,并通过庆元、泉州、广州等港口大量销售到东亚、东南亚、南亚、西亚和非洲东部等地。20世纪以来,发现于东亚海域的众多沉船出水了大量这一时期的陶瓷贸易物品,为进一步探究宋元时期港口的盛衰、海洋航线的变迁以及陶瓷贸易模式的转变等提供了重要的实物证据。

刘冬媚的《陶瓷贸易:13至17世纪的"海上丝绸之路"》(《艺术品》2018年第10期)一文认为,"南海Ⅰ号"出水的广东省文物考古研究所藏德化窑系瓷器,是中国古代通过海上丝绸之路向外出口货物中的大宗。

耿元骊的《五代十国时期南方沿海五城的海上丝绸之路贸易》(《陕西师范大学学报(哲学社会科学版)》2018年第4期)一文认为,五代十国时期,分属南汉、闽、吴越的广州、泉州、福州、明州、杭州成为"前早期经济全球化"时期的代表性港口城市。五城带动中国南方形成了贸易为重、海商为尊的观念变迁,率先成为重要的海上丝绸之路贸易港区。广州海外贸易路线最长,延伸到今天伊拉克等地;福州、泉州与东南亚、日本及朝鲜半岛来往频繁;杭州进口的大多为香料和奢侈品。在濒海而生的小国割据体系当中,各政权都高度重视商业,视海上丝绸之路贸易为立国根本,形成了区域间的竞争关系,为宋以后东南沿海海上丝绸之路贸易的蓬勃发展奠定了重要基础。

作者指出,将海洋世界中的东亚地区松散地联系在一起的最主要历史线索是朝贡贸易关系,这一关系从唐代开始,一直延续到清代。同时,参与朝贡贸易的有中国人、高丽人、日本人、东南亚人、印度人、阿拉伯人以及欧洲商人,他们的活动把大陆地区和海洋地区连接到了一起。五代十国时期,来自欧亚大陆各地的商人通过航路沟通,促进了人员往来,以五城为中心,形成了东亚商业网络的若干关键节点,从而万商辐辏,推动了海上丝绸之路贸易的全球化进程。

前早期经济全球化时期,是一个历时性的过程。大体从隋唐五代到宋元,结尾在15世纪,然后正式跨入了早期经济全球化的历程,这是一个从全球经济分散化到全球经济一体化的过程。唐宋之际我国发展路向出现了由"头枕三河,面向草原"到"头枕东南,面向海洋"的历史性转折。从15世纪开始,延续到今天都是经济全球化程度逐步加深的过程。在这个过程当中,经济全球化出现过进步,出现过反复,甚至局部有倒退,但是整体局势仍然是向着全球化的方向进发。

五代十国时期就是前早期经济全球化时期的重要阶段,它的海外贸易路向又恰恰是由五城引发,有着主动的对外贸易追求。从五代十国时期南方五城开始,商人们大量从事海外贸易,对宋以降海外贸易发展路向有着重大影响,从被动接受到主动向外出击。一方面招徕外商,一方面鼓励华商下海。学术界认为,从五代十国起,中国海商开始变被动为主动,下海贩番者日多。这些商贩未必有什么全球化意识,但是从本能间就意识到了商业的巨大作用,知道海洋贸易的重要性,试图以远洋商业贸易来改善生活。而三地割据政权,为了本国生存,不约而同地采取了海贸立国的政策,以海上丝绸之路贸易为中心形成了持续增长态势。它推动了生产,也推动了消费。最重要的是,他们形成了基于同乡所构建的商业人际关系网络。商人开始尊崇海外贸易,面向海洋,面向贸易。从五代十国时期起,在广、泉、福、明、杭的带领下,中国进入了经济全球化的路向,并在前早期经济全球化的世界留下了深刻的印记。

范金民的《16—19世纪前期海上丝绸之路的丝绸棉布贸易》(《江海学刊》2018年第5期)一文认为,自世界大航海时代到19世纪早期,中国的丝绸与棉布是海上丝绸之路上的主要商品。在18世纪中期以前,生丝和丝绸分别是输向日本和欧洲等地最大宗的商品。棉布输出到欧美各国,在1819年达到最高值,超过300万匹,其他年份多在数十万匹至200万匹;输向俄

罗斯的在 18 世纪末时达最高量,占俄罗斯进口商品总值的三分之二,较长时期里成为贸易过程中的商品价值尺度。中国丝绸棉布经由海上丝绸之路销往全球,在中外贸易史和经济交流史上产生了重要而又深远的影响,直接改变着贸易参与国的衣着和消费习尚,也直接推动或影响着江南地区的丝绸和棉布的商品生产乃至社会经济,而由日本和拉丁美洲源源输入的巨额白银使白银货币化得以实现,导致了"价格"革命和"消费革命",商品和硬通货之间的单向巨额流动促使各国纷纷制定"贸易保护主义"政策,直接影响着中西贸易的商品流向与流通规模。

尹向明、魏磊的《海商兴衰对 21 世纪海上丝绸之路建设的启示》(《区域金融研究》2018 年第 9 期)一文以我国古代海商兴衰的历史为主线,从海权实力和贸易、航海技术变革、海外需求旺盛推动海商兴起等方面进行研究。海权意识不足、政策封闭打压、营商环境差、外国商船竞争、贸易战争和金融掠夺等因素,导致海商成为我国诸多商帮中最早衰落的商人群体。当前,我国应该吸取海商衰落的教训,加大力度保障民间商业和对外贸易权,优化营商环境,构建能够保护海外侨民和商业利益的强大威慑力量,强化在未来国际贸易运输领域的科技能力和区位优势,布局国际贸易线路重要节点,倡导开放合作的海商精神,建设互利共赢的全球贸易伙伴关系。

许菁频、雷雾的《海上丝绸之路与宋元明时期龙泉青瓷的对外传播》(《文化与传播》2018 年第 4 期)一文认为,在宋至明的数百年间,龙泉青瓷沿着海上丝绸之路远渡重洋,其航线主要有东海和南海两条。随着现代水下考古的推进,大量龙泉窑青瓷出水,印证着海上丝绸之路昔日的辉煌。龙泉窑青瓷之所以成为海外贸易的主力军,与龙泉青瓷技术的先进、浙江海运的便利和历代统治者对对外贸易的重视息息相关。龙泉青瓷作为海上丝绸之路上的主要商品,对海上丝绸之路发展具有不可忽视的历史意义。

王剑波的《宋元海上丝绸之路的财富源头——龙泉及瓯江两岸在宋元海上丝绸之路中的重要地位》(《人民论坛》2018 年第 17 期)一文指出,宋元时期海上丝绸之路给沿途各国带来了巨大的商机和财富,而当时承载财富的最主要商品之一便是瓷器。在当时,龙泉及瓯江两岸因其独特的自然条件和便利的交通而成为全国制瓷中心,是名副其实的海上丝绸之路内陆地区主要起始地和财富的发祥地、输出地。

廖国一、樊博琛的《岭南及东南亚等地发现的汉代货币与海上丝绸之路》(《区域金融研究》2018年第3期)一文指出,在今天我国的广东、广西、海南等地以及越南、印度尼西亚、印度等国家和地区都发现过汉代的货币,在缅甸则有汉代货币的文献记载,反映了汉代的货币通过海上丝绸之路流播到了东南亚、南亚等地,汉代货币不仅是一种交易媒介,更是一种中国文化的代表产物,对海上丝绸之路沿线的国家与地区都产生了重要的影响。

王真真的《广州陆海环境和海上贸易之便》(《中国港口》2018年第S2期)一文从珠三角成陆进程、南海地质地貌特点与航线优势以及珠三角社会区位特点三方面,综合探讨促使广州两千年来海上贸易活动长盛不衰并深入推动城市文明发展的区域环境因素。

杨芝千的《洪江古商城:一个活着的商道传奇》(《中华民居》2018年第5期)一文介绍,洪江古商城起源于春秋时期,成形于盛唐,鼎盛于明清。它位于湖南省怀化市洪江区,坐落于沅水、巫水两条河流的交汇处。因此地水势浩大,宛若一股洪流,故而有了"洪江"这个名字。得天独厚的水运条件给洪江带来巨大的商机,使其成为古时中国重要的驿站和商埠以及古代海上丝绸之路的重要中转地。

侯洁如的《梧州六堡茶的海丝之路》(《中国投资》2018年第9期)一文指出,"一带一路"建设提振了六堡茶走出去的信心,然而要想获得世界的认可,六堡茶还需要直面产业发展中存在的问题。中国是茶的故乡,茶穿越历史、跨越国界,深受世界各国人民喜爱。在广西,具有浓郁地方特色和1500多年历史的梧州六堡茶,也通过"茶船古道",走出深山,通江达海,并凭借海上丝绸之路直达东南亚,远抵日本及北美地区,成为深受消费者喜爱的"侨销茶"。然而,受到水运没落、战争等因素影响,这条见证了"黑宝石"六堡茶辉煌的茶船古道逐渐沉寂。

肖凡的《浅谈清代东溪窑青釉器》(《遗产与保护研究》2018年第7期)一文指出,东溪窑是闽南漳州境内一处规模较大的明清时期民窑群体,是与闽南海丝直接相关的重要外销瓷产地之一,产品远销海内外。除了有著名的米黄釉"漳窑"瓷、纹样丰富的青花瓷外,青釉器也占了相当的比例,种类繁多,自成体系。文章主要针对东溪窑烧制的青釉瓷产品进行了分析讨论。

　　徐桑奕、顾苏宁的《六朝时期南京的海外贸易及其影响因素探析》(《中华文化论坛》2018年第10期)一文认为,南京(建业、建康)作为六朝共同的都城,其军事、经济、文化等方面的地位都获得了很大提高。这一时期,南京成为海外人员来华的重要目的地之一,海外贸易发展迅速,国内外诸多物产通过海路进行流通贸易,开启了海上丝绸之路的繁盛期;中国输出了丝绸、陶瓷、典籍等物品,国外的佛具、珠玉、琉璃等特产则不断流入。该文梳理了六朝时期南京海外贸易的具体情况,并对这一情况产生的背景原因进行了深入分析。作者认为,六朝海外贸易的发展和政权的支持密切相关。农业经济和手工业的发展,加之政府积极发展海外关系的政策,使得贸易体量和范围不断扩大;实物贸易中可以看到技术贸易及其本土化。六朝时期中外经济交往的表现是中国的丝绸、陶瓷等制品外传,域外的方物、贵器、经书等输入本土。实际上,这些有关物品的贸易历时千百年,即使在今天也在继续,并且会一直继续下去。然而,实物贸易的背后一直是对"技术"和"原理"的追逐,并加以改造,以适应本土需要;贸易也促进了中外文化方面的交流与互动。文化上,中国的语文、思想、艺术和制度等伴随着贸易传至各地,对当地文化产生重大影响。现今泰语中保留了许多来自汉语的语言词汇,这与历史上泰国知识分子的访华学习分不开。古代印尼地区的息览人"有时甚至比土生华人更加彬彬有礼","老幼多少都会讲中国话,他们用中国话数数,练习中国武术和采用中国人的礼仪"。生活上,古代中国输出的丝绸、瓷器等改善了各国人民的生活,如扶南人穿上用丝绸和布匹制作的衣服;中国瓷制餐具、茶具等成了日本人民生活的必需品。技术上,缫丝、制瓷、造船等各种生产技术都不断地向外扩散;初步的气象、水文、航线等知识也随之流传;各国人民在学习的基础上,将这些知识应用到了本国的生产、生活中。

　　郭超、王霞的《汉唐之际合浦地区采珠业发展述论》(《钦州学院学报》2018年第2期)一文指出,随着海上丝绸之路贸易的开通和发展,合浦地区采珠业逐步兴起,由于本地区农业开发水平有限,许多居民以珠贸米,维持生计。汉唐之际,朝廷无不采取措施,从设关禁珠到抽取实物再到置珠户负责采珠,地方官吏和权贵阶层也染指采珠业,或逾意外求,采珠自入;或凭借威势,售以下值。民间采珠业在朝廷修贡和官吏、权贵贪渎的夹缝中缓慢发展。合浦地区生活着众多种属不同的少数民族,其中不乏以采珠为业者各方垄断珠利,使稳定的社会秩序受到冲击,成为制约采珠业进一步发展的重要因素。

Kimura Jun 的《海事考古视角下 7 至 13 世纪中国南海与东海之间的海上贸易》(《国家航海》2018 年第 2 期)一文回顾了 2014 年的一次海事考古的现场工作。那次考古活动为 7—13 世纪中国南海与东海之间的海上贸易提供了证据。文章集中于亚洲商船的船体结构,认为在越南中部的广义省发现的中国南海沉船,是已知沉船中船体年代最久的。

这一年的著作有一些。罗三洋的《古代丝绸之路的绝唱:广东十三行》(台海出版社,2018 年)一书,相对于以往关于广东十三行的著作,材料和内容都比较新颖,并有几处可资探讨的新成果:一是基于中国、葡萄牙、英国史料,梳理了广东十三行的起源问题,分析了曹雪芹家族在清朝初年重建粤海关和十三行中起的作用,以及广东十三行对《红楼梦》的影响。二是基于清朝官方、天地会史料,发掘出广东十三行与天地会的关系,从而揭示出广东十三行参与反清复明和太平天国活动的内幕。三是基于中国、英国史料,完整再现了广东十三行一步步参与鸦片走私贸易的过程。四是通过研究欧美各国的相关专著,分析了广东十三行在大北方战争、三十年战争、荷兰独立战争、美国独立战争、拿破仑战争等西方战争中所起的作用,从而展现了广东十三行在世界贸易体系中无与伦比的重要地位。五是基于中国和英国史料,分析了英国东印度公司破产,以及英国通过《南京条约》强迫清政府解散广东十三行的真实原因,即英国在第一次英缅战争后努力发展阿萨姆茶叶产业,因此逐渐不再需要从广东十三行进口茶叶,反而将广东十三行视为需要打压的竞争对手。

广东十三行起源于明朝末年与葡萄牙等国的商贸往来,清朝统一台湾后放松海禁,康熙皇帝责成户部和内务府组建粤海关等外贸机构,重建广东十三行,由财力充裕、有外贸经验的商人担任行商。十三行的"潘、伍、卢、叶"四大行商——潘有度、卢观恒、伍秉鉴、叶上林号称"广州四大富豪",其家产总和比当时的国库收入还要多,是货真价实的"富可敌国"。十三行被誉为"天子南库",一度在中国中西贸易的舞台上非常活跃,是清政府闭关政策下仅存的海上丝绸之路。

我国现存的关于十三行的历史资料特别是档案文献比西方国家要少,但该书基于中国、葡萄牙、英国等国史料与欧美各国的相关专著,发掘出十三行与天地会的秘密关系,其参与反清复明和太平天国活动的内幕,以及十三行对《红楼梦》、大北方战争、三十年战争、荷兰独立战争、美国独立战争、拿破仑战争等西方战争的影响,完整再现了十三行参与鸦片走私贸易的过程,并且重现了十三行在清朝中后期历经沧桑后由极盛转向衰落的过程。

三、文化研究

连心豪的《论妈祖信仰与海上丝绸之路》(《妈祖文化研究》2018 年第 4 期)一文认为宋代妈祖信仰的兴起与复杂的航海技术密切相关,是海上丝绸之路的时代产物,明代郑和下西洋在某种意义上是海上丝绸之路的顶峰。妈祖信仰与海上丝绸之路相伴而生,是"海丝"之路的精神支柱,妈祖庙则是"海丝"的物质载体和重要标志物。而在海上丝绸之路的最后一波——清初粤海关时代,设关通洋与妈祖信仰的传播发展,也起到了互相促进的作用。

王亮的《莞邑海上丝绸之路遗产述略》(《遗产与保护研究》2018 年第 11 期)一文认为,海上丝绸之路最早可追溯至秦汉,繁盛于唐宋元,明清时期衰落。中国境内主要有广州、泉州和宁波 3 个主港。东莞因濒临广州、扼守珠江入海口的地理位置,成为海上丝绸之路航道上的重要节点城市,保存有较多与海上丝路相关的史迹遗产,大致可分为遗迹遗物、行业物产、水道码头、人物事迹、文化交流及神灵信仰 6 个类别。文章通过对莞邑海上丝绸之路相关史迹遗产的梳理,论证了东莞作为海上丝绸之路重要节点城市的历史地位。

陈恒汉的《闽潮文化在"海上丝绸之路"的流播》(《东南传播》2018 年第 10 期)一文认为,闽潮文化源起于古代中原河洛地区,南迁传承于闽粤琼等地,伴随着闽南、潮汕人向外移民的历史。闽潮文化也向四面扩散,其中最重要的是东向和南向的路线,这与海上丝绸之路的主要航线相吻合。文章探讨闽潮文化在海上丝绸之路沿线地区的流播,着重论述其"东渡"到台湾、琉球等地以及"南下"到东南亚、南亚诸国的基本路径及主要表现,从而在国际语境下,为闽潮文化在海上丝绸之路传播的历史进程和空间走向进行有针对性的梳理和举证。

作者认为,通过对历史的回顾,我们可以得出这样一个结论:中国古代对外交往历史源远流长,其中闽潮文化的外传主要是通过海上丝路拓展延伸,在促进古代"海丝"的繁荣中起了不可磨灭的重要作用。闽潮文化在境外传播主要包括东渡南下,使得在"海丝"沿线国家和地区都能找到闽潮文化的足迹。这些移居海外的闽南、潮汕裔华侨华人先辈不仅带去方言,而且也把闽潮的民俗风情、民间信仰、民间艺术等传播到居住地的华人社区,并一代接一代地传承、改变和发展。从"五胡乱晋"时期河洛人的向南迁移,到近代的"唐山过台湾",再到闽人、潮人"闯南洋""下西洋",似乎闽南人的血液里有流浪因素,骨子里天生就有不安分的基因,他们由北向南,从陆地到海洋,沿着"海丝"之路层层推进。由于长期的风俗熏陶,闽潮一带"爱拼才会赢,敢为天下先"的传统精神一直延续到现在,激励闽潮人敢于冒险,扬帆万里,到异国他乡做别人没做过的事。闽潮文化在"海丝"沿线的延伸流播,和"海丝"沿线国家或地区的文化交流融合,共生共荣,也让我们进一步领悟到闽潮族群经略海洋的雄心壮志,领会到中华文明走向世界的伟大历史。

闽南文化是福建古文化、中原文化和海外文化相结合的产物,在开拓古代海上丝路中做出了不可磨灭的重要贡献。闽潮文化在"海丝"国家和地区的流播,为国人打开了一扇观察世界的大门,也从语言输出、生活方式、信仰习俗乃至思维理念等方面对沿线众多国家或地区产生了深刻的影响。直到今天,闽潮文化依然在它古老基因的推动下,向着更加开阔的世界绵延荡漾,寻求更辽远的对话与交流。随着"一带一路"倡议逐渐广为人知,闽潮文化在进一步扩展"闽南金三角"的经济总量,增强凝聚力、打造"海西"城市群和"海丝先行区"等方面依然贡献着巨大的能量。而在国际语境下,闽潮文化是强化世界闽人潮人同祖同根同文的意识,建设 21 世纪海上丝绸之路的重要软实力,有利于海内外华侨华人增多交流,加深感情。追溯闽潮文化与"海丝"沿线国家或地区的渊源,对实现共同建设 21 世纪海上丝绸之路,加

强我国与"海丝"国家的社会、经济、文化交流和人员往来等,都具有十分重要的现实意义。

董俊珏、谢西娇的《古代福清与海上丝绸之路的文化因缘》(《福建师大福清分校学报》2018 年第 1 期)一文认为,古代福清与海上丝绸之路有深厚而立体的文化因缘,是中国古代县域经济文化与海上丝绸之路关系研究的理想样板。福清之于海上丝绸之路,不仅在过往 1000 多年的历史进程中,有从港口到商品产地、从物质和技术层面到侨乡文化、黄檗文化等思想文明层面的立体的深度关联,更有在未来融入 21 世纪海上丝绸之路倡议的独特而深厚的基础。

郑君瑜的《论妈祖文化与海上丝绸之路的关系》(《文化学刊》2018 年第 8 期)一文认为,妈祖文化在中国民间文化中独树一帜。天时、地利、人和等因素,促成了妈祖文化与古代海上丝绸之路的时空对接,造就了古代丝绸之路的辉煌。深入挖掘妈祖文化的历史底蕴,对全面阐述妈祖文化的时代价值、积极发挥妈祖文化的作用、建设 21 世纪海上丝绸之路具有极其重要的现实意义。

蒋丽萍、童杰的《古代浙东地区海上丝绸之路文化遗产调研》(《中国民族博览》2018 年第 11 期)一文指出,国际风云变幻,中国立足于时代新起点,提出建设 21 世纪海上丝绸之路的倡议,这一举措为古代海上丝绸之路注入了新鲜的血液,并为深入研究海上丝绸之路提供了动力。宁波从古至今一直是浙东地区对外交流的重要枢纽。在历史的洗礼下,古代浙东地区也留下了数量可观的海上丝绸之路文化遗产。该文对古代浙东地区的海上丝绸之路文化遗产进行了分析,以求为古代浙东作为海上丝绸之路起点提供论据。

张朝晖、高怡丹的《海上丝绸之路对广彩瓷器的影响研究》(《陶瓷研究》2018 年第 2 期)一文认为,海上丝绸之路是中国古代与外国进行交流、合作的重要海上交通路线。海上丝路不仅促进了经济的繁荣,也影响了各国文化的传播与沟通。在此背景下,享有"世界官窑"美誉的"广彩"瓷器应运而生。广彩瓷色泽鲜艳,图案丰富,工艺细腻,款式有"岁无定样"的特点,是中西方文化交流中产生的独特的艺术形态。其继承了中国传统陶瓷艺术的特点,也融入了西方的生活方式与审美倾向,在陶瓷艺术史上描绘出了浓墨重彩的画卷。现今我们更应深入探索"广彩"瓷器的艺术内涵,为当代艺术创作与理论研究提供创作灵感与史论指导。

陈彬强的《1840年以来我国海上丝绸之路文献整理成就述论》(《图书馆建设》2018年第6期)一文认为,我国海上丝绸之路文献整理从清末民初开始起步,丁谦、沈曾植等人主要运用传统的经史之法整理研究相关文献,取得了令人瞩目的成绩。民国年间,以冯承钧、张星、向达等为代表的一批学者,既受中国传统学术熏陶,又通"西学",将中西文献予以比证校勘,并吸收当时西方最新的学术研究成果,推动海上丝绸之路文献整理水平达到一个新高度。新中国成立至改革开放前,整理研究整体处于停滞阶段,但在某些领域仍取得持续性进展。改革开放后,在新材料、新方法、新思潮等多种有利因素的促进下,整理研究成果层出不穷,无论从数量还是质量上,都已经实现了跨越式发展,为"海上丝绸之路学"的进一步深入研究奠定了扎实的文献基础。

庄萍萍的《探析海上丝绸之路——以福建南安九日山为例》(《文物鉴定与鉴赏》2018年第19期)一文认为,"一带一路"倡议使人们对海上丝绸之路的关注度回升,而泉州作为海上丝绸之路的中心城市也被广大民众所注视。祈风石刻作为闽南文化的交流名片,彰显着海上丝绸之路的贸易昌盛与繁华。文章以福建泉州南安地区的九日山为对象,探析海上丝绸之路,领略海上丝绸之路起点的文化魅力与文化底蕴。

谭苑芳、林玮的《论海上丝绸之路之于"六祖革命"的文化地理学意义》(《宗教学研究》2018年第3期)一文认为,"六祖革命"是佛教中国化的象征,而海上丝绸之路对于"六祖革命"具有重要的双重性的文化地理学意义。这表现在六祖革命的起源是佛教自海上而来的东传,其流向也以东亚海上传播为主。由此,世界佛教的传播构成了以岭南为中心的文化交融的地理闭环,这一闭环可以作为海上丝绸之路的自然延伸。以"六祖革命"为起点,佛教沿海上丝绸之路传播,所形成的跨文化共同体意识,可以为今天中国"一带一路"倡议提供文化交融与对话的基础。

作者认为,海上丝绸之路是"六祖革命"之源,原因是:首先,以梁启超

为代表,中国近百年来曾对佛教的初入地产生过多次的讨论,佛教沿着海上丝绸之路而来的"海上说"具有重要影响。其次,慧能在广州接受的佛教影响,基本可以确定是禅学。再次,由于广州的地缘位置,在漫长的佛教传播史上,从此扬帆出海求法西域或是自陆路西行,而自广州返回者并不罕见。

海上丝绸之路也是"六祖革命"之流,其一是禅宗沿海上丝绸之路在南亚、东南亚一带的传播,对伊斯兰教强势扩张起到了一定的抑制和缓冲作用。其二是日本、韩国禅宗的兴起,与中国禅宗在"六祖革命"前后的海上传播有着密切的关系。而且,进入宋代之后,随着中国佛教信仰的主流大规模地转向净土宗,日本、韩国的禅宗都相继兴盛。另外,还可以单独提出的个案是越南禅宗。其早期传播有前文提及的、曾在广州驻锡的康僧会,其中期禅学有继承了慧能禅学的"毗尼多流支派",其后期则有来自广州和安寺的、百丈怀海的弟子无言通禅师(元和十五年,即公元820年赴越南北宁)所创立的"无言通禅派"(又称越南禅宗后派),以及已经净土化了的云门宗草堂禅师所传的"草堂禅派",乃至由陈朝宫廷所支持的"竹林禅"(又称帝王禅)等。这些禅法在越南的流传极广,乃至唐代中国佛教八宗,仅有禅宗于越南独盛,流传至今,其间文化原因颇可寻味。无论如何,广州/岭南作为一个文化地理学上的支点,其于东南亚的节点意义都不可不提。

"六祖革命"的共同体意义表现在:围绕中国所展开的佛教中国化运动,其实就是一个以"六祖革命"为核心,向外传播、濡染和扩散的文化地理同心圆。这一同心圆与儒家所代表的中华优秀传统文化长期注重此生、注重当下、注重生活,是合拍的甚至是同构的。在文化传播意义上,这是对外来宗教进行濡染和同化之后的对外传播;而在宗教内部,这是一种改革或变革之后宗教能力的自然释放。以海上丝绸之路为线索,"六祖革命"的地理学意义表现为以岭南(广州)为中心,接纳来自印度的佛教文化,而又以自身为中心将其同化,再传递给东亚、东南亚、南亚一带。在这一过程中,中国起到了一个文化中介的作用,它通过"六祖革命"等形式完成了本土化的进程,又将这样适应本土的佛教形式传入周边国家。这就形成了一个基于地理空间的佛教文化共同体。

借用儒家(《大学》)的概念,可以认为以海上丝绸之路为延伸,"六祖革命"在广州形成了一种佛教文化上的"絜矩之道",它以自身为调节阀,尽可能用柔性的软实力方式,将外来文化融汇于中土,又反施给异邦,在彼此之间进行涵濡育化,是全球史上较为理想的跨文化传播案例,也是中国文化自信与创新的样本。

还可以由此引申讨论的是,与世界各大宗教改革运动相似,"六祖革命"也具有两个取向:一是教义日趋多元,二是教旨重心下沉,即表现为更加关注现世生活。但禅宗的特色决定了"六祖革命"在"一带一路"的范围内所形成或有限形成的佛教文化共同体,并没有政治诉求。它不像是欧洲(如德国)近代的宗教革命,"社会目标是扫除德国通向近代社会的障碍……废除教会和地方贵族的政治权利和特权,推动德国政治民主化的发展"。毋宁说,以"六祖革命"为促发点,围绕岭南(广州)所形成的海上丝绸之路佛教文化共同体是极为松散且各有区域化特色(如日本化禅宗),但同时又维持核心信仰元素不变的一个人类情感维系圈。牢牢把握住这一较为隐蔽的情感关联,可以为当前我国实施"一带一路"倡议提供文化铺垫,也可以为"一带一路"相关工作的展开提供一种富有传统的文化想象。

曾庆江的《海上丝绸之路沿线华文媒体与中国近现代化进程》(《中华文化海外传播研究》2018年第2期)一文认为,以海上丝绸之路沿线华文媒体为代表的海外华文媒体在中国近现代化进程中担当着重要的作用。在中国近代化进程中,它们催生了中国现代意义上的报刊媒体,并成为中国启蒙与救亡运动的重要舆论平台。在中国现代化进程中,它们成为中国改革开放伟大成就的重要展示平台,是传播和实现中国梦的重要信息平台,也是实施"一带一路"倡议的重要沟通平台。

郑好的《广西特色海上丝绸之路文化遗产保护区建设的思考》(《广西社会主义学院学报》2018年第3期)一文指出,2012年国家文物局公布的《中国世界文化遗产预备名单》中,广西北海有3处文化遗产点进入了预备名单,分别是合浦汉墓群、大浪汉城遗址、草鞋村遗址。这3处遗产点都属于海上丝绸之路遗产点范畴,从数量上看并不多,但其特点明显区别于其他8个"海丝城市"。建设广西特色海上丝绸之路文化遗产保护区,要认真贯彻习近平考察合浦汉代文化博物馆的重要讲话精神,让文物说话,讲好广西故事。

杨国桢、陈辰立的《历史与现实：海洋空间视域下的"海上丝绸之路"》（《广东社会科学》2018 年第 2 期）一文认为，海上丝绸之路作为新时期海洋史研究的重要领域，其概念在当下学界的讨论中缺乏明晰的理论梳理，出现泛滥和误用在所难免。海洋空间的理论架构注重对海洋史概念的时空定位，从海洋空间视域出发，对海上丝绸之路概念的历史与现实进行归纳和总结，明确该概念所指向的空间包纳与性质特点，将会为今后的把握和研究提供有效的学理支撑。

作者指出，置身于更为广阔的视域关怀与深远的历史维度来做出客观分析，便不难看出提出并践行"一带一路"的内涵，其更深刻意义在于对古代陆上丝绸之路与海上丝绸之路基本精神的续写和发扬。可以说，"它基于历史，又高于历史，凝聚了当代中国的智慧与创新"，同时又让全世界距离最长的两条文化大长廊、经济大动脉，从历史的深处走出，展现在全世界人民的眼前。

实现"一带一路"发展模式，并非只中国一家之大事，对于沿线各个国家及地区均大有裨益，坚持各国各地区间共同协商、共同建设、共享成果是实践"一带一路"的有益保障。不仅如此，"把中国梦同沿线各国人民的梦想结合起来"，实现互通对接，正是该倡议的根本核心理念。基于历史的渊源，更出于对现实的关怀，强调文化纽带作用，把上层间的隔阂消除，进而使其民间交往更为顺畅和谐。

21 世纪海上丝绸之路所涉及国家和地区数量颇多，同时彼此间各方各面也差异巨大，要让民众突破地域、民族、政治、经济因素的限制，在文化层面上产生共鸣需要一个艰难漫长的过程，而使历史学家置身其中，或许能够为之提供一剂催化良方。我们今后很长一段时间里所致力的，也并非重建历史阶段的国际贸易路线，而是通过细致的学术研究，对历时性的史实梳理以及将阶段性的成果进行总结，以期达到理论升华、现实服务的目的。然而，目前的困境是，作为中国历史学的短板的沿线国家的国别史研究，缺乏足够的研究资料和研究人才，急需补充，这也是今后主要努力的重要方向之一。

把握"一带一路"的内涵，要摈弃海洋—陆地两极对立的思维模式，树立"海陆一体"的整体观,改变"中国是大陆国家"的刻板印象,树立"中国是一个大陆国家,又是一个海洋国家"的历史定位。"海陆对立"观所产生的海权论与陆权论,是 19 世纪、20 世纪西方扩张的话语构造。

说当今中国"重建陆权"或者"追求海洋霸权",都是对"一带一路"的误读与误判。然而,一些带有海洋附属陆地旧思维的个人抑或是组织机构,往往不明事理地将"一带一路"倡议混淆为一个战略,更有甚者竟然将其曲解为"陆主海从"的战略,呼吁"陆权回归""重建大陆",完全无视海洋发展的重要性,这样的看法彻底背离了决策者的初衷,是有失偏颇的,也是值得商榷的。

基于海洋史学视角研究海上丝绸之路,要特别重视树立自我话语体系。在过去的研究中,在海上丝绸之路的基础上,衍生出"陶瓷之路""茶叶之路"等不同的提法,这些历史的公案,究竟是学术的创新,还是学术的干扰,曾经困扰着不止一代的学人。而这种同一时空概念的多种不同表述,正是在过往的科研过程中,过分拘泥历史文本,而缺乏现实关怀的写照,从而改变了把握实际状况这一根本目的。如果脱离了这一点,而一味地搜寻典籍中的相关话语来进行阐释,虽然看似能够自圆其说,却失去了概念提及者们原本的意味,其结果将是与研究的初衷背道而驰。放眼未来,海上丝绸之路作为一项创举,其概念可以成为时间记载工具,帮助人们从中展望其未来趋势,所以从这个角度来说,它已经不仅流于海洋空间范畴,还是海洋时间维度中的构想,并为未来发展提供参考。

海洋史学是"基于海洋的视野,对与海洋相关的自然、人文、社会所进行的历史研究,就内涵来看,应该包括海洋自然变迁的历史与人类开发利用海洋的历史,以及海洋社会人文发展的历史 3 个方面。此外,海洋史研究的学术目标在于海洋世界的世界历史体系和结构中的地位,不仅仅是单纯的航海史、海域史、海洋地缘关系史的研究,因此可以说是历史多元化、多样性不可缺席的研究视界"。

因此,海上丝绸之路无论是从空间范畴还是时间的角度上来评定,都应该隶属于海洋史研究领域内的一个重要组成部分。海上丝绸之路是一个观察历史的维度,由于海上丝绸之路在时空上的特殊性,因此它所关注的角度

也必然需要结合历史与现实。

由此，如果将海洋史学作为研究的主体，以海上丝绸之路为其研究视域的话，那么海洋史学的研究方向也应该基于史料整理和理论支持，更加注重现实层面上的关怀。只有这样，海洋史学的发展才能够真正走好属于它的"海上丝绸之路"。

胡宇的《海上丝绸之路对清代民间广彩陶瓷设计的影响》(《包装工程》2018 年第 2 期)一文以清代的广彩瓷器为研究对象，分析总结海上丝绸之路对广彩的影响。文章用图像学和社会学的方法从广彩瓷器的造型、纹饰、构图几个方面分析中西方文化的融合在广彩中的呈现。结论是广彩在发展的过程中不可避免地携带着中国文化与西方文化的共同基因，从而形成了其特有的艺术面貌，将实用性和观赏性相结合、象征性和叙事性相统一、写意与真实再现的有机融合都能从不同方面表现广彩，将异域文化与中国本土文化中的多样性相融合也正是中学为体、西学为用的例证。

龚缨晏的《千帆航琛越水来：海上丝绸之路与中外文化交流》(《上海建桥学院学报》2018 年第 2 期)一文认为，古代海上丝绸之路与中外文化交流如今已成为许多人关注的话题。古代中国虽然处于欧亚大陆的最东面，但并不处在隔绝的状态，相反她一直跟外部世界相连并不断发展。中国与外部世界联系的道路有两条，一条通过陆地，即现在所称的"陆上丝绸之路"，穿越新疆地区一直到遥远的中亚及至地中海沿海国家或地区；另一条就是"海上丝绸之路"。

王兰娟、陈少牧的《闽南文化在海上丝绸之路建设中的历史作用与时代价值》(《西安建筑科技大学学报(社会科学版)》2018 年第 3 期)一文认为，闽南地区是海上丝绸之路的主要发祥地，所孕育的闽南文化在闽台两地以及海上丝绸之路沿线国家和地区有着广泛的传播与深刻的影响。深入研究和发掘闽南文化的时代价值，对我国建设 21 世纪海上丝绸之路的历史文化软实力具有重要的支撑作用。为此，需要从发挥闽南文化的积极效应，推进各国区域共赢；发扬闽南文化凝聚侨心的作用，积极构建经济合作新平台；用当代意识来诠释闽南文化，赋予闽南文化以新生命这 3 个方面加以努力。

李清霞的《海上丝绸之路文化的发展与民俗文化的传承——以海上丝

绸之路起点泉州为例》（《哈尔滨师范大学社会科学学报》2018年第3期）一文从文化的角度,探析海上丝绸之路与泉州民俗文化渊源的历史沿革及发展现状,挖掘二者之间存在的历史关联性,探讨传承和保护路径,使之更好地推动、促进、服务于"一带一路"倡议,同时也为当前泉州建设21世纪海上丝绸之路先行区提供多元化的参照。

赖怡芳的《非物质文化遗产在海上丝绸之路的传播与保护——以妈祖信俗为例》（《特区经济》2018年第5期）一文认为,妈祖信俗是重要的海上精神文化遗产,是海上丝绸文化交流之路最好的精神连接纽带。妈祖信俗的传播在地理路径、信众路径、历史路径上贯穿海上丝绸之路始终,形成了代代相传、海内外互动、联合维护妈祖信俗的良好文化氛围。对妈祖信俗的进一步传播需要完善的法律保护机制,目前我国妈祖信俗保护已经形成了国际法与国内法相结合,从中央到地方、涵盖各部门法的全方位国内法保护体系。同时,妈祖信俗的传播与法律保护仍存在不足之处,需要国内各地方政府、海上丝绸之路沿线国家与国家之间的联合保护。

张岩鑫的《谈宁波在中国古代海上丝绸之路的地位——由两幅地图和一幅绘画谈起》（《艺术教育》2018年第23期）一文通过介绍两幅地图——《舆地图》和《鄞县县境图》以及一幅绘画——《入宋日僧荣西茶禅并修》,并结合丰富的史料来阐述宁波在中国古代海上丝绸之路的重要地位。

乔璐璐的《阿拉伯古典文献中的广州海上丝绸之路》（《智库时代》2018年第49期）一文认为,海上丝绸之路是各国人民共同创造的伟大交通工程,是古代东西交通的要道,沟通了所经区域的经济文化联系,促进了这些区域经济文化的发展和交流,增加了沿线国家的相互了解和友谊,在中外经济文化交流史上占有重要的地位。广州作为海上丝绸之路上重要的国际港口,它有着便利的水陆交通,是中外海路贸易的枢纽。在阿拉伯的古典文献《中国印度见闻录》和《伊本·白图泰游记》中广州这个城市的名字多次出现,生动地展现了当时广州中阿贸易的繁荣和当时的社会风貌,足见广州在古代海上丝绸之路中所发挥的重要性。该文以两本古典文献中对广州的描写,概述广州海上丝绸之路的发展历程,为现代广州新时代海上丝绸之路的发展提供了参考。

徐虹的《广州海上丝绸之路遗迹——怀圣寺研究述评》(《暨南史学》2018 年第 1 期)一文认为,广州怀圣寺是古代海上丝绸之路的重要文化遗产,自清末以来中外学者从历史学、建筑学、考古学和地理学等不同视角,对怀圣寺及光塔的名称、始建年代、建筑风格及形制等方面进行了深入的研究,取得了不少成绩。该文旨在回顾和梳理怀圣寺研究的主要脉络,并做出简要的评析,以便为学界提供参考。

吴石坚的《广州番禺学宫与海上丝绸之路的历史因缘》(《广州文博》2018 年第 1 期)一文认为,番禺学宫是广州的一座孔庙,不仅是岭南文脉之所在,还与海上丝绸之路有着密切的联系,是广州海上丝绸之路的重要文化史迹。广州十三行行商大力参与番禺学宫的修缮,多次慷慨捐资兴学。行商子弟潘有为、潘正炜、梁纶枢、梁肇煌等人都成为番禺学宫的生员。十三行行商家族一方面经营对外贸易而致富,一方面前来番禺学宫学习,参加科举考试,成为科举世家。这种亦儒亦商的文化因缘影响了岭南文化的发展。

姚晓东的《从宁波旧志看海上丝绸之路史料及价值》(《宁波通讯》2018 年第 17 期)一文认为,地方志是记录一定区域范围内自然和社会的历史与现状的资料性、综合性著述,内容涉及该地区的建置沿革、自然环境、城市建设、政治经济、文化社会、民俗人物等。较之其他史籍,地方志相关记述更为丰富,更见有其他史籍所未见之珍贵文献资料。宁波现存历代地方志及时、详尽、准确地记录了海上丝绸之路的往来盛况,可补其他文献之无或略。

丁洁雯的《庆安会馆:大运河(宁波段)与海上丝绸之路的文化衔接》(《宁波通讯》2018 年第 10 期)一文指出,庆安会馆(浙东海事民俗博物馆),位于宁波市江东北路 156 号,地处奉化江、余姚江、甬江交汇的三江口东岸,占地面积约 1 万平方米,建筑面积约 8000 平方米。始建于清道光三十年(1850),落成于清咸丰三年(1853)。为甬埠北洋船商捐资创建,既是祭祀天后妈祖的殿堂,又是行业聚会的场所,是宁波大运河及海上丝绸之路的双重遗产点。

刘清涛的《唐宋时期海上丝绸之路上的古罗国——基于中文史料的探查》(《海交史研究》2018 年第 2 期)一文认为,Kalah 是 9—14 世纪阿拉伯文献中海上丝绸之路上的一个重要地名。同时期,唐宋中文史料有关于箇罗、古罗国的记载。以往研究主要是通过将中文地名与其他语言中相关地名进行语音对勘,以此确定地名的方位问题,而对中文史料记录的地名方位信息的梳理和考证重视不够。该文对唐宋时期史料所记箇罗、古罗相关方位信息进行了梳理和分析,并以明代航海更路史料与之进行检验,认为唐宋史料所记地名方位信息特别是贾耽的《路程》中对箇罗方位的记载以及宋代有关古罗的航程记载,是相对可靠的。因此,若基于中文史料所记载的相关方位信息看,唐宋时期地名箇罗、古罗当为一地,位于今天马六甲一带,而与之相关的哥谷罗(葛古罗)当在古罗西面不远处。

贾发义、李志贤的《东南亚华人的关帝崇拜——"海上丝绸之路"文化传播的一个例证》(《山西大学学报(哲学社会科学版)》2018 年第 5 期)一文通过对新加坡、马来西亚、印度尼西亚、泰国等 77 条关帝崇拜碑铭的考察,探讨东南亚华人关帝崇拜的时空分布、崇拜特点、功能和意义。时空分布体现出时段长、范围广的特点。崇拜特点有三:分家祀、社群祀、超群祀 3 个阶段,以庙馆合一形式为主,多神崇拜现象明显。功能和意义包括唤起华人对故乡的集体记忆,体现了华人互助合作的精神,传承和弘扬了忠义等传统道德,护佑了移民生活安定的福祉四点。

朱慧敏的《克拉克瓷:海上丝绸之路见证者》(《理财:收藏》2018 年第 5 期)一文认为,17 世纪,荷兰人在海上截获了一艘满载中国明代万历时期瓷器的商船,这些瓷器被查封后运往荷兰的米德尔堡和阿姆斯特丹拍卖,因受到欧洲人的普遍欢迎而引起轰动。由于这艘商船的名字叫"克拉克"号,所以从此中国外销瓷就被称为"克拉克瓷"。在阿姆斯特丹出版的海事词典中,这种瓷器被定义为来自中国的精美瓷器。它们的典型风格是胎体很薄,略带菱口边,中心纹饰为人物或动物纹样,口沿处分为数个扇形或椭圆形的开光。后来,人们将中国古代外销青花瓷统称为"克拉克瓷"。

魏春泉的《海上丝绸之路与福建近代中西文化的撞击》(《青年文学家》2018 年第 9Z 期)一文认为,福建是海上丝绸之路的重要组成部分,福建海上丝绸之路的开通与地方贸易的盛行,使得福建地域文化精神与品格被重新塑造。在中西方文化碰撞的历史进程当中,福建是中国近代文化转型的重要推手,可以说正是海上丝绸之路的发展,为中国文化的演进提供了历史的契机。该文主要探讨了福建在中西方文化碰撞中扮演的重要角色。

陈祖芬的《"海丝"中国段妈祖文化遗存的产生历史及其价值》(《中国海洋大学学报(社会科学版)》2018 年第 1 期)一文认为,"海丝"中国段港口附近分布着大量的妈祖宫庙遗存,它们满足着航海者的精神需求,也使"海丝"中国段沿线形成了从点到线的妈祖文化线路。妈祖宫庙的遗存也证明着"海丝"史迹,妈祖庙碑、妈祖宫庙匾联、海上商贸文物、沿海的妈祖古文化遗址都是"海丝"历史的见证。"海丝"与"妈祖文化"的有机融合,促进了文化交流、经贸共赢和世界和平。

石云涛的《唐诗咏海上丝路舶来品》(《中国文化研究》2018 年第 3 期)一文通过海上丝绸之路传入中国的舶来品在唐诗中的反映,运用诗史互证的方法,从唐诗资料中发现当时传入中国的域外器物产品,通过艺术分析和鉴赏说明这些舶来品如何转化为文学意象在唐诗中得到吟咏。唐代通过海上丝路输入中国的外来文明成果十分丰富,唐诗中所见主要有珠宝、动物、植物、香料、药物、器物等。文化交流为唐诗创作提供了许多新奇意象,唐诗也见证了中外文化交流的盛况。

张慧琴的《浅谈中国三彩的艺术发展》(《东方藏品》2018 年第 9 期)一文认为,在当今世界各国的知名博物馆中,特别是海上丝绸之路的沿岸博物馆中,陶瓷都被作为重要的收藏品陈列,中国的陶瓷,特别是唐三彩,更是中外艺术思想的结晶。古丝绸之路的繁荣离不开中国的唐三彩,随着历史的推移,时间赋予唐三彩这一优秀文化遗产新的内涵,从唐三彩到宋三彩、辽三彩,发展为现今的中国三彩,在"一带一路"政策的时代背景下,中国三彩艺术将迎来一个不可多得的发展机遇。

王锡伦的《亲自打通丝绸之路的中国皇帝》(《世界文化》2018 年第 5 期)一文认为,丝绸之路大约形成于公元前 2 世纪至 1 世纪间,是古代中国开辟的连接亚洲、非洲和欧洲的商业贸易通道,历史上起到了促进东西方政治、经济、文化交流的作用。今天,为弘扬"和平合作、开放包容、互学互鉴、互利共赢"的丝路精神,习近平总书记提出"共建丝绸之路经济带和 21 世纪海上丝绸之路"的倡议,得到了国际社会的广泛响应。

朱婧的《探寻千年古刹的历史谜团——走近海上丝绸之路申遗点宁波

保国寺》(《文化交流》2018年第7期)一文认为,浙江传统文化源远流长,保存有极为丰富的历史文化遗产,素有"文物之邦"的美称。到2018年,浙江省共有全国重点文物保护单位(国家文物局对不可移动文物所核定的最高保护级别)200余处。

马捷、李小林的《从一则"丝绸之路"中医药文告看中越医药文化交流》(《中医药文化》2018年第3期)一文认为,中医药文告是中医典籍中一类特殊的文献形式,具有较大的功能服务作用,其应用与传播为民众以及流动性较强的商旅提供了地区性疾病和传染性疾病的防治方法,为清代丝绸之路的稳定发展提供了中医药的保障,并从一个侧面也见证了中医药在海上丝绸之路上的交汇与融合。然而对清代海上丝绸之路相关中医药文告的内涵与外延鲜有研究。为此,该文以解读文告《急救立止吐血灵方》为例,以冀解析海上丝绸之路中医药交流之现象。

洪柳的《凭君点出琉霞盏:瓷器的前世今生》(《求学》2018年第11期)一文认为,在中国的传统器物中,瓷器是最耀眼的一种。它不仅装点了中国人的生活,还蜚声海外。中国的英文名"China",原意就是瓷器。形成于秦汉、繁荣于唐宋时期的海上丝绸之路,曾经向海外运送过许多精美的瓷器,这些瓷器引领了欧洲贵族阶层的风潮。瓷器之于中国人,既是每天离不开的日用品,又是精致的装饰品、奢侈品,更是文化输出、文化交流的载体。

段方的《岭表瓷韵:广东唐宋陶瓷选萃》(《收藏》2018年第8期)一文认为,广东地处南海之滨,是古代海上丝绸之路的重要节点片区,在中国与海外交通贸易中占据重要地位。唐宋以来,陶瓷成为海上丝绸之路最重要的外销货物,在此背景下,广东陶瓷业迅速发展,粤东地区的梅县水车窑、潮州笔架山窑,珠江三角洲地区的新会官冲窑、广扑西村窑、佛山奇石窑,粤西地区的雷州窑等民窑快速崛起。

许初鸣的《南靖东溪窑:"海丝"重要遗址》(《福建史志》2018年第2期)一文指出,南靖东溪窑位于南靖县龙山镇西山村北面七八千米的深山密林中,距九龙江入海口约60千米。这里山峦起伏,溪涧蜿蜒,林木茂密。当年,这里曾经窑烟袅袅,熙攘繁忙。这个古代遗址与海上丝绸之路联系紧密,其产品漂洋过海,到达东南亚各国乃至欧美各国。2016年9月,在国家

文物局召开的"海丝"申报世界文化遗产工作会议上,确定南靖东溪窑为首批 31 个"海丝"申遗点之一。

赵然的《广西对东盟广播的历史和现状研究——以北部湾之声为例》(《传媒》2018 年第 3 期)一文认为,当今时代,全球经济多地区、多领域合作快速发展,区域互助方兴日盛。从 2004 年中国—东盟国际博览会会址永久落户广西南宁,到 2013 年广西被敲定为 21 世纪海上丝绸之路与丝绸之路经济带有机衔接的重要门户,广西作为我国对外开放中传播大国形象的战略地位逐渐提升。

卞梁、连晨曦的《潮汕地区妈祖信仰在地化探究》(《莆田学院学报》2018 年第 4 期)一文通过对妈祖在潮汕发展状况的概述,总结归纳潮汕妈祖的在地化特点,并探讨妈祖对潮汕地方文化的影响,尤其注重对妈祖在潮台关系发展过程中所扮演"角色"的归纳与分析,以期在系统论述潮州妈祖特点的同时,进一步拓展和深化妈祖差异化、在地化、多元化的相关研究。

郑锦霞、施喜莲的《独特的社会记忆——海南渔民〈更路簿〉档案价值探析》(《兰台内外》2018 年第 1 期)一文认为,海南渔民《更路簿》是海南渔民在南海捕捞,开发经营,下南洋,开拓海上丝路时传抄下来的用于航海和渔业生产、对外贸易等活动的特殊指南。《更路簿》大部分只记载了传抄者和保存者,有些连传抄者和保存者都没有记录。就是这外表并不华丽美观的小册子,却是海南渔民世世代代智慧和生命的结晶,是见证我国对南海主权,承载南海历史和文化,印记海上丝绸之路的珍贵档案。

陈东军、谢红彬的《泉州民众的"海丝"文化认同研究》(《福建农林大学学报(哲学社会科学版)》2018 年第 5 期)一文认为,通过问卷调查,从认知、情感和行为等 3 个维度探究泉州民众的"海丝"文化认同现状,并用二元 Logistic 回归模型分析"海丝"文化认同的群体差异。研究表明:(1)在"海丝"文化认同现状方面。泉州民众对"海丝"文化的整体认同度较高,具体到各维度由低到高依次为认知维度、情感维度、行为维度。(2)在"海丝"文化认同的群体差异方面。女性认同度高于男性,中老年认同度高于青少年;"海丝"文化认同的群体差异主要表现在情感维度和整体认同上,在认知维度和行为维度上不存在群体差异。据此,文章提出了拓宽信息渠道以丰富泉州民众的"海丝"文化认知、结合个体差异来引导泉州民众的"海丝"文化解读等对策,以有效增进泉州民众的"海丝"文化认同。

冯杰的《吴哥古迹里的中国元素》(《我们爱科学》2018 年第 9 期)一文认为,海上丝绸之路是我国古代与外国进行贸易和文化往来的海上通道,有东海起航线和南海起航线两条主线路。柬埔寨是古代海上丝绸之路的一个站点,它拥有悠久的历史和独具特色的文化,因此在海上丝绸之路中占据着举足轻重的地位。

阎根齐的《论海南渔民在"南海丝路"上的地位和作用》(《南海学刊》2018 年第 1 期)一文认为,海南岛先民对航海的探索可溯至石器时代,并创造了海洋文化。先秦时期海南渔民已拥有了一定的海洋知识。秦汉时期,海上丝绸之路形成的初期,海南岛的紫贝、玳瑁、"广幅布"等都已成为"南海丝路"的贸易商品和贡品。唐宋时期,海南渔民已经在西沙群岛住岛。明清时期,海南渔民对南沙群岛持续开发经营,《更路簿》记录的海南渔民在西沙、南沙生产作业与"海上丝绸之路南海段"航线海相重合。渔民自古为"南海丝路"的形成、发展和繁荣做出了重要贡献。

翁丽芬、林大梓的《宋代建盏的近现代国内研究文献述评》(《学术评论》2018 年第 3 期)一文认为,建窑是宋代著名的福建民间古窑。建窑的制品"建盏"深受上至皇帝下及士大夫、文人雅士和庶民们的青睐而风靡一时,曾作为宫廷御用的茶盏。宋代建盏通过来华留学的日本禅僧们归国携带和海上丝绸之路批量输出,蜚声海外,成为海上丝绸之路上的古外销名瓷之一。可以说建盏在陶瓷发展史上、在中外文化交流史上都占有极其重要的地位。

徐洁的《从历史深处走来的东溪窑》(《炎黄纵横》2018 年第 9 期)一文认为,瓷是中华民族的重要创造成果和对世界文明的一项伟大贡献。千百年来,中国以"瓷"享誉于世。美丽的闽南大地,也曾有艺术风格独特的"东溪窑"闻名遐迩。资料表明,东溪窑,位于南靖县龙山镇西山村,属明中期至晚清的民间瓷窑遗址,是闽南地区明清时期的一处大规模外销瓷窑场,是海上丝绸之路中国史迹的重要组成部分。

王丹丹的《南音文化传承研究》(《人民音乐》2018 年第 10 期)一文指出,南音是发轫于古代海上丝绸之路的起点城市——泉州的千年古老乐种,被誉为"中国古代音乐历史的活化石"。南音伴随先辈远涉重洋,成为古代海上丝绸之路经济、文化生发及交流的重要载体。明清以后,随着闽南人大规模移民海外,南音在中国台湾地区及菲律宾、印尼、马来西亚和新加坡等"一带一路"沿线国家传播得更加广泛。

何雯、胥刚的《广西宗教文化多元融合的历史和现状》(《中国宗教》2018年第 12 期)一文指出,广西地处祖国的南疆,同时也是多民族聚居的地区,佛教、道教、伊斯兰教、天主教和基督教虽然在不同的历史年代传入此地,但是多彩和谐的文化环境,造就了广西极具特色的宗教文化。据《汉书·地理志》记载,早在西汉时期,广西环北部湾沿岸与东南亚、印度等地已有海上航线。当时的合浦就是海上丝绸之路的始发港之一。

郭丽妮、李文实、丁琳霞的《海丝文化对泉州传统民居的影响》(《泉州师范学院学报》2018 年第 6 期)一文认为,以海为田、贾贩四方的古泉州人在对外航运、贸易的过程中,开创了集经贸、和平友谊、文明对话多功能于一身的海上丝绸之路,并促其繁荣数百年而影响迄今,造就了海纳百川、梯航万国、贸迁四海的海丝文化。海丝文化对泉州传统民居的建筑资金来源、建筑材料选择、建筑风格和装饰等方面产生较为明显的影响。当前应重视对这些优秀传统民居的保护,从保护性旅游开发等途径对其进行合理利用,并从精品传世民居的设计营建、以开放心态汲取外界文化因素等方面做好民居的创作设计与建造。

蓝海红的《广绣的历史发展与文化特质》(《岭南文史》2018 年第 2 期)一文指出,广绣一般是指以广州、顺德、南海为中心的珠江三角洲一带民间刺绣的总称,也是广州最具代表性的工艺美术品类"三雕一彩一绣"之一,与苏绣、湘绣、蜀绣并列为中国四大名绣。广绣在历史流变中融汇中西、汇通南北,其发展史可以作为海上丝绸之路贸易兴衰的见证,并在国家实行非物质文化遗产保护的当下不断发展创新,延续传承。

陆芸的《清代广州伊斯兰教的一些特点——从碑刻谈起》(《暨南史学》2018 年第 3 期)一文指出,广州是中国著名的港口城市,深受外来文化的影响。广州伊斯兰教在清代呈现出一些特点。从广州清真寺的碑刻可以发现清代广州穆斯林将士在广州清真寺的修建中起了重要的作用;从穆斯林的碑铭也可发现清代广州经堂教育既受到中国甘肃学派的影响，也受到外来苏菲主义的影响。

陆芸的《宋、元时期泉州著名的穆斯林》（《西北民族大学学报（哲学社会科学版）》2018 年第 1 期）一文认为，泉州在宋、元时期是中国著名的港口，当时外国使节、商人、僧侣等纷至沓来。留居泉州的外来穆斯林人数众多，这从近些年来挖掘出土的众多穆斯林墓葬可得到证实。这些穆斯林除了经商，还积极投身当地的城市建设、战舰修造等。大食商人蒲啰辛的事迹说明乳香是当时中国进口的重要商品；尸罗围修建清真寺的事迹反映了泉州与古代伊朗有伊斯兰教上的联系；蒲寿晟撰写的众多诗歌反映了宋、元时期留居中国的穆斯林努力学习中国文化，还隐约折射出其人和其家族拥有的庞大海上势力。作者发现，蒲寿晟对瀑布、心泉、明月不吝笔墨，对灯蛾、蜜蜂、蜘蛛等动物也情有独钟，赠诗、送别诗更是占据了其诗歌的绝对多数，如《送使君给事常东轩先生》《送淮东田制干回司》《送使君右司赵是斋》《赠无庵道人风鉴》《神骏歌送赵委顺就漕》《送刘童子试艺天京》《赠日者冯鼎山》等。蒲寿晟的诗歌中，有相当一部分记载了他与泉州各级官员游玩的事迹。其中常挺、赵希佗、赵是斋先后担任泉州知州，赵天锡、刘克庄是退役的朝廷官员。蒲寿晟另外写有《上舶使监丞王会溪》，凡此种种，都说明了蒲寿晟不同于一般的文人，他结交的朋友中达官显贵居多，这与他家族庞大的海上势力相关。

范清桦的《黄挺：〈中国与重洋：潮汕简史〉》（《海交史研究》2018 年第 2 期）一文认为，至迟从汉代开始，潮汕地区已经纳入中原王朝国家的统治架构之中。与其他省尾国角（潮州话）的沿海边区一样，本地区北枕群山、南濒大海，发展既深受中原王朝国家的影响，也离不开海洋世界的激荡。俗语"海内一个潮汕，海外一个潮汕"，恰好直观表达出这种区域历史文化的特质。如何从大陆中国和海洋世界多重叠合的视角重新认识"潮汕史"，把共时态的区域文化转变为历时性的过程？潮汕史名家黄挺先生新著《中国与重洋：潮汕简史》提供了迄今为止最为精要的论述。

陈少丰的《宋代两浙路市舶司补探》（《国家航海》2018 年第 1 期）一文指出，宋代两浙路市舶机构的沿革变迁经历了前市舶司时期（978—989）、市舶司时期(989—1166)和后市舶司时期(1166—1275)3个阶段。其中温州、秀州市舶务废止于嘉定元年(1208)之后而非庆元元年(1195)之后。两浙路市舶司废置频仍原因众多,但相当程度上是受对外贸易地理方向影响:两浙路的对外贸易国主要是高丽和日本,二者较弱的贸易实力导致两浙路市舶收入较低;而贸易实力较强的南海诸国主要活跃于广南、福建,大幅分流了两浙路的市舶收入。以上情况相当程度上是受航线航程影响。不同于广南、福建二路广州港和泉州港一枝独秀的格局,两浙路区域经济发达,市舶港口多点开花。两浙路虽市舶收入有限,但在外交、军备、金融、文化等方面扮演了重要角色,佐证了中世纪帆船贸易时代,经济发达并不一定等同市舶发达。

关于这一领域的著述颇丰,如林梅村的《观沧海:大航海时代诸文明的冲突与交流》(上海古籍出版社,2018年)一书认为,自古以来,中国就是一个以农耕文化为主导的内陆国家。尽管中国大陆海岸线长达18000多公里,但历代统治者遵从儒家"重农抑商"的传统思想,没有充分开发利用海洋资源。公元前2世纪,张骞开启了丝绸之路。明代以前中国主要以中亚粟特商人为中介,经丝绸之路沙漠路线与西方交往。大航海时代以后,中国才开始与欧洲直接进行经济文化交流,而葡萄牙、西班牙、荷兰在海上丝绸之路贸易中扮演了重要角色。尽管明王朝实施"片板不许入海"的严厉海禁政策,但是未能阻止景德镇青花瓷和龙泉窑青瓷走私中东伊斯兰世界。挑战朝贡贸易的主要是中国东南沿海地区的穆斯林海商,他们还积极参与明代景德镇窑厂青花瓷设计制造,并对正德朝皇家艺术产生重要影响。17世纪初,郑芝龙成为台湾海峡最具实力的海盗之王。1628年就抚于明王朝,实际上仍保持极大独立性。1633年料罗湾大捷,郑芝龙击败荷兰舰队,以台湾北港为中心,建立"郑氏海上帝国"。鼎盛时期,出入长崎港的郑芝龙商船数远超荷兰商船。葡萄牙人、荷兰人、西班牙人、英国人、日本人都是其生意伙伴,每年收入数以千万计,富可敌国。令人遗憾的是,清王朝未能利用郑芝龙或其子郑成功海上生力军开拓疆土,中国失去了争夺海洋霸权的一个机会。

武斌的《丝绸之路全史》(辽宁教育出版社,2018年)一书在前言部分,论述了丝绸之路的文化内涵,在中外文化交流中的重要作用、地位和影响,以及研究丝绸之路历史的现实意义。在正文部分,详细地论述了丝绸之路形成、发展的历史,论述了在人类活动早期对欧亚大陆交通的开拓,还论述了西域丝绸之路、草原之路、西南丝绸之路和海上丝绸之路的形成、开拓和发展,各条路线的走向与延伸,其中重点论述了在丝绸之路上进行的中西文化交流,包括物质文化、宗教、艺术、科学技术等方面的交流。该书认为,交通与文化交流是中外文化发展的重要动力和保证,作者通过对丝绸之路形成与发展的历史的讲述,展现出中外文化交流的宏伟画卷。

该书是国内以丝绸之路为主题的全景式高端研究著作,站在历史和未来的高点,以当代中国的视角重新解构丝绸之路背后的文化与历史,用清晰的逻辑和睿智的语言,客观呈现中华优秀文明对世界的影响和中华民族伟大复兴的历史必然。

武斌先生具有较高的理论修养,坚持实证研究与理论分析相结合、史实的论述与理论的分析相结合,因而本书不仅具有较高的史学研究价值,而且在中外文化交流史的规律研究方面也有许多深入的见解,是构建中华文化传承发展体系的新尝试,为实现中华文化的创造性转化和创新性发展奠定了基础。作者将中华文化看成世界文化总体格局的有机的、重要的组成部分,而不是游离于世界文化发展大势之外,这一视角对于构建对外话语体系、提高国际话语权具有积极作用。

作者长期从事中国文化史和中外文化交流史研究,该书全景式地描述了丝绸之路的形成、发展、繁荣的历史,强调论述了丝绸之路在世界文化交流和发展中的重要地位和影响,内容丰富,广征博引,思路开阔,结构完整,可以说是一部比较全面、系统的丝绸之路通史,具有较高的学术价值,体现了作者渊博的学识。它的出版填补了丝绸之路通史的空白,对于今天"一带一路"倡议的贯彻落实,也具有重要的借鉴与启示意义。

顾佳赟的《丝绸之路上的东南亚文明:柬埔寨》(广西人民出版社,2018年)一书以历史时间为轴,结构清晰、史料翔实,用简明、通俗的叙事方式将复杂多变、神秘丰富的柬埔寨文明史展现在读者面前。从柬埔寨远古文明的缘起、扶南王国、真腊王国再到雄伟的吴哥帝国及帝国的坠落和涅槃重生

的柬埔寨,把中印两大文明与柬埔寨当地文化融合而形成的独特的文明史及其闻名世界的吴哥王城的诞生和演变细细梳理,可以说既是一部柬埔寨的文明史,又涉及历史上柬埔寨的政治和军事上的更迭变迁,还可以说是中柬友谊的交流史。

松浦章的《海上丝绸之路与亚洲海域交流(15 世纪末—20 世纪初)》(大象出版社,2018 年)一书收集了近百幅珍贵图片、图表,全方位梳理了 15 世纪末至 20 世纪初中国与海外诸国的文化交流。该书以轮船时代的海上丝绸之路为研究对象,所引用或参考的国内外史料、文献达 200 余篇,足见其权威性。作者重点论述其间发生的人、物之流通,涉及海外移民、出口物品、航运公司和航线,以及贸易港口等方面,进而探讨其中帆船与轮船时代的海上丝绸之路所做的贡献。从如此浩繁的资料中拣选相关条目绝非易事,足见作者其心之诚;再将如此琐碎的信息比照梳理进而探索出其中价值,足见作者功力之深。该书实为研究海上丝绸之路与中外文化交流的倾力之作。

由日本作者上田信著、寇淑婷译的《东欧亚海域史列传》(厦门大学出版社,2018 年)一书创造性使用了"东欧亚"概念,范围包括"日本海、渤海、黄海、东海、南海五大海和与它们相连接的陆地、岛屿",若使用世界地理用语,则包括东北亚、中亚、东亚以及东南亚和印度的一部分。该书展现了别样的历史人物风采,选取了曾经活跃在东欧亚海域世界的足利义满、郑和、王直、郑成功、陈弘谋、威廉·渣甸等 6 位主要历史人物展开论述。

聂德宁、张元的《牵星过洋:福建与东南亚》(福建教育出版社,2018 年)一书探讨了海上丝绸之路中的福建与东南亚、历史上福建与东南亚贸易往来的主要港口和商品、郑和下西洋与福建及东南亚、东南亚地区早期的福建籍华人社会组织及民间宗教信仰等问题,拓宽了海上丝绸之路研究的视野。

丁毓玲、林瀚的《涨海声中:福建与波斯阿拉伯》(福建教育出版社,2018 年)一书是"图说福建与海上丝绸之路"丛书之一,主要以图片形式展现福建与波斯、阿拉伯世界交往发展的历史。波斯、阿拉伯世界包含今天西亚与北非的大部分地区。早在唐代,福建就与这一地区开始了交往。从福州、泉州、厦门、邵武等地保留下来的阿拉伯及波斯历史遗存,包括不同历史时期的清真寺、碑铭、石刻造像等,可以窥见福建与波斯、阿拉伯世界的交通贸易、人员往来与文化交融的概貌,这些也是福建作为海上丝绸之路重要区域的历史见证。

徐斌、张金红的《顺风相送:福建与东北亚》(福建教育出版社,2018 年)一书主要以图片形式展现福建与东北亚地区海上交往发展的历史。该书精选图片 300 多幅,充分展现了福建与朝鲜、日本在政治、经济、文化、生活习俗、人员往来等方面的交流发展,是一部以图文并茂的形式展现福建与东北亚地区关系的学术性图书。

陈硕炫的《闽在海中:福建与海上丝绸之路》(福建教育出版社,2018 年)一书以图片形式展现福建海外交通贸易历史的发展过程和重要作用及影响,是一部以图文并茂的形式展现福建航海历史发展的学术性图书。全书结构清晰,图文相辅,对于人们全面认识福建海上丝绸之路的形成与发展、海上交通贸易的主要形式与特点,以及福建在海上丝绸之路中的重要文化地位和历史作用等均具有重要价值。

四、港口、交通、造船研究

霍杰的《宁波在海上丝绸之路地位演变研究》(《内蒙古科技与经济》2018 年第 3 期)一文着重考察宁波在海上丝绸之路的地位的演变,厘清宁波在丝绸之路的历史地位变化原因,从而为当前宁波在 21 世纪海上丝绸之路的定位以及提升宁波在 21 世纪海上丝绸之路的地位提供参考价值。

熊昭明的《汉代海上丝绸之路合浦港的考古发现》(《民主与科学》2018 年第 1 期)一文指出,合浦是汉代中西贸易交往网络的重要节点。汉代海上丝绸之路通过合浦港这一水路交通枢纽,向内陆及沿海辐射和延伸。汉以后,海路贸易持续扩大和发展,其繁荣的历史基础,正是以合浦为始发港的汉代海上丝绸之路。

冯立军的《"中澳航线":一段被"忽略"的"海上丝绸之路"》(《厦门大学学报(哲学社会科学版)》2018 年第 4 期)一文指出,中外学界对海上丝绸之路的研究历久弥新,成果斐然。然而这些研究更偏重于对海上丝绸之路南海航线的考察,对其他航线的研究相对薄弱。文章介绍了为满足中国市场

对海参的巨大需求,中国海商和"望加锡海参捕捞者"早在 16 世纪即开辟了连接中国和澳洲之间的"海参之路"。按照海上丝绸之路概念的发展演变,此"海参之路"应属海上丝绸之路的一部分。尽管这一段历史和这一条商路长时间被忽略,海上丝绸之路中澳航线的提出仍有历史的和现实的意义。

蔡蕊的《海上丝绸之路沿线港口发展现状及效率分析》(《时代经贸》2018 年第 19 期)一文以海上丝绸之路沿线国家港口为研究对象,针对海上丝绸之路东南亚、南亚—波斯湾、红海—东非—地中海 3 大航段的 35 个国家的港口分布及港口发展现状进行分析,以世界银行发布的全球基础设施发展数据为基础,对各国的港口吞吐量、港口基础设施软硬指标、班轮运输相关指数、物流绩效综合指数进行比较,测算出各国的港口综合航运能力,具体分析了海上丝绸之路沿线国家基础设施发展的不均衡情况,为区域港口间实现资源合理利用,建立物流联动网络,形成群体优势提供依据和参考。

丁亮的《论六朝时期都城南京与海上丝绸之路的关联》(《文物鉴定与鉴赏》2018 年第 14 期)一文指出,南京是中国"四大古都"中唯一位于南方的港口城市。六朝和明初是中国历史上两个海上交流频繁的时期,南京作为六朝和明初的首都,政治、经济、外交、文化活动十分活跃,是古代海上丝绸之路的重要节点。六朝时期的南京与海上丝绸之路有着特殊的关联,奠定了其在海上丝绸之路上的重要地位,在古代航海历史上留下了浓重的篇章。

吴培植的《泉州港江口古码头——"海上丝绸之路"遗产点》(《遗产与保护研究》2018 年第 8 期)一文指出,泉州港江口古码头,位于泉州市丰泽区法石社区美山村和文兴村,处在江海交汇处的咽喉地带,内航可直达晋江内河,距泉州城区 7.5 千米,为宋元泉州最为繁荣昌盛时期泉州城区与港区水陆转运的重要港口、江边运送货物的重要的商业码头。宋元时期,这里是泉州湾海上丝绸之路的重要支港之一。作为当时泉州港商船往来的标志,见证了宋元时期泉州"涨海声中万国商"的盛景。文章分析了泉州港古码头的基本情况,提出遗产保护措施,希望能够有效促进海上丝绸之路遗产点的保护与研究水平的提升。

杨坽的《汉至宋时期的梧州与"海上丝绸之路"》(《钦州学院学报》2018

年第 6 期）一文指出，汉至唐时期，梧州得益于得天独厚的水陆交通枢纽优势和"控南服之要"的地理位置，加之历代王朝对各大水陆联运工程的先后修筑贯通，成为中外贸易商品的重要集散地，并逐渐成为"海上丝绸之路"的重要水陆节点与珠江—西江流域的重要城市。宋朝时，由于国家海外贸易需求加大，加之当时梧州农业、手工业与商业得到迅速发展和航海技术进步等因素，梧州对外贸易发展繁荣，作为"海上丝绸之路"重要水陆节点的作用更为突出。

莫金鸣、刘耀的《浅谈深港地区在海上丝绸之路的地位和作用》（《特区实践与理论》2018 年第 2 期）一文指出，深港地区作为海上丝绸之路的重要节点，在新时期国家发展的大战略框架下，必然发挥越来越大的作用。回顾海上丝绸之路历史上的发展与变迁，海上丝绸之路在人类文明交流和华侨移民中具有重要的功能和作用。深港地区在海上丝绸之路的历史地位，是由其独特的地理环境决定的。深港两地在"一带一路"建设中，扮演着战略枢纽的角色：深圳作为海上丝绸之路的重要城市，具有先天优势和比较优势；香港作为金融中心、贸易中心和航运枢纽，在国家推动"一带一路"建设中可以发挥独特优势，并由此获得更大的发展机遇。因此，深港地区在海上丝绸之路中，从历史到现实，都具有无可替代的枢纽地位。

陈振杰的《匠心问舟——记海上丝绸之路中式木帆船模型展览》（《中国远洋海运》2018 年第 3 期）一文指出，由中国博物馆协会航海博物馆专业委员会主办、中国运河文化博物馆承办的国内首届"匠心问舟——'海上丝绸之路'中式木帆船模型展览"在山东聊城中国运河文化博物馆隆重开幕。此次中华传统木帆船船模大展，集中展示了中国历史上发明创造的各种船型，涵盖了我国传统木帆船的沙船、浙船、福船、广船等主要航海船型以及一些具有独特地域特征的"通江达海"的内河航行船型，如上海沙船、汴河客船、南湖红船、绿眉毛船、丹阳船、川江麻秧子船、山东长岛大瓜篓船、牵风船、巢湖划子船、福建泉州湾宋代海船、山东菏泽元代沉船、天津张湾明代运河漕船复原船及清代广东大澳船等。

郭华夏、许敏琳的《地理研学实践活动设计——以"海上丝绸之路"汕头站"樟林古港"为例》（《地理教学》2018 年第 17 期）一文指出，位于汕头澄海的樟林古港是我国海上丝绸之路的起源地之一。该文以海上丝绸之路和樟林古港为背景，设计了一次地理研学实践活动，活动采用 PBL 创设项目情境的方式，学生以问题驱动完成实践任务，教师使用量规评价学生实践效果。

王巧荣的《海上丝绸之路南海航线对中国南海权益的历史价值》(《桂海论丛》2018 年第 4 期)一文指出，自汉代起，海上丝绸之路南海航线便是中国从海上通往西方的桥梁，是中国线路最长、连接国家最多、海域最复杂的航线，对于促进古代中国与沿线各国的贸易往来、文化交流及人员流动发挥了重要作用。中国南海诸岛是南海航线必经之地，南海航线历史变迁及其留下的历史遗迹为中国在南海享有的海洋权益提供重要的历史依据。

杨国桢的《福州与海上丝绸之路》(《闽都文化》2018 年第 1 期)一文指出，海上丝绸之路是古代世界太平洋与印度洋沿线国家海上交往的大通道，中国最早的关于海上丝绸之路的文献记录，是有关汉武帝时代从徐闻、合浦港出发到印度、斯里兰卡的航线，迄今 2000 多年。福州位于海上丝绸之路中国段的中端，从闽越国的都城到汉代的沿海港口城市，促成了福州与海上丝绸之路的对接和发展。福州很早就有原始人群的海洋活动，在滨海地区，通过考古发掘，发现了新石器时代的海洋文明。

经盛鸿的《南京与海上丝绸之路》(《钟山风雨》2018 年第 3 期)一文指出，对外开放是一条国家走向富强与发达的必由之路，是各国之间开展合作、交流与互相学习、实现共同进步的必由之路。中国历史上的陆上丝绸之路与海上丝绸之路及其所发挥的巨大作用与影响，就是最好的证明。南京是中国历史上海上丝绸之路的重要节点城市。六朝和明初，中国历史上两个海上交流频繁的时期，均建都于南京，奠定了南京在海上丝绸之路上的重要地位。

周运中的《青龙镇海上丝绸之路两则新史料》(《都会遗踪》2018 年第 2 期)一文首次揭示了上海古代重要港口青龙镇的两则史料。一则是宋代的诗歌，讲到青龙镇占有三吴地有利的地理位置，所以有日本商船来到青龙镇，青龙镇的佛寺非常兴盛；另一则是宋代的故事，讲到青龙镇的一个富人生活奢靡，但是在佛教徒的劝说下改变习惯，这个故事也印证了青龙镇商业和佛教的繁盛。

骆卫坚、黄应锋、吕凤霄的《黄埔古村:海上丝绸之路从这里扬帆世界》(《生态文明世界》2018年第3期)一文指出,黄埔村,海上丝绸之路东方发祥地,曾经是中国对外贸易的唯一口岸。它见证了我国对外贸易的历史和海上丝绸之路的繁荣。赫赫有名的黄埔港和黄埔军校,其名均源自黄埔古村。18世纪,瑞典"哥德堡号"曾三次抵达这里,美国的"中国皇后号"是在黄埔港开启了中美贸易的第一船。

曾玲玲的《蔡鸿生:〈广州海事录——从市舶时代到洋舶时代〉》(《海交史研究》2018年第2期)一文指出,唐元和十五年(820),著名文学家、政治家韩愈应好友岭南节度使孔戣之邀,撰写《南海神广利王庙碑》,碑文不仅记载孔戣治理岭南的经验,还记载唐代岭南祭海习俗,首次使用"海事"一词。此后逾千年,各类正史、诗词、笔记、碑刻均有涉及广州海事的内容,历代史家亦开展有关课题的研究。1991年2月14日,联合国教科文组织海上丝绸之路综合考察团在泉州开展为期5天的考察之旅,举行"中国与海上丝绸之路"国际学术研讨会,由此在中国掀起了一股海上丝路研究热,有关广州港历史的研究及相关遗址遗物的整理与展示也取得丰硕的成果。有关广州港历史比较重要的展览和相关遗址遗物整理与研究的出版物主要有:1996年广州博物馆、广东省博物馆与香港市政局联合举办"南海海上交通贸易二千年"展览并出版的同名图录;2005—2006年广东省文化厅、广州市文化局、香港特别行政区民政事务局、澳门特别行政区政府文化局联合主办"东西汇流——粤港澳文物大展"并出版同名图录,该图录汇聚了粤港澳三地文博机构所藏反映汉代至鸦片战争爆发前海上贸易及东西方文化交流的遗物;2005年,中共广州市委宣传部、广州市文化局组织市属文博考古人员,整理与广州海上贸易相关的历代文献、地上史迹和地下考古出土文物,由文物出版社正式出版《海上丝绸之路:广州文化遗产》(全三卷);2009年,广州博物馆联合西汉南越王博物馆、南越王宫博物馆、广州市文物考古研究所举办"广州海上丝绸之路的考古发现"展览,展出城市考古出土的逾80件汉代至清代金银器、玻璃器、陶船模型、珠饰、陶象牙等。

苏德辉、李祖耀、陈英杰的《文兴古渡与刺桐城"东方第一大港"的兴衰

往事》(《城市地理》2018 年第 9 期)一文追述了关于泉州刺桐古港的风情长卷。

李晴的《伊本·白图泰远航中国考》(《海交史研究》2018 年第 1 期)一文指出,14 世纪初,摩洛哥旅行家伊本·白图泰从丹吉尔港启程,到世界各地旅行。1333 年,伊本·白图泰从中亚到印度,为德里苏丹图格鲁克王朝服务了近 10 年。1341 年,德里苏丹派他随元朝使团回访中国,从南印度经东南亚远航中国。然而,对于伊本·白图泰从南印度古里航海到中国泉州的具体路线,目前学界尚未达成统一意见。该文根据考古发现和海上丝绸之路研究新成果,探讨了印度古里—安达曼群岛—苏门答腊—吕宋—泉州(刺桐城)航线。

周兴樑的《广州海丝之路溯源及其发展过程研究》(《中国名城》2018 年第 1 期)一文指出,广州是一座有着 2240 多年历史的文化名城,秦汉之交,番禺已成港市,并为中国九大都会之一。西汉武帝时,广州海上丝绸之路的商贸交通初步形成,并于东汉时发展成对外贸易之始发港口。唐宋元时期,广州成为我国海上丝路的第一大港和世界东方之最大港口,当时的东西方海上贸易达到繁盛之境。明清时期,朝廷对海路贸易采取时开时禁、后又只许广州对外开放的政策,使广州成为海上丝路环球贸易的唯一大港,其对外商贸仍有所扩展,一直延至鸦片战争前。广州在我国西汉至清中期的古海上丝路之商贸及其文化传承中,始终扮演着重要角色,而扶胥港和黄埔古港无疑是这方面的最好历史见证。这条海上丝绸之路,既是我国长期与世界各地互联互通的开放之路,也是中国与海外各国进行贸易活动的创新与繁华之路,更是彼此间友好与文明交往的和平之路。

单丽的《异源杂流:海道针经的撰述与流传》(《海交史研究》2018 年第 2 期)一文指出,从源头上来说,海道针经的母版更有可能是多源的。由众多火长、船老大或其代笔人撰述的原始海道针经,在后世的交相汇流的流传与散布中,针经本身的内容会因抄录之人的个人取舍发生一定程度的变化。与此同时,原始海道针经保存航海经验与技艺用于指导航海的初衷与功用,也相应发生变化,虽无法再助益航海实践,却可以客观上传承弘扬航海文化。原始海道针经撰述的首要目的,在于为涉海船员后人保存前辈的航海经验,其作用,并非前人所认为的掌握在火长手中直接用于指导航海,而是作为传统航海技术教育的重要组成部分,为后辈船员舵工乃至优秀火长的长成提供尽可能全面的理论基础。但毫无疑问的是,航海实践过程中前辈火长的言传身教,要远重要于任何文本史料的指导。

金峰的《清船不过马六甲缘由考析》(《海交史研究》2018 年第 2 期)一文指出,鸦片战争前中国制造的丝、茶、瓷畅销世界,清商在东亚、南海也极为活跃,但清船却令人颇为费解地绝迹于马六甲以西。该文分析指出,造船和航海技术、商贸及社会经济条件等关乎航海和贸易的"能力"因素,都会制约清船西进,然并未构成绝对禁限。封建传统的政策和文化等因素则对清人从事航海和贸易活动的"能力"和"意愿"均造成严重制约,因此具有更加决定性的影响。

陈少丰的《宋初海上贡道考索》(《海交史研究》2018 年第 2 期)一文指出,宋朝掌控广州港之前(960—971),南海诸国就已来华朝贡。对于这条隐秘的海上贡道大致可推断为:南海诸国沿着五代十国时期开辟的南海航线到达泉州,再借道吴越,从福州、温州、台州、明州一路北上,抵达登州,再转陆路进入都城开封。这条海上贡道能够实现的重要前提是泉漳和吴越臣服于宋朝,允许南海国家借道通行。泉州和登州是两个重要的节点。

陈晓珊的《"针迷舵失"与中国古代航海活动中对岛礁区风险的认识》(《国家航海》2018 年第 1 期)一文指出,在中国古代航海文献中,有一些类似"针迷舵失"的记载。这种现象出现在特定海域中,当地多岛礁浅滩,复杂的地形条件导致海流情况异常,当航船偏离安全航线,靠近这些区域时,很容易被卷入险境,船舵与岛礁碰撞损毁,从而引发海难事故。中国古代航海者记述这种情况时,将其概括为简短的术语"针迷舵失"等,实际表现了因领航者判断引导失误,致使海船迷失航向的情形。这类术语体现了中国古代对岛礁区海流特征和航海风险的认识。

陈志坚的《雷州市乌石罟帆船的传统技艺与习俗》(《国家航海》2018 年第 1 期)一文指出,雷州作为南海航运要地和海防要冲,自明万历年间即设有大型船只的官方建造场所。其后该处虽废,但沿海港埠民间仍建造罟帆船。这种传统建造技艺一直延续到 20 世纪五六十年代。如今曾参与建造

罟帆船的技术师傅多已年近古稀,罟帆船的传统制造技艺面临失传的严峻考验,因此,须加紧对这份珍贵的遗产进行挖掘、整合与研究。

马建春、王霞的《元代马八儿—亚丁新航线疏证》(《国家航海》2018年第2期)一文指出,元帝国不仅注重中西陆上通道的发展,也高度重视对海外的经略,并极力开拓东西海上交通。元代通往西方的海上通道,虽然是唐宋以来中西海上交通的延续,却较以往多有拓展。这一时期自海路乘舶入华的域外人士,以色目人的身份积极参与了东西方繁忙的海上贸易,由他们开拓的自红海海口亚丁,经索科特拉岛、马尔代夫至马八儿(印度南部马纳尔湾一带)到东方的航线其时渐趋活跃,缩短了自印度至红海沿岸及东非的航路,乃使东西交往更加便捷,在海上交通中发挥了突出作用,从而对印度洋海域网络建构产生了重要影响。

彭维斌的《漳州窑大盘与16、17世纪的航海文化》(《国家航海》2018年第2期)一文指出,漳州窑是中国古代重要的外销瓷生产场地。明清时期,漳州窑大盘上出现了一类不见于其他窑口产品上的,以航海文化元素为主题的纹饰图案。这些图案常见于16世纪、17世纪的中西航海图上,是航海图标的绘制要素,反映了当时世界范围内海洋航运的发达与航海导航技术的进步。该文讨论了这类纹饰的组合类型、文化来源、产生的时代背景,以及以航海文化元素为主题纹饰的漳州窑大盘的消费市场等问题。这些讨论对于深入研究16世纪、17世纪以来中西航海文化的发展、相互影响,乃至对研究中国陶瓷生产与外销等的影响具有特殊的意义。

五、沉船研究

张睿镝的《黑石号:让世界重新认识唐代》(《中外文化交流》2018年第10期)一文认为,黑石号的重见天日使世界开始重新思考唐代海外贸易的繁荣程度,也可以借助这些遗存进一步勾画中国与阿拉伯世界的文化交流。初唐之前,陆上丝绸之路对中国海外贸易至关重要。但由于西域战争等,陆上丝绸之路经常被阻断,经济重心日益向东南转移,海上丝绸之路逐渐兴盛。

龚昌奇、张治国的《华光礁一号宋代古船技术复原初探》(《国家航海》2018 年第 1 期)一文认为,中国西沙华光礁礁盘内出水的南宋运输木船是我国目前在远海发现的第一艘古代船舶。华光礁一号宋代古船虽然船体结构破损较严重,但是研究古代中国船舶结构与性能、造船技术和海外交通及贸易史的宝贵实物资料。对古船船型和结构的初步复原工作,为深入探讨宋代船舶的发展历史和技术特点提供了一定的技术支撑。

齐上志的《水下考古与闽都海上丝绸之路》(《炎黄纵横》2018 年第 4 期)一文认为,要了解海洋文明史必须开展水下考古。福州朱紫坊方氏海军世家传人方均,1931—1935 年任海军东沙群岛观象台台长期间,收集到分散于岛上的中国古代钱币数百枚,于 1974 年捐献给国家文物部门。此举为南中国海群岛是中国领土提供了实物证据。1989 年,中国第一支水下考古队在青岛理论技术培训结束,次年 3 月到福州连江定海湾沉船遗址开始水下考古专业实习培训。11 名队员中有 3 名是福州市考古人员。

刘慧茹的《浅析陶瓷制作工艺对出水瓷器病害的影响——以"南海Ⅰ号"出水德化窑大碗为例》(《全面腐蚀控制》2018 年第 7 期)一文以"南海Ⅰ号"出水的德化窑大碗为研究对象,运用图像学、历史学的研究方法,结合实物观察,对德化窑的制瓷工艺及其对文物病害的影响进行了分析和研究。作者通过对"南海Ⅰ号"德化窑大碗制作工艺的研究,认为陶瓷的制作工艺在每个环节中都会为病害的产生提供契机。借古启今,该文的研究将为文物的病害识别、清洗、防止腐蚀、修复等保护工作提供理论支持。

冯正腾的《南海Ⅰ号出水金器工艺浅析》(《文物鉴定与鉴赏》2018 年第 13 期)一文认为,"南海Ⅰ号"搭载了大量货物,从出水情况看,金器占的分量不多,但金器的造型古典豪放,保存情况甚佳,可以作为一个切入口,了解这艘宋船货主的身份、当时的流行时尚等。文章主要从工艺、设计风格方面介绍了"南海Ⅰ号"出水的部分金器,包括金镯、璎珞、金器小件等。

崔霁云的《南海一号八百年的沉船之谜》(《旅游世界》2018 年第 4 期)一文中说,在广东海陵岛上,广东海上丝绸之路博物馆静静伫立在海边。这座以安放"南海Ⅰ号"宋代沉船而闻名的博物馆,承担着发掘、保护、展示研究成果的功能。走进博物馆内的水晶宫,沉箱内偌大的船体已经清晰可见。

船被横纵隔板有序分成若干舱,每个隔舱内堆积着瓷器、漆器等文物。虽然经过近千年时光沉浮,它们的外观、排列已不甚完整,但不难窥见昔日的荣光。

孟原召的《华光礁一号沉船与宋代南海贸易》(《博物院》2018 年第 2 期)一文认为,"华光礁一号"沉船是一艘南宋早期的南海贸易商船,位于西沙群岛西侧中部的华光礁礁盘上。华光礁地处海上丝绸之路重要航线,是我国通往南海各国的交通要地。"华光礁一号"沉船通过水下考古调查和发掘,出水了一大批产自南方地区的外销瓷器,包括浙江龙泉窑、江西景德镇窑以及福建地区的德化窑、晋江磁灶窑、闽清义窑、松溪窑等诸窑产品,类别丰富,还有一些铜镜、铁条材等金属遗物,以及保存相对较好的船体构件。结合中国沿海及东南亚海域发现的沉船及其出水遗物来看,宋代特别是南宋时期的海外贸易有了新的发展,其船货类别有了一定的变化,这也反映了其贸易港口、商品来源等方面的变迁。海外贸易的发展也带动了南方沿海及邻近内地区域经济的发展,尤其是华南沿海地区宋代以来制瓷手工业和外向型生产的兴盛。同时,这些船货遗存在东南亚、南亚、西亚、非洲东海岸等地区均有发现,尤以外销瓷为典型代表,这正是宋元时期海上丝绸之路繁荣发展的历史见证。

杨睿的《"南海Ⅰ号"南宋沉船若干问题考辨》(《博物院》2018 年第 2 期)一文认为,"南海Ⅰ号"南宋沉船是我国最重要的考古发现之一,出水了一大批重要的文物,为宋代海外贸易史、陶瓷史、造船史等研究提供了实物资料。该文将沉船出水的文物与历史文献相结合,从饰有珠宝的金器、玻璃茧形壶等考证沉船应载有番人,从船载的铜铁器等发现"南海Ⅰ号"违禁载铜器、铜钱和兵器,从出水的铜钱和瓷器上的干支纪年、所载瓷器的产地推定出了沉船的发船时间和始发港口。

宋建忠的《那些凝固的"时间胶囊"——沉船承载着的人类历史》(《博物院》2018 年第 2 期)一文认为,承载着人类历史的沉船成为人类凝固的"时间胶囊"被留存了下来,沉船的调查促成了近代海洋考古学的诞生。以我国沿海港口为中心的环中国海海域作为世界海洋文明的重要区域之一,近 30 年来,我国海洋(水下)考古工作者对古代沉船进行了调查、发掘,这对古代中国海上丝绸之路及海上贸易与交通的研究具有重要的意义。

李秋霞、曹理想、徐润林的《宋代海底沉船"南海Ⅰ号"出水木质文物中细菌类群》（《微生物学报》2018 年第 8 期）一文通过对"南海Ⅰ号"沉船出水木质文物标本中细菌类群的分析，了解饱水木质文物中的细菌类群并推测细菌对木质文物损害的机制。应用 Illumina Mi Seq 测序平台对采自该沉船的 10 份木质文物标本中细菌 V3-V4 序列进行测序与分析，比较各标本中细菌群落的组成差异。根据 97％序列相似性得到 3780 株不同的细菌 OTUs，分属 34 目、35 科的 187 个属；多数细菌 OTU 属于变形菌门（Proteobacteria）细菌，占全部细菌 OTU 的 52.9％，在细菌纲水平上 γ—变形菌纲（γ-Proteobacteria）（占 17.9％）是丰度最高的细菌纲。德沃氏菌属（Devosia）（3.5％）是"南海Ⅰ号"沉船样品丰度最高的属，其他分别属于甲基娇养杆菌属（Methylotenera）（2.4％）、鼠尾菌属（Muricauda）（1.2％）。其中氢噬胞菌属（Hydrogenophaga）、中国农大湖积物杆菌（Lacibacter cauensis）、德氏食酸菌（Acidovorax delafieldii）、德沃斯氏菌属（Devosia）、沉积物杆状菌属（Sediminibacterium）、缺陷短孢单胞菌（Brevundimonas diminuta）和门多萨假单胞菌（Pseudomonas mendocina）在所有样品中均可检测到。"南海Ⅰ号"沉船出水木质文物存在着种类丰富的好氧与厌氧细菌种类，多种细菌类群具有较好的纤维素降解能力与铁硫元素转化能力，控制细菌群落中参与分解纤维素的细菌与铁硫循环菌活性对于保护木质文物有重要作用。

王光远的《浙江象山县"小白礁Ⅰ号"清代沉船 2014 年发掘简报》（《考古》2018 年第 11 期）一文指出，"小白礁Ⅰ号"沉船位于宁波市象山县石浦镇东南约 26 海里的渔山列岛小白礁北侧水下 24 米处。2008 年 10 月，该沉船发现于浙江沿海水下文物普查。2009 年 6 月，中国国家博物馆和宁波市文物考古研究所对其实施了重点调查和试掘；2011 年 6—7 月，结合首届"国家水下文化遗产保护（考古）培训班"，对遗址进行了表面清理；2012 年 5—7 月，基本完成船体以上船载遗物的清理发掘。2014 年 5—7 月，由宁波市文物考古研究所（国家水下文化遗产保护宁波基地）、国家文物局水下文化遗产保护中心、象山县文物管理委员会办公室组织实施，国内外的 20 余

名水下考古队员和 10 余家合作单位的 30 余名技术人员参与,"小白礁Ⅰ号"船体发掘与现场保护全面完成。

刘冬媚的《明代晚期景德镇民窑瓷器的官窑因素——以"南澳Ⅰ号"沉船出水青花瓷器为例》(《文博学刊》2018 年第 3 期)一文系统地阐述了"南澳Ⅰ号"沉船出水景德镇窑青花瓷器的基本特点及生产背景,指出明代晚期景德镇窑瓷器生产达到了较高水平,世界各国对中国生产的青花瓷器青睐有加,以及明代晚期"官搭民烧"制度加速推进了景德镇整个瓷器制作体系的成熟。文章通过对比"南澳Ⅰ号"沉船出水青花瓷器和同时期官窑瓷器,发现"南澳Ⅰ号"沉船出水青花瓷器质量虽然与官窑瓷器还存在一定的差距,但其回青料的使用、纹饰的画法和款识的运用反映出明代晚期景德镇窑陶瓷器普遍具有官窑因素。

袁晓春的《南海"华光礁Ⅰ号"沉船造船技术研究》(《南海学刊》2018 年第 2 期)一文指出,"华光礁Ⅰ号"沉船建有 6 层外板,为中外造船史所仅见,是中国宋元时期海船采用多层外板造船技术的见证。多层外板以及复合外板造船技术具有保证船舶强度、防止海损、防止海蛆侵蚀船材、解决木材局限、增加船壳板板架结构强度、减摇等作用。"华光礁Ⅰ号"宋船的龙骨为 3 段式龙骨,采用舌形铜板,复原船长为 26.5 米。宋元时期多层外板造船技术不见中国文献,元朝来华的马可·波罗对其有详细记载。

王昊、万鑫、席光兰的《珊瑚岛一号沉船遗址石质文物清理技术探讨》(《文物世界》2018 年第 5 期)一文指出,"珊瑚岛一号"沉船遗址环境状况良好,石质文物上生长的珊瑚多为国家二级保护野生动物,文物上可见碳酸盐沉积物,形成的海洋结垢物主要为不同组分比例白云石和文石的混合物。遗址清理工作要对文物表面生长的珊瑚进行保护,而对于形成的碳酸钙凝结层、藻类和微生物污染物,可使用水下液压打磨机、空化射流枪等工具进行清除,微生物污染的清洗也能对海洋大型污损生物的防控起到一定作用。

陈冲的《南澳Ⅰ号沉船所见景德镇民窑青花瓷的生产年代》(《华夏考古》2018 年第 4 期)一文指出,由于所据材料及研究方法的不足和不同,关于"南澳Ⅰ号"沉船所见景德镇民窑青花瓷的生产年代有不同的认识。该文在全面搜集嘉靖至万历时期景德镇民窑青花瓷材料的基础上,重点依据观音阁窑址出土资料,结合居址、窖藏、沉船出土青花瓷及纪年器,运用考古类型学方法,综合分析"南澳Ⅰ号"沉船所见景德镇民窑青花瓷的器形、纹饰和款识3个因素,认为其生产年代为万历早中期(16世纪晚期),并进一步指出,景德镇民窑青花瓷同一时期存在精粗产品共存现象,且存在同类特征跨时期延续但工艺退化的特点。

林唐欧的《"南海Ⅰ号"沉船瓷器墨书初步研究》(《南海学刊》2018年第4期)一文指出,"南海Ⅰ号"沉船自发掘以来出土了大量瓷器墨书,墨书内容丰富且保存完好,多为姓氏及记号,虽然是只言片语,但直观地表达了特定的意思,指证较为明确。通过对特殊的墨书、记号展开深入的研究和解读,了解到墨书传达了南宋时期海外贸易的活动信息,反映了古代海上丝绸之路的一个侧面。结合宋代的社会经济制度和对外贸易制度,透过这些墨书可以更好地理解和阐释南宋时期的海外贸易情况和社会人员结构。

杨芝的《"CHINA与世界":解开沉船古瓷的海丝密码》(《宁波通讯》2018年第4期)一文指出,"CHINA与世界",这个在"海丝"申遗和"一带一路"倡议大背景下策划的展览,以航海造船和瓷器贸易为双主线,精选了来自全国22个文博单位的300余件(套)古代贸易瓷器及相关展品,展现自唐朝到清朝这一历史时期海上丝绸之路的壮阔图景,串联出海上丝绸之路的生动故事。

伊铭的《南海Ⅰ号沉船考古报告之二——2014—2015年发掘》(《考古》2018年第7期)一文对"南海Ⅰ号"沉船考古成果做了详细介绍。

《南海Ⅰ号沉船考古报告之一——1989—2004年调查》由国家文物局水下文化遗产保护中心、中国国家博物馆、广东省文物考古研究所、阳江市博物馆编著,文物出版社2017年11月出版发行。"南海Ⅰ号"沉船遗址位于广东省江门市川山群岛海域,1987年发现,1989年11月进行了首次水下考古调查。2001—2004年共进行了7次水下考古调查,确定了沉船遗址的位置、分布范围等,采集出水了一批遗物。出水遗物以瓷器为大宗,有江西景德镇窑青白瓷、浙江龙泉窑青瓷、福建德化窑青白瓷和白瓷、闽清义窑青白瓷和青瓷、磁灶窑酱黑釉瓷和绿釉瓷等,器类多为日常生活用器。

屈婷的《考古学家在"南海一号"沉船发现年代最早的31粒胡椒》(《新

教育》2018 年第 9 期)一文指出,在"南海一号"沉船上,植物考古学家发掘、鉴定了中国出土年代最早的 31 粒胡椒遗存,它们为这艘瓜果飘香的南宋福船平添了一丝热带风情。

　　袁晓春的《菏泽元代古船初步探析》(《中国港口》2018 年第 S2 期)一文指出,2010 年 9 月,山东菏泽发现一艘古代沉船,并出土一批珍贵文物。该船结构较为独特,出土文物丰富多样,是我国古船的又一重要发现。该文对该船的年代、船体结构、出土文物、沉没原因等做了初步探析。

　　丁见祥的《"南澳Ⅰ号":位置、内涵与时代》(《博物院》2018 年第 2 期)一文指出,"南澳Ⅰ号"明代沉船的发现与发掘是近 10 年来水下考古的重要成果之一。该文根据现有材料,主要考察了沉船环境、沉船事件的时代背景,并从船体、船载文物、人的角度对沉船内涵进行了初步分析。"南澳Ⅰ号"及其蕴含的大量信息,对于更好地理解隆庆开海后晚明海外贸易新格局的形成与发展具有重要意义。

　　赵志军的《宋代远洋贸易商船"南海一号"出土植物遗存》(《农业考古》2018 年第 3 期)一文指出,"南海一号"沉船是一艘南宋时期的远洋贸易商船,从中出土了 3105 粒植物种子和果实,其中绝大多数是可食用植物,分为核果类、坚果类、浆果类、荔枝类、瓜类、香料类和谷物类。通过分析,"南海一号"沉船出土植物遗存属于远洋航行所携带的食物,其中以利于长期保存的坚果、凉果和蜜饯为主,这些植物类食物的产地与该船始发地福建泉州港相关。在"南海一号"沉船上发现的花椒和胡椒都是当今世界上重要的调味品,其中的胡椒是我国迄今见报道的考古发现的年代最早的胡椒实物。

　　马嘉璇的《宋代景德镇窑婴戏纹浅析》(《收藏家》2018 年第 7 期)一文指出,"南海一号"是一艘南宋时期的木质古沉船,沉没地点位于海上丝绸之路的航线上——广东阳江下川岛海域。2007 年我国对这艘古沉船进行了整体打捞,2016 年船内发掘工作基本结束。该沉船出水的文物中瓷器居多,内有一批婴戏纹瓷碗十分抢眼,广东海上丝绸之路博物馆展示了其中一件。这件器物与 1990 年江西临川市(今临川区)金家山宋墓出土以及故宫博物院藏景德镇窑青白釉刻花婴戏纹碗的纹样基本一致。

　　方昭远、李建毛的《明代巴考沉船及其出水陶瓷初探》(《湖南省博物馆馆刊》2018年第1期)一文指出,巴考沉船是一艘发现于印度尼西亚海域与郑和下西洋同时代的中国沉船,对研究明初海禁政策下中国海上丝绸之路贸易具有重要意义。该文重点介绍了提尔曼·沃特法先生捐赠给湖南省博物馆的38件巴考沉船出水陶瓷,由此可以管窥明代初期海上丝绸之路的陶瓷外销情况。同时,文章结合沉船上的其他货物,对沉船的具体年代和性质等问题进行了初步探讨。

林唐欧的《"南海Ⅰ号"船载铁器初探》(《遗产与保护研究》2018年第8期)一文指出,"南海Ⅰ号"沉船发掘至今,铁器数量仅次于陶瓷器,是船上重要的货物之一,主要以铁条、铁锅为主。宋代的冶铁技术先进,铁产量巨大,福建自古以来矿产资源丰富,是产铁冶铁的地区,为"南海Ⅰ号"船载铁器创造了海外贸易条件,因此铁器的生产销售对研究宋代铁器海外贸易具有非常重要的意义,也更正了在资料阙如的情况下对船载铁器的认识。

六、郑和研究

黄意华的《源于郑和下西洋的福州话》(《炎黄纵横》2018年第1期)一文指出,福州是郑和七下西洋的驻泊基地和开洋起点,郑和庞大舟师累驻于福州附近的长乐太平港,招募水手,修造船舶,补充给养,祭祀海神,伺风开洋。舟师的停驻,对当地的经济、文化的影响巨大,特别是大量的舟师、水手随船远航,他们入诸异国,往返动辄数年。长期的航海生活和异国见闻,对福州舟师、水手的话语产生了影响。他们返航后,这些话语也融入社会生活,沿用至今。

邹振环的《郑和下西洋与明朝的"麒麟外交"》(《华东师范大学学报(哲学社会科学版)》2018年第2期)一文指出,郑和下西洋时期,明朝与亚洲和非洲各国的交往,不仅是政治和经济上的,更多体现在文化交往上,其中也包含着麒麟(长颈鹿)等动物的交流。郑和下西洋可分为第一至第三次和第四至第七次两个阶段,活动地区由第一阶段在东南亚和南亚,拓展到第二阶段的西亚和东非地区。与郑和七下西洋直接有关的海上"麒麟贡"约有7次,均出现在第二阶段,之后出现的"麒麟贡",也与下西洋有着紧密的关联。

或以为第四至第七次下西洋地域上的拓展,是与"麒麟贡"直接有关。永乐大帝在总结历朝外交思想的基础上,将自己在东亚国际体系中实践的经验和理论,施行于南海西洋。郑和下西洋起初有为寻找失踪的建文帝和打击流亡的反朱棣的残余势力之目的,但之后渐渐演变为搜寻奇兽异物、保护南中国海的航道安全、在南洋宣扬国威和与非属国施行外交的需要。明初通过"麒麟外交"所履行的一系列邦交礼仪,深化天下意识和华夷观念。"麒麟外交"仪式不仅是为了演示给本土成员,同时也有吸引周边国家及南洋和东非国家加入天朝宗藩朝贡联盟的政治目的,以确立明朝的中华朝贡体系中心的地位。

郑闻天的《论郑和航海时期的中国海洋外交》(《东岳论丛》2018 年第 11 期)一文指出,郑和航海时期大规模开展海洋外交,是有其一定的海外社会基础的。郑和航海奉行"宣德化而柔远人"的海洋外交方针,其"宣德化"就是致力于与海外诸国"共享太平之福",以此来和谐万邦;其"柔远人"就是践行中国人怀柔远人的天下观,以此来实现利益共享。这使郑和航海开展的海洋外交,受到海外诸国的欢迎,海外诸国因此而受益,纷纷向中国靠拢,开创了古代海洋外交划时代的新局面,促进了海上丝绸之路的发展,使郑和航海的创举名正言顺地持续得到推进和发展。

王樱洁的《论郑和下西洋的文化交流作用》(《佳木斯职业学院学报》2018 年第 2 期)一文指出,明朝初年,统治者借助怀柔的方式实现了对周边邦国的睦邻友好关系。在这一背景下,郑和奉命下西洋,揭开了我国对外文化交流的新篇章。该文主要从郑和下西洋的背景出发,对其文化交流的作用进行了分析。

陈平平、孙美姝的《郑和第七次下西洋的使命与贡献》(《南通航运职业技术学院学报》2018 年第 3 期)一文指出,郑和第七次下西洋,是明太宗朱棣时期郑和六次下西洋的继续和终结。明宣宗朱瞻基是郑和第七次下西洋的决策者和驱动者,郑和、王景弘为此次航行的正使。此次航行以强大的国家综合实力为后盾,以无敌的海军特混舰队为使团船队,以和平友好、互利共赢、共同发展、"共享太平之福"的理念为指导。郑和第七次下西洋担负着恢复和发展多个国家和明皇朝的朝贡关系;调解国际争端,维护地区的和平;整修海外的基地;恢复和扩展东西洋交通航线;开展贸易,采购物资;促进亚非地区各国的政治、经济、文化、宗教、物产等的交流与和平发展;巩固明朝在国际上主导地位的重要使命。郑和第七次下西洋出使 26 国,时跨 3 年,是一次大规模的和平外交与航海活动,体现了"各敬顺天道,抚揖人民,以共享太平之福"的和平、共同发展的理念。

施存龙的《郑和下西洋的出国门——五虎门考辨》(《南通航运职业技术学院学报》2018 年第 2 期)一文指出,对于郑和历次下西洋的出国门,在国内外郑和研究著述中,尚未见专文论述,而在这个问题上,自明朝至今还存在一些误解传讹,很有必要澄清。通过考证,论定郑和下西洋的出国门应是五虎门,而非其他港口。文章对五虎门在海疆中的地理形势和其地名渊源及古今行政隶属进行了考辨,也对五虎门的古今功能进行了考证,建议在地方命名上保持著名国门的历史名称。

张童心、张翼飞的《简析浙江在郑和下西洋过程中的重要地位》(《济南大学学报(社会科学版)》2018 年第 4 期)一文指出,在中国的明朝时期,著名航海家郑和开创并完成了中国第一次远洋贸易外交的战略行动,不仅将丰富的中国产品"传播"到海外沿海的国家,而且通过贸易往来活动,带回了东南亚、南亚、东非等国家的珍奇物品,同时拓展了与上述广大地区的文明文化交流。在这个过程中,浙江扮演了重要的角色,见证了其首次东渡、保存了大量活动遗迹;作为拥有丰富航运经验、造船工艺的浙江,有力地支持了郑和下西洋的远洋航海活动。

朱光立、侯超的《浅谈郑和下西洋对当下意识形态传播的启示》(《南通航运职业技术学院学报》2018 年第 1 期)一文指出,在封建体制下,郑和下西洋作为一次主动输出意识产品的对外传播活动,无疑显得弥足珍贵。因此,探究其中蕴含的对外传播策略,对当下有启发意义。文章从传播学的角度,挖掘这一历史壮举与意识形态输出的关联,搜寻些许启示,以为当下意识形态传播工作提供借鉴。

胡晓伟的《郑和宝船尺度新考——从泉州东西塔的尺度谈起》(《海交史研究》2018 年第 2 期)一文通过分析泉州东西塔所用度量单位"丈",表明有必要用新的视角看待郑和宝船所用度量单位"丈"。采用比较研究的方法,

对《明史·郑和传》之郑和宝船与《明史·和兰传》之荷兰船尺度所用度量单位"丈"提出新的解读，即其1"丈"≈1.6米。据此换算郑和宝船长"四十四丈"为70.4米、宽"十八丈"为28.8米。洪保等人下西洋所乘坐的"五千料巨舶"，也不是长度超百米的郑和宝船。

喜富裕的《关于侯显"五使绝域"及参与郑和下西洋问题的认识》（《西藏研究》2018年第2期）一文指出，宦官侯显在明代中外关系和民族史上占有很重要的地位。对于侯显"五使绝域"及是否参与郑和第二次（永乐五年）及第三次（永乐七年）下西洋问题，不同的史料存在不同的记载。《明实录》《明史》等不记，《罪惟录》《吾学编》《七修类稿》《菽园杂记》却予以记载，这是因为明末清初的史家文人在编撰明史时对《星槎胜览》《瀛涯胜览》内容引用不严谨和相互抄袭，以及后来学者对这些不同史料未进行认真的甄别和科学的分析。

何思雨的《外交政策分析视角下郑和下西洋的"伊斯兰因素"及其借鉴》（《亚太安全与海洋研究》2018年第1期）一文指出，郑和七下西洋是古代中国与亚非国家和平交往的典范，宗教作为重要的外交资源，发挥了独特的作用。通过梳理郑和外交的环境、目标、决策者、内容、机制、方式等方面史料，可知郑和下西洋的"伊斯兰因素"外化表现在出访国家、团队成员和外交活动等方面，同时也内化作用于海外基地选择、选派委任官员和地缘政治博弈中。在此影响下，郑和下西洋一定程度上间接加速了东南亚部分地区的伊斯兰化进程。当前"一带一路"建设需重视相关"伊斯兰因素"的研究与运用，郑和下西洋的历史实践对"一带一路"建设和中国全球治理能力提升具有重要借鉴意义。

黄琴琴、付璐的《郑和下西洋中的纪律措施对当代领导干部廉洁教育的启示》（《领导科学论坛》2018年第13期）一文指出，郑和下西洋过程中对所辖所管的人和物做到有纪律、有制度，更有执行力，对当代领导干部的廉洁教育有4个方面的启示：提高政治站位和政治觉悟，增强自律意识，健全法规落实机制，发挥监督合力。

张守广的《郑和下西洋研究的新开拓——评陈忠平教授主编的〈走向多元文化的全球史〉》（《国家航海》2018年第2期）一文指出，郑和下西洋是中国在世界地理大发现之前具有重大意义的国家航海活动。陈忠平教授主编的《走向多元文化的全球史》则清晰阐释了这一意义。

王鹏的《印尼华人穆斯林与郑和清真寺》(《世界博览》2018年第7期)一文指出,一说起清真寺,人们往往会联想到洋葱形穹顶、尖尖的叫拜塔以及庄严肃穆的氛围。然而,在印尼、马来西亚等东南亚伊斯兰国家,我们还能看到一种与传统清真寺造型大相径庭的"华人清真寺"。它们中既有印尼首都雅加达古老的"老子清真寺",也有数量更多、造型各异的"郑和清真寺"。

徐晓望的《破译"料"与郑和宝船的尺度》(《学术评论》2018年第1期)一文指出,"料"是古代船舶的容量单位,因此,对料的估算,可以让我们知道古代船舶的大小。然而,今人推算古船的"料",分歧颇大,乃至有的学者悲观地说,对找到"船料与船舶尺度或排水量的普适换算公式"根本不抱希望。作者尝试寻找一种新的路径破译船"料"容量并尝试测算郑和宝船的排水量,希望能为最终解决问题提供一个新的思考模式。

王建华的《走进郑和故里 弘扬丝路精神 共谱珠江航运新篇章》(《珠江水运》2018年第14期)一文提到,613年前,我国明代航海家郑和,率领庞大的远洋船队,开启了七下西洋的伟大航程,建立了和平、友好、互惠的古代海上丝绸之路,搭建了与世界各国、各民族贸易交往、文化交流的桥梁。今天,我们齐聚美丽的春城、伟大的航海家郑和的故乡,弘扬"和平合作、开放包容、互学互鉴、互利共赢"的"丝绸之路精神",传承郑和"敬业献身、忠心为国,敢为人先、奋勇拼搏"的伟大航海精神,共同庆祝2018年珠江片区"中国航海日"活动。

何孝荣的《佛教抑或伊斯兰教?——也论郑和的宗教信仰》(《古代文明》2018年第3期)一文指出,学术界对明朝著名航海家、外交家、宦官郑和的宗教信仰众说纷纭,观点甚至互相对立。通过系统梳理和解读有关史料,辅以近年发现的一些新史料,尤其是通过对前人很少关注的郑和思想、日常生活状态、临终及丧葬处理方式等的考察,该文认为,郑和主要崇奉佛教,尤其是藏传佛教;其次是道教,主要是天妃信仰;再次是伊斯兰教。郑和的宗教信仰以佛教为根本,并不是一位虔诚的穆斯林。

吴用耕的《连江福斗妈祖庙:郑和舟师下西洋誓师地》(《福建史志》2018年第4期)一文指出,连江县粗芦岛具有独特的港口优势,有利于郑和舟师补充淡水给养,招募充实船队技师、舵工并筑坛拜妈祖。舟师在此地誓师后,经五虎礁扬帆西洋各国。重温这段历史,可知连江曾经是海上丝绸之路的门户与发祥地之一。因此,福斗妈祖庙也应列为郑和下西洋的重要遗址。

陈凯、甘猛猛的《虚拟现实技术在历史文化中的应用研究——以郑和下西洋为例》(《科技资讯》2018年第17期)一文响应国家号召"一带一路"建设中国新时代的理念和倡议,以郑和下西洋为例,将虚拟现实技术引入历史文化遗址的传承和开发中,可更加直观地展示复原结果,利于历史文化的保存和反复的研究,利于信息的传播。基于这些优点,关于将虚拟现实技术如何应用到保护和开发历史遗迹的研究十分必要,同时也便于传播和发扬这些历史文化所传达的精神理念。

李振福、李婉莹的《"郑和学院"倡议及建设构想——以共建21世纪海上丝绸之路为背景的研究》(《东南亚纵横》2018年第5期)一文基于共建21世纪海上丝绸之路的背景,提出在丝绸之路沿线国家建设国际海洋与海运教育合作院校——"郑和学院"的倡议,并从外交环境、中国的经济实力及沿线国家的需求方面肯定了"郑和学院"建设的可行性,进而对"郑和学院"的建设提出了具体构想,认为其建设应由中国政府主导,打造非营利性的海外教育机构网络,以合作办学模式为主,构建具有多元结构的教育体系,进行阶段性建设与拓展,并针对学院的建设需求进行组织机构设置。

梁寿年的《郑和下西洋与明初时局》(《神州》2018年第8期)一文指出,郑和下西洋是人类历史的壮举,该文着重从明初时局的角度,探讨明初的政治、经济和社会背景与郑和下西洋的因果关系。

牛乐平的《从郑和下西洋看指南针问题》(《长江丛刊》2018年第31期)一文指出,郑和下西洋是中国乃至世界史上的一大壮举,而其成功得益于指南针。然而关于指南针出现与使用的评价众说纷纭。该文从中国指南针与西方最初的航海技术和指南针的用途两个方面进行了探讨。

王韫、李彦龙的《郑和下西洋对明朝对外贸易的影响考究》(《神州》2018年第6期)一文指出,明朝初年正是其发展壮大强盛的时期,其封建统治已十分巩固,加之社会的经济逐渐恢复,便促使着明朝经济向海外发展。永乐年间朝廷想要彰显国家实力,而郑和下西洋无疑能够在国外显耀兵威,宣扬明朝的强大国力,与此同时,也促进了明朝对外贸易的发展。该文针对郑和下西洋对明朝对外贸易的影响展开了研究。

万明的《从〈郑和锡兰布施碑〉看海上丝绸之路上的文化共生》(《国际汉学》2018年第4期)一文尝试超越以往静止的、孤立的中外关系国别史或局部区域史研究的框架,从文化共生的新视角出发,以《郑和锡兰布施碑》为例,对海上丝绸之路的文化共生现象进行探讨与研究。1911年发现于斯里兰卡加勒的《郑和锡兰布施碑》,是郑和第二次下西洋——印度洋时在锡兰布施寺院所立的石碑。此碑以汉文、泰米尔文、波斯文三种文字记录了对三位航海保护神佛祖释迦牟尼、印度教毗湿奴、伊斯兰教真主安拉的尊崇,反映了印度洋航海者具有共同的航海保护神的历史事实,是中国与印度洋地区文化交流与融合的结晶,也是海上丝绸之路文化共生的真实体现。该文还根据马欢《瀛涯胜览》的记述追寻了《郑和锡兰布施碑》的人文背景,指出郑和七下印度洋拓展了中外文明对话与发展的新空间,充分说明明朝对外关系的特质是包容和开放的。中国航海文明吸收多元海洋文明的合理元素,经过交流吸纳和融合会通,成为自身航海文明的一部分。

赵伟的《下西洋:明前期的开拓与内敛》(《东方论坛·青岛大学学报》2018年第1期)一文指出,明代前期尤其是朱元璋和朱棣时期,明政府极力向海外开拓,朱棣派遣郑和下西洋是明政府向外开拓的顶峰。下西洋规模宏大,是世界航海史上的壮举,却因为消耗巨大以及国内的各种压力而最终被终止。下西洋的终止,标志着明政府由向外开拓变为内收,中国与世界的联系受到了很大的影响,越来越脱离国际事务的舞台。

贺玉洁的《再论黄省曾〈西洋朝贡典录〉》(《史学理论研究》2018年第2期)一文指出,明黄省曾的《西洋朝贡典录》是一部重要的史地学著作,黄氏以征实的精神、简明的体例、典丽的文辞详细记述了郑和下西洋时所历23国各方面的情况。目前学术界对该著的成书时间、版本流传、史料价值均有涉及,然而既有研究成果在成书时间、版本流传方面颇多值得商榷之处,其史论价值、文学价值还有待深入探讨。该文试图厘清问题,补错纠正,展现该著在学术史上应有的价值与意义。

作者认为,1808 年以前,《西洋朝贡典录》以传钞本行世,并于明末清初之际受到诸藏书家、史学家、学问家的热切关注,1808 年以后,此书进入刊刻本时代,自此得以广泛流传。1874 年英人梅辉立著《十五世纪中国人在印度洋的探险》,以现代学术方法引述并考释了书中部分史料。20 世纪以来,著名汉学家伯希和,史地学家冯承钧、谢方等相继对之做了深入研究。至今,《西洋朝贡典录》仍是研究郑和下西洋不可或缺且常被引用的基本文献。今观此书,其所以为后世学人所重者,盖有如下之主要价值。其一,史料价值。该著史料价值颇为翔实,并受到历代学者的公认与重视。其二,史论价值。该著的史论价值主要体现在其每篇之后的"论曰",即祝允明所言"每一岛末,复著论以该未尽"。谢方先生以为黄省曾是借此"发挥自己的'忠君'思想和'天朝上国'的大国思想,这种议论是不足取的"。忠君思想与华夷秩序是封建统治者对内、对外推行的两种政治手段,也是古代士人所持有的基本信仰。不可否认,《典论》中部分史论文字确持此论,但不可一叶障目。该著史论最有价值之处在于作者敢于打破世俗成见、突破时代拘囿,对郑和及其下西洋事予以高度评价,而黄省曾堪为史上发现郑和第一人。

此外,作为一部史地学专著,《西洋朝贡典录》还具有较高的文学价值。"西洋三书""辞多鄙芜","但直言其事而已",故为人所诟病。与之相较,《典录》尤以文笔胜。今观此书,语句雅洁,用词工丽,体例简明,叙述有次。祝允明以为此书"法《山海经》,叙山水、鸟兽、草木",其后赵开美、四库馆臣亦持此论,《提要》中称:"开美谓其章法句法颇学《山海经》,信为奇书。"由于该书文学价值较高,故文人学者对之青睐有加,甚至有"点铁为金"一说。此说出自清常道人赵开美。赵氏当年获览此书,推崇备至,跋称:"尝读《星槎》《瀛涯》二书,病其不文,得此一编,便成点铁为金。"子曰,"言而文之,则行之于天下,行之于后世",此亦为该著在后世广为流传不可忽略之因素。

作为明中期唯一一部记载郑和下西洋的史地学专著,《西洋朝贡典录》具有重要而特殊的意义。对于下西洋研究而言,"西洋三书"成书在先,故该著原创性不足,但仍以其较高的史料价值为后世学人所重,一则因其所据《瀛涯》《星槎》版本较早,故可校正二书中的文字错漏;二则以其史料翔实,且可读性强,故常为后世研究者所征引。对于郑和研究而言,书中对郑和其人其事的分析与评议,为今人重构郑和记忆做了重要的文化铺垫。对于明代域外史地学而言,《典录》之前,明初陈诚《西域行程记》《西域藩国志》及"西洋三书"首开风气,《典录》而后,则相继涌现黄衷《海语》、郑晓《皇明四夷考》、严从简《殊域周咨录》、罗曰褧《咸宾录》、茅瑞征《皇明象胥录》、张燮《东西洋考》等,故该书实有承上启下之功。此外,除黄省曾,与该书相关的王鏊、祝允明对明初下西洋事亦颇为关注。郑和七下西洋均以太仓为起锚地,故王鏊以为太仓之所以成为"东南巨州",多得益于此,其文云:"国初由此(太仓州)而漕定辽,由此而使西洋,遂为东南巨州。"祝允明在《前闻记》中对郑和第七次下西洋事予以详述,还曾向下西洋老兵询问相关事宜。对明初海运的关注,表明了以黄省曾为代表的进步文人对国家海洋事业的重视,同时也预示着一个全民关注海防时代的来临。另,该书的缺点也较突出,由于作者对海外地理不熟悉,有些地名记载有误。综而述之,该著构成了明代史地学发展的重要一环,是后人研究郑和下西洋的宝贵文献,其历史贡献不容忽视。

郑海麟的《世界新格局下的中国海洋战略思考》(《亚太安全与海洋研究》2018 年第 4 期)一文指出,从人类历史发展的进程来看,中国其实是第一个建立起世界性的文明体系的国家。郑和下西洋时率领的庞大舰队有数十艘宝船,军士多达 2.7 万人。那时世界上没有一个国家拥有这么强大的海军,当时的明代中国毫无疑问是一个海洋强国。第一个世界文明体系就是靠这样的一个海洋强国建立起来的。

孙中旺的《苏州历史上的意外漂海事件》(《江苏地方志》2018 年第 3 期)一文指出,苏州处于江海交汇之处,在历史上就和海外交流频繁,涌现出了众多良港,为我国东南地区的重要门户。众所周知,唐代鉴真和尚的第六次东渡就是从苏州的黄泗浦起航,最终安全抵达日本,为促进中日文化交流做出了重大贡献。明代的郑和下西洋也是从苏州的刘家港出发,将海上丝绸之路发展到巅峰。由此可见苏州在中外文化交流史上的重要地位。

综观 2018 年的研究状况,我们可以看到这一年研究的大致趋势:一是关于海丝文化的研究最多,这大概和当前对文化的重视以及"一带一路"政

策的推广有密切关系;二是经济交往研究依然是热点所在;三是政治研究越来越少,学者关注点转移。期待更多优秀成果涌现。

（本章作者:贾庆军,宁波大学人文与传媒学院副教授）

第四章 海上丝绸之路与中西政治经济交往

中国既拥有广袤的陆地,也有着漫长的海岸线。自秦汉以来,中国人就开通了经南海入印度洋,通往西亚、中亚和欧洲的海上商路,同时欧洲人和西亚人、中亚人也从海上向东方开拓商路,海上丝绸之路商贸往来频繁,促进了中西政治经济文化的交流和发展。自改革开放以来,中西交流的发展,促进了中国海上丝绸之路学术研究的发展。近年来在国家海洋事业发展与"一带一路"倡议推动下,2018 年度中国海上丝绸之路研究成果丰硕,呈现出蓬勃发展的态势,成为年度学术热点之一。研究更加细化深入,其中关于中西政治经济交往的研究也进一步发展,既有对中西政治交往、海洋政策、海外贸易政策、海疆史、航海航线、海盗海防等传统领域的考察,也有对中西贸易、中西交流人物以及中西物种交流等新领域的关注。

一、中西政治交往研究

近年来随着中国改革开放及政治经济的发展,中西政治交往历史越来越受到中国学术界的重视。本年度学者们对中国与西方大国之间的政治交往等进行了较为深入的分析,尤其关注中国与英、俄、美、荷、葡等西方大国的政治交往,并对西方视野中中国形象的变化进行了较为深入的探析。

（一）古代中国与西方国家政治交往研究

明清时期中西政治交往日渐频繁，本年度学者们从不同层面进行了探析。冯尔康的《试析康雍乾三帝接受俄葡英三国使节国书礼仪》（《安徽大学学报（哲学社会科学版）》2018 年第 5 期）引述清朝通事传教士马国贤、巴多明及英使马戛尔尼及其随员文带分别记录的俄国伊斯梅洛夫、葡萄牙麦德乐、英国马戛尔尼三位使节觐见礼仪，认为朝见礼仪与递交国书礼仪虽有关联，却是两种礼仪，三使节觐见的三跪九叩首礼不变（英使或许是行三跪九鞠躬礼）；递交国书礼仪，由大臣转呈皇帝更改为使节直接将国书递交皇帝。由此得知三国使节争取平等国地位，获得部分成功。作者认为，康雍乾三帝改变接受外国使臣呈递国书礼仪，是国内外政治局势造成的，是不得已的举措。康熙帝为遏制俄国支持北疆准噶尔而对其让步；雍正帝在继位合法性等社会舆论方面处于不利地位，借外使祝贺登基改变形象；乾隆帝为维持"十全老人"形象令接见英使有个喜剧结局。三使节礼仪之争的史事表明："来者不善"，英使提出占据两个小岛的要求；递交国书仪礼之争实质是使节代表其国家挑战以天朝上国自居的清朝皇帝权威；不识 18 世纪世界形势的中国统治者，在守旧观念主导下，将使中国不可避免地陷入颓势地位，巨大的危机将至。

本年度关于中英之间的政治交往的研究比较突出。王宏志的《从西藏拉萨到〈大英百科全书〉：万宁与 18—19 世纪中英关系》（《国际汉学》2018 年第 3 期）一文以一名鲜为人注意的英国汉学家万宁（Thomas Manning，1772—1840）作为研究对象，探析 18—19 世纪的中英关系。万宁早在 1802 年即开始学习中文，1807 年 1 月来到中国，住广州东印度公司商馆，时常协助翻译工作，比人们所熟悉的公司译员马礼逊（Robert Morrison，1782—1834）更早，而他最广为人知的事迹是作为第一个到达西藏拉萨的英国人以及担任英国第二次派华使团阿美士德使团（Amherst Mission）的译员。但他对中英关系的影响不限于此二者。作者借助最新发现的原始资料，详细分析了万宁与中国相关的活动，展示万宁在 19 世纪初中英关系上的历史位置。

黄全毅的《两次廓尔喀战争时期中英两国交往考释》(《青海师范大学学报(哲学社会科学版)》2018年第4期)一文认为,18世纪后期,尼泊尔廓尔喀王朝发动了两次侵略西藏战争。在战争中,英属印度的立场很重要,清政府与廓尔喀都派出使者前往英属印度寻求支持。在清政府劝说下,英国政府宣布"中立",清军在战争中大获全胜。在钦差大臣福康安将军与英属印度总督查尔斯·康沃利斯主持下,中英两国政府进行了正式外交往来,此次交往帮助清军顺利结束反侵略战争,维护了西藏的安全稳定。

鸦片战争是中英关系的转折点,本年度关于鸦片战争前的中英关系研究成果也不少。吴义雄的《"国体"与"夷夏":鸦片战争前中英观念冲突的历史考察》(《学术研究》2018年第6期)一文指出,19世纪前期,中英关系演变中的一个重要现象,是两国之间围绕清朝秉持的"夷夏"观念而发生长期争端。由此产生的种种纠葛可以理解为"文化冲突",但这些争端实际上与经济、政治利益密切相关。1814年中英双方因阿耀案原因的表述问题产生的交涉导致了有利于英国东印度公司的贸易新章的出现。1816年阿美士德使团与清廷之间的礼仪之争,服从于英人对礼仪问题与其在华贸易利益关系之理解。1830年前后,英国人将清廷制定的制度看作他们"屈辱"的来源,展开长时间的抗议。由于其时清朝不会因其抗议而改变其制度,这样就在英人中将中英关系问题逻辑地导向武力解决的舆论或建议。这一脉络可为我们理解鸦片战争前中英关系的巨变提供一个新的视角。

雒景瑜的《鸦片战争前后中英交涉的心态变化浅析》(《吕梁教育学院学报》2018年第3期)一文通过梳理鸦片战争前后发生之事,对中英两国在此过程中的力量及其心态进行剖析。作者认为,1648年是国际史中举足轻重的一年,这一年,30年战争结束,欧洲形成了威斯特伐利亚体系,奠定了现代国际关系的基础。而对欧洲发生的巨变,中国全然不知。这个时期,清朝建立不久,中国仍处于东亚封贡体系的中心地位。接下来的几百年,资本主义的浪潮席卷了全球,列强掀起了一场在世界范围内瓜分殖民地的狂潮。英国最先用武力打开了中国的大门,也由此拉开了中国沦为半殖民地半封建社会的序幕。

伍玉西的《鸦片战争前英国对中国司法主权的破坏——以"伶仃岛事

件"为中心的研究》(《韩山师范学院学报》2018 年第 1 期)一文认为,1821
年 12 月 14—15 日,英国皇家战船"土巴资号"上的水手与内伶仃岛村民发
生激烈的武装冲突,酿成包括 2 名中国人死亡的"伶仃岛事件"。英国东印
度公司广州商馆特选委员会以军事实力为后盾,以英国水手提供的虚假事
实为基础,借口无权管辖英国政府船只以及中国司法不公,拒绝协助中国政
府缉拿凶手。他们还抓住广东官员害怕节外生枝的心理,以退出中国贸易
相要挟,终致英国犯罪嫌疑人逃脱了中国法律的制裁。东印度公司的抵制
主要有两层用意,其一是谋求在华治外法权,其二是想借此摆脱长期所受的
来自中国政府的种种"欺压"。因"伶仃岛事件"引发的中英交涉是鸦片战争
前英国蓄意破坏中国司法主权的典型案例,激起了后来的殖民者进一步谋
求在华治外法权的欲望。

　　周小伶的《试析禁烟运动时期林则徐对英新闻舆论的态度——以南京
图书馆藏〈澳门新闻纸〉抄校本为中心的探讨(1839—1840)》(《新闻春秋》
2018 年第 4 期)一文以南京图书馆藏《澳门新闻纸》抄校本为样本,统计其
数量、内容来源、译者、传播方式并做分析。作者认为,鸦片战争前,林则徐
的新闻舆论态度对禁烟运动时期的舆情是有重大影响的。《澳门新闻纸》抄
校本共 177 则,内容来自《广州新闻报》《广州纪事报》《新加坡自由报》三种
文本,译者以四名华人传教士为主,数量随在华西人舆论转向而增加,并于
"林维喜事件"达到顶峰。此时传播方式较单一,大多数为上呈道光帝奏折。
作者认为,禁烟运动期间林则徐对华新闻舆论的态度具有公开性、急迫性、
狭隘性等特点,他对中外新闻舆论的重视引导了清廷禁烟决策的预判以及
国际形象的提升,极大地帮助了其"开眼看世界第一人"新兴形象的树立,翻
译《澳门新闻纸》也成为中国近代第一报人的历史性新闻活动。

　　向月翠的《浅谈英国在舟山的开埠通商》(《科技经济导刊》2018 年第 23
期)一文认为,随着英国资本主义的不断发展与工业革命的进行,英国资产
阶级要求开辟中国市场,扩大对华贸易。作为我国东南沿海航线北上、南下
的必经之地,接近优质产茶区的舟山就成了英国资产阶级追逐的"黄金宝
地"。从英国东印度公司到英国政府,都想以和平外交的方式打开舟山市
场,以此获得更丰厚的贸易利润和更多的在华特权,但都以失败告终。不甘

失败的英国开始对中国沿海地区进行侦查,为发动战争做好了准备。

本年度关于阿美士德使团和马戛尔尼使团来华的研究成果也不少。吴尹清的《鸦片战争前英国阿美士德使团在华情报活动》(《江南社会学院学报》2018年第1期)一文认为,鸦片战争前,为了在清朝闭关锁国的政策下评估中国的实力,不少西方国家利用外交使团在华开展情报活动。对中国觊觎已久的英国于1816年派遣了阿美士德使团访华,阿美士德使团依靠周密的准备以及利用清政府薄弱的反情报意识,主要通过实地考察的方式,侦察了中国沿海和内陆的岸防、地理、水文和气象情况,搜集了关于清军布防和实力的情报,完成了对清朝基本情况的摸底,成功获取了许多重要的战略情报。阿美士德使团的情报活动还为英国侵华奠定了舆论基础,改变了中英关系的走向,影响了鸦片战争的结局,进而影响了近代中国的历史命运。同时它也凸显了情报谋略在国家安全和国家生存发展中的重要地位。

张建威的《阿美士德使团在辽东半岛活动考》(《大连近代史研究》2018年第00期)指出,1816年的阿美士德使团系英国政府遣华的第二批使团,虽因"礼仪之争"与嘉庆帝失之交臂,却利用访问便利大肆搜集中国地理情报、测绘领海海图,为后续的鸦片战争创造了条件。该事件虽然早于1840年,却与后来的两次鸦片战争关系甚密,也是大连人有史以来第一次与西方国家接触。对西方列强首次染指辽东半岛的深入研考,有助于对历史转弯处的中国有一个全面的认识,也为大连城市涉外史的研究提供了全新的素材。

冯尔康的《乾隆年间下层民众生活状况、心态与皇帝崇拜——以〈1793年乾隆英使觐见记〉〈马戛尔尼使团使华观感〉记叙为例》(《天津师范大学学报(社会科学版)》2018年第3期)一文利用《1793年乾隆英使觐见记》和《马戛尔尼使团使华观感》两本原始文献资料,对乾隆年间下层民众生活状况、心态与皇帝崇拜进行了探析。作者指出,马戛尔尼、巴罗等人观察并记述了中国下层民众的生活状况,发现他们具有尽心尽力的劳作态度,苦干巧干的劳动作风;妇女与男子一样从事田间农活;他们饮食粗粝,衣着不整,居室简陋,很是清苦;他们因信仰神灵、命运和崇拜皇帝,陷于无权状态,安贫守分,是吃苦耐劳、可悯可叹的守法良民。而清朝皇帝则享有隆重尊君礼仪,占有

不可计数的财富和专用的御道,生活奢华;为其服务的官僚体制就像一架机器,听其指令且有序、高效地运转;高度集权的皇权为世界王权之最,非其他国家的君主可比拟。建立在勤劳朴实的民众基础之上的清朝君主专制政权十分巩固,它虽然能够兴办重大水利工程,维持社会稳定,然而亦有难于克服的隐忧。清朝君主集权体制的完善,并不能够给民众带来福泽。对于有着种种社会问题的清朝社会、政权将有怎样的前途的问题,清朝统治者并没有未雨绸缪。

刘帅的《清乾隆时期中国科技发展状况及其原因管窥——以英国马戛尔尼使团访华记录为视角》(《重庆第二师范学院学报》2018 年第 1 期)一文以该使团主要成员的访华记录为视角,梳理清乾隆时期中国科技发展状况,分析其中肯之处和偏颇之见,进而探讨彼时中国科技落后于西方的真正历史原因。作者认为,马戛尔尼使团访华是 18 世纪中英外交史上的一件大事。该使团主要成员归国后将这次中国之行的记录整理发表,其中包括对中国科技发展情况、落后原因等的观感和分析。此外,李学智的《马戛尔尼使团是以"祝寿"名义来中国吗?》(《团结报》2018 年 7 月 5 日第 007 版)等文章,也就相关问题进行了较为深入的探析。

学者们还就中英其他政治交往进行了探析。谭树林的《马礼逊在华外交活动述论》(《聊城大学学报(社会科学版)》2018 年第 4 期)一文认为,新教传教士马礼逊以中文秘书兼翻译身份,参与中英交往与交涉事务,对中英外交关系产生了深远影响。他为东印度公司服务一生,也得到公司对其在华事业的庇荫与赞助,他在华事业的辉煌实与东印度公司密不可分。马礼逊的在华外交活动,说明即使身为传教士他仍具有世俗的民族主义的一面。

谢庆立的《看不见的"推手"——〈中国丛报〉与 1834 年"律劳卑事件"报道研究》(《新闻记者》2018 年第 2 期)一文以早期在华外报《中国丛报》为例,通过梳理 1834 年 8 月—1835 年 1 月有关"律劳卑事件"报道,考察《中国丛报》与该事件之间的互动关系,探析其有关报道所产生的政治影响。作者认为,《中国丛报》在一定程度上是该事件矛盾升级的"推手",在整个事件过程中发挥了引导、组织舆论的作用,使中英双方由潜在矛盾转为对抗性矛盾,为以后英国对华采取强硬政策提供了舆论基础。在"律劳卑事件"这个历史节点上，《中国丛报》推波助澜，扮演了活跃的政治角色。作者强调，近代早期在华英文外报自创始阶段就呈现突出的"政治化"特征。这个观点与传统观点有很大差别，一般学界普遍认为，中国报纸过于"政治化"始于近代国人办报。

俄国是中国的邻国，中俄历史关系源远流长，本年度学者们对中俄政治交往进行了较为深入的探析，其中关于佩特林的研究比较突出。佩特林1618年到达明朝北京，是历史上第一位来华的俄国使者，也是元朝灭亡后第一位穿行蒙古高原来到中国的欧洲人。因为相关资料不足，中外学者长期以来普遍怀疑佩特林到达中国的真实性。本年度学者们从不同层面探析了佩特林来华及其报告的影响。万明的《寻找契丹：明代中俄的第一次直接接触》（《社会科学战线》2018年第4期）一文认为，17世纪初俄国人佩特林的来华，是明代中俄第一次直接接触，从全球史出发再探讨，其背景应该得到更全面的阐释，可视为西方寻找"契丹"的又一面相，是西方走向全球探寻"契丹"大潮中的一环，即全球化开端时期欧洲对中国初识的一部分。无论从海上，还是从陆上，"契丹"的探寻，即全球财富的追求，正是经济全球化的开启。文章提出，佩特林来华不是外交使团，也不具备外交使团的作用与影响，所谓佩特林带回的中国万历皇帝诏书，是当时俄国与中国处于完全隔膜状态的产物。作者认为，真正值得探究的是佩特林来华背后曾被遮蔽的全球化开端时期西方探寻"契丹"的历史真相。

孔源的《地理大发现视角下看佩特林使华报告的传播与影响》（《社会科学》2018年第5期）一文认为，俄国的佩特林使团出使晚明中国的报告，不仅是17世纪中俄关系的最早文献，也是近代西欧人获取到的关于蒙古高原与内亚交通的较早信息。自17世纪起，这个报告的不同译本在西欧各国相继出现，它们都在不同程度上影响到了欧洲人对东方观念的建构。佩特林使华报告的传播与影响过程，体现了17世纪以来欧洲人地理知识的扩展和整合。孔源的另一篇文章《佩特林使团访华问题新探——基于民族史材料的考证》（《俄罗斯东欧中亚研究》2018年第4期）从民族史角度出发，认为佩特林回国后撰写的报告对蒙古各部状况的描写，是符合17世纪早期蒙古高原政治状况的。佩特林报告中关于明朝京城和朝贡制度的细节，也可以

在明代史料中得到证实。因此,对佩特林来华的可能性不应过分否定。

苏淼和赵丰的《从公元 17 世纪对俄丝绸输出看明末清初中俄丝绸外交》(《丝绸》2018 年第 11 期)一文通过对文献的系统研究,特别是对两国记载的相互引证,梳理了中俄 17 世纪外交用丝绸的制品名称、丝绸品种、数量及相关历史事件,深入解读了明末清初中国对俄丝绸外交的意义、内容与方式。作者认为,在中俄两国开展正式双边贸易前的公元 17 世纪,丝绸在中俄交往中扮演的角色和地位并不甚清晰。而在中俄两国 17 世纪的外交档案等文献中,散落记载着该时期中国与俄罗斯丝绸交往的条目,这是明末清初中俄丝绸外交的珍贵资料。丝绸在中俄早期交往中具有十分重要的地位,丝绸外交是 17 世纪中俄乃至中国与他国外交的重要手段。

此外,李骁衡的《俄罗斯与清在黑龙江的边界拉锯考》(《文学教育》2018年第 5 期)、齐光的《1685 年第一次"雅克萨战役"前大清帝国致沙皇俄国的两封蒙古文书信》(《中国边疆民族研究》2018 年第 00 期)等文章,对中俄关系的其他领域进行了探析。

除了对中英、中俄政治交往的研究外,学者们还对中国与其他西方国家的交往进行了深入探析。宋逸鸥的《中国文化对美国开国元勋的影响——兼论美国学者的研究》(北京外国语大学硕士学位论文,2018 年)一文认为,长期以来,在我们多数人的认知中,北美殖民地主要由欧洲人建立、发展,进而成为一个独立自主的新生国家,因此美国对欧洲思想文化的继承不言而喻。而在美国建立与发展的过程中,中国文化在其中的影响却鲜为人知。华裔学者王小良,美国学者阿尔弗莱德、欧文·奥尔德里奇的研究开启了一个新的领域,带来了中美文化比较研究的新视角。从这些基本史实出发,今后学术界可以展开更多相关研究。文章通过梳理两位美国学者关于中国文化对美国开国元勋的影响研究,探讨美国文化历史背后的中国文化因素。首先,文章的绪论部分介绍了研究缘起和文献综述,正文共分五个章节。第一章概述中国文化对早期美国的影响,分别围绕中国文化在美国的发展和中国文化对美国开国元勋的影响进行论述;第二章具体探究中国文化对本杰明·富兰克林的影响,具体分为两个方面,即富兰克林接触儒家思想并将其应用于美国"新道德"的建立,以及富兰克林推崇儒家思想与科举制度,促成了百年后美国民主制度的建立;第三章探究托马斯·杰弗逊与中国文化的不解之缘,从杰弗逊对中国建筑风格的热爱、对儒家思想的推崇两个方面分析中国文化对他的影响;第四章对乔治·华盛顿和中国文化的关系进行研究,从华盛顿促进中美贸易的形成与发展,热爱中国花卉并在美国推广这两个角度分析中国文化的影响;第五章为余论,基于以上整理和分析进行总结,探究中国文化得以在美国传播并产生影响的原因,以及文明之间交流与互鉴之道。尽管文章侧重从文化角度探讨中美关系,但也在一定程度上反映了早期中美交往情况。

蔡香玉的《乾隆末年荷兰使团表文重译始末》(《清史研究》2018 年第 2期)一文对中荷交往进行了探析。文章指出,1794 年,荷兰东印度公司派遣德胜使团来华庆贺乾隆皇帝登基六十周年,并带来荷文和中文两份表文。由于中文表文在译名、文字表达和形式体制上存在诸多问题,广东官员要求并协助荷使根据荷文表文进行了多次重译。对中国官府而言,重译表文既是襄助与规训荷使的重要步骤,也是将整个出使活动纳入朝贡体制的必要过程。

刘景莲的《从葡萄牙东波塔档案馆藏中文档案看清代澳门的借贷》(《历史档案》2018 年第 2 期)利用葡萄牙东波塔档案馆 1500 多件中文档案资料分析研究清代澳门借贷关系,这些资料主要是负责澳门地区事务的清政府官员与管理澳门的葡萄牙机构间政务往来的公文。

朱立新的《18—20 世纪初西方视野中的中国休闲生活》(《湖北理工学院学报(人文社会科学版)》2018 年第 1 期)一文指出,18 世纪起,西方进入中国的人数陡然增加,他们身份各异,但基本上都是以"他者"的眼光居高临下地审视这个古老的国度,他们的游记、报告难免会带着种族中心主义的烙印。但即便他们所打造的"西洋镜"只是一面变形的哈哈镜,也还能照出一些我们中国人习焉不察的地方。来华西方人对当时中国人的休闲方式有比较细致的观察,无论对上层社会还是底层大众的娱乐活动都有生动的描述。在他们看来,中国各阶层普遍缺乏休闲时间,中国人没有日常休息日,休闲时间主要集中在新年等传统节日。中国的公共休闲空间总体上是破旧、肮脏、嘈杂的,而且基础设施相当落后;半公共休闲空间和私人休闲空间则是新奇、陌生和神秘的。中国人的休闲生活存在诸多制约因素,除了时间、金钱、设施的匮乏外,最主要的问题是心理因素和社会因素的制约。这些因素对女性休闲权益造成的影响尤为显著。

此外,孙健的《18 世纪欧洲学界对王安石及其变法的解读——以杜赫德〈中华帝国全志〉为中心》(《江西社会科学》2018 年第 1 期)、李真的《传教士汉学研究中的博物学情结——以 17、18 世纪来华耶稣会士为中心》(《福建师范大学学报(哲学社会科学版)》2018 年第 2 期)、汤开建和周孝雷的《清前期来华巴黎外方传教会会士及其传教活动(1684—1732)——以该会〈中国各地买地建堂单〉为中心》(《清史研究》2018 年第 4 期)、蔡颖的《路通千载——略论丝绸之路与中西文化交流》(《传播力研究》2018 年第 36 期)等文章,也从不同层面反映了中西交往。

(二)海洋政策与海疆史研究

中国自古以来陆地思维一直是主流意识,海洋意识比较薄弱。近年来随着中国经济的发展与国力的提升,尤其是 21 世纪海上丝绸之路倡议提出之后,中国学术界关于海洋文明研究的热情高涨,本年度国内学术界对中西海洋观、明清时期的海洋政策及海疆史等问题的研究尤为突出。

本年度学者们从不同层面对中西海洋观进行探析。张帆的《对大航海时代西方国家海洋战略的一点思考》(《珠江论丛》2018 年第 3 期)一文认为,大航海时代是地理大发现、航海大发展的时代。自古以来,陆上丝绸之路、海上丝绸之路是东西方交往的重要通道,海上丝绸之路更具优势。经济贸易的需要推动了航海时代的来临。中西海外贸易相互依赖,海洋政策相互影响。15 世纪以后,葡萄牙、荷兰和英国等海洋型国家、西班牙和法国等陆海型国家发展海洋战略,并转型升级。其成功经验主要包括:自觉的海洋意识和海洋战略选择,创新经济组织和各项制度,大力发展并保护本国造船业,高度重视海军建设,建立完善的国内工业体系等。这些西方国家先后成为海上强国、海上霸主或海洋帝国,但之后走向没落。其教训主要有:王室贵族占有财富而忽视发展本国工业和改善人民生活,忽视海上军事力量的建设,忽视工业革命(或第二次工业革命),醉心于霸权的争夺或宗教争端而消耗国力,等等。

　　杨国桢、陈辰立的《历史与现实:海洋空间视域下的"海上丝绸之路"》
(《广东社会科学》2018 年第 2 期)一文指出,海上丝绸之路作为新时期海洋
史研究的重要领域,其概念在当下学界的讨论中缺乏明晰的理论梳理,出现
泛滥和误用在所难免。海洋空间的理论架构注重对海洋史概念的时空定
位,从海洋空间视域出发,对海上丝绸之路概念的历史与现实进行归纳和总
结,明确该概念所指向的空间包纳与性质特点,将会为今后的把握和研究提
供有效学理支撑。

　　陈志国的《濒海之地与盗寇之患:明代香山的空间格局与海上世界》
(《农业考古》2018 年第 1 期)一文指出,明代的香山县,呈现出濒临大海、山
海交错、岛屿众多的地理空间格局。这种地理空间的格局,是随着沙滩的不
断淤积和围垦而不断发生变化的,而不是凝固不变的。明代中后期,随着日
益激化的社会矛盾,明初编集起来的编户齐民开始大量逃脱里甲户籍的约
束,从而出现了"盗贼日炽"的局面。这些逃脱了里甲体系的"逋负之徒"与
那些没有被编入里甲户籍的"化外之民",成了明代中后期香山濒海盗寇之
患的主要力量。嘉靖年间澳门开埠,欧洲商人纷纷来到广州贸易,而澳门也
逐渐成为来华贸易的重要中转港口。同样,香山本地人也被卷入了这场国
际贸易当中,许多濒海之民除了以出海捕鱼为其基本生计手段外,在海上接
济夷人,进行走私贸易,成为其海上世界的一个重要组成部分。

　　任昳霏的《禁锢与开放的博弈——浅析古代海洋地图的分类及海洋观》
(《文津学志》2018 年第 1 期)一文认为,从先秦、秦汉时期开始,历史上存在
过两种不同的海洋观念,一种是开放的航海观,一种是禁锢的海防观。古代
海洋地图根据用途和反映海洋观的不同可以分为航海图、海防图、海疆图以
及其他专题海图 4 个类别。航海图和海防图在明清时期盛衰交替。二者在
禁锢与开放两种海洋观念的博弈下,最终在雍正之后出现合流。而促成两
种矛盾的海洋观合流的主要因素,是君主专制中央集权和大一统观念的登
峰造极。两种观念合流的表现就是出现了描绘全域海疆范图的海疆图。

　　章骞的《海权与海上丝绸之路》(《地理教学》2018 年第 2 期)等文章,也
对海洋观进行了探析。

在明清海洋政策研究中,禁海与开海是贯穿始终的核心问题,2018 年度这方面的研究成果不少。韩毅、潘洪岩的《明代海禁政策变迁中的博弈:从双边分歧到多边促成》(《山东师范大学学报(人文社会科学版)》2018 年第 6 期)一文基于利益集团理论,使用博弈论分析方法,假设海禁政策变迁中仅仅存在禁海方和开海方两个利益联盟,通过建立模型,分析明代海禁政策变迁过程中利益主体是如何从最初的直接对立,经过博弈和妥协,最后达成多边认同的。作者指出,明代海禁政策的变迁始于明初,终于明末。官商、外商和国内私人海商力量,围绕着海禁政策变迁展开博弈,影响了海禁政策在不同阶段的启动和实施。明代海禁政策变迁,经历了从最初的相关利益群体尖锐对立,到相关利益集团经过多边协调,海禁政策变迁最后得以实现。这个复杂的政策变迁过程体现了相关利益集团利益诉求的不断转变。文章利用利益集团理论和博弈论分析明代海禁政策变迁是一种新的尝试。

朱子彦的《元明时期的海运与海禁》(《济南大学学报(社会科学版)》2018 年第 1 期)一文认为,为了解决南粮北调问题,元明时期开辟了海上交通,进行了大规模的海运。海运对沿海城市发展及社会经济产生了重大影响,当代两座现代化的大都市上海与天津就是在海运的基础上逐步发展起来的。海运还促成了商品经济的活跃和航海技术、造船业的进步。元明时期的海运经历了曲折的历程。元朝是新兴的横跨欧亚大陆的国家,有较强的冒险精神,其时,西方殖民主义者还没有向海外扩张。除了暴风雨雪等自然灾害外,中国沿海地区相对比较安全,这就在客观上为元朝海运事业的发展提供了有利条件。明朝中叶因沿海地区倭寇入侵,故而罢废市舶司,在对外贸易上加大限制力度,一度曾下令"片帆不得入海"。实行海禁的结果是,助长了日益猖獗的西方殖民者在中国沿海的侵扰。元朝及明初生气勃勃的海运事业,到明末已销声匿迹,中国在中西科技交融及近代社会转型变迁之际坐失发展良机。

刘璐璐的《晚明东南海洋政策频繁变更与海域秩序》(《厦门大学学报(哲学社会科学版)》2018 年第 4 期)一文认为,明末开洋已是闽海士人们的共识,但国家政策仍在开海与禁海之间反复变动。在东西海洋势力竞逐的明末,开海与否取决于明朝能否控制住东南海洋秩序。通常来说,实行开海政策意味着官方能够掌控海域秩序,而当海洋秩序受到其他海上势力的威胁时,官方往往以禁海为权宜之计被动地防守。天启四年、崇祯元年至崇祯五年的海禁,是由于官方的海洋秩序分别受到荷兰海上势力、民间海上势力的挑战。崇祯六年以后,开海政策能够持续推行,在于官方招抚了郑芝龙海上势力,官方海洋力量与民间海洋力量实现整合后,明朝官方有实力掌控海域秩序。

涂丹的《明代禁海与开海之争》(《中国社会科学报》2018 年 11 月 12 日)等文章,也从不同层面对明代海洋政策进行了深入探析。

清代的海洋政策也与明代类似,徘徊于开海、禁海及有限开海之间。吴昊的《禁海与开海——论清代前期政府海疆治策的转变》(《中国边疆学》2018 年第 1 期)一文指出,海禁政策是清廷出于与明郑势力政治军事斗争需要而采取的一种临时性海疆管理措施,通过限制与海洋社会的交往以达到维护政权稳定之目的。清代前期,政府的海疆治策经历了从"开海"到"禁海"、从"禁海"到"有限开海"的变化过程。其间,虽然有一些有识之士认识到海洋经济对国计民生的重要意义,并积极推动统治者采取一些积极的海洋管理措施,但总体而言,海疆政策依然带有浓厚的被动和消极色彩。

朱勤滨的《清代前期出海帆船规制的变化与适用》(《史学月刊》2018 年第 6 期)一文指出,清代前期对于出海帆船尺寸的限制,可从规制的变化与适用两个方面加以考察。在平定台湾之前,清廷并未全面禁止船只下海,在某些时段或特定区域,办理了相关手续的合式船只允许出海,此期朝廷主要以桅杆数量来控制船只的大小。台湾底定后,清廷放开海禁,但对沿海船只,在桅杆禁限之外又新增了载重标准,国内沿岸贸易、捕鱼船以"五百石"为限,出国贸易洋船不受此约束。此后,桅杆限制流于具文,梁头取代载重量成为官方控制船只大小的主要手段,"一丈八尺"的规定主要适用于国内贸易商船,洋船受其影响较小;至嘉庆后期,国内商船也摆脱了该制的束缚。海防与民生是清前期出海帆船规制变化的双重制约因素,致使清廷在出海帆船规制与适用上呈现出内海、外洋有别,以及严宽不定的状态。

此外,冯一下的《关于康熙"开海"的几个问题》(《中学历史教学》2008年第6期)等文章,也对清代海洋政策进行了探析。

由于台湾在中国海疆及国际贸易中地位突出,学者们2018年度关于这方面的成果不少。李细珠的《从东亚海域到东南海疆——明清之际台湾战略地位的演化》(《台湾研究》2018年第6期)一文从东亚海域与东南海疆的双重视角,较长时段地展示明清之际台湾战略地位演变的历史脉络,有一个双向演进与交互演化的历史过程。一是从世界史的角度看,台湾是东亚海域的海盗据点与国际商贸转运站。明清之际的东亚海域,首先是中国与日本之间各种政治经济势力角逐的舞台。新航路开辟以后,欧人势力东来,荷兰人与西班牙人曾经盘踞台湾南、北作为海盗式商贸据点,使台湾作为东亚海域国际商贸转运站的地位得以强化。二是从中国史的角度看,台湾又是中国东南海疆的门户与屏藩。早在明朝中后期,台湾已被纳入中国东南海疆国防防区范围之内。随后,郑成功驱荷复台,使台湾成为南明王朝的海疆要地;康熙统一台湾,进一步强化了台湾作为中国东南海疆门户与屏藩的战略地位。在明清易代之际,尤其是在康熙统一台湾之后,才使台湾的战略地位实现了交互演化的复杂进程,完成了从东亚海域的海盗据点与国际商贸转运站到中国东南海疆的门户与屏藩的根本转变。

黄顺力的《晚清海塞防之议与台湾海防地位的衍变》(《厦门大学学报(哲学社会科学版)》2018年第4期)一文指出,海塞防之议虽发生于晚清时期,但其缘由则要溯及以往。由于清统治者对来自海洋的困扰采取类似陆防的传统"防海"政策,故此前台湾诸岛实无真正意义上的"海防"。台湾归附后,施琅主张留守台湾,蕴涵着以外海作为内地屏障,将防线从陆路推向海洋的思想认识。鸦片战争后,台湾的海防地位虽开始显现,却是在晚清海塞防之议大视域背景之下才得以确立。这主要体现在:一是将台湾海防与"海国时代"到来的整个国际形势联系在一起,提高对台湾海防战略地位重要性的认识。二是欲移驻福建巡抚入台,提升台湾作为东南海疆门户的海防地位。三是开山"抚番",兴建炮台,筹购船舰等,加强台湾的海防建设。有清一代,时人有关台湾海防认识的传统与衍变过程,也是中国海防观念由传统向近代蹒跚转型的过程。

陈思的《17世纪中前期荷兰殖民者眼中的澳门与台湾——从1660年荷兰东印度公司进攻澳门计划说起》(《广东社会科学》2018年第6期)一文认为,17世纪中前期,荷兰东印度公司殖民者为了其在亚洲殖民贸易的需要,曾多次计划从葡萄牙殖民者手中夺取澳门。对东印度公司进攻澳门的计划追根溯源,便可以发现其产生、实施、搁置、重启,其实无不与台湾有着密切的联系,是17世纪中前期东亚海洋争霸的大背景下,澳门与台湾在荷兰殖民者眼中地位变化的体现。而它的最终破产,也正是东印度公司在澳门与台湾之间举棋不定、顾此失彼的结果。

黄俊凌的《论荷据时期殖民当局统治汉人的阶段划分》(《台湾研究集刊》2018年第6期)一文认为,荷兰殖民统治台湾期间,根据荷兰东印度公司不同历史阶段的战略需要,对岛上的汉人施行不同的统治策略,呈现出阶段性特点:1624—1634年,荷兰殖民者的战略重心在于打开对华贸易大门,为了创造和缓的环境,其对岛上汉人采取较为温和的统治策略;1635—1652年,随着对华贸易的开展,荷兰殖民者逐步对汉人采取严苛的政策,加强经济剥削与人身管制,最终导致1652年郭怀一领导的汉人起义;1653—1661年,殖民当局为应对贸易困境和统治危机,不得不调整统治政策,减轻汉人经济负担,以求维持殖民统治;1660年3月后,由于郑成功将率军收复台湾的消息广泛流传,荷兰殖民者又加强了对岛上汉人的严密控制,直至郑成功收复台湾。荷据时期,殖民当局对汉人统治之宽严立足于殖民利益,汉人始终处于荷兰殖民统治下,人身自由和经济权益都是相对有限的,他们必须服从、服务于荷兰东印度公司的经济利益和统治需求,否则就会遭到无情的镇压和屠戮。

澳门也是东南海防上的重要地区,近代时期处于中西海洋博弈的前沿,学者们也予以较多的关注。陈文源的《明朝中国海商与澳门开埠》(《中国史研究》2018年第2期)一文认为,澳门开埠在中国历史乃至世界近代贸易全球化的进程中,均称得上一重大事件。葡萄牙人占领马六甲后,很快与活跃于南海的中国海商合作,先后在广东、福建、浙江沿海进行走私贸易。中葡商人形成了利益共同体,对明朝的贸易体制与东南沿海社会秩序造成冲击。在闽浙地区遭受明朝政府清剿后,中葡商人重返广东沿海,向广东官府疏通后,得以入居澳门进行定点贸易。当时广东海防的主要矛盾是明朝朝贡贸易体制与中、葡商人之利益冲突,澳门开埠乃为纾解这一矛盾而建立的缓冲平台。

汤开建的《明清时期澳门王室大法官制度的建立、发展及其终结》(《暨南学报(哲学社会科学版)》2018 年第 2 期)一文主要依据葡文文献和档案,针对澳门王室大法官制度在澳门建立、发展及其终结的曲折过程进行分析和论述。作者认为,王室大法官制度是明清时期最为重要的一项澳门司法制度,它代表葡萄牙国王在澳门行使葡萄牙的司法权。但是,由于澳门特定的政治环境,该制度进入澳门后一直与澳门本土自治机构——澳门议事会及澳门总督产生矛盾和冲突,酿变成澳门葡萄牙人内部极为特殊复杂的政治斗争。汤开建的这篇文章,填补了目前澳门政治发展史研究中的空白。

李纳珂的《澳门城防系统的历史变迁》(《理论界》2018 年第 3 期)一文认为,葡萄牙殖民者于明朝时通过非法手段获准在澳门进行贸易,并窃据澳门,开始在澳门修建炮台、城墙等防御设施。澳门城防体系的构建历程长达数百年之久,成为葡萄牙殖民者对澳门实施殖民统治的文化符号。随着科技与历史的发展,澳门城防体系渐趋没落,但作为那个时代的产物,具有强烈的文化标志意义。

近年来南海地区风云变幻,各方力量对南海海疆的博弈日渐突出,由此,历史上南海地区的海疆变化也引起了学者的关注,2018 年度这方面的研究有所发展。王涛的《18 至 19 世纪初西人的南海测绘与黄岩岛地名演变》(《中国边疆史地研究》2018 年第 4 期)一文指出,18 世纪很长一段时间里,西人并未认识到黄岩岛的存在,西文地图中仅在距离吕宋海岸非常近的地方标出了 3 个浅滩,它们与黄岩岛毫无关系。直到 1771 年,达尔林普尔经过考证,才发现黄岩岛的存在,并赋予它 Scarborough Shoal 的地名,此后的地图上出现黄岩岛、Scarborough 与吕宋近海三浅滩并立的局面。18 世纪末至 19 世纪初,西人对吕宋岛海岸以西展开测绘,发现这里并不存在 3个浅滩,于是这些浅滩从地图上消失,而原本属于浅滩地名的 Marsingola或 South Maroona 被移植到了黄岩岛。因此,菲律宾方面的证据并不能成立。

巧荣的《海上丝绸之路南海航线对中国南海权益的历史价值》（《桂海论丛》2018年第4期）一文指出，自汉代起，海上丝绸之路南海航线便是中国从海上通往西方的桥梁，是中国线路最长、连接国家最多、海域最复杂的航线，对于促进古代中国与沿线各国的贸易往来、文化交流及人员流动发挥了重要作用。中国南海诸岛是南海航线必经之地，南海航线历史变迁及其留下的历史遗迹为中国在南海享有的海洋权益提供了重要的历史依据。

二、中西海外贸易政策与制度研究

随着新航路的开辟，中西经济交往不断增多，促进了中西双方的经济发展与社会生活的变革。本年度国内学术界在以往研究的基础上，围绕中西海外贸易政策和中西贸易制度进行了比较深入的研究，在观点、视角与资料运用上都取得了新的进展。

龚金镭的《嘉靖时期海洋贸易禁令及在浙东地区的实施》（中南财经政法大学博士学位论文，2018年）一文利用丰富的文献资料，对嘉靖时期海洋贸易禁令及其在浙东地区的实施进行了深入分析。作者认为，中国传统社会的海洋贸易是随着造船技术和航海技术的进步而发展起来的，自唐宋至明朝，海洋贸易发展非常迅速，海洋贸易制度也随之创立和发展。

海洋贸易制度是中国传统边境贸易制度的延伸，贸易、边防和外交3个方面是国家制定海洋贸易制度时考量的主要因素。明朝的海洋贸易制度的内容大致可分为三类：朝贡贸易制度、禁榷制度、民间贸易制度。明朝嘉靖初年，海患凸显，浙东地区的国土安全受到的冲击尤其巨大，以"宁波争贡"事件为导火索，严厉的海洋贸易禁令相继出台。嘉靖时期的海洋贸易禁令在体例上并没有形成一部系统性的法律，而是散见于不同时间颁行的许多单行法规和诏令，其内容既有重申对此前明朝相关制度的沿用，也有新颁布的禁令。嘉靖时期的海洋贸易禁令基本上围绕着朝贡贸易制度、禁榷制度和民间贸易制度三方面发展，总的趋势是较此前禁止贸易的商品种类更多，措施更严，对违反禁令的处罚力度大大增强。在朝贡贸易方面，重申了之前严格的贡期、贡使人数、贡船数量等方面的限制，新增加"夷人"贡船来华贸

易的相关事宜,对于违反相关规定的,比照之前弘治新例中的事例予以处罚。在禁榷制度和限制民间海洋贸易方面,对于那些违反海洋贸易禁令的一般货物泛海买卖的,处罚从明律的"杖一百"上升至发边卫充军。若泛海贩卖人口、武器等违反海洋贸易禁令的特殊货物的,明律处以绞刑,在条例中则要处斩并且要"枭首示众"。对于贩售"违式大船"等特殊物资的,除了正犯要受到处罚,甚至邻居发现不举报的也要连坐。为了更好地推行禁令,在沿用此前施行海洋贸易管理的经验之上,结合嘉靖本朝的某些特殊情况,将从严从重的原则上升到法律层面,并且要求地方必须严格贯彻执行。

嘉靖海洋贸易禁令颁布以后,除了在朝贡贸易方面的严格限制,对于民间私人贸易的打击的责任落实到了地方,严厉督责地方切实贯彻海洋贸易禁令,加强了对违反海洋贸易禁令的执法和管理。在执法机构设置方面,针对浙东地区,"浙江巡抚兼管福建海防"单独设立,浙江市舶提举司最终废除,浙江巡察司巡视海道副使改驻宁波,并扩大其职权,以加强对浙东地区的控制。在国家强化海洋贸易禁令的大环境下,地方政府不得不刻意表现出积极作为的一面,甚至出现地方执法力度强于中央立法的现象,这在浙江尤其是浙东地区的执法中尤为明显。比如严保甲连坐之法,浙东地区的地方官员除了严格的执行中央颁布的海洋贸易禁令,严格限制朝贡贸易,还会为了配合中央禁令的实施,结合当地的情况,制定如"保甲法"之类的制度。又如,对于违背海洋贸易禁令的人,地方执法官员往往不是严格按照司法程序进行审判,而是在执法过程中径自以"灭寇"的形式将其"就地正法"。

嘉靖时期严厉的海洋贸易禁令及其实施并没有收到预期的效果,反而导致了许多更加严重的弊端。地方执法力度虽然加强,但同时面临执法困境,遭到地方利益集团间接或直接强势反抗。由于正常的海洋贸易受阻,浙东地区的人们或迫于生计,或在利益的诱惑下,铤而走险从事海洋贸易。

根据供求关系的规律,海洋贸易禁令越严厉,海洋贸易的商品的利润越丰厚。在实践中,海洋贸易禁令主要是打击了原先比较弱势的浙东沿海居民,而地方势力集团的违法走私反而愈演愈烈,海洋贸易禁令的结果是反而刺激了海上贸易利益的倍增。更为严重的是,为了对抗海洋贸易禁令,也为了在弱肉强食的海洋中自我保护,浙东地区许多染指海洋贸易的势家大姓逐渐组织与武装起来,形成庞大的海商团队。随着参与海洋贸易的人员成分变得复杂,规模愈发扩大,他们既有对外贸易,又有武装抢劫,这些海盗商人聚集在一起,具有商业和盗窃的特点,浙东海寇出现内外勾结的态势。

对于因严厉海洋贸易禁令而导致的新问题,明廷非但缺乏正确认识和未及时调整海洋贸易禁令政策,反而变本加厉,禁止一切民间海洋通商,地方负责海洋贸易禁令执法的官员也因执行不力而频频被罢免和处罚。这样一来所导致的问题更加严重和复杂,一方面地方州县为自己谋私利,权钱交易形成常见的态势,以至于海洋贸易禁令形同虚设,无法得到有效的实施;另一方面是虽然民间的海洋贸易在畸形中发展起来,但毕竟没有得到官方的正式认可和保障,所以在民间海洋贸易发展中孕育着巨大的冲突和矛盾。

以上这些因素导致浙东民众"铤而走险",而官吏敲诈民众与权力寻租,立法在实施中被违背,有损法律的权威,有害民众对正常法令的遵循。嘉靖朝严厉海禁的法令迭出,管理海洋贸易的机构废而又设,设而又废,政策反复,在执法管理中投入的人力物力加大,赋税负担越来越重,地方压力也愈发加大,民众苦不堪言。尽管嘉靖后期浙东倭患阶段性平定,但付出了耗费巨大的人力与财力,几乎是举全国之力来平定倭患,并且也严重损害了浙东地区人们对法律权威的认同与遵从以及对国家的向心力,可谓是代价重大。

从嘉靖严厉海洋贸易禁令政策出台开始,呼吁开海的声音也是此起彼伏,这类呼声即使在嘉靖朝严厉海洋贸易禁令政策出台后也并没有停止过。一些有识之士清楚地认识到,要改变当时倭患不绝、赋税减少的局面,就必须废除海洋贸易禁令,实现互通有无,恢复市舶制度。嘉靖后期,随着海寇渐渐被平定,对于开海的诉求也更加明显。嘉靖朝以后,明朝廷严厉海洋贸易禁令的政策有所调整,海洋贸易在闽广等地局部合法化,不过,对浙东地区的海洋贸易依旧限制,海洋贸易在浙东地区的限制导致隐患重现。

纵观嘉靖时期的海洋贸易禁令及在浙东地区的实施所导致的严重问题,其根本原因在于违背了互通有无的市场规律,使得唐宋以来向外拓展的趋势被阻塞了。同时海洋贸易禁令在浙东地区的强制推行,也忽视了浙东等沿海地区的经济环境,浙东地区百姓受到土壤等环境的影响不得不靠海吃海,频繁出海贸易。所以从明初到嘉靖年间浙东沿海地区私贩盛行,而海洋贸易禁令的实施也影响了浙东社会结构的变化。从嘉靖朝严格海洋贸易禁令中,也反映出明朝到了嘉靖时期试图在制度上体现严格约束地方行政和执法权,却也暴露出对地方控制力的下降。合理的海洋贸易制度必须是"保障民生"且"因地制宜",而开放民间海洋贸易更是有利于保障民生、保境安邦。所以嘉靖时期颁行和实施违背"因地制宜"的海洋贸易禁令,必然导致低效,并严重阻碍了浙东地区的区域性特色经济的自然发展,阻碍了江南地区商品经济的健康发展。嘉靖之后的隆庆开海也是非常有限,无法根本上解决沿海尤其是浙东沿海的海洋贸易问题。

陈尚胜的《隆庆开海:明朝海外贸易政策的重大变革》(《人民论坛》2018年第 30 期)一文认为,隆庆元年,明穆宗朱载垕宣布在漳州月港开海,允许漳泉两府商人出海贸易,对传统政策进行了重大变革。这一政策虽然带有一定的局限性,但它对东南沿海地区的经济和社会发展产生了积极作用,使晚明时期的中国市场与世界市场顺利衔接并相互促进,极大地释放了中国商民的活力。

吴建新的《明代南海的对外贸易环境与广东商品性农业爆发的时间》(《中国农史》2018 年第 6 期)一文论述了明代南海对外贸易环境与广东商品性农业爆发的关系。作者将明代南海对外贸易环境分为 3 个阶段,叙述了从海禁时期到隆庆、万历时期的对外贸易环境,认为隆庆、万历时期的开放海禁为商品性农业的爆发式发展创造了条件。作者还以嘉靖三十九年成书的《广东通志》中记载的农业民俗史料为基础,分析了商品性农业发展的不充分性,认为此前阶段是以稻作为主的农业经济结构,但同时珠江三角洲和潮州平原部分地区商品性农业已经起步并有相当程度的发展。作者最后从广东从粮食出口大省变为缺粮大省的时间、人地关系紧张的时间、社会商业风气转折性改变方面,论证了万历以后商品性农业爆发的相关特征。作者认为,以"万历以后"为广东商品性农业"爆发"的时间节点,较为确切。

张柳和潘洪岩的《从海商利益集团兴起的角度分析明代海禁制度》(《兰台世界》2018 年第 2 期)一文认为,海商利益集团兴起作为明代海禁制度变迁的重要影响因素,促成明代末期由禁海走向开海。明代海商利益集团的兴起破除了中央权贵利益集团不公平的海外贸易垄断,海商利益集团和中央权贵利益集团根据各自不同的利益构建起了海外贸易政策博弈机制,或促成或抵制相关政策的变迁,最终海商利益集团在力量足够强大之后也走上了寻求海外贸易市场垄断的老路。

中西贸易制度也是学者们关注的领域。宋代海外贸易发展比较快,本年度关于这一时期贸易制度的成果不少。王可佳的《北宋密州市舶司兴起原因考略》(《黑龙江史志》2018 年第 8 期)一文认为,中国海洋文明在唐宋时期发展到空前繁荣的阶段,始设于唐武德六年的密州在北宋时期崛起成为当时北方第一大港,成为贯通南北东西,连通内外的重要港口。板桥镇凭借其优越的地理环境、广阔的经济腹地、频繁的中外使者往来,发展成为东方海上丝绸之路的重要港口。为强化对板桥镇海外贸易的管理,北宋中央政府于元佑三年正式在板桥镇设立市舶司,文章较为全面地梳理了板桥镇市舶司设立的原因,并对其地位和作用进行简要概括,以此管窥板桥镇的兴衰。

陈少丰的《范锷奏议与密州市舶司的设立》(《合肥师范学院学报》2018 年第 2 期)一文认为,密州港具有明显的转口贸易功能,密州市舶司的设立是北方沿海及腹地经济发展的要求,同时也是南方海外贸易及近海贸易发展到一定程度需要开拓新市场的结果。其设立受到熙丰变法因素和国防经济因素的影响,也与官员范锷主动而又机动的奏请密切相关,即元丰六年时紧扣熙丰变法的指导思想和变法措施,利用河东三路的国防经济需求,同时略带浮夸渲染;元祐三年时回避与熙丰变法有关的信息,同时结合实际,降低要求。

陈少丰的《宋代两浙路市舶司补探》(《国家航海》2018 年第 1 期)一文指出,宋代两浙路市舶机构的沿革变迁经历了前市舶司时期(978—989)、市舶司时期(989—1166)和后市舶司时期(1166—1275)3 个阶段。其中温州、秀州市舶务废止于嘉定元年(1208)之后而非庆元元年(1195)之后。两浙路市舶司废置频仍原因众多,但相当程度上是受对外贸易地理方向影响:两浙路的对外贸易国主要是高丽和日本,二者较弱的贸易实力导致两浙路市舶收入较低;而贸易实力较强的南海诸国主要活跃于广南、福建,大幅分流了两浙路的市舶收入。以上情况相当程度上是受航线航程影响。不同于广南、福建二路广州港和泉州港一枝独秀的格局,两浙路区域经济发达,市舶港口多点开花。两浙路虽市舶收入有限,但在外交、军备、金融、文化等方面扮演了重要角色。陈少丰另外一篇论文《南宋海南岛"住舶"考辨》(《史志学刊》2018 年第 4 期)对南宋海南岛的"住舶"制度进行了分析。作者认为,宋朝熙宁、元丰之后的"住舶"指的是市舶贸易中船舶回航至朝廷指定的港口接受市舶机构的管理,因此南宋时期从南海回航的船舶在海南岛寄泊并非是住舶行为,与市舶贸易体系不冲突。宋朝将海南岛各港口定位为寄泊港而非贸易港,格纳税钱是一种过税而非关税。

本年度关于明清时期贸易制度的成果更多。苏铁的《唐、明二朝市舶太监制度钩沉——兼述对"海上丝绸之路"的负面影响》(《海关与经贸研究》2018 年第 3 期)一文通过分析、梳理相关史料,认为市舶太监制度的产生无疑有其深刻的历史原因,其兴起皆源于王朝的鼎盛期,走势既与当时朝廷对外政策(朝贡贸易、海禁)有关,更与宦官势力起伏有关。市舶太监专权、干政、扰民的特征极大地阻碍了国家海外贸易管理制度的正常建立和发展,其遗患甚巨,流毒甚广。

张然的《试探督饷馆的设立与晚明海外贸易间的关系》(《中国民族博览》2018 年第 7 期)一文认为,晚明中国正处于历史学家称之为"地理大发现"的时代,世界历史上的第一次全球化进程初露端倪。此时,随着西方势力的东渐,远程贸易的力量推动了跨地区交易网的形成,中国市场已不可避免地卷入全球贸易网络之中。明朝廷在海澄月港设置督饷馆,管理海商贸易事宜,以及以此实行的以白银为征收标准的饷税制度,都是晚明对外贸易飞速发展、白银内流刺激下的社会经济大发展的产物,是具有划时代意义的重大转折。

罗亮亮的《清代前期粤海关监察制度特点简析》(《海交史研究》2018 年第 1 期)一文认为,清代前期的监察制度是一种以权制权、纠举不法的政治调节和制衡机制,在巩固封建专制统治、维护纲纪、保持官员廉洁性上发挥了重要作用。粤海关作为大清海关的代名词,先后形成了督抚稽查、税收考核、三簿册考核、禁令规定等制度,具有一定的封建专制特色和强大的权力制约功能,也是当代海关监察制度发展的雏形,其有益经验值得借鉴和运用。

彭纯玲等的《鸦片战争前粤海关统计制度探析》(《海交史研究》2018 年第 1 期)一文认为,1840 年鸦片战争前的粤海关,虽未设立现代意义上的海关统计机构,但海关统计指标体系、统计资料及统计数据的管理与应用机制已在粤海关中存在,进出口统计资料较为齐全,记录较为完整,统计资料管理严格,是反映古代中国海关统计工作水平的重要标志。

金曙的《近代海关保税关栈制度的构筑特点——近代中国海关"共治"模式的又一突出范例》(《海交史研究》2018 年第 1 期)一文从"共治"命题出发,以近代海关保税制度作为研究范例,通过对保税关栈的设立、特点、管理模式等的研究,对其中所呈现和折射的有关近代海关"共治"模式的现象进行阐述。作者认为,保税关栈是指经由官方核准设立的,供储存进口未税货物的专用仓栈。作为一项新型的贸易业态,保税关栈的开设为近代中国的贸易发展带来了"改革红利",近代海关保税关栈制度也因此成为近代中国海关一项先进的货物监管制度。

王军和邹晓玲的《粤海关赴港澳轮船相关章程释析》(《海交史研究》2018 年第 1 期)一文认为,《赴香澳轮船章程》及《具有保结得享特别利益之省港澳轮船章程》是粤海关时期对来往港澳轮船进行监管的两部主要监管制度。两份章程的制定背景、制度内容,体现了粤海关对小型船舶监管的制度设计的精准性,在粤海关时期海关对小型船舶监管制度的执行发挥了重要的历史作用。

王华锋的《乾隆朝"一口通商"政策出台原委析论》(《华南师范大学学报(社会科学版)》2018 年第 4 期)一文认为,乾隆朝的"一口通商"海疆政策作为清政府禁止西洋人前往江、浙、闽三地贸易的禁令,既不是出于对西洋人和国人正常商业贸易的限制,亦非对粤、浙海关之间争利的解决方案。随着中外贸易发展,"奸民"常在,"夷商"时来,二者之间的经济交往甚至"相互勾结"已成常态,清政府对其防范亦与日俱增。清政府通过在广州设置官办或官管商办机构的方式以限制和减弱"民"与"夷"的接触,把西洋人的商业行为囿于粤省一地,其实质不过是清王朝面对西人东来、民夷交往过于频繁的无奈之举。

冷东和邢思琳的《清代前期广州口岸海难救助》(《广州城市职业学院学报》2018年第1期)一文认为,乾隆二十二年(1757)清朝建立"以官制商、以商制夷"的广州口岸制度,成为中西重要贸易体系及文化交流中心。中国丰饶的物产和巨大的市场吸引西方资本主义国家商船蜂拥而至,而在技术、设备、导航、通信、气象等落后条件下的帆船时代,长途航行中的惊涛骇浪,加之战争海盗等人为因素,导致海难频繁,给生命财产造成巨大损失。清朝政府主要通过海防体系、粤海关、广州十三行与民间力量参与海难救助,外国船只也参与了海难救助,有助于中外贸易的顺利进行,成为近代海事救助体系完善的重要阶段。

广州十三行起源于明朝末年与葡萄牙等国的商贸往来,清朝统一台湾后放松海禁,康熙皇帝责成户部和内务府组建粤海关等外贸机构重建广东十三行,由财力充裕、有外贸经验的商人担任行商。十三行被誉为"天子南库",一度在中西贸易的舞台上非常活跃,是清代"一口通商"时期最重要的中西贸易机构。关于十三行的研究一直受到学术界的重视,本年度的研究成果不少。2018年10月13—14日,由中国海外交通史研究会、广州市社会科学界联合会主办,广州大学广州十三行研究中心、广州大学人文学院历史系承办,广东省珠江文化研究会、广州十三行文化促进会、广州十三行博物馆协办的"广州十三行与海上丝绸之路"学术研讨会在广州大学召开。该次研讨会围绕广州十三行行商家族、商会制度、文化交流、商品贸易和市场拓展等方面提出具有启发意义的新观点。新史料、新文献的不断挖掘与研究手段、科学技术的利用为推动十三行研究的进一步发展,提升十三行研究水平起到了一定的作用。[1]

杨宏烈的《十三行街:大清帝国的"华尔街"》(《中国地名》2018年第7期)一文认为,18—19世纪的广州西关十三行街,记录了十三行时期"中国第一商埠"的发展历程,定格了"十三行商""十三洋行""十三夷馆""十三行货"等文化组合关系及空间位置演变。十三行是大清帝国的"华尔街",十三行商人与两淮盐商、山峡商人一同被称为清代中国三大商团。冷东与罗章鑫的《"外洋会馆图记"之发现暨"十三行"正名考》(《古代文明》2018年第3期)一文,利用2017年在英国剑桥大学图书馆和英国国家档案馆找到的档案及其他文献参酌分析,认为"外洋会馆图记"印迹,出于消失已久的"十三行印章"。乾隆二十二年清朝实行"一口通商"政策至道光二十二年《南京条约》签订,广州成为中国重要的通商口岸,产生"以官制商、以商制夷"的外贸体制和商会组织,即学术界和社会民众普遍称谓的"十三行"。"外洋行"是"十三行"的正名,而"十三行"其实是一个地理概念,作为制度和组织的"十三行"当开始于1760年。

邢思琳的《广州十三行"德源行"史料之新发现》(《广州社会主义学院学报》2018年第1期)介绍了"德源行"史料的新发现。英国收藏的东印度公司档案文献,发掘出来不为人知的"德源行",增加了十三行商的成员,也为清代海外贸易体制变化提供了新的个案。

王飞的《清代十三行贸易和恰克图贸易比较研究》(《经济问题》2018年第3期)一文认为,十三行贸易和恰克图贸易是清代对外贸易的重要组成部分,两者分别是当时南、北方对外贸易的代表。两者对外贸易有很多相同之处,同时也有很多不同之处。文章通过管理机构、管理体制、交易商品种类、贸易国数量、商人主体、商品贸易额、商品税率、税收收入等方面对十三行贸易和恰克图贸易进行了详细的比较,分析两者在这些方面存在的差异。

顾书娟的《清代广州十三行贸易与广绣发展关系研究》(《学术研究》2018年第2期)一文认为,广绣依托十三行独特的贸易地位和优势而发展壮大并走向繁荣,具有独特的岭南风格和丰富而深厚的历史文化遗产价值。在十三行贸易刺激下,广绣产品生产速度加快,规模增大,绣品种类增多,分工更加细密,专业市场形成规模,成立了行业协会。十三行贸易为广绣生产和销售打上了深刻的对外贸易印记,强烈的市场需求刺激绣品创作活跃,风格兼收并蓄,品类推陈出新,并呈现出依赖出口的明显特征,有着作为实用和欣赏性并举的手工艺品独特的发展道路。

此外,章荣玲的《从清宫档案探讨"十三行"名称的含义》(《岭南文史》2018年第3期)、李国荣的《清宫档案:乾隆帝为何留下广州这扇"南风窗"》(《中国档案报》2018年7月27日第四版)等文章,也从不同侧面对"十三行"

进行了深入探析。

三、中西贸易研究

西方国家开辟新航路后,海上丝绸之路上商船往来频繁,中西贸易不断发展,中国的丝绸、瓷器、茶叶等产品通过海上丝绸之路进入西方国家,西方的工业产品源源不断输入中国,促进了中西双方的经济发展与社会生活的变革。国内学术界一直非常关注古代中西贸易研究,本年度国内学术界在以往研究的基础上,围绕中西贸易总体状况、贸易航线与港口、中西货物贸易以及中西贸易相关人物等问题进行了比较深入的研究,促进了海上丝绸之路学术研究,也为"一带一路"建设提供了坚实的理论支撑。

(一)中西贸易总体状况

本年度关于中西贸易总体状况研究的成果不少。江晟的《18世纪欧洲对华贸易的结构性失衡与变局——以法国对华贸易为中心》(《浙江师范大学学报(社会科学版)》2018年第2期)一文认为,在地理大发现之后,对华贸易成为欧洲所构建的全球贸易网络的重要组成部分。欧洲各国的对华贸易活动在18世纪得到了蓬勃发展。但是这一时期以法国对华贸易为代表的欧洲对华贸易活动却显露出了两方面的结构性特征:陈旧的特许贸易模式限制了资本主义商业活动的扩张,从而构成了其内部的结构性失衡;经济实力上的不足则导致了贸易逆差和白银大量外流现象,从而构成了其外部的结构性失衡。这两种结构性失衡是18世纪之前欧洲经济地位的一种体现,而随着工业革命的发展以及欧洲试图改变自身在全球贸易体系中的地位,这种带有内外结构性失衡的对华贸易模式遭到了抛弃。

中西之间的具体贸易状况也有不少成果。陈衍德的《17世纪东亚海域贸易的新态势》(《东南亚南亚研究》2018年第2期)一文将东亚海域视为一个整体,并将其纳入世界体系当中进行探讨,同时尝试将以国家为行为体的研究与以集团、个体为单元的研究结合起来,在分析贸易行为的同时,对政治、文化等相关领域的关联性产生更多的关注。文章认为,17世纪的东亚海域贸易出现了一些新的发展态势,具体表现为贸易主体的多元化、贸易方式的多样化、域内域外贸易的一体化、贸易屏障的空疏化等。

杨桂芳的《明朝私人海外贸易研究》(《闽西职业技术学院学报》2018年第4期)一文认为,汉、唐、宋、元年间,海外贸易持续发展。朱元璋建立明朝,一改以往政府支持海外贸易的态度,开始了长达200多年的海禁政策。在这期间,海禁政策或松或严,私人海外贸易也随之繁荣或萎缩。明朝私人海外贸易的存在和发展不是偶然的,它既是沿海居民生活需求所迫,又是海外贸易发展史的延续,更是海禁愈演愈烈的产物。明朝私人海外贸易,既促进经济发展、平衡财政收支,又加强中外交流,促进国内思想变革。

张亚光的《近代对华鸦片贸易的再审视:以西方文献为视角》(《河南大学学报(社会科学版)》2018年第1期)一文认为,19世纪之后,西方国家通过对华贸易等方式不断向中国输入鸦片,对近代经济与社会产生了深远影响。Adam Matthew系列数据库为理解对华鸦片贸易问题提供了新的文献证据和新的视角。从思想史的角度看,鸦片战争前后英国的国内舆论对是否应当对华输入鸦片颇有争议,相当部分人士认为鸦片贸易会阻碍其他合法产业的正常贸易,并会导致贸易逆差和中国白银的外流,从而带来一系列负面的国际影响。与此同时,在华传教士主要通过对鸦片贸易事实的叙述和道德谴责来反对鸦片贸易,并通过一系列实际行动参与禁止鸦片的运动。总体而言,西方社会在近代对华鸦片贸易问题上的讨论和思考在很多方面能够为现有研究提供有益的补充。

王政军的《明清时期经福建地区引入中国的美洲作物刍议》(《闽商文化研究》2018年第2期)一文认为,哥伦布"发现"新大陆后,一些美洲原产的农作物开始向世界各地传播,对包括中国在内的世界都产生了重大的影响。明清时期,传入中国的美洲原产作物计有玉米、番薯、马铃薯、花生、西红柿、烟草等近30种。这些美洲原产作物在中国的传播、种植和推广,大大丰富了中国作物的种类,改变了中国人民的饮食结构,对明清以来的中国社会生活尤其是饮食生活产生了深刻的影响。福建地区的东南海路是美洲原产农作物引入中国的桥头堡,福建海商在这些外来作物引入的过程中发挥了重要的作用。

佟景洋的《中俄开展直接贸易的开端——〈尼布楚条约〉签订以前的中俄贸易》(《对外经贸》2018 年第 3 期)一文认为,《尼布楚条约》签订之前的中俄贸易关系是两国开展直接贸易的开端,在两国早期经贸关系史上占有重要地位。这一时期俄罗斯与中国的贸易主要是通过与中国西北蒙古的厄鲁特蒙古、喀尔喀蒙古等地的贸易,以及京师互市、库伦互市、齐齐哈尔互市三处互市贸易进行的。

此外,高山的《两千年从未中断的海上丝绸之路》(《世界文化》2018 年第 4 期)等文章,也在不同侧面对中西贸易状况进行了探析。

货币是贸易的中介,也是研究中西贸易的重要角度,本年度这方面的成果也不少。万翔和林英的《公元 1—4 世纪丝绸之路的贸易模式——以贵霜史料与钱币为中心》(《海洋史研究》2018 年第 2 期)一文利用贵霜史料与钱币,探究了公元 1—4 世纪的丝绸之路贸易模式。作者认为,丝绸之路历史的分期与贵霜时代的贸易模式从李希霍芬(Ferdinand von Richthofen)的经典定义算起,丝绸之路大约开始于西汉武帝时期的张骞(公元前 2 世纪中叶以后),随公元 1500 年前后大航海时代到来进入尾声。在此段时期内,欧亚非三大洲之间的陆上交通线和海上交通线联结成为一体,组成西方各国与中国建立贸易联系的网络。进入大航海时代之后,欧洲列强主宰了由欧洲开辟,经大西洋前往美洲和非洲、亚洲的海上新航路。

吴晶晶的《论元代货币在海外贸易中的流通》(《大连民族大学学报》2018 年第 4 期)一文认为,元代货币作为海外贸易中的纽带,连接交易双方至关重要。纸钞、铜钱、金银等的国内流通与海外需求,催生了禁运条令,给元朝和通商国家造成了不同程度的改变及影响。

西属菲律宾曾经是中西贸易重要中转站,本年度学者也有相关成果发表。李庆的《晚明中国与西属菲律宾的贸易规模及历史走向——基于"货物税"(almojarifazgo)文献的数据分析》(《中国经济史研究》2018 年第 3 期)一文以 1565 年马尼拉大帆船贸易的建立,到 1642 年西葡联合王国解体的消息传到东方这一期间马尼拉大帆船贸易的运行体制为研究对象,先行论述马尼拉大帆船贸易的建立及其运行的基本要素,然后以殖民地或母国的利益集团为单位,主要论述马尼拉的西班牙人、以墨西哥和秘鲁为代表的美洲西班牙人、以塞维利亚为代表的西班牙母国既得利益集团以及联合王国时期澳门的葡萄牙人之间,围绕利润丰厚的大帆船贸易而展开的错综复杂的竞争和合作关系,并以此为突破口,对近代早期西班牙帝国的内部关系进行探讨。作者认为,16世纪70年代以后,中国与西属菲律宾的海上贸易迅速兴起,中菲航线随之成为美洲白银输入中国的最主要渠道。伴随交易额的递增,马尼拉当局在1581年开始向中国商船征收一定比例的"货物税"。虽几经变革,但直到明代终结,货物税制度仍得到有效施行。因而通过对勘分析不断发现的档案材料,就可以较为完整地统计出历年的货物税数额,澄清晚明中菲贸易发展的历史走向和货物总值,进而估算经此输入中国的美洲白银数量。

王志红的《马尼拉大帆船贸易运行体制研究(1565—1642)》(华东师范大学硕士学位论文,2018年)利用丰富的档案文献资料,对1565—1642年间的马尼拉大帆船贸易运行体制进行探析。作者认为,1519—1521年的麦哲伦远征队虽然成功地完成了环球航行,却并未能够开辟出太平洋的返程航线,因而全球意义上的海道大通依然是不完整的。直到1565年乌尔达内塔领航的圣巴布洛号大帆船从宿务航行到了阿卡普尔科,才成功地开辟出北太平洋的返程航线,从而使得全球性的航线最终扣上了缺失的一环。1571年西班牙人将菲律宾殖民地的首府从宿务移驻马尼拉,进而将其发展成为西班牙帝国在整个西属东印度的中心枢纽。1573年两艘载有中国商品的大帆船从马尼拉成功地航行到阿卡普尔科,从而标志着马尼拉大帆船贸易的正式开始。马尼拉大帆船贸易的建立虽然历时半个多世纪,但自其开辟之初便因中国丝绸和美洲白银的交换所带来的丰厚利润而享誉全球,进而引发西班牙母国与殖民地之间、殖民地与殖民地之间、殖民地内部不同利益集团之间错综复杂的利益纠纷关系。1580年西班牙吞并了葡萄牙,伊比利亚半岛原来各自分立的两个王国进入了由哈布斯堡王朝君主统治下的共主时期,直到1640年葡萄牙复国为止。但是,根据《托马尔协定》,原先西班牙与葡萄牙在海外的殖民地基本上维持统治现状,行政与贸易俨然各自独立。虽然马尼拉方面一直存在着吞并澳门的企图,但是马德里当局对于《托马尔协定》基本上持尊重态度。然而,西葡两国的合并也为澳门的葡萄

牙人提供了与马尼拉的西班牙人争夺大帆船贸易利润的契机,进而引发了西葡联合王国各大殖民地的连锁反应,再加上16世纪之交荷兰人与英国人的介入,进一步使得围绕马尼拉大帆船贸易的利润争夺更趋白热化。

此外,焦景丹的《古丝绸之路上希腊—巴克特里亚的经济生产与对外贸易》(《西安财经学院学报》2018年第2期),刘昌玉的《上古时期东地中海贸易活动探析》(《外国问题研究》2018年第3期),吴义雄的《海外文献与清代中叶的中西关系史研究——英国东印度公司广州商馆中文档案之价值》(《广东社会科学》2018年第3期),张立民、李文娟和曹源的《丝绸之路钱币与中外文化交流研究》(《甘肃金融》2018年第6期),张浩的《南汉国的海外贸易》(《海南热带海洋学院学报》2018年第6期),黄毅青的《东印度公司对华贸易探析》(《成功营销》2018年第10期),姚晓东的《从宁波旧志看海上丝绸之路史料及价值》(《宁波通讯》2018年第17期)等文章,也从不同侧面反映了中西贸易发展状况。

(二)贸易航线与港口

关于中西贸易航线与港口的研究一直是海上丝绸之路的重点领域之一,本年度的研究成果不少。

以南海为中心的《塞尔登中国地图》,或称《明代东西洋航海图》,引发了学界的广泛关注。吕俊昌的《卜正民〈塞尔登的中国地图:重返东方大航海时代〉读解及相关问题辨析》(《南海学刊》2018年第2期)一文梳理了相关的收藏者、注释者等一系列故事,从地图学与航海学等方面对该地图进行了研究。作者认为,塞尔登中国地图大概绘制于1619—1622年,充分展示出近代早期中国人参与全球化的程度,是一幅带有强烈民间色彩、偏实用主义、融合中西方制图技术的东西洋航海图,体现了大航海时代民间海商的活力与智慧。

李国宏的《郑芝龙创造〈塞尔登中国地图〉》(《文物鉴定与鉴赏》2018年第17期)一文认为,郑芝龙掌控远东国际海域的制海权,保障了明代东西洋航线的畅通与延伸,促进了中国民间海上力量的向外拓展。制海权是海上贸易航线的安全保证,郑芝龙时代的到来让《塞尔登中国地图》所绘制的航线变得真实且富有价值。从这个意义上来说,郑芝龙创造了《塞尔登中国地图》。

学术界长期以来偏重对海上丝绸之路东线和南线的研究,对中西航线的研究相对不足,本年度关于这方面的研究有所发展。费晟的《论18世纪后期大洋洲地区对华通航问题》(《海洋史研究》2018年第1期)一文通过对殖民地档案、港口记录与跨太平洋航海日志的发掘,尤其是以新西兰海洋史专家里斯·理查兹(Rhys Richards)搜集整理的18世纪90年代悉尼前往广州的航路图与航海志为基础,探究以澳大利亚为代表的大洋洲区域如何与中国建立起稳定的远洋交通网络。作者认为,海参贸易毫无疑问促使中国与大洋洲地区产生了联系,也促进了相关航路的发展和维持。海参贸易及由此产生的商路本身仍然是中国传统的朝贡贸易体系的一部分。一方面,尽管英国与荷兰人对贸易据点的掌控以及航路开辟有所介入,但没有系统参与,基本上是融入并利用既有的商贸路线与运作模式,适度重组了贸易路线的结点。中国人对贸易实现了长期掌控。另一方面,以望加锡为中转枢纽的海参贸易早在西方势力有记载前就已经全面展开,但是即便存在个别华人商旅抵达过澳大利亚北部,也并不意味着中国和澳大利亚或大洋洲地区有了正式直接的联系,更谈不上产生了明确的地理认知。中国与澳大利亚北部之间的海参贸易路线虽然绵延数世纪,但与18世纪末由西方殖民者探索并打造的悉尼通往广州的"极东航线"相比,意义与影响都较小。尽管1790年前后从悉尼通往广州的极东航线不断得到探索,但并没有立刻成为重要的海上贸易路线,可持续性也不得而知。掣肘因素除了东印度公司抵制殖民地发展自由贸易外,同样重要的原因在于当时这里并不出产富有贸易价值的商品,从大洋洲前往中国的航线本身商业吸引力不足。但随着海豹皮贸易的兴起,"极东航线"得以巩固,1800年前后,由悉尼出发的极东航线明显成为以商业贸易为主的航线。由于不受东印度公司贸易管制的约束,利用极东航线参与大洋洲至广州毛皮贸易的美国船只非常积极,数量与英国船只接近。尽管涉及澳大利亚北部海岸的东南亚海参贸易创造了中国与大洋洲地区的联系,但极东航线的开辟和维持才意味着大洋洲与中国直接交流的开始。如果说前者还属于朝贡贸易体系的产物,那么后者则完全属于资本主义世界市场体系在太平洋扩张的产物。一方面,尽管海参贸易路线维持到 19 世纪中后期,但从来不是大洋洲殖民地与中国交流的重要渠道;另一方面,尽管东印度公司试图垄断对华贸易,但极东路线的发展加速了垄断制度的消亡。中澳早期海上交通尤其是极东航线的开拓意义远不止贸易本身。第一,它打破了不同文明交流的传统地域局限,尤其打破了大洋洲对外隔绝的局面。就海参贸易来说,它促成了澳洲北部土著与印尼人及中国人的交流。第二,在极东航线的探索与开辟中,北半球文明对太平洋中部海域的岛屿分布实现了前所未有的认知,也最大限度地促使大洋洲地区沦为世界市场的资源边疆。第三,极东航线的开发对澳大利亚的发展以及中国对外交流的扩大都影响甚深。对华毛皮贸易的壮大对澳大利亚社会也产生了直接影响。一方面,正是因为毛皮贸易,英国政府才能征募到足够的私人船只运送囚犯到殖民地,从而维持在澳大利亚的流放制度;另一方面,毛皮贸易为澳大利亚殖民地刑满释放人员提供了难得的就业机会。对于中国而言,大洋洲与之通航和通商的路线经历了一个地理上向东转移、向深海延伸的过程。从积极的态度看,在西方航海者的推动下,中国与大洋洲地区建立了相对高效的交通联系,这奠定了 19 世纪 50 年代之后华人移民经海路蜂拥至澳大利亚与新西兰投身淘金等活动的交通基础。

其他中西航线的研究也有成果发表。柳若梅的《1771 年俄罗斯人首航澳门考》(《海洋史研究》2018 年第 1 期)一文认为,俄国航海史学界公认,由海军大尉克鲁森施坦恩率领"希望号"和"涅瓦号"于 1803 年从喀朗施塔得出发的航行是俄国首次环球航海。但实际上,俄罗斯人的环球航海记录应提前近四分之一个世纪。1771 年,波兰巴尔贵族联盟成员别尼奥夫斯基带领 70 余名俄罗斯人从堪察加半岛出发,经千岛群岛—日本鹰岛(位于长崎西北方)—台湾—广州—澳门—提尼亚—毛里求斯—马达加斯加—路易港,最终返回彼得堡,这是俄罗斯人的首次环球航海。

金国平的《英人初抵澳门前泊地"Monton de Trigo"之地望考》(《海洋史研究》2018 年第 1 期)一文认为,"Monton de Trigo"泊地具体位于澳门周边何处,西方文献记载并不一致,有指三灶岛者,也有指横琴岛者,学界始终没有定论。该文首先通过比较、分析葡文、英文的航海志、针路、地图等史料,确定了"Monton de Trigo"泊地的地理方位,再与中文文献的相关记载进行比较、分析，认为英人初抵澳门的"Monton de Trigo"泊地就是今珠海三灶岛东南端的大冈岛。

邹瑜的《唐代广州海外贸易发展及其社会影响》(《濮阳职业技术学院学报》2018年第5期)、吴石坚的《广州番禺学宫与海上丝绸之路的历史因缘》(《广州文博》2018年第00期)、王真真的《广州陆海环境和海上贸易之便》(《中国港口》2018年第S2期)等文章，也对广州港与海上丝绸之路的关系进行了探析。

福建拥有福州、泉州和漳州月港等优良港口，也是海上丝绸之路上的重要地区。魏春泉的《海上丝绸之路与福建近代中西文化的撞击》(《青年文学家》2018年第9Z期)一文认为，福建是海上丝绸之路的重要组成部分，福建海上丝绸之路的开通与地方贸易的盛行，使得福建地域文化精神与品格被重新塑造。在中西方文化碰撞的历史进程当中，福建是中国近代文化转型的重要推手，可以说正是海上丝绸之路的发展，为中国文化的演进提供了历史的契机。

林耀卿的《漳州月港在古代海丝之路的历史地位》(《东方收藏》2018年第6期)一文认为，历史上漳州窑瓷器在国际上的轰动效应远从明万历三十年(1602)荷兰东印度公司在海上截获一艘葡萄牙商船——"克拉克号"开始，"克拉克号"中装有十万件的中国青花瓷器。当时因人们不明了这批瓷器的产地，于是就将这些瓷器以船号为名，命名为"克拉克瓷"。次年，荷兰东印度公司将这批瓷器运到阿姆斯特丹拍卖。在拍卖会上，这批瓷器成了法国亨利四世和英国国王詹姆斯一世，以及来自欧洲的一些权贵竞相追逐的标的，当时轰动了整个欧洲。此后，葡萄牙、荷兰、德国、英国、波斯等很多国家纷纷仿制这种产品。20世纪90年代，漳州市某博物馆有关专家发现，曾经风靡一时的所谓克拉克瓷与漳州窑产品十分相似。

其他海外贸易港口的研究也在本年度有所发展，如经盛鸿的《南京与海上丝绸之路》(《钟山风雨》2018年第3期)、徐桑奕和顾苏宁的《六朝时期南京的海外贸易及其影响因素探析》(《中华文化论坛》2018年第10期)、丁亮的《论六朝时期都城南京与海上丝绸之路的关联》(《文物鉴定与鉴赏》2018年第14期)、霍杰的《宁波在海上丝绸之路地位演变研究》(《内蒙古科技与经济》2018 年第 3 期）、张岩鑫的《谈宁波在中国古代海上丝绸之路的地位——由两幅地图和一幅绘画谈起》（《艺术教育》2018 年第 23 期）、周晓峰的《处州瓯江文明与"海上丝绸之路"》（《东方收藏》2018 年第 18 期）、杨玲的《汉至宋时期的梧州与"海上丝绸之路"》（《钦州学院学报》2018 年第 6 期）、王亮的《莞邑海上丝绸之路遗产述略》（《遗产与保护研究》2018 年第 11 期）、庄萍萍的《探析海上丝绸之路——以福建南安九日山为例》（《文物鉴定与鉴赏》2018 年第 19 期）、董俊珏和谢西娇的《古代福清与海上丝绸之路的文化因缘》（《福建师大福清分校学报》2018 年第 1 期）、徐芳亚的《古代洛阳与海上丝绸之路研究》（《洛阳师范学院学报》2018 年第 3 期）、汪勃的《扬州城与海上丝绸之路》（《大众考古》2018 年第 11 期）、熊昭明的《汉代海上丝绸之路合浦港的考古发现》（《民主与科学》2018 年第 1 期），以及沈桂才的《广西古运河与海上丝绸之路（上）》（《当代广西》2018 年第 9 期）与《广西古运河与海上丝绸之路（下）》（《当代广西》2018 年第 10 期）等。

（三）中西货物贸易

海上丝绸之路上中西货物贸易绵延千年，其中丝绸、瓷器和茶叶作为古代中国最重要的对外贸易货物，源源不断输送到西方各国。近代后随着西方工业革命的推进，价廉物美的棉布贸易逐渐取代了丝绸贸易，但瓷器和茶叶贸易一直保持着优势地位，是中国长期在世界市场中保持贸易顺差的重要支撑。海上丝绸之路折射和见证了中国与欧亚历史发展的轨迹，也促进了世界的发展与进步。关于中西货物贸易的研究一直是学术界关注的重点，本年度关于这方面的研究成果非常丰富，学术界也加强了对其他货物贸易的研究。

丝绸贸易

本年度关于丝绸贸易的研究成果不多，但研究领域有所拓宽。曾景婷、周莹和李鹏的《古罗马文学对中国蚕丝文化的异域想象》（《蚕业科学》2018 年第 1 期）一文从丝绸风尚、蚕丝起源、丝国形象和丝绸贸易 4 个方面阐释古罗马文学对中国蚕丝文化的异域想象。作者认为，早在汉武帝时期，随着丝绸之路的开通，丝绸作为商品销往古罗马，成为西方认识中国的第一文化符号。一方面,丝绸逐渐成为古罗马贵族社会竞相追逐的奢侈品;另一方面,赛里斯(中国)和蚕丝意象也大量出现在古罗马文学中,承载着古罗马作家对中国蚕丝文化的浪漫想象。

茶叶贸易

2018 年度关于茶叶贸易的研究成果非常丰富。茶叶是古代和近代社会中外贸易的大宗商品,是中国主动与世界联系的纽带之一,茶叶从中国逐渐走向世界,进而产生全球性的影响,在中外关系史上占有不可忽视的历史地位。学术界对这一问题的研究主要集中于中外茶叶贸易状况、发展及衰落原因、茶叶贸易的影响等方面。谭林的《试析中国与西方茶叶贸易的特点及贸易衰落的社会影响》(《福建茶叶》2018 年第 7 期)一文从历史的角度出发,指出中国与西方茶叶贸易的主要特点包括:其一,茶叶贸易的顺差趋势明显;其二,茶叶贸易的文化属性显著;其三,茶叶贸易的附加值普遍较低。近代以来,中国与西方茶叶贸易衰落的社会影响表现为中国依赖出口初级农产品实现贸易优势的希望破灭,农业区域经济面临衰败,使茶叶产业的转型升级产生战略焦虑。

刘丽敏的《试论清前期的茶叶贸易》(《福建茶叶》2018 年第 9 期)一文认为清前期的茶叶贸易除了传统邻国贸易,新增了俄国的陆路茶叶贸易渠道。而海路茶叶贸易在荷兰、英国等国的推动下也十分兴盛。尽管越南、朝鲜、日本等地区均出产茶叶,但因中国的"宗主国"地位、庞大的茶叶生产能力、高水平的茶叶质量,中国茶叶不仅在亚洲市场上享有盛誉,在欧洲市场亦有较高的声望。随着新型制茶机器的发明和应用,中国及周边地区的手工制茶优势逐渐丧失,世界茶叶贸易的大势在 18 世纪末就开始慢慢反转。

钟月强的《论近代科技对茶叶贸易的影响》(《农业考古》2018 年第 2 期)一文认为,茶叶在近代贸易中起着重要作用。在世界进入统一的全球市场过程中,茶叶同咖啡、可可等其他饮品一样,为西方各国竞相推崇,尤其是茶叶,成为世界第一大饮料。在英国,茶叶消费量巨大,需要大量从中国进口。茶叶源自中国,中国一直以茶叶作为对外贸易的利器,但市场的变化剥夺了中国在茶叶市场上的优势地位。英国人盗取中国的茶种和技术,利用近代发展起来的科学技术,大力发展茶叶生产,扭转了其在茶叶贸易中的被动地位,进而削减中国的茶叶市场份额,并且利用印、锡茶叶抢占中国市场。

2018 年度关于中英茶叶贸易的研究相对比较突出。刘章才的《"奇迹般的商品":18 世纪中英茶贸易述论》(《海洋史研究》2018 年第 1 期)一文认为,茶在中英贸易史上担当了极为重要的角色,海内外学界在相关研究中对此已经给予较多探讨,但其关注时段主要集中于 19 世纪,对 18 世纪中英茶贸易的研究尚显薄弱,而正是该历史时期,茶由中英贸易中毫不起眼的普通商品发展为关键商品,这一变化不仅昭示了中英贸易乃至中西贸易的重大转折,而且对中英关系的历史发展也产生深刻影响。作者利用大量的档案资料进行研究,认为 18 世纪初中英茶叶贸易数量的迅猛增长,茶叶消费在社会阶梯中由上向下渗透,饮茶在英国社会最终普及,促使茶叶需求量进一步扩大。18 世纪中英茶贸易的变化,更体现在总体商品结构的调整上,即茶在货物中所占比重显著增加,成为中英贸易的关键商品。中英茶叶贸易的变化,不仅改变了中英贸易乃至中西贸易的格局,而且深刻影响了中英关系的历史发展,塑造了近代中国的历史命运。

张丽和刘伟勋的《华茶 17—19 世纪在英国的兴衰及其虚拟价值的变化》(《广义虚拟经济研究》2018 年第 2 期)一文认为,17 世纪初到 19 世纪下半叶,华茶在英国消费市场上经历了引入、发展、兴盛、衰落的过程。其间,华茶的虚拟价值随着其在英国市场上的兴衰而跌宕起伏。华茶是在"东方神草"的赞誉中完成了其从奢侈品到大众消费品的转移,又是在粗劣、有害健康的贬损中丧失了英国市场。从包治百病的东方神草到有害健康的低劣饮品,华茶的虚拟价值从正向到负向的巨大变化更多是来自媒体宣传,而不是华茶自身质量的变化。在华茶虚拟价值的缔造中,英国王室、政府和以东印度公司为代表的商业力量都发挥了重要作用,其背后则有经济利益的驱动。

王红焱的《英国东印度公司对华茶叶贸易及其对中国的影响》(《现代商贸工业》2018 年第 10 期)一文认为,早期的中英贸易史就是一部东印度公司的对华茶叶贸易史。在高额利润的驱使下,英国东印度公司历经波折,逐步扩大并最终垄断了华茶贸易,其发展过程分为 5 个阶段:南洋间接贸易阶段、登陆厦门的试探阶段、以广州为中心的扩张阶段、垄断华茶贸易的鼎盛阶段和垄断权被废止后的衰亡阶段。华茶出口极大地促进了中国茶业经济的发展,也带动了运输、金融等相关行业的发展,对中国的对外经贸和外交政治产生了深远的影响。

此外,宋时磊的《18世纪英国茶罐中的实用美学与消费革命》(《农业考古》2018年第2期)等文章,也从不同层面反映了中英茶叶贸易状况。

2018年度关于中美茶叶贸易状况的成果也不少。石涛、董晓汾和卫宇的《19世纪上半叶中美茶叶贸易中假茶问题研究》(《山西大学学报(哲学社会科学版)》2018年第6期)一文通过新发现的1821—1849年美国在华茶叶商人在广州从事茶叶贸易期间所记录的各类贸易状况、数据,运用经济学的相关方法,对当时中国假茶在美国市场流入量进行估算,分析茶商贩假的风险、动因,探究假茶外流对中美茶叶贸易的影响。学术界对假茶对市场的冲击,影响世界茶叶贸易格局等方面的研究尚属空白,该文为研究近代中外茶叶贸易的衰落、世界茶叶贸易格局变化、中国近代化迟滞的内生原因等提供了借鉴。

马晓丹的《茶叶贸易在美国早期对华贸易中的作用和影响研究》(《福建茶叶》2018年第11期)一文认为,美国作为后发的新兴资本主义强国,在其自身资本主义发展的早期阶段,既面临着来自英国和法国等早发的资本主义诸国的商品倾销和市场保护政策带来的压力,也具备寻求新的原始积累和拓展海外贸易的途径。茶叶贸易在美国早期对外贸易中就占据了独特而重要的地位,美国的原始资本积累在相当程度上受益于以中美茶叶贸易为主导的对外贸易。与此同时,饮茶之风和茶文化也在美国各社会阶层中逐渐流行并推广开来。

林帜和姜欣的《一叶知秋:美国对华态度变化在茶中的映射分析》(《辽宁师范大学学报(社会科学版)》2018年第3期)一文认为,以美国为代表的西方对中国的态度大致经历了几个迥然不同的阶段性变化。该文从茶及茶文化这一层面切入,对比揭示茶在动态的中美关系史中受到的影响和起到的作用,解析其中反映出的西方社会对东方文化的看法。

此外,李竹雨的《18至19世纪欧洲茶叶盒略谈》(《农业考古》2018年第

2 期),衷海燕和牛浩的《外销画中的广州生态茶园》(《农业考古》2018 年第 2 期),王海洁的《法国茶文化中的中国元素探析》(《福建茶叶》2018 年第 3 期),闫金利的《哈尔滨与俄罗斯茶路的兴衰》(《黑龙江档案》2018 年第 3 期),施由明的《论中国茶叶向世界传播对世界文明的贡献》(《农业考古》2018 年第 5 期),曾好的《中英茶文化异同的对比》(《英语广场》2018 年第 5 期),陶源、姜欣和姜怡的《中国茶文化模因在西方的传播——以〈茶的世界史〉为例》(《农业考古》2018 年第 5 期),周玉璠的《福建海上丝路茶贸易史略》(《中国茶叶》2018 年第 8 期),沈学政的《走向世界的中国茶文化》(《中国投资》2018 年第 9 期),王锡伦的《东方的树叶成了国际贸易大宗主力商品》(《世界文化》2018 年第 11 期)和《荷兰女王的昂贵账单:80 金币买一瓶茶》(《世界文化》2018 年第 12 期),高山的《欧洲人种下第一株中国茶树》(《世界文化》2018 年第 12 期),周嫦妮的《近代粤港澳商贸关系——以澳门茶叶贸易为中心的考查》(《农村经济与科技》2018 年第 14 期),章容玲的《清代外销艺术品中的丝、瓷、茶文化》(《客家文化》2018 年第 3 期)等文章,从不同侧面反映了中西茶叶贸易状况。

瓷器贸易

陶瓷是古代中国的重要发明和外贸商品,也是海上丝绸之路上最重要的货物之一。本年度学术界对陶瓷贸易进行了多角度的研究,出版了诸多相关著述,深入探讨了中国陶瓷的海外传播史及其世界影响力。王洪斌的《全球史视野下 18 世纪中英瓷器贸易与艺术交流研究》(《艺术学界》2018 年第 1 期)一文认为,18 世纪英国消费社会兴起,中上阶层对异国商品的狂热以及资本、技术的发展导致全球远程贸易的繁荣,大量中国物品被输入英国。与此同时,中国文化艺术风靡英国,构成一个独特且重要的文化艺术现象,其中中国瓷器对英国艺术、生活、生产产生了重要影响,英国在模仿、借鉴、吸收中国风的基础上,不断创新,从而最终推动了英国瓷器生产的发展。

徐国群、管群和夏华清的《贸易与文化——试述明清瓷器贸易对西方文化的影响》(《南方文物》2018 年第 2 期)一文从外销瓷轨迹即明清两代官方对外赏赐和民间贸易构建的中国瓷器贸易角度,阐述中国瓷器对西方文化的影响。作者认为，明清时期，以景德镇窑为代表的中国瓷器，将世界瓷业推向了历史高峰，其素雅清新的青花瓷、柔和灵逸的粉彩瓷、透明如水的薄胎瓷、鲜亮可爱的斗彩瓷、艳丽华贵的珐琅瓷，在中国陶瓷史上写下了浓墨重彩的一笔。

李枫的《作为宗教文化之传播媒介的"中国瓷"》（《陶瓷学报》2018年第6期）一文认为，丝绸之路上的"中国瓷"以其坚硬而不易磨损的自然属性，以及实用性、商业性、艺术性等三重属性，成为16世纪"文化大循环"中独特而重要的角色。"中国瓷"以其独特而具象的造型、图案和绘画传达着不同国度人们的宗教信仰和思想观念，并由此而成为宗教文化的传播媒介。其中中西合璧的"外销瓷"既承载着西方宗教思想的传播史，也是中国宗教与民间信仰"西渐"的使者。所以，这一传播是在东西方文化之间循环往复地进行的，具有双重性。

此外，刘冬媚的《陶瓷贸易：13至17世纪的"海上丝绸之路"》（《艺术品》2018年第10期）、洪琳的《景德镇陶瓷文化对外传播研究》（江西师范大学硕士学位论文，2018年）、胡涵菡的《18世纪英国瓷器的生产——以伍斯特瓷窑为例》（西南大学硕士学位论文，2018年）等文章，也从不同层面反映了中西瓷器贸易情况。

本年度对外销瓷的研究比较突出。蔡珊的《联结欧洲和中国的纽带——中国外销瓷》（《遗产与保护研究》2018年第7期）一文认为，17世纪和18世纪的欧洲与中国的贸易为欧洲带来了新商品、新需求和新形式，改变了欧洲贵族和中间阶层的消费文化；从向外寻找中国的珍贵瓷器，到对内探求制瓷之法，改变了欧洲的制造工业。这一转变起始于欧洲贵族的中国狂热，大量的中国外销瓷满足了这个需求，并产生了一系列与中国瓷器相关的奢侈和愉悦的辩论，这些辩论是欧洲社会对中国茶叶、瓷器和丝绸的响应，改变了欧洲和中国的工业和时尚设计。

胡宇的《海上丝绸之路对清代民间广彩陶瓷设计的影响》（《包装工程》2018年第2期）一文用图像学和社会学的方法，从广彩瓷器的造型、纹饰、构图几个方面分析中西方文化的融合在广彩中的呈现。作者认为，广彩在发展的过程中不可避免地携带着中国文化与西方文化的共同基因，从而形成了其特有的艺术面貌,将实用性和观赏性相结合、象征性和叙事性相统一、写意与真实再现的有机融合,能从不同方面表现广彩,将异域文化与中国本土文化中的多样性相融合也正是中学为体、西学为用的例证。

胡珊的《16 至 18 世纪外销瓷盘边饰的研究》(厦门大学硕士学位论文,2018 年)一文主要从 16—18 世纪外销瓷边饰的时代特征、构图方式并辅以主题纹饰的组成情况对边饰进行分类,结合标准器判断各类边饰的时代与分期,最后通过对同时期内的贸易以及历史背景的分析,考察边饰在不同阶段发生变化的原因。作者认为,16—18 世纪的外销瓷边饰主要存在四种艺术风格:中国传统风格、西式风格、日式风格以及复合式纹样(中西结合),在明后期到清前期经历了两次较为明显的风格转变。边饰的变化发展受到了中外多种因素的综合作用,包括景德镇制瓷业的发展情况、外国商人来华订瓷的方式以及瓷器市场内部流行文化因素的影响等。在外销瓷边饰风格变化背后的中外经济文化交流也持续不断地进行着,而这种交流的影响是具有双向性的。

吴平贞的《浅谈外销瓷中的"费茨休"(Fitzhugh)装饰图案——从馆藏的两件瓷器说起》(《东方博物》2018 年第 4 期)一文以馆藏的两件费茨休瓷为切入点进行分析。作者认为,在中国外销瓷中,有一类被称为"费茨休"(Fitzhugh)的特殊订制瓷。这种瓷器上的装饰图案产生于 18 世纪 60 年代,盛行于八九十年代,并延续至 19 世纪。有趣的是,这种费茨休装饰的设计起源于英国,烧制于中国,但却流行于美国。费茨休的品质通常要高于其他外销瓷,有许多颜色版本,也有其固定的装饰风格及特点。

陈昊武和吴泽旋的《浅析欧洲近代符号象征学中的中国清代广彩外销纹章瓷》(《艺术教育》2018 年第 11 期)一文从符号象征学的角度来解读纹章瓷上的各种徽章。作者认为,中国清代外销纹章瓷是欧洲各国在华定制的一批瓷器,纹章瓷上的纹章更多的是一种身份象征和内在的认同,欧洲各皇室、家族、公司的徽章与东方传统纹样结合并用陶瓷语言的形式展现,是东西方经贸交流下的一种文化产物。

杨凤芹的《中西合璧瓷为媒 清代中国外销的"耶稣瓷"》(《中国宗教》2018 年第 4 期)一文认为,陶瓷是跨越中世纪东西方世界的一条友谊纽带,同时也是一座东西方文化交流的桥梁。"耶稣瓷"作为一种文化载体,既负载了中华民族历史悠久的陶瓷文化,又反映了西方国家丰富的宗教内涵。

刘丽萍的《明清外销瓷中五彩纹章瓷探析》(《陶瓷研究》2018 年第 1 期)一文认为,明清时期社会相对稳定、经济繁荣,统治者采取利商利民、开放海禁的政策。瓷匠根据帝王喜好和商人需求大量烧造定制陶瓷,欧洲人崇尚奢华,为刺激海外消费,增加了对外出口瓷。纹章瓷是由欧洲商人提供题材或器型依据,瓷匠在一定工期内完成烧制的。五彩纹章瓷的装饰图案既保留了中国传统制瓷工艺的特点,又融合了典雅的欧洲风格,它的出现是中国文化与西方文化碰撞的实证。

万芬芬和宁钢的《明清外销瓷中的叶纹装饰设计》(《陶瓷学报》2018 年第 6 期)一文通过对叶纹的起源和叶纹装饰的三种构成形式的分析和阐述,阐明了"叶纹"这种域外传入的纹样经过长期的中国化历程,通过瓷器这一媒介的传播影响着世界。

此外,黄付才的《外销欧洲的中国纹章瓷释读——以荷兰阿姆斯特丹海军舰长定制的联姻纹章瓷盘为例》(《文物鉴定与鉴赏》2018 年第 8 期)、施泳峰的《东西方文化交融的纹章瓷》(《文物鉴定与鉴赏》2018 年第 9 期)、陈昊武的《广彩外销瓷与欧洲洛可可艺术的审美趣味互动》(《中国陶瓷》2018 年第 7 期》)等文章,也涉及对外销瓷的研究。

本年度对中美瓷器贸易的研究也较多。陈雯鸯的《18 世纪下半叶至 19 世纪中叶中美外销瓷贸易探析》(《辽宁经济职业技术学院·辽宁经济管理干部学院学报》2018 年第 4 期)一文认为,从 18 世纪下半叶开始,中美外销瓷贸易规模扩大并逐步取代中欧外销瓷贸易,在中国外销瓷贸易中占据主要位置长达半个世纪之久。作者通过对同时期国际政治格局、两国内政外交以及国际经济格局材料的整理和分析,将中美外销瓷贸易史分为 4 个时期,即起始期、曲折与冲突期、发展与扩张期、衰退期。中国外销瓷作为贸易品,在给中美两国带来巨大经济收益的同时,也将中国式审美带到美国。

吴平贞的《纽约早期进口中国陶瓷研究》(《中国港口》2018 年第 S2 期)一文通过梳理纽约进口中国陶瓷的数量、陶瓷种类与器型、贸易方式以及时代等内容,探讨纽约在早期中美陶瓷贸易中所扮演的角色和作用。作者认

为,纽约进口中国陶瓷商品是在中外陶瓷贸易衰退、中美直航贸易兴起的背景下产生的。早期的中美陶瓷贸易主要在中国的广州口岸与美国的东部各大港口之间展开,纽约是其中销售中国陶瓷最重要的城市。吴平贞的另一篇文章《销美瓷器上的"鹰"纹图案鉴析(1784—1844)》(《福建文博》2018 年第 4 期)则对销美瓷器上的"鹰"纹图案进行了分析。作者认为,在早期中国输往美国的外销瓷中,绘有"鹰"纹的瓷器在所有订制瓷中数量最多,具有代表性。根据"鹰"在瓷器主题纹样中所占的比重,可大致分为"单一主题"和"主题的部分"两种。作为"单一主题"的鹰纹瓷器,以鹰的翅膀形状为切入点,分为鹰翅向上、鹰翅平展、鹰翅下垂等三大类。作者通过比较同一时期不同形态和不同时期同一形态的"鹰"纹图案,发现其中的共性与异性,并在此基础上尝试进行初步鉴定和分析。

本年度也有一些学者关注了中西青花瓷的海外贸易状况。吴若明的《海上丝路与图像交融:17 世纪尼德兰绘画的东方元素》(《中国艺术时空》2018 年第 4 期)一文认为,随着海上贸易的兴起,以中国晚明外销青花瓷为主的多种东方元素,逐渐流行于尼德兰地区的静物画、风俗画等作品中,有张扬的陈设,也有隐喻的表达,反映了海上丝路贸易背景下东西图像的交融与艺术再现。

施晔的《荷兰代尔夫特蓝陶的中国渊源研究》(《文艺研究》2018 年第 1 期)一文认为,代尔夫特蓝陶诞生于 17 世纪中后期,至今已为荷兰国宝之一。作者从蓝陶之祖、仿制与创新、文学与艺术的再现 3 个层面剖析蓝陶的前世今生,探析其多元血统中的中国基因,展现东西方陶瓷文化在代尔夫特的相遇融会。作者认为,蓝陶是青花瓷经由丝绸之路跋山涉水、游走天下,与西南亚、欧洲文化不断整合、交融的结晶,是中国造瓷工艺在欧洲落地进而本土化的成功典范。青花瓷在欧洲的仿制谱系除荷兰蓝陶外,尚有英国蓝柳,它们今天俨然已成为代表各自国家形象的重要文化符号,在言说青花瓷艺术巨大可塑性和无限再生性的同时,亦反衬出其在本土的日渐式微。

此外,陶诗秀的《伊比利半岛的青花瓷》(《东方收藏》2018 年第 1 期),温玉鹏的《公元 14 到 18 世纪:中国青花在海外》(《美术报》2018 年 1 月 27 日),李熊熊的《明清青花纹饰中的十字架(上)》(《东方收藏》2018 年第 10

期)、《明清青花纹饰中的十字架(中)》(《东方收藏》2018 年第 12 期)及《明清青花纹饰中的十字架(下)》(《东方收藏》2018 年第 14 期)等文章,也涉及了青花瓷的贸易及其影响。

克拉克瓷和青瓷也是重要的出口瓷器,本年度也有相关的研究成果。吴若明的《克拉克瓷名辨及海上丝路贸易区域功用研究》(《美术研究》2018 年第 6 期)一文认为,克拉克瓷是盛行于明代晚期的中国外销瓷器,以多开光的设计为显著装饰特征。在设计风格上以对称和平衡的多格分割为主,强调青多于白的色调,和同期国内市场的瓷器风格有所差异。克拉克瓷器型多样,既来自传统,也迎合海外市场。

王剑波的《宋元海上丝绸之路的财富源头——龙泉及瓯江两岸在宋元海上丝绸之路中的重要地位》(《人民论坛》2018 年第 17 期)一文也涉及了青瓷贸易的相关问题。

本年度还有很多文章涉及中西瓷器贸易研究,如吴若明的《17 世纪外销瓷器中的女性题材和东方"伊丽莎"形象辨考》(《形象史学》2018 年第 1 期)、胡宇的《海上丝绸之路对清代民间广彩陶瓷设计的影响》(《包装工程》2018 年第 2 期)、李松杰的《水系、商路与中国器物文化对外传播——以景德镇陶瓷器物文化传播为例》(《内蒙古艺术学院学报》2018 年第 2 期)、谭圆圆的《17—18 世纪德累斯顿与奥古斯都二世——中国瓷器的收藏巅峰与迈森瓷器的诞生兴起》(《文物天地》2018 年第 3 期)、吴明俊的《龙泉——"海上丝绸之路"的重要一员》(《文物鉴定与鉴赏》2018 年第 8 期)、林唐欧的《"南海Ⅰ号"沉船瓷器墨书初步研究》(《南海学刊》2018 年第 4 期)、潘天波的《瓷器:全球性文化展开之物》(《陶瓷研究》2018 年第 5 期)、任华东的《论"海上丝路"中外瓷器艺术与审美文化交流之维》(《兰州大学学报(社会科学版)》2018 年第 6 期)、李松杰的《商路、商帮与景德镇陶瓷文化海外影响力构建》(《陶瓷研究》2018 年第 4 期)、秦大树的《在肯尼亚出土瓷器中解码中国古代海上贸易》(《中国中小企业》2018 年第 10 期)、沈玲和万晓惠的《明清对外文化交流及瓷器花卉装饰纹样研究》(《大众文艺》2018 年第 17 期)、赵佳的《文本类型理论指导下的〈1500—1644 年中葡瓷器贸易〉英译汉研究报告》(南昌大学硕士学位论文,2018 年)等,从不同层面反映了中西瓷器贸易状况。

其他货物交易

除了对丝绸、茶叶和瓷器等海上丝绸之路上大宗货物交易情况的探析外，近年来学术界也越来越多地关注中西其他货物贸易状况。本年度这方面的成果不少，拓宽了海上丝绸之路货物贸易的研究领域。

金晖的《明清外销漆器研究》（上海大学博士学位论文，2018 年）一文通过文献梳理、案例研究以及技术考古等方法，提出了明清外销漆器的概念和范畴，并对其设计类型、产品类型及工艺风格进行了分析，同时进一步论述了明清外销漆器在欧洲的研究过程、社会背景、转型途径、影响力途径以及20 世纪的再发现。作者认为，明清外销漆器是中国漆艺在 16—19 世纪东西方物质文化交流过程中所形成的特殊类型。这一类型的特殊性建立在两个基础之上，一是历经数千年传播，至明清时期构建完成的亚洲漆文化圈；二是自 16 世纪开启的东西方贸易和全球化进程。因此，明清外销漆器体现了多重意义的文化和贸易特征，具有重要的研究价值。该文主要分 5 个部分围绕主题展开论述，逐次阐述和论证明清外销漆器的学术概念和影响力范畴。第一部分以亚洲漆文化圈的构建为线索，阐述了明清外销漆器的工艺源流及文化背景，先后论述了东亚、东南亚及伊斯兰漆文化圈的构建过程，并指出中国漆文化在不同阶段的传播途径和影响方式。第二部分以16—19 世纪的明清外销艺术和亚洲漆器贸易为背景，论述了明清外销漆器的设计类型、产品类型以及工艺特征，从而初步构建了明清外销漆器的学术概念和研究框架，同时与日本的"南蛮漆器"进行了对比和分析。第三部分以明清外销漆器在欧洲的演进与嬗变为线索，通过技术、材料、图像以及转型方式 4 个角度的分析，指出明清外销漆器对欧洲工艺文化和装饰艺术所产生的重要影响。第四部分以欧洲"中国风格"为背景，以消费群体、漆工团体及艺术产业为重点，论述了明清外销漆器在这一时期的消费和再生产，从而指出明清外销漆器在此过程中的再传播途径及影响力范畴。第五部分以20 世纪初期的欧洲现代漆艺运动为背景，以具体的案例论述明清外销漆器在这一时期的再发现，从而指出明清外销漆器的"文化回流"现象及其对于文化共同体的构建意义。文章通过多学科交叉研究方法,以全球化的动态视野将各领域的研究成果进行整合与交汇,提出了明清外销漆器的学术概念并论述了其历史地位和文化影响,为中国漆文化的研究提供了更为广阔的学术视域。

程智和梁志钦的《广州十三行外销漆器初探》(《中国生漆》2018 年第 1 期)一文对广州十三行外销漆器进行了整体梳理。作者认为,1684—1856 年,广东出产的漆器大量销往欧洲,被称为"广器",其后又被销往美国、东南亚各地,包括漆箱、金漆木雕、漆盒、女红桌、漆扇、餐椅,等等。在海内外各地博物馆内都可以看到广东这个时期的漆艺珍品。"广器"或称广州十三行外销漆器可以说是中国漆器史上独特的瑰宝,由于对外贸易频繁,文化交流深入,广器无论在造型、制作品类还是描绘的题材上,都体现出了中西文化交融的强烈特色,明显有别于中国传统的漆器。

刘斌的《清代广州外销银器的发展阶段及特点》(《中国港口》2018 年第 S2 期)一文认为,清代广州的外销银器,按照发展风格及特点而言,大体可分为 3 个时期:1780 年以前是发轫期,产品以累丝银器为特色;1780 年至鸦片战争爆发得到了进一步发展,产品大量仿造西方日用器皿,并引入了西方银器打款的传统;鸦片战争后进入繁荣期,广州外销银器制造和销售商快速增长,并借助外国人大量涌入和"西器东传"成为潮流之机,迅速向其他通商口岸城市扩张,至 20 世纪 20 年代达到鼎盛,这一时期广州大量生产中西融合特征的银器,逐渐形成了以拉丁字母销售商标识、汉字制造商标识和阿拉伯数字成色标识为组合的广东式的外销银器款识。进入 30 年代,受美国"白银法案"影响,国民政府实行一系列措施强化对白银的控制,其中包括对生产的银制品及其出口课以重税,外销银器走向衰落。不久抗战爆发,至新中国成立后中国外销银器正式退出历史舞台。

黄超的《中国外销银器研究回顾与新进展——兼论 18 世纪广州的银器外销生意》(《海洋史研究》2018 年第 2 期)一文指出,18—19 世纪,中国外销商品除瓷器、丝绸、茶叶和漆等外,还有一种较为特别的门类——银器,即中国外销银器。它的发展演变和对外传播的历史本身就与彼时全球海洋贸易的发展有着密切联系,成为海贸物质文明的重要组成部分。

广州外销画是 18—20 世纪由广州口岸制作并专供销往海外市场的画种，它结合中西绘画技法，绘制中国题材，以适应西方国家的需求。夏爱华的《清代广州外销画的主要品种及其变化初探》(《文博学刊》2018 年第 3 期)一文通过对外销画兴起的再讨论，追寻外销画中油画、玻璃画、纸本水彩画、通草纸画 4 个主要品种的早期面貌及其发展概况，初步探讨它们之间的变化关系及其原因。

武欣和另青艳的《从外销画管窥清代广州插花艺术风格》(《广东园林》2018 年第 2 期)一文对外销画中的插花艺术进行了分析，认为其产生可溯源至中国的传统哲学思想、岭南地方文化、佛教流派以及西方文化，插花风格主要有文人供赏、民俗寓意、宗教供设、家居装饰四种类型，反映了当时广州开放融通、兼收并蓄的文化精神。

海上丝绸之路上物质交流是双向的，本年度学术界对西方输入中国的货物也有一些相关成果。孙鸽的《康熙朝法国传入的器物及其影响研究》(长春师范大学硕士学位论文，2018 年)一文认为，16 世纪欧洲新航路开辟后，大量欧洲传教士东来。1687 年法国君主路易十四抱着发展远东势力与法国科学的双重目的，向中国派遣由传教士组成的使团，得到康熙皇帝的器重。此后，大量法国传教士、商人等来华，形成了中法两国历史上大规模文化交流的高潮。在此次文化交流中，西洋器物发挥了重要作用。文章对康熙朝法国传入西洋器物的种类、内容、用途以及历史作用等问题进行研究，主要分为三部分。第一部分介绍康熙朝法国器物传入的历史背景。法国器物的传入与当时中法两国的政治、经济发展状况以及统治者采取的文化政策密切相关，文章首先对此进行探讨，其次对传播器物之耶稣会士的发展情况和来华动因加以说明。第二部分介绍康熙朝法国传入的器物。文章将法国传入的器物分为三类，分别进行梳理，即科学类、艺术类、生活用品类。主要介绍各类器物的内容、用途、使用情况、传播范围以及发挥的作用。第三部分介绍西洋器物传入的影响及启示。西洋器物的传入促进了中国社会科学技术的进步，同时，中国文化西传也对法国社会发展产生了很大影响。

张学渝和蔡群的《呈进、采办与造办：清代西洋机械钟表入华与技术传播》(《海洋史研究》2018 年第 2 期)等文章,也对类似的进口商品进行了深入分析。

中西海上丝绸之路人物研究

在中西海上丝绸之路上,活跃着各种群体与个人,正是这些特殊人群的存在,使海上丝绸之路绵延万里,存续千年,促进了中西物质和文化交流,促使世界市场的形成和发展,推动了全球化进程。

2018 年度海商、海盗问题的研究比较突出。余衍子和王涛的《明清海盗(海商)的兴衰:基于全球经济发展的视角》(《海交史研究》2018 年第 1 期)一文从全球经济发展视角,对明清时期海盗(海商)的兴衰进行探析。作者认为,明清之际是全球海盗活动最为炽烈的时代,然而这种大规模活动在 19 世纪初期却衰落了。随之出现的,是西方国家逐渐控制海洋与掌握全球贸易权,是中国逐渐丧失海外贸易权并走入弱国之列。

王涛的《郑芝龙的兴衰对中国海商命运的影响》(《闽商文化研究》2018 年第 2 期)一文认为,17 世纪的东亚海域成为各国商人竞争的舞台。荷兰凭借强大的武力垄断东亚海洋贸易,对中国海商的利益造成极大损害。中国民间海商为了保护自己的贸易利益,形成了以郑芝龙为首的武装海商集团。衰落的明朝暂时与郑芝龙的合作使这个集团得以不断发展壮大,成为台湾海峡地区的贸易主导者,但是明王朝与郑芝龙的官商合作是在特定历史环境下的产物而不是明王朝主动寻求的结果。当清王朝取代明王朝后,中央政府与海商合作的基础已经不复存在,也就注定了郑芝龙个人悲惨的命运。郑芝龙个人的命运是中国海商命运的缩影,由于得不到来自中央政权的支持,中国海商在与西方海洋竞争的过程中失败了,中国成为一个只有商品出口而没有海上力量的国家,并最终为此付出了沉重代价。

前述尹向明、魏磊的《海商兴衰对 21 世纪海上丝绸之路建设的启示》(《区域金融研究》2018 年第 9 期)一文以我国古代海商兴衰的历史为主线,从海权实力和贸易政策演变入手,分析海商兴衰原因及其隐含的历史逻辑和现实启示。作者认为,航海技术变革、海外需求旺盛推动海商兴起。海

权意识不足、政策封闭打压、营商环境差、外国商船竞争、贸易战争和金融掠夺等因素,导致海商成为我国诸多商帮中最早衰落的商人群体。当前应该吸取海商衰落的教训,加大力度保障民间商业和对外贸易权,优化营商环境,构建能够保护海外侨民和商业利益的强大威慑力量,强化在未来国际贸易运输领域的科技能力和区位优势,布局国际贸易线路重要节点。

前文已提及的戴昇的《许栋里籍考——兼论地域认同与徽州海商群体形成》(《国家航海》2018 年第 2 期)一文认为,自明代始,许栋籍贯的问题即存在争议。作为明代早期走私贸易的先锋,许氏兄弟的籍贯归属对厘清明代的海外贸易情况与嘉靖时期的倭寇事件具有重要意义。作者通过对新发现的许栋及其兄弟家谱史料的解读,断定许氏兄弟是安徽歙县人。此外,作者通过对明代史籍中载有许氏兄弟史料的辨析和述评,也从侧面证明了许栋籍贯为歙县是确定无疑的。在明确许栋里籍问题的同时,一系列涉及许栋与王直的关系、许栋与其家族的海外经商传统以及徽商的海外贸易活动等的问题将得到初步解答。

其他与海上丝绸之路相关的人物也有相关的研究成果。刁莉和王敏的《北路贸易中的旅蒙商与旅俄商(1727—1911)》(《中国社会经济史研究》2018 年第 4 期)一文认为,旅蒙商与旅俄商贸易在清代北路贸易中有着举足轻重的地位。以往的文献通常把"俄蒙商人"作为一个商人群体进行研究,作者认为尽管贸易主体相近,但两者大相径庭,因而旅蒙商与旅俄商应视作不同的商人群体。文章仔细梳理了 1727—1911 年,旅蒙商与旅俄商贸易在交易程序、交易方式、商品种类及交易公平性上的异同。以"第一大旅蒙商号"大盛魁为切入点,考察了旅蒙商与旅俄商在外蒙及俄国的经济行为,进一步深入剖析两大商人群体的经济活动对当地商品、货币流通产生的深刻影响,并指出清政府的边疆政策是导致两大商人群体贸易行为差异的重要原因。

贾瑞和张喜琴的《清代中俄贸易信用体系探析——以晋商对俄贸易为例》(《学习与探索》2018 年第 11 期)一文指出,尽管限制对外贸易是清代对外贸易法的主旨,但政府支持下的民间对外贸易十分频繁。中俄双方在恰克图进行了广泛的贸易交往,中方的交易主体主要是晋商。晋商之所以能够在较长时期内垄断清朝对俄贸易,与他们的信用体系密不可分。晋商的信用思想,其根基在于中国传统文化,又在贸易互往中不断发展完善,形成了一套包括商人信用、职业信用、商业信用、政府信用在内的完整的、相对于一般性交往信用更为高级的对外贸易信用体系,促进了晋商在中俄贸易交往中不断发展壮大。

谭树林的《英国东印度公司对华贸易中的"外籍翻译"问题探究》(《安徽史学》2018 年第 6 期)一文认为,因缺乏称职的本国翻译,英国东印度公司在对华贸易期间,曾长期依赖外籍翻译。在贸易的不同阶段,外籍翻译的身份及其所译语种也不同,计有"澳门葡语"翻译、"广州英语"翻译和汉文翻译。直到英国新教传教士马礼逊被聘为广州商馆翻译,并在商馆开设中文班,培训中文翻译人才,公司对外籍翻译的依赖才最终结束。

阎根齐的《论海南渔民在"南海丝路"上的地位和作用》(《南海学刊》2018 年第 1 期)一文认为,海南岛先民对航海的探索可溯至石器时代,并创造了海洋文化。先秦时期海南渔民已拥有了一定的海洋知识。秦汉时期,即海上丝绸之路形成的初期,海南岛的紫贝、玳瑁、"广幅布"等都已成为"南海丝路"的贸易商品和贡品。唐宋时期,海南渔民已经在西沙群岛住岛。明清时期,海南渔民对南沙群岛持续开发经营,《更路簿》记录的海南渔民在西沙、南沙生产作业与"海上丝绸之路南海段"航线相重合。渔民自古为"南海丝路"的形成、发展和繁荣做出了重要贡献。

张学君的《葡萄牙人东来与利玛窦的中国经历》(《文史杂志》2018 年第 1 期)一文介绍了利玛窦在中国的经历。欧洲传教士利玛窦确实是一位传奇人物,时值 16 世纪后半叶,他经历了九死一生的风涛之旅,随印度布道团来到明王朝统治下的中国,客居 28 年之久,晚年在北京最显赫的紫禁城内外度过,与万历皇帝驾下的臣僚们时有过从,精英之间进行了坦诚的中西文化交流,关系融洽,当然也有龃龉与障碍。利玛窦身故后承蒙皇上钦赐墓地,遗体与教堂长存帝都。

郭晔旻的《威廉·亨特:见证羊城历史瞬间的"番鬼"》(《同舟共进》2018 年第 12 期)一文则研究了另一名来华西方人在中国的经历。作者指出,早在 16 世纪初期,刚刚抵达中国的葡萄牙殖民者在广东沿海的掠夺和暴行,引起了人民的痛恨，故而被称为"番鬼"。虽说名声不佳，但到了19世纪，一位来自美国的"番鬼"威廉·亨特倒是见证了跨入近代门槛前后的广州的历史变迁。

此外，草苍的《帝国的生意：怡和洋行在华的劳工招募》(《文化纵横》2018年第2期)，王锡伦的系列文章《丝绸之路英雄榜(一)》(《世界文化》2018年第7期)、《丝绸之路英雄榜(二)》(《世界文化》2018年第8期)、《丝绸之路英雄榜(三)》(《世界文化》2018年第9期)和《丝绸之路英雄榜(四)》(《世界文化》2018年第9期)，高山的《史上最大的商业间谍——盗取中国茶叶机密的英国人福特尼》(《世界文化》2018年第5期)等文章，都涉及与海上丝绸之路相关人物的研究。

总之，本年度学术界对海上丝绸之路的研究历久弥新，成果斐然，在中西政治交往，中西海洋政策与海疆史，中西贸易政策与制度，中西贸易、港口及航线与人员往来等方面的研究都有很大的发展，在研究领域的拓展、原始档案资料的运用以及研究方法上都有所突破，促进了中国海上丝绸之路研究的进一步发展。不过，本年度对中西物种流通的研究依然薄弱，研究领域比较狭窄，还有许多领域尚是研究空白，期待学术界在以后的研究中能予以更多的关注。近年来全球化与反全球化的斗争日趋激烈，中美贸易战正在进行中，中国作为崛起中的政治经济大国，更需要在历史的经验教训中汲取营养，努力推进全球化的发展，进一步加强中西政治、经济与文化交流，为中国的和平崛起创造良好的国际环境。

（本章作者：周莉萍，宁波大学人文与传媒学院副教授）

第五章　海上丝绸之路与中西文化交流

新航路开辟以后,海上丝绸之路逐渐成为东西方交往的主要通道。明清之际的中西文化交流出现了前所未有的发展,西方的科学文化知识和东方的传统文化相互碰撞,描绘出世界历史上浓墨重彩的一笔。德国学者汉斯·波塞尔曾说:"17世纪欧洲文化方面最伟大的发现是认识了中国,发现了与西方旗鼓相当的文化,一个高度发达而又陌生的帝国。"与发现美洲给欧洲带来巨大的金银财富不同,"从一开始对中国的发现便是对文化的发现"[①]。海上丝绸之路与中西文化交流一直是学界关注的重要问题,2018年,学术界对于海上丝绸之路与中西文化交流的研究主要集中在中西语言、文字交流,"西学东渐"与"东学西传",中国观研究等方面。

一　中西语言、文字交流

《葡汉辞典》被认为是首部欧洲语言(即葡萄牙语)和汉语的双语词典。《葡汉辞典》是由利玛窦(Matteo Ricci,1552—1610)和罗明坚(Michele Ruggieri,1543—1607)共同完成的作品,尚未付梓,仅以手稿的形式保存在罗马耶稣会档案馆中。关于《葡汉辞典》的相关研究正在深入展开,但现有成果主要关注于辞典的正文,对于附在辞典前后的散页材料并未给予相应的重视。《葡汉辞典》散页开头是一篇全部由罗马字母注音的对话体材料,

---

① 李文潮、H.波塞尔编《莱布尼茨与中国》,科学出版社,2002,第1页。

《宾主问答辞义》从第 3 页到第 7 页,共 9 页,全文没有一个汉字,只有罗马字母注音,是目前可知的第一份汉语注音会话体文献,也是散页最值得探讨的部分。《葡汉辞典》的价值不仅在于它是辞典所呈现的注音系统最直接生动的注音实践,还原了传教士最初来华时语言学习的主要方式,更体现在它成为其后传教士一系列主客问答对话体文本的肇始之作,拥有众多手抄版本的《拜客问答》便与其一脉相承。文献上所写的标题为"Pin ciù ven tà ssì gnì",德礼贤将其对应的汉字词转写为"平常问答词意",杨福绵根据罗明坚草创之汉语语音系统做出更正,将题目汉字确定为"宾主问答辞义"。[①] 由于《宾主问答辞义》标音的随意性,声母、韵母所用音符与实际发音并非一一对应,一对多的情况非常普遍,又有方音与方言词汇的使用,使得汉字识读较为困难,再加上手稿转写的误差,更增加了认读难度。

　　杨少芳的《西人汉语学习第一篇:〈宾主问答辞义〉初探》(《国际汉学》2018 年第 2 期)一文从手稿整理、文献描述、罗马字注音系统、语言学习教材等方面,对该文本进行了基本的梳理,将其置于明末传教大背景下对其语言学价值进行考察。作者认为《宾主问答辞义》的汉语教学方式不同于中国传统私塾死记硬背的模式,它兼顾了内容主题的段落化、日常用语的生动趣味化以及对欧洲文明与天主教义的科普化呈现。《宾主问答辞义》与《葡汉辞典》的语音系统同属汉语罗马字母草创期的成果,是现代汉语拼音方案的鼻祖。《葡汉辞典》注音系统中不完善的标注方式,《宾主问答辞义》中同样也有,不过两者在声韵调方面仍有一些细节上的区别。而正因为《宾主问答辞义》与《葡汉辞典》之间紧密的联系,《宾主问答辞义》才可以被视作《葡汉辞典》标音系统的首次"实战演习"。《葡汉辞典》与《宾主问答辞义》的关系,正好似至今下落不明的《汉葡辞典》与《西字奇迹》之间的关系,即一部是带有音韵辞典性质的"字汇表",一部是将"字汇表"应用于口语表达的注音语料。此外,《宾主问答辞义》除了注音,更兼具了最初西人学习汉语官话的会话体教材性质,是同类型中现今可见的第一篇语言文献,开创了其后西人问答体例官话学习教材的先河。

　　① 杨福绵:《罗明坚、利玛窦〈葡汉辞典〉所记录的明代官话》,《中国语言学报》1995 年第 5 期。

徐越翻译的《从历史语言学的视角看利玛窦的〈葡汉辞典〉》(《国际汉学》2018 年第 3 期)一文选译约瑟夫·亚伯拉罕·莱维(Joseph Abraham Levi)的《从历史语言学的视角看利玛窦的〈葡汉辞典〉》[①],作者莱维是美国艾奥瓦大学(The University of Iowa)的教授。该文主要介绍了利玛窦惊人的语言天赋及其在华传教期间为中西方文化科技交流互通所做的突出贡献,着重探讨了《葡汉辞典》的主要内容、利玛窦为区分汉语声调的音值而设计的发音符号以及辞典中收录的汉语词条类型和葡语词条的音位学、词汇学价值,涵盖了该领域研究的最新成果。作者认为《葡汉辞典》是第一部专门为传教士轻松快捷地学习汉语口语而准备的双语词典,这绝非妄言。词典所用汉语是"衙门语言",也就是官方方言、"官话"、大明朝的官方语言。这部词典还是之后的双语词典的模仿对象。《葡汉辞典》中的罗马化系统也是汉学领域一个很有意思的研究方向,这是欧洲人首次尝试建立官话语音的系统化标准。换言之,利玛窦将汉语音节转写成了罗马字母,为之后音译系统的建立打开了大门,因此,我们能从《葡汉辞典》中发现很多极具语言学、方言学价值的音位学、词汇学素材。这些特点为我们了解当时的口语官话特别是标准汉语可能的源头提供了可靠且准确的信息。除此以外,值得一提的是,对于研究罗马语族语言学特别是葡萄牙语语言学的学者而言,《葡汉辞典》中还包含了当时葡语口语的许多重要信息,而只有将两种语言——汉语和葡语进行对比研究,才能更加细致、深刻地揭示出它们是如何演变成如今的现代语言的。

《西国记法》是利玛窦 1595 年著于南昌,后被收录于《天主教东传文献》之中。《西国记法》共 6 个篇章:"原本篇第一"论述"记含之室"在脑囊,首次提出脑的记忆作用,区别与以往记忆在心的观念;"明用篇第二"提出记忆方法在"象记法","须以本物之象及本事之象,次第安顿于各处所";"设位法第三"以及"立象法第四"具体阐释如何设位及立象之法;"定识篇第五"继续说明立象之法,并指出立象需量力而行;"广资篇第六"列举百余个汉字演绎他

---

① Joseph Abraham Levi, *O Dicionário Português-Chinês de Padre Matteo Ricci*, S. J.（1552-1610）;*Uma abordagem histórico-linguística*(New Orleans: University Press of the South, 1998).

的记忆之象。六篇之中除"原本篇第一"分析记忆器官在人脑,"设位法第三"讲述设位方法,没有涉及具体汉字的解释外,其余各篇中均有对汉字的解释。曹保平、李莹的《利玛窦的汉字认知与理解——以〈西国记法〉例证字为例》(《海外华文教育》2018 年第 4 期)一文从文字学的角度,以利玛窦《西国记法》中的例证字,考察利玛窦对汉字的认知与理解。作者认为,《西国记法》中的例证字的释义虽然并不是完全正确的,但是有其合理性。利玛窦学习《说文》,但又不拘泥于《说文》,敢于突破传统中国古文对语言文字的固话思维,灵活地记忆,同时入乡随俗,借用中国的文化、风俗习惯进行记忆。同时,对于利玛窦的汉字分析进行分析,也是以西人的观点看汉字,能够发现不一样的角度,给了国人研究汉字的新视角,启发新思考。利玛窦是外国人学习汉语的一个成功的典范,其记忆原理揭示了外国人对中国语言文字的看法,知己知彼,这正是现代汉语国际教育教师需要的。其对记忆方法本身的研究,也是汉语国际教育教师可以学习的。

1623 年,比利时籍耶稣会士金尼阁(Nicolas Trigault,1577—1628)独自前往河南、山西、陕西等地传教,他在途中携带了一部尚未成稿的字典,用于学习中文。1626 年,这部手稿在陕西刻印,即后来众所周知的《西儒耳目资》,该书在中国辞书史上具有重要的地位,是中国历史上首部使用拉丁字母拼写汉字字音的字典。金尼阁的《西儒耳目资》共三册,依次为《译引首谱》《列音韵谱》《列边正谱》,其中第一卷为总论,介绍如何利用罗马拼音查阅文字和如何利用汉字笔画查阅字音;第二卷和第三卷则分别介绍这两种方法的使用。在它正式出版之前,这部字典便已经以手稿的形式在耶稣会内部流传。金尼阁所携带者,便是其中一部,由于它的便捷性,这部字典引起了中国人的兴趣。金尼阁于 1624 年开始编纂此书,当他在关中传教时,王徵不仅帮他完成《西儒耳目资》一书,还陪同其前往西安,视察刚被发现的"大秦景教流行中国碑"。谢明光的《天主教徒王徵和〈西儒耳目资〉:从关学到天学》(《唐都学刊》2018 年第 5 期)一文认为,王徵可能是金尼阁尚在山西绛州传教时,便已参与到编写,他担任该书的"校梓",负责编辑与出版。事实上,王徵的贡献不限于此,他与金尼阁一道,校对完成首卷《译引首谱》的《问答》篇,这一部分也是《西儒耳目资》的理论核心部分;王徵还以问答的

形式编写了《三韵兑考》，指出金尼阁对中国语言的正确分析和中国音韵书的诸多谬误。王徵还撰写《西儒耳目资叙》与《西儒耳目资释疑》两篇短文，列在书前。除此之外，王徵利用其西学知识，评价中国固有之学问，并以西学来改进或代替之的立场，事实上也出现在王徵对中国的其他事物的认识之中。

在早期西方的汉学体系中，汉语拼音方案所来源的汉语注音系统并非单源性的，而是具有多源性质。早期传教士记录历史上的各种汉语注音方案，为我们留下了宝贵的线索，其中卜弥格（Michel Boym，1612—1659）的拉丁文注音方案就非常值得关注。卜弥格家世显赫，其祖父做过波兰国王的秘书，父亲担任国王首席御医，卜弥格从耶稣会大学毕业后，立志前往远东传教。1643 年 3 月 30 日，卜弥格由葡萄牙保教区派遣，由里斯本启程前往远东，经过 3 年的海上行程，卜弥格首先抵达越南的东京，之后，他暂住中国海南岛，开始了他在包括交趾支那（越南南部）、柬埔寨、暹罗、东京（越南北部）及老挝在内的传教工作。1650 年，在葡萄牙传教士曾德昭（Alvare de Semedo，1585—1602）的推荐下，进入南明永历朝廷传教以支持瞿安德神父（Fr. Andreas Wolfgang Koffler，1612—1652），并得到永历帝和司礼太监庞天寿的信任，被授予官职。与此同时，汤若望（Johann Adam Schall von Bell，1592—1666）在北京为清朝顺治帝效力。卜弥格为南明朝廷效力不久，他受信奉天主教的南明王朝永历慈安皇太后之委派出使罗马，寻求罗马教廷和欧洲各国君主对永历朝廷的精神和物质援助，以求反清复明。1651 年，卜弥格作为南明特使返欧，携带烈纳皇太后及庞天寿写给教皇和耶稣会总会长的信函和礼物。卜弥格在欧逗留几年进行外交斡旋，却一直未能获得对南明军事援助的实质答复，直到 1655 年 12 月 7 日才终于等到由教皇亚历山大七世签发的复书，得复书后，卜弥格率领一小队传教士于 1656 年 3 月 30 日由里斯本至果阿启程返华，与他同行的有柏应理（Jesuits Philippe Couplet，1623—1693）、鲁日满（Françoisde Rougemont，1624—1676）、葛安德（André Gomez，1622—1681）及伊格纳修斯·哈特维尔特（Ignatius Hartegovelt，1629—1658）。卜弥格期盼信奉天主教的明朝朝廷能有所好转，永历皇帝可以成为第一位信奉支持天主教的中国皇帝，南明王朝能够恢复,成为主导统治中国,但事态的发展并未与预期一致。1658 年卜弥格到达暹罗,由于葡萄牙与北京的清朝已建交,不想破坏两者间现有关系,卜弥格被禁止踏入澳门。因为长期旅途劳顿,卜弥格于 1659 年病逝于中越边境。卜弥格在汉语语音方面的最大贡献就是对"大秦景教流行中国碑"的碑文所做的拉丁文逐字注音,1667 年发表在他的老师基歇尔(Athanasius Kircher,1602—1680)的《中国图说》一书中,后来风行欧洲,普遍用于拼写中国的人名、地名等。学术界较多关注卜弥格有关植物学、地理学、中医的著作,从语言学角度,对卜弥格"大秦景教流行中国碑"的碑文注音进行专门研究的,仅有谭慧颖和董海樱等,其中,董海樱归纳出了"卜弥格汉语官话声韵母拼合表"[1];谭慧颖的研究从卜弥格所提出的汉语语音方案里归纳出其韵母系统,并与金尼阁以及明末官话的拟音进行比较。[2] 卜弥格汉语拉丁文注音系统主要以明末的汉语官话为描写和研究对象,这一注音方案中共有声母 25 个,韵母 49 个。卜弥格从实际的汉语语音出发,按官话的实际发音将汉语的声母特征做了系统的描写。利玛窦的汉语注音方案受葡萄牙语的影响,罗明坚的方案则受意大利语的影响,金尼阁的方案与其他目的有异,主要是向中国人介绍西方的音素记音理论,试图适应中国人的语音感知,而卜弥格则既受到其母语波兰语的影响,也试图面向欧洲,因此具有更大的普适性。如果回顾汉语的拉丁化历程,其实卜弥格并非为汉语注音的第一人,在他之前,罗明坚、利玛窦和金尼格的注音系统为汉语制定了最初的注音表,这是汉字拉丁注音的初创阶段,不过罗氏和利氏的注音方案并未公开发表,直到 1667 年卜弥格设计了自己的拼音方案。

方环海、Joanna Weglarz、秦芳芳的《17 世纪波兰汉学的汉语声母特征分析——以"大秦景教流行中国碑"的拉丁注音为中心》(《语言研究》2018 年第 2 期)一文通过研究卜弥格的"大秦景教流行中国碑"碑文拉丁语注音的声母系统的特征,分析卜弥格如何站在类型学的对比立场看待 17 世纪汉语的语音特征,试图弄清卜弥格汉字注音文本的学术价值,以及他和欧洲本

---

① 董海樱:《16 世纪至 19 世纪初西人汉语研究》,商务印书馆,2011,第 98 页。
② 谭慧颖:《〈西儒耳目资〉源流辨析》,外语教学与研究出版社,2008。

土学者在汉语注音方面的特征。作者认为,早期入华的传教士罗明坚、利玛窦等人所接触的或许大多是南方地区的人士,其注音资料中难免会掺杂一些南方方言的语音特征,而且随着耶稣会士活动范围的扩大与深入,第二批及其后入华的传教士就有了更多的机会接触到比较纯正的北方汉语官话,因此,卜弥格注音系统就形成了比较成熟和完整的体系。文章提供了当时汉语语音系统的一个可资参考的框架,站在更为重要的汉学视角,系统梳理了西方汉学家的汉语注音资料。因为传教士多关注口语和时音,所以对注音特点的揭示与整理可以为汉语语音史的发展演变提供一个信度颇高的平行语音参照系统,可以有效建构汉语的历史样貌及其演变规律。从影响上看,卜弥格这套汉字拉丁化注音系统在 17 世纪发明创制,后经汉学家认可,广泛流传于欧洲,在为汉语注音的多种拼音方案中,卜弥格的注音系统占据了非常主流的位置,并影响了西方公众对汉语的了解和认识,对欧洲本土汉学的研究也起到了非常重要的作用,包括法国雷慕沙在内的许多汉学家都是依据卜弥格的汉语注音方案来学习中文的,迄今仍然具有重要的学术参考价值。

意大利方济会士康和子(Carlo Orazi da Castorano,1673—1755)于 1700 年来华,先后在山东临清和北京地区传教。1734 年他返回罗马之后不停奔走,力劝教宗和传信部助教坚持禁止中国教徒行祭孔、祭祖等传统礼仪的决议,在"中国礼仪之争"中扮演了重要角色。他被认为是当时汉语水平最高、对中国文化了解最深的传教士之一,留下的大量关于中国语言、文化的书信、词典、报告等手稿,对于中国基督教史、中西文化交流史、西人汉语研究史等领域的研究具有很高的价值。1732 年,康和子完成近 1200 页的《拉意汉词典》手稿,其年代早、规模大、质量好、抄本多,但现在汉语学界尚无对该词典的专门研究出版。李慧的《意大利来华方济会士康和子的〈拉意汉词典〉(1732)》(《辞书研究》2018 年第 5 期)一文对康和子的《拉意汉词典》手稿的写作过程、版本和内容进行了介绍,然后又结合明清时期传教士外汉词典代表作,考察康和子词典在规模、形式、来源、影响等方面的特点。作者认为康和子词典是 16—18 世纪规模最大、内容最丰富、抄本最多、质量上乘的传教士外汉词典,虽有繁复、不便等缺点,但仍代表百年传教士汉学

发展成果之积累,也是一部集合中西语言、知识、思想的语料库,值得从文献学、语法学、翻译学、音韵学等诸多角度展开更为细致的研究。

罗伯特·马礼逊(Robert Morrison,1782—1834)出生于英国诺森伯兰郡莫佩思的农民家庭,从小对宗教非常感兴趣,16岁时成为长老会的一员。1801年开始学习拉丁文。1803年1月,马礼逊来到伦敦学习神学和拉丁文、希腊文。1804年,马礼逊被伦敦会选定派往中国传播新教,在伦敦深造期间,马礼逊结识了一位来自中国广东的青年容三德,并跟随他学习中文。容三德是马礼逊的第一位中文老师。1807年1月8日,马礼逊被授予牧师资格,随即从格拉维森启程转道美国前往中国,同年9月,马礼逊到达澳门。一般认为,马礼逊到达中国,标志着基督教新教在中国传教的开始。1818年,马礼逊和另一位伦敦会传教士米怜合作创办英华书院。1819年,他将《圣经》完整地翻译成了中文。

叶春燕的《马礼逊早期汉语学习过程探析》(《新闻传播》2018年第2期)一文通过对马礼逊在华传教时期的部分信件进行文本分析,探讨传教士群体在华传教日常生活中的汉语学习以及人际交往状态。文章认为马礼逊到中国后的汉语学习有一个极大的有利因素,就是全然处在一个汉语的环境中,这对于马礼逊的中文学习有很大的帮助。马礼逊不放过任何一个学习中文的机会,非常注重在同友人、仆人等的日常交往中潜移默化地练习自己的口语,但他同身边的人进行汉语交流也存在一定的问题,如马礼逊在1807年11月4日的信中强调自己在周围人的帮助下汉语学习有了很大进步,但是因为他们说的不是官话,所以马礼逊意识到不仅要学习官话,学习地方方言也很重要。马礼逊在中国助手的帮助下学习《大学》《论语》等,并认为掌握中国语言文学的相关知识甚至可以在中国周边国家进行传教,因此马礼逊极力要求传教士们掌握中文。马礼逊在中国语言文字方面最重要的著作是费时8年编撰而成的《华英字典》。《华英字典》分三部,第一部名为《字典》,是一部按中文部首排列的汉英字典,它又分三卷,第一卷于1815年出版,第二卷于1822年出版,第三卷于1823年出版。马礼逊有一个编纂理念,意在通过汉字的学习来了解中华文化,来吸引更多的人学习汉语,这不能不说是马礼逊的远见和过人之处,在学习语言文字的同时,了解丰富的中华文化内容,也是外向型字典编纂应有的理念。《华英字典》开创了这一编纂模式和理念的先河。

李丽的《马礼逊〈华英字典〉及其对中华文化的解读与呈现》(《国际汉语教学研究》2018 年第 1 期)一文介绍马礼逊汉语学习的主要方法,重点介绍其所编纂的《华英字典》中对中华文化的解读与呈现。作者认为,马礼逊的汉语学习经验,特别是以背诵为主的学习方法,值得当今海内外的汉语教学在一些方面和一定程度上加以借鉴。事实上,这种方法也正是中国传统的启蒙教学和语文教育的主要方法。同样,马礼逊一再表示的"老师要求很严格"的教学理念,也值得海内外的汉语教学借鉴。"严师出高徒"本身就是中国教育文化的一个传统。马礼逊在《华英字典》中所呈现出的汉字、汉语和中华文化融为一体的编纂模式和编纂理念,特别是对中华文化的广泛而颇具匠心的融入,将文字、语言和文化融为一体的辞书编纂模式,在当时是一种创新,为西方世界打开了一扇了解汉字、汉语和中华文化的大门,即使在当今的辞书编纂中仍然堪称一种范式。当然,限于时代的局限,《华英字典》的不足和欠缺之处自然也有很多,如字典有虎头蛇尾、头重脚轻之憾,还有不少对多音多义字的释义和举例不加区分、笼统归在一起的现象。虽然如此,这部字典的汉字释义在重视并凸显传统中国古籍经典、主流思想文化的同时,也不忘牢牢抓住汉字、语词日常使用的生活性和学习上的趣味性,这在当时的历史和文化环境下还是相当可贵的。

马礼逊在中国语言文字方面的第二部著作是《五车韵府》,它是一部按照汉字音序排列的汉英字典,分为两卷,第一卷于 1819 年出版,第二卷于 1820 年出版。《五车韵府》除 1819 年和 1820 年的初版之外,在 1865 年再版,地点是上海和伦敦。初版的出版者为英国联合东印度公司,地点在澳门,目前国内图书馆所藏《五车韵府》均为这一版本。1865 年再版的出版者为墨海书馆(即伦敦传教会出版社,在上海)和 Trübner & CO.(在伦敦),但是这一版本在国内绝少见到,只有《中国近代现代出版通史》的作者叶再生见过,且有残缺。马礼逊认为《五车韵府》是根据中国明末学者陈荩谟的《元音统韵》一书中的部分内容改编而来,王荣波的《马礼逊〈五车韵府〉的成书过程考证》(《淮海工学院学报(人文社会科学版)》2018 年第 4 期)一文认

为，实际上 1865 年再版过程中，马礼逊加入了大量当时汉语口语的语音、词汇、语法等内容，是他对原有《五车韵府》的重新创作，对研究当时汉语的口语面貌具有重要的意义。马礼逊非常注意字典的实际使用价值，而不像很多当时中国的字典那样，更多地注重字在古文献中的用法和意义。该文认为，这是不同书籍的用途和面向对象的不同造成的。中国的字典，更多是面向科举考试和考据古代文献的使用者，因此马礼逊更多考虑的也是字的古代意义和读音等，力求做到"正本清源"，减少谬误；而马礼逊的字典以及当时绝大多数传教士所编的字典，都是面对希望学习汉语的外国人的，他们当然会把字典的现实使用价值摆在第一位，更多地注重口语和实际交往的作用，因此，这些字典也更多地从当时的口语角度出发，为的是让学习汉语的外国人能迅速地掌握口语，迅速地跟中国人进行口头交流，所以，这些字典在保存当时的汉语口语语音、词汇、语法等方面的价值非常大。

汉语首先存在着"文"与"言"即书面语与口语的差异。书面语又常被看作有文言与白话之别，即我们所称的文言文与白话文的区别。文言文在秦汉之后作为汉民族使用的标准化、统一化文字，是所有识字者都需要掌握的；而所谓的白话文，主要是指纸面上写下的通俗化文字，虽然在后来的理解中许多人会将之视为一种相对统一的文体，但不同的白话文本因时代与地域的差别仍会在语言表述上存在诸多差异。当然，更重要的是，它与后来所称的官话并非同一种语体，这也是在概念上最易为外来的学习者所混淆的。关于"言"的部分，即汉语口语，可笼统地分为官话与方言两个大类，"官话"从字面的意义上看，常被解释为官员之间通用的口语，这在来华西人中已形成一种固定的判断；方言则属一般的日常用语，因带有明显的区域性特征，其分化程度极为严重，南方尤甚。早期的来华传教士，首选想要掌握的，就是文言文与官话，相对而言，一旦掌握了文言文，便可阅读汉语的基本文献，借助官话则可以在日常交往中打通地域上的隔阂，尤其是可与中国官方和知识精英们进行直接交流。在 19 世纪之前，来华传教士等所编纂的汉语材料或著述，基本上依据的或是文言或浅文言，或是官话，很少有专门针对方言的。据学者的考订，现在可知的以方言为主要对象的编撰，唯有 16 世纪由西班牙传教士们写下的几种，确定的如拉达（M. De. Rada）所撰的《华语语法与词汇》与齐瑞诺（Petrus Chirino）撰写的《汉语西班牙语词典》，二书均为手稿，是两位传教士在菲律宾布教期间跟当地的福建侨民学习闽南方言的札记。对汉语各地区方言的关注与撰述，始终是早期来华西人所甚为匮乏的。但这种状况在19世纪来华的西人，尤其是传教士那里却有了很大的改变，对各地汉语方言的习研被纳入许多传教士的日常视野，并出版了一批方言教学与研习的著作，也可以说是出现了一阵"方言热"。黄卓越的《19世纪初期的"方言热"：来华新教士的语言工程》（《北京大学学报（哲学社会科学版）》2018年第3期）一文认为，这种方言撰述的现象，有多方面的意义，需要做进一步的阐明。研习与掌握方言的目的不会仅仅局限于传教，更不是出于单纯的语言学上的一种兴趣，而是与服务于殖民国在商贸、政治、军事、文化等方面的同步推进息息相关的。很显然，这些推进首先便要求扫除语言设置上的障碍，只有在此前提下，各路来华西人方能在19世纪大规模展开的中西博弈中最大限度地去掌控"话语"的主动权。

中国是个多民族多语言多方言的国家，差异极大，不能互通，各民族语言和方言的圣经译本乃应运而生。按现代语言学分类，中国地理范围内的少数民族语言可分为5个语系。这5个语系，即汉藏语系、南亚语系、阿尔泰语系、南岛语系、印欧语系。众多语族中，壮侗语族、藏缅语族、苗瑶语族、突厥语族、蒙古语族、通古斯语族、孟高棉语族、斯拉夫语族、印度尼西亚语族、菲律宾语族等10个语族有圣经译本。众多语支中，壮傣语支、藏语支、彝语支、景颇语支、缅语支、苗语支、西匈语支、蒙语支、满语支、佤绷龙语支、泰雅语支、邹语支、葛逻禄语支、钦察语支、东斯拉夫语支等15个语支有圣经译本。过去的圣经译本研究中，研究关注点都在汉文圣经译本中，很少涉及少数民族语言文字的圣经译本，赵晓阳的《圣经翻译和景颇文、傈僳文的创制》（《铜仁学院学报》2018年第10期）一文对景颇族和傈僳族的圣经翻译与文字创制进行考述。作者认为，在西南地区的少数民族中，景颇族和傈僳族是受基督教影响很大的民族。景颇族是分布在中国、缅甸和印度三国的跨境民族，傈僳族是生活在中国、缅甸、印度和泰国等的跨境民族。19世纪下半叶和20世纪上半叶，基督教传教士在景颇族和傈僳族中传教，根据当地景颇语言和傈僳语言的发音，创制了景颇文字和傈僳文字，并翻译出版了圣经。民族文字的创制结束了景颇族和傈僳族没有文字的历史,并沿用至今,还出版了大量具有民族特色的出版品。

我国汉外辞书的编纂最早源于佛教的传入和兴起,编纂宗旨和编纂体例也都囿于传统字书的框架之内。现代性汉外辞书始于基督教传教士的编纂活动,发展历程跌宕起伏,不同时期的阶段特征较为显著。在传教士入华之前,欧洲国家已通过各种途径编写了有关中国文化和语言的著作,但是现代汉语辞书与外语辞书的第一次真正联姻始于欧洲传教士的汉外辞书编纂,尤其是入华后的辞书编纂活动。在从明朝中晚期到新中国成立近 400年的历史长河中,汉外辞书的编纂先后经历了 5 个阶段:(1)天主教士入华前的手稿汉外辞书阶段;(2)天主教士入华后的手稿汉外辞书阶段;(3)以新教传教士为主、中国人为辅的汉外辞书阶段;(4)以东归国人为主体的汉外辞书阶段;(5)以本土学者为主、外籍学者为辅的汉外辞书阶段,最终实现了辞书编纂主体由西方势力到我国学者的转变,现代性汉外语文辞书编纂体例的定型,对我国现代辞书编纂和辞书现代化产生了积极的引导示范作用。刘善涛、王晓的《汉外语文辞书编纂四百年(1575—1950)》(《国际汉学》2018年第 1 期)一文认为,纵观近 400 年的辞书编纂进程,在中国传统辞书体系中,被传统文人忽视的汉外辞书凭借着传教士的力量首先发展起来,在选词立目、注音释义等方面体现出一定的现代性,但限于明末清初统治者们优越的文化心理等因素,这些多以手稿形式编纂的辞书对中国语文辞书的编纂影响不大。新教的传入、印刷技术的改进和中国政治军事的衰退等因素,使传教士汉英辞书的编纂一时呈现出繁荣局面,中国文人,尤其是具有西学背景、率先开眼看世界的中国学者也开始慢慢探求适合国人的汉英辞书,有效地推动了中国近代辞书和近代语言的发展。

二 "西学东渐"与"东学西传"

明末清初,欧洲天主教传教士纷纷来到中国,在传播宗教的同时,也传入了西方的科学技术,西学东渐是指西方科学文化知识向中国传播的历史过程,泛指自古代一直到当代的各种西方学问传入中国,但通常而言是指在明末清初以及晚清两个时期的西学传播活动。"西学"在历史上并无统一名称，较早以"西学"入书名的是艾儒略（Giulio Aleni）的《西学凡》（1623）。西学东传历程也可以分为3个阶段，第一阶段是以所谓"奇技淫巧"开路的起步阶段（1583—1600）。在1583年利玛窦等被允入华后，耶稣会士辗转各地，以介绍西方科技为主的文化传播方式宣扬教义，不断克服对立官民的排斥，努力融入中国社会。但是，在利玛窦得到万历帝的允许于1601年在北京定居下来之前，西学传播的影响都未及中枢，更未得皇朝首肯。所以1601年可作为另一个节点。第二阶段乃是西学在中国风生水起的见效及活跃阶段（1601—1700）。其中，利玛窦后期和徐光启的合作，无论从传教还是从科技移植的角度来看，都是西学东渐辉煌而具有标杆意义的事件。利玛窦1610年去世后被赐葬阜成门外二里沟（墓址在今北京行政学院内），意味着耶稣会的中国传教事业及卓有成效的西学东渐实现了立足扎根。崇祯、顺治、康熙3个皇帝对传教士和西学都优渥有加。然而，到了康熙晚期，康熙帝昭示"西学东源"，西方科技的传播和移植开始大打折扣。第三阶段乃是自康熙晚期始至鸦片战争前的西学东渐式微阶段（1701—1838），概括地说，就是18世纪及其后。西学东渐主要是指西方科技向中国的移植，而从科技移植的角度看，上述3个阶段的划分乃昭示着这一波西学东渐也可以更为明晰地分为下述3个时期，即16世纪末的酝酿时期、17世纪的发展时期、18世纪到19世纪初的式微时期。此即西学东渐第一波之"三部曲"。

澳门大学历史系教授汤开建主编的《利玛窦明清中文文献资料汇释》一书于2017年10月由上海古籍出版社出版后，在学界产生了极大的反响。该书收录了来自世界各大图书馆、各种数据库及各地方私人藏书中的400余种文献，计630余条，其中多有稀见材料，弥足珍贵。全书分为"碑传""序跋""公牍""述论""诗柬""杂纂"6卷。内容主要涉及利玛窦的生平介绍、在华活动具体事迹、著述思想演变以及中国社会的反响与评价。该书是一部对明朝中叶至清朝末年的文献档案中利玛窦相关史料进行全面梳理与考释的资料汇编，书中披露的为量甚巨且为目前学界所不知的利玛窦资料，引起了学界的震动。汤开建指出利玛窦万历九年（1581）进入澳门，到万历三十八年（1610）在北京去世，在中国生活长达29年。要想全面、系统、深入地研究利玛窦,要想真实地还原利玛窦及利玛窦时代,必须采用新的史料搜集方法及新的考据方法,即黄一农先生提出的考据,用今天的时髦话就是"互联网＋乾嘉"。因此,作者对海内外各大图书馆、档案馆、各种中文古籍数据库及各种影印古籍丛书之中的明清文献档案进行地毯式的爬梳,竭尽全力地搜集资料,然而由于明清文献藏量之巨,散播之广,隐藏之秘,搜寻之难,到该书正式出版时,仍有不少极具价值的明清利玛窦资料遗漏书外。故在该书出版以后,汤开建释注《〈利玛窦明清中文文献资料汇释〉补遗》(《国际汉学》2018 年第 4 期)一文,又根据各方提供的线索和获得的独家珍稀材料,为推进利玛窦研究纵深发展添砖加瓦。

在 17 世纪这场以西学东渐为中心的学术运动中,欧洲传教士与中国儒士合作对西方数学、伦理学、哲学、农学、物理学、逻辑学等著述和中国儒学经典进行互译互释,推动中西方文化的相互借鉴与彼此交融。意大利传教士利玛窦与中国学者徐光启合作翻译古希腊数学家欧几里得所著之《几何原本》是为典型译事,对中国近代科技史乃至思想史的发展产生了深远影响。徐光启,字子先,号玄扈,1562 年生于上海。他自幼好学,20 岁中秀才,32 岁中进士,后成为翰林院庶吉士。他不仅是我国学贯古今的科学家,更是一位关心国计民生的爱国人士。1600 年,徐光启与意大利传教士利玛窦相晤于南京,二人由相交到相慕,成为共同研习西学的好友。利玛窦经过一段时间的摸索,认为"以学术收揽人心,人心即附,信仰必定随之"。为此,他提出与徐光启合译《几何原本》的前六卷,即平面几何部分。二人合译的版本为克拉维乌斯(Clavius Christoph)于 1574 年编纂的拉丁文注释本。据利玛窦所述,他之所以选中徐光启合译此书,是因为徐光启"既自精心,长于文笔",是翻译《几何原本》的不二人选。值得一提的是,在徐光启之前,瞿太素(1549—?)也曾跟随利玛窦翻译《几何原本》的第一卷,但从该书译本的重要性及对后世的影响而言,徐光启乃翻译此书的第一人。李方的《〈几何原本〉对徐光启数学编译的影响》(《三峡论坛》2018 年第 4 期)一文通过分析徐光启对《几何原本》的翻译及之后编译的数学书籍,认为徐光启对《几何原本》前六卷的通晓与熟练运用,使徐光启意识到逻辑推理的重要性,把逻辑推理方法应用于数学编译,不仅极大地提高了他数学编译的效率,也促使其把逻辑推理方法贯通于中国传统数学。此外,他还把中西解题方法相同的题目放在一起比较,但未能进一步指明逻辑推理的长处,这一遗憾也在情理之中。在《几何原本》传入之前,中国不曾有如此系统的几何学著作,尤其是与我国传统数学著作截然不同的理论体系。对身处于数学衰落时期的徐光启而言,能够把中西数学放在一起比较已属一大创举。

陈寅恪先生指出:"文化传承与文化输入息息相关,不可分割,文化史是文化交流史,也就是翻译史。"每一次对外文化交流活动必然有翻译活动,古今中外亦然。而"翻译活动不是孤立的,它与人类社会的政治、经济、科技、文化等均有密不可分的联系"。翻译理论家勒菲弗尔(André Lefevere)也曾指出:"研究翻译的卓有成效的方法究其本质只能是从社会、历史角度去研究。研究的重中之重不是在纸上字词的对应,而是为何字词以这种方式对应,是由于何种社会、文学、意识形态上的考虑使得译者如此去译?译者如此去译是想达到何种目的?如何判断他们已经达到或没有达到目的?"辛红娟、费周瑛的《布迪厄社会学理论观照下的翻译现象剖析——以徐光启、利玛窦翻译〈几何原本〉为例》(《外国语言与文化》2018年第4期)一文借助布迪厄社会学理论中关于"场域""惯习"和"资本"的阐述,结合《几何原本》译介个案,展开对这一典型翻译事件的深度剖析。布迪厄社会学理论为考察翻译活动提供了新的视角,社会学视角的翻译研究显示,翻译从来就不是孤立进行的活动,翻译的各种属性中必然包含社会属性,不论是翻译场域、译者拥有的各种文化资本,抑或是译者惯习,都与各种相关或相邻场域有着密切联系。文章认为徐氏选择《几何原本》是其肩负的文化责任感的外化,站在社会学的高度对这一中西文明交流盛事的文化再审视,有助于全面揭示该书对中国近代学术的重大影响。西学东渐主要是通过来华传教士的西学著译实现的,具体模式多是"西译中述",即西人口译大意,华士笔述成文,简称译述。值得注意的是,部分西学著译作品是由传教士编写而成,由于书籍文本所传递的信息内容仍多是西方科技文化知识,同时也需借助华人润色规范文字,存在语际间的意义解释和重构,本质上属于翻译范畴。齐东武、张涌、余明明的《西学东渐视阈下中西合译的策略模式与语言特征研究》(《淮南师范学院学报》2018年第3期)一文认为为克服语言障碍,传教士选择与华士进行"西译中述",实现了从文字到文化的中西交流和会通。由于受到社会背景、语言能力、学识素养和身份认同等方面的限制,合译者不可避免在解构和重构西学文本信息时有意无意地进行变通或删改,导致译文本中存在误读、误释、误译,出现较多语义失真现象。尽管如此,"西译中述"通过借用或创新等方式产生了众多的新名词,极大地丰富了汉语词汇,同时晚清传教士译述语体受到英语等外来语言的词汇、句法、表达习惯和思维模式等影响,突破了传统古汉语文言的约束,呈现出深浅文言和官土白话杂糅的特征,促进了近代汉语书写口语化和语法结构欧化的发展趋势,催生了后期国人自觉的"白话运动",促进了近代汉语结构欧化演变趋势,增强了汉语表达的逻辑性和严谨性。尽管译者受语言能力、自身学识和身份认同的限制导致较多误译甚至错译,但"西译中述"无疑有助于时人"睁眼看世界"和对"救国良策"的积极探索,对近代中国历史进程的影响沦肌浃髓。

西方逻辑知识在中国的第一次成规模性的传播是在西学东渐的历史背景下发生和发展的。高杭的《论明末西学的传入与西方逻辑的引进》(《学术探索》2018 年第 11 期)一文考察了西学东渐的历史背景下西方逻辑思想传播的历程、内容和特点。文章认为,明朝末年来华的传教士,远涉重洋来到中国,留下了丰富而又珍贵的资料。他们在传播基督教教义时,娴熟地运用逻辑方法为神学思想做论证,引起了渴求用科学思想提升国人素质的知识分子的关注。在宗教传播过程中,利玛窦、艾儒略等人借机将具备演绎思维特征的逻辑学介绍给了明末的徐光启、李之藻们。所以,西方传教士们虽然非真正以传入逻辑内容为目的,却仍然给当时的中国学术界带来了与中国传统逻辑完全不同的认知,"使一批中国的前驱人物跳出了封建文化的象牙之塔,开始有了'世界的眼光'"。

谈论历史上传入我国的西方医学典籍,不能不提及《泰西人身说概》,而谈论这部最早传入我国的西方人体解剖学专著,就不能避开毕拱辰。毕拱辰(?—1644),字星伯,号湖目,原籍登州府文登县(今威海市文登区),后迁居莱州府掖县(今烟台莱州市),自幼聪颖好学,明万历四十三年(1615)考中举人,次年联捷三甲进士,后历任江苏盐城知县、浙江按察司知事、江西吉安府推官、户部郎中、山西按察司佥事、冀宁道兵备佥事等职,崇祯十七年

（1644）在山西太原守卫战中被李自成部下杀害。毕拱辰不耽于官，但"生平最好书"，"家中积书几万卷"，一生倾心学问，诗文、小说、数学、历法、音韵、医学等皆有涉猎，著述颇丰，著有小说集《蝉雪咙言》、诗歌集《诗草》、音韵学专著《韵略汇通》、地方史志《莱乘》以及《珠船斋集》《义侠纪事》等若干卷，并校订修润了《斐录答汇》《泰西人身说概》等译著。勤勉好学的毕拱辰对西学颇为尊崇，兴趣浓厚，与西方传教士交往密切。林涛的《毕拱辰与〈泰西人身说概〉》（《春秋》2018 年第 5 期）一文考察毕拱辰与《泰西人身说概》成书关系。崇祯七年（1634），毕拱辰去看望供职于京师钦天监的德国传教士汤若望，他拿出了邓玉函关于西洋人体解剖学的《人身说》草译稿。1623 年德国传教士邓玉函以瑞士巴塞尔大学医学教授包因的《解剖学》为底本口译《人身说》，由明朝官员兼学者李之藻安排一位手下帮助笔录完成。毕拱辰对西洋人体解剖学极为推崇，亲自操笔为之修润，并撰写了序言，易名为《泰西人身说概》。《泰西人身说概》分上下两卷，前有毕拱辰撰写的《泰西人身说概序》，全书共 23 节。毕拱辰在润饰《泰西人身说概》的过程中，不仅做了大量的文字润饰，而且参考了意大利传教士毕方济介绍西方心理学思想的《灵言蠡勺》和意大利传教士利玛窦介绍记忆方法的《西国记法》，对《人身说》的内容进行了补充，所以可以说毕拱辰是《泰西人身说概》的编撰人之一。此外，他还调整了叙述方式，增补了相关内容，而且对于具体的名词术语的翻译，亦有独特贡献。高杭认为《泰西人身说概》是西方医学第一次传入中国时期最重要、最典型和最具代表性的医学著作之一，也是第一部传入我国的西方人体解剖学专著，对中国医学界产生了积极的影响。

康熙十七年（1678）葡萄牙使团携狮子抵达北京，这使得康熙帝产生了万邦来朝的喜悦，不仅多次带领皇子妃嫔观赏，还邀请重臣名士一起观看。葡萄牙的这次贡狮活动还激发了许多文人共同的热情，据学者统计，共有九人作赋、四人作诗来描述这一盛况。意大利耶稣会士利类思（Ludovico Buglio，1606—1682）为了配合这次外交活动，也译述了《狮子说》。利类思于 1636 年入华，在华时间长达半个世纪，其足迹由南向北，被称为"四川开教第一人"。学者方豪在谈及最早译入汉文之西洋动物学书籍时，认为利类思的《进呈鹰论》与《狮子说》皆译自乌利塞·阿尔德罗望迪（Ulisse

Aldrovandi,1522—1605)的生物学著作。① 胡文婷的《耶稣会士利类思〈狮子说〉拉丁文底本新探》(《国际汉学》2018 年第 4 期)一文探究《狮子说》的文本来源,以补充明清时期东传的西方动物学的文献研究。文章认为利类思在创作《狮子说》时所依据的拉丁文底本为格斯纳的《动物史》,但利类思在译述时并非全译,而是"略述其概",对《动物史》中有关狮子的章节进行了择取而译。格斯纳的《动物史》可以视为西方近代动物学的开端。因格斯纳信奉新教,在宗教关系紧张的时期,《动物史》曾被列入天主教禁书名单,但威尼斯的一些天主教书商抵抗了这一禁令,在把该书中的一些教义清除之后,他的书得以重新流通。利类思作为一名天主教的神职人员,面对教会"禁书",仍选择对其进行翻译和介绍,再次展现了其为了达到传教目的而采取的灵活手段。此外,胡文婷认为,《狮子说》属于"西学汉籍"范畴之内,是在华耶稣会士推行"以书刊教"的延续。因为彼时在中国出版的书籍需要受到教会内部的审查监督,自 1623 年后,审查书籍的权力转交到在华传教士手里。而明清鼎革时期,中国耶稣会分为南北两区,所以远东视察员负责颁发书籍的印刷许可,在华传教士群体则负责审查书籍内容,这从书籍扉页的订正者可以看出来。但《狮子说》中仅有"极西耶稣会士利类思述",未见到其他耶稣会士参与订正及获得准印的痕迹,这也许是因为在华传教士人力匮乏,抑或是他们对非宗教书籍不重视,鲜有传教士对关于天文、地理、动物等的西学书籍进行集体审定,自然也就没有教会的出版许可。与宗教书籍相比,这类著作的角色更像是传教士的"庶出",被视为满足中国文士的好奇心之作,虽然其内容常被附以教义,带有宗教神学色彩,但由于少了教会的严苛管制,这类书籍反而充分表现出传教士的个人特质,个人在西学方面的专长得以发挥出来。因此,《狮子说》这类著作在一定意义上是耶稣会传统的产物,同时也是西方人文主义的主要载体,从不同角度推动了早期中西文化的交流与互动。

《坤舆全图》被称为明末清初中文版世界地图集大成者,其内容丰富,技术先进,特点突出,他的作者南怀仁(1632—1688),是继利玛窦、艾儒略、汤

---

① 方豪:《中西交通史》(下),岳麓书社,1987,第 793 页。

若望等西方传教士之后又一著名的传教士兼西学传播者。南怀仁博学多才,既是科学家、汉学家、外交家,也是工程师、钦天监监正、工部右侍郎等,拥有 35 种以上的头衔。其著述颇丰,有 40 余种,代表作有《教要序论》《仪象志》《康熙永年历法》《验气说》以及《测验纪略》等,其中汉文著译 20 多种。南怀仁长期担任康熙皇帝的老师,颇受信任,去世后,得到谥号"勤敏",康熙皇帝还亲自为其撰写碑文,南怀仁是明清之际唯一一位在中国做官且死后得到谥号的外国人。1674 年南怀仁所绘的《坤舆全图》有两种版本,一是绘本,一是印本。澳大利亚国家图书馆藏有南怀仁《坤舆全图》的绘本,彩绘绢面,两条挂屏式装帧,各高 1.99 米、宽 1.55 米。该图设计精美,色彩绚丽,线条精细,释文典雅。从目前公开的资料来看,《坤舆全图》的印本有两种装帧形式,一是 8 条挂屏式装帧形式,分别藏于故宫博物院、南京博物院和河北大学图书馆;一种是全幅单张的装帧形式。目前学术界研究的主要是 8 条挂屏式装帧的《坤舆全图》,为解释该图,南怀仁又编撰了世界地理专著《坤舆图说》。马秀娟、张岚的《西学东渐视域下南怀仁〈坤舆全图〉研究》(《河北大学学报(哲学社会科学版)》2018 年第 6 期)一文从明末清初西学东渐的视角着手,对《坤舆全图》的源流、特点、思想、影响等进行探讨,作者指出《坤舆图说》被清代皇家两部巨著《钦定古今图书集成》和《钦定四库全书》收录,此外,根据北京爱如生数字化技术研究中心出版的《中国古籍库》可知,还被王士禛《居易录》、纪昀《河源纪略》和《阅微草堂笔记》、阮元《畴人传》、丁日健《治台必告录》、王韬《弢园文录》和《弢园文录外编》、魏源《海国图志》和《圣武记》、徐文靖《管城硕记》、许瑶光《雪门诗草》、永瑢《四库全书总目》、俞思谦《海潮辑说》、俞正燮《癸巳类稿》、袁栋《书隐丛说》、张之洞《书目答问》、赵学敏《本草纲目拾遗》、梁启超《戊戌政变记》、萧穆《敬孚类稿》、夏燮《中西纪事》、文廷式《纯常子枝语》、余廷灿《存吾文稿》、俞浩《西域考古录》、俞樾《茶香室丛钞》等清代尤其是鸦片战争以后的著作所引用。虽然南怀仁绘制《坤舆全图》、编撰《坤舆图说》主观上是为了取悦康熙皇帝,传播宗教,但客观上促进了地理大发现以后世界地理知识在中国的传播,也促进了中国文化向西方的传播。

龚缨晏的《史海泛舟探针路——读〈针路蓝缕〉》(《国家航海》2018 年第

1期)一文详细介绍和评论了《针路蓝缕》一书。该书于 2015 年由香港海事博物馆、中华书局(香港)有限公司联合出版,共由两册组成。第一册为《针路蓝缕:牛津大学珍藏明代海图及外销瓷》,收录了牛津大学鲍德林图书馆所藏《明代东西洋航海图》《顺风相送》及《指南正法》的高清影印件,从而为深入研究中国古代航海史提供了可靠的原始资料。现在通行的《顺风相送》和《指南正法》(即向达整理校注的《两种海道针经》)有不少脱漏、误抄。第二册为《明代海洋贸易、航海术和水下考古研究新进展:香港海事博物馆国际会议论文集》,收录了 19 篇中英文论文。主要包括以下 4 个方面的内容:关于《明代东西洋航海图》的研究、关于《顺风相送》《指南正法》等航海文献的研究、关于明代沉船及外销瓷器的考古学研究、关于明代航海史的研究。这些论文体现了明代海上丝绸之路研究的前沿成果。

　　殷弘绪(François-Xavier Dentrecolles,1664—1741)在 18 世纪的欧洲汉学史,尤其是科技史上是一个有分量的人物,他留下了包括著名的景德镇瓷器技术报告在内的大量文稿。论数量,其发表的书信在《耶稣会士书简》中有 13 封,在杜赫德《中华帝国全志》中有 220 页,这在同时代耶稣会士中无人能出其右。殷弘绪在华 40 年,从未在宫廷服务过。他 1699 年经厦门入华,在福建过渡一年左右(1699—1700),随后在江西北部传教 20 年(约 1700—1719)。尽管他人生最后 20 年(1720—1741)移居北京,但始终只是在北堂主持教务。殷弘绪晚年参与撰写了不少汉文基督教文本,一概由北堂梓行,没有任何知名文人为之作序,而在同时代的宫廷传教士中,白晋的《天学本义》(1703)便有礼部尚书韩菼的序文。传教工作中也涉及一定的知识性活动,但学术,尤其是世俗科学的研究,对殷弘绪而言始终是业余之闲暇,这与服务于钦天监等宫廷机构、以科学为本职工作的传教士是截然不同的,与白晋等在学术史上被关注较多的同时代传教士相比,殷弘绪依赖的学术资源也具有一定"体制外"的特点。作为一个总体上游离于中欧双方国家科学机构之外的传教士,殷弘绪的学术活动与直接服务于宫廷或科学机构的同僚相比有哪些相同和不同,吴蕙仪的《清初中西科学交流的一个非宫廷视角——法国耶稣会传教士殷弘绪的行迹与学术》(《北京行政学院学报》2018 年第 4 期)关注了这一问题,为理解在华传教士的宗教与学术事业的关系提供了一个新的个案。该文回顾了殷弘绪的生平,按时间顺序梳理其传世史料,尤其是学术著述的成文语境及其所利用的资源和方法。文章认为,作为一个大半生在民间活动、总体出离于中欧国家学术机构之外的传教士,广义的科学或知识性活动依然贯穿了其在华的 40 年。显然,在清初传教士身上,服务宫廷并非科学或知识性活动的必要条件,传教中的下层路线取向也和学术兴趣并无矛盾之处。从欧洲角度而言,他了解欧洲的学术动态依赖的不是与学者的通信,而是公开出版的书籍和期刊,而他本人的研究也完全通过耶稣会的出版途径在欧洲传播。他回应本土学术议题时,所利用的主要是中国流通的常见书籍以及教会信徒的网络。殷弘绪以局外人的身份所能够做出的成就,在一定程度上反映了当时中国和欧洲都存在的知识流动的开放性。殷弘绪的案例应当是具有典型意义的。尽管他的著作产量与涉猎领域都格外突出,其生平文献也异常丰富,但纵览《耶稣会士书简集》等史料,我们会发现,对中国植物、工艺、医药的兴趣是普遍存在于传教士群体中的;他对中国地方社会精英赈贫实践的兴趣应当不是孤立的,而对普通中国人信仰世界的关注更是传教工作的题中之意。这种宫廷外传教士所推动的中西学术交流史值得我们进一步关注。

中国是为世人所公认的有着悠久历史文明的国度。在中国历史进程中,曾经使用过干支、帝王(年号)、民国等多种纪年方式。中国二十四史均采用帝王年号纪年和干支计时。公元纪年是西方国家采用的以基督教创始人耶稣诞生为始的纪年方式,现成为世界普遍采用的纪年方式。鸦片战争之前,西方传教士编纂中西对比年表,到新中国成立并确定全国统一使用公元纪年,经历了 100 多年的时间。公元纪年的最终采用,主要缘于两个方面因素:一是公元纪年打破了过去的循环纪年和以帝王主宰历史进程的纪年方式,将历史发展视为由过去到未来直线运动的过程,前后相继、环环相扣的过程,体现了持续的、进步的历史观念;二是近代中国遭受了外国列强的欺凌,国人将近代西方富强国家的发展进程视为"普遍历史"发展模式,其纪年模式受到国人的推崇。公元纪年作为世界通用的时间模式,是西方文化强势的体现和结果。钱穆指出:"自清季以还,外侮日逼,国人之不自安而思变以图存者亦日切。至于最近之十余年,则凡文字、学术思想、家国社会伦

常日用,无一不有急激求变之意。"①在"救国保种"的情势之下,学者纷纷引依西说,以图国家早日摆脱困境局面,而依照耶稣纪年提出的孔子纪年、黄帝纪年、共和纪年并没有被社会精英普遍接受,从某种程度上反映了知识分子缺乏对本国文化的自信。赵少峰的《公元纪年在近代中国的传播与历史书写的变革》(《学术探索》2018 年第 2 期)一文讨论了公元纪年在近代中国的传播历程,以及在这种直线式非循环世界时间观念下中国历史书写的变革。作者认为,明末清初的天主教传教士是西方历法的引入者,近代的西方新教传教士是公元纪年身体力行的推行者。他们为改变中国士人阶层藐视西方的观念,实现中西历史的时空会通,将中西纪年对照表作为吸引中国社会精英阶层的重要内容。在西方"普遍历史"发展模式的影响下,中国知识分子对公元纪年的态度表现不一。围绕近代中国的历史任务,士人阶层从各自政治立场出发,对中国历史书写应使用的纪年方式提出了不同见解。民国纪年法的提出,并未止息知识分子对新时期纪年方式的探求。作为新政权建立的主要标志和与世界接轨的体现,公元纪年法在新中国第一届政治协商会议上被确定下来。公元纪年在近代历史书写上的运用,带来的不仅是纪年方式的改变,还包括连续的观念、发展的观念、中西比较的历史思维、探索事件的因果关系等。

西洋音乐传入中国有 300 多年历史,和明清时来自西方的传教士有很大关系。利玛窦不但向中国传播西方的宗教、科技,而且向西方介绍中国的历史、人文和社会状况。在《利玛窦中国札记》中,利氏记录了许多中国音乐的情况。比如:"人们(中国人)都很爱好吃喝声色之乐,且有专门的书籍,记载弹琴的姿势与季节的举行,整年有舞蹈和音乐,还有作乐的处所⋯⋯"1605 年,利玛窦给罗马马赛利神父记下了初期的传教情况:"有的教友是从南京来的,还唱了三四台弥撒,用大键琴伴奏。"②自利玛窦以后,不断有传教士从西方带来西洋乐器,中国人开始有机会接触、了解西方音乐。王跃的《明清时期的中西音乐交流——浅谈利玛窦对中国音乐的影响》(《艺术科

---

① 钱穆:《国学概论》,商务印书馆,2005,第 353 页。
② 利玛窦:《利玛窦书信集》,光启出版社,1986,第 20、523 页。

技》2018 年第 1 期）一文认为，尽管基督教音乐是西方侵略者企图控制中国人精神生活的手段，但是我们也应该看到客观上它对中国人的积极影响——为我们带来了不同于自身文化的西方音乐，又因传教士将中国音乐文化介绍到西方，起到了中西音乐文化双向交流的媒介作用，基督教音乐自传入中国之日起，就为中国音乐文化注入了新的活力。相对于这时期中国音乐文化的主流而言，基督教音乐在中国的影响是微弱的；相对于中国人民大众来说，基督教音乐的传播和影响仍然局限在少数人的视野。尽管如此，我们也不能忽略基督教音乐对近代中国音乐文化的影响和渗透。

康熙末至雍正年间，"仿泰西笔"木刻版画在姑苏一带盛行，各类图画包括胜景图、仕女图、戏出故事等运用透视、阴影、排线表现人物衣纹、家具、场景和建筑物的远近明暗关系，借鉴了西洋铜版画。"泰西"，泛指西方国家；"仿泰西笔意"或"仿泰西笔法"，即模仿西洋绘画技法，具体来说，这一技法就是采用透视、阴影画法表现物体远小近大的关系和景物在远方延伸的地面消失在同一焦点上的写实画法，也被称为"法大西洋笔""仿泰西笔""泰西笔法"等。具有西画风格的姑苏版画，其鲜明的表现力，强烈地吸引着欧洲人对"中国风"艺术品的追求。因此，到了欧洲市场，姑苏版画获得了欧洲人特别是皇室和贵族的欣赏。

目前流传于世的"仿泰西笔"风格的姑苏版画，大部分可断代为康熙末至乾隆中期的作品。利玛窦及其他同时期来华的传教士如龙华民、罗明坚、毕方济等在传教时大量使用他们从欧洲带来的天主教插图，并聘请中国徽州刻工对这些铜版画进行翻刻、临摹，同时对刻工们进行西画技法培训，常熟的传教士鲁日满神父在康熙十三年至十五年的账本中记录了付给刊刻天主教书籍的刻版工、印刷工、装订工以及购买纸张的费用。1668 年，康熙亲政，逐渐放宽禁令；1692 年，康熙解除传教禁令，对天主教传播持包容态度，苏州、杭州、南京、上海等地成为江南天主教活动最活跃的地区。康熙末年，罗马教廷禁止中国教士"祭祖""敬孔子"。朝廷与罗马教廷的"礼仪之争"使康熙皇帝对天主教的态度由宽变严，并于 1720 年下达口谕禁教。乾隆中叶以后天主教活动逐渐消匿，姑苏版画中"仿泰西笔法"也恰巧在这一时期消失。这些姑苏版画并不是为海外定制或出口而作，其目标市场原本就是国内,随着康熙皇帝开放海禁以来,这些作品被欧洲各国商船从中国沿海开放商埠直接带入荷兰、意大利、法国、英国等地的拍卖会,受到欧洲人的推崇,并掀起"中国风"艺术热潮。

王小明的《姑苏版画中"仿泰西笔意"的兴衰与嬗变》(《苏州工艺美术职业技术学院学报》2018年第2期)一文通过梳理从明末到乾隆时期天主教活动中与姑苏版画产生交集的事件,以部分欧洲藏品为例,对带有西洋笔法的姑苏版画的兴盛和衰落进行探讨。作者认为"仿泰西笔法"的姑苏版画,是康熙至乾隆中后期姑苏版画史上最具特点的作品,它萌芽到鼎盛再到衰落的过程与天主教在中国的传播、消亡命运丝丝入扣,与清朝历代皇帝对待西学的态度环环相连。由于版画的创作者并非文人之流,在中国画论中一直不受重视。目前大多数遗存都保留在欧洲和日本的研究机构、博物馆、城堡和个人收藏手中。近些年又有新的作品出现,为我们研究这段特殊历史时期的姑苏版画提供了珍贵的资料,从而更加了解到"仿泰西笔"在中国版画创作历史中的重要性。

17世纪中期,欧洲人发明了一种凸镜投影装置,最初被用来展示"幻像"与"神迹",以使人类能通过自身视觉去感知肉眼难见的超越性存在。曾经有观众把它称为"让人害怕的灯笼"(lantern de peur)。很快,这种投影装置便随着学者、游方艺人、工匠、耶稣会士、光学家们的足迹在欧洲迅速流行起来,成为巴洛克时代传教士和魔术师们热衷的道具。不久,"魔灯"经由来华耶稣会士与海外贸易进入中国,被带进皇帝的宫廷和一些教堂,成为一种新奇的光学玩具。17世纪末至18世纪初,苏州和南京等地已经有了比较成熟的光学加工作坊,"魔灯"开始出现在这些地区的某些民众节庆活动中。19世纪初,新教传教士来华,他们开始在中国各地使用透镜投影宣教、娱乐民众及开展天文、地理等科学教育,"魔灯"逐渐成为新教传教士在中国内地城乡宣教的重要辅助工具,遍及各地。随着德贞(John Dudgeon)等医学传教士在华活动的深入,它又成为西医教学的主要教具,以演示人体照片、解剖图像和讲解血液循环等。幻灯作为新教传教士"科学传教"的重要工具,遍及中国内地,幻灯演讲和幻灯片也成为表达近代知识的重要载体。在17—19世纪全球知识环流的背景下,这种"西器"在指称、制造、应用、流通等方面都与中国本土旧有资源发生了复杂的互动。来自英国的近代教育技术和程式也因此成为中国内地教会演讲、口岸城市社会公共讲座、学堂科学教学的流行模式。

孙青的《魔灯镜影：18—20 世纪中国早期幻灯的放映、制作与传播》（《近代史研究》2018 年第 4 期）一文从梳理魔灯在中文世界获得的各种指称入手，初步重建它与中国社会发生互动的各种具体场景，并描述"魔灯"与"镜影"是如何被制作、放映与传播的。在此基础上，讨论由此而来的近代知识生产、传播及消费模式的转变，以及知识分子的结社模式与发言位置变化等问题。作者认为在 17—18 世纪的欧洲，以洛克、休谟为代表的"经验主义"正成为巴洛克时代流行的哲学思潮，相对于理性思考而言，开始强调人的感觉体验对于超越性认知的重要性。魔灯的出现和流行正是发生在这样一个背景之下，19 世纪影灯演讲的流行也使得知识精英聚集的具体形式和发言角色发生了影响深远的转变。虽然幻灯机有一部分可能已经在中国本土生产，但幻灯片主要从英国舶来。它们首先在上海等地出售、租借与流通，再在新式书院、教会学校、社区文化中心、知识分子团体内部等用以讲述西方科学和政治制度。渐渐地，它走出了团体内部演讲，向社会公众开放，变成了极为流行的知识普及、社会教化与社会动员的工具。这些新式书院的影戏灯讲演向社会大众开放，动辄面对数百位的听众。而后本土知识精英也开始涉猎"影灯演讲"。地方读书人原来的结社方式是写诗会文、共同祭祀等团体内的封闭活动，而"演影灯"则使得此类活动向社会开放。读书人结社变成了社会教化团体，这种转变影响了日后的社会宣讲模式。在这个过程中，中国知识精英聚集的具体形式和发言角色也发生了转变，从闭门结社转向对社会公众开放的"影灯演讲"，并对"士"向"知识分子"的转变产生了深远的影响。

晚明士人在王学之重心性、自由与东林派重经世致用的交织中，选择和从事着自己的学术之路，西学正是在这样的文化氛围中走进中国的。面对尚有优越感而又身处激烈变革环境中的中国人，传教士认识到，在君主专制的中国古代社会里，君主的绝对权威是靠层层递升的各级官员的效忠来保障的。所以，中国古代封建社会实质上是以官僚为本位的人治社会，士人和

官员拥有绝对的话语权。晚明社会虽然正经历着激烈的变革,传统价值体系受到了一定冲击,但由于社会经济基础和政治框架并未发生根本变化,儒家传统思想依然是社会的底色,士人和官员在社会生活中依然拥有绝对的话语权。所以,西方传教士们首先选择了士人和官员作为传播西学的对象,通过他们传播天主教。西学宣扬天主至高无上,天主面前人人平等,无论财富、社会地位、年龄等有无不同,这与儒家传统中等级分明、男女有别的观念存在一定冲突。李竞艳的《晚明士人的西学态度探析》(《平顶山学院学报》2018 年第 1 期)一文认为,面对利玛窦等西方传教士所带来的天主教以及科学技术,晚明士人表现出了两种不同的态度。对于西学接受者而言,通过学习西学中的科学技术,开阔了视野,丰富了自身的知识储备,完善了知识结构,而且了解西学中的科学技术及西方风俗人情后,产生了竞争意识和建立外交的意识,这对当时的中国知识分子来说,已经是很大的进步。徐光启、李之藻等开放的知识分子从传教士那里学来的,不仅仅是科学知识,更重要的是科学方法和逻辑思想。至于西学排拒者,他们认为西方的科学技术只是雕虫小技,而且大多数都可以从中国传统科技中找到原创的影子,不需要给予更多关注;他们还认为传教士蛊惑民众,在条件成熟时会引起骚乱,危害公共利益,进而颠覆华夏帝国,对于传教士的传教活动本身应该全面否定。总之,对西学持不同态度的士人在政治、伦理、哲学等方面针锋相对,但有一个共同的特点,即都是针对晚明变革的社会环境,从维护社会稳定的大局着眼,体现了士人面对异质文化时的文化自觉意识。

明末西学的发展与清初有很大的不同。明末传教士通过与士大夫的交往在官员交际圈中传播西学与天主教教义,但始终未吸引最高统治者的目光。这固然与当时的历史传统习惯有关,但更重要的则是明朝后期皇帝多数荒于朝政,对外来学说毫无兴趣。但尽管如此,西学在明末仍得到了良好的发展。至清初,顺治与康熙都对西学有很大的兴趣,康熙皇帝更是投入大量时间、精力来学习西学。因而在康熙一朝耶稣会获得合法的传教地位,尽管其间经历了一段艰难的历程,但在此时西学在华的传播仍然迎来了黄金时期。通过荣振华书中传教士数字统计,大致可看出康熙出于对西学的热爱,对外来传教士政策尤为宽松,从而促进了西学的传播发展。高燕的《论康熙的西学观及对西学东渐的影响》(《怀化学院学报》2018 年第 6 期)一文通过分析康熙的西学观形成的经过及其西学观的实质来看康熙对西学东渐的影响。文章认为,康熙的西学观对西学东渐发展的影响要从两方面来看。从康熙西学观的实质来看,主观上不认同西学在整个国家范围内传播,仅作为个人兴趣爱好,且只允许有利于统治的学问在小范围内传播。但客观上皇帝个人对西学的爱好又推动了西学东渐的发展,这可以说是传教士所采取的"上层传教"路线的成功。这是主观与客观的分离,但或许正是这种"心口不一"才使得鸦片战争前的西学东渐在康熙时发展到了顶峰。同时也需清楚认识到,这个"顶峰"是与清后期闭关锁国对比后所产生的最高点,它相较于清末以后西学东渐的发展程度仍是较低的。这即是在君主专制制度的统治下,最高统治者的个人意志对国家发展的影响。相较于万历、雍正、乾隆等皇帝,康熙确实为西学传播提供了较为安定、宽松的环境,但还是在很大程度上限制了西学的深入传播。在封建时期的人治社会中,对于新学说的传播,有些学者认为,康熙之所以有这种态度,是由于传教士未将西方最先进的科学知识带来中国,造成康熙对西学的认识不准确。但我们要认识到一点,当时的中国并没有新学说传播的社会空间,持续了两千年的儒家学说对整个社会的影响十分深远,新学说很难在当时社会找到发展的缝隙。而来华传教士在传教过程中也发现自下而上的方法在中国行不通,因而利玛窦等传教士才利用西方的科学知识吸引上层知识分子走"上层路线"。很可惜,传教士即使变通方法引起了康熙的浓厚兴趣,也并未影响这位最高统治者对西学传播的政策制定。仅从封建王朝统治的基础而言,最后的结果只能是康熙不赞同西学在中国广泛传播。固然皇帝个人的兴趣爱好,使得西学东渐在康熙朝得到了很好的发展,但康熙主观上与实际的执行上仍然是限制西学传播,因而清初西学东渐的发展水平相较晚清民初时期仍然是十分低下的。

明末清初发生并且延续到清朝中叶的"西学东渐",是指伴随着耶稣会士来华传教而展开的西方科学技术传入中国的历史事件。它本身是一个科技传播事件,但它的影响大大突破了当时当世特定的时空限制,不仅有士人和一般市民形形色色的回应,有统治阶级上上下下的反应,而且对中国科技

乃至社会转型至关重要，在大历史的画幅上留下了浓彩淡抹的笔触。这也是一个时而令人兴奋鼓舞、时而引人扼腕长叹的故事。它给 17 世纪中国科技发展带来了全新的可能性，却因各种客观的和主观的因素交互作用，在 18 世纪逐渐走向终结。它为晚清和民国留下了科技近现代转型极为艰巨的使命。刘大椿的《明末清初的西学东渐与中国近现代科技转型》（《中国人民大学学报》2018 年第 6 期）一文认为，在这一波西学东渐过程中，西方的天文、数学、物理、化学、医学、生物学、地理、政治学、经济学、法学、史学、文学、艺术和应用科技及人文学科等开始传入中国。然而，这些书籍未能受到当时社会的重视，未能打入晚明已十分发达的商业出版界，因此，虽然西学书籍时有刻印出版，大部分仍仅流通于少数有兴趣的士大夫阶层，甚至只能深藏皇宫。不过，明末清初西学的传入，已然使少数中国士大夫开始认识到西方学问有其优于中国之处，只是一般来说，尚未改变中国人对于中西学孰高孰低的基本看法。当时一些中国士大夫，甚至皇帝本人都已接受了西方科技方面的一些知识，但在思想上基本没有转变。由于康熙晚期以降，延及雍正、乾隆朝的彻底禁教，加上罗马教廷关于礼仪的狂妄要求及对来华传教政策的改变，致使这一波西学东渐遭受双重打击，处境艰难，日渐式微，到嘉庆朝几乎中断，只是较小规模的科技传入还在苟延残喘、尚未完全中止。

16—18 世纪，中国与西欧的文化互识达到前所未有的高度，而无论从规模还是从影响上说，"中学西传"均远远超过"西学东渐"，成为该时期文化交流的主流。

作为东学西渐的一部分，中国古典文论在西方的英译与传播至今已有 300 多年的历史。中国古典文论孕乳于儒释道的精神思想，脱胎于文史哲的学术传统，两千多年来蕴藏在浩如烟海的中国历代典籍文献之中，它的形式是多种多样的，其中既在狭义上包括《诗大序》《文赋》《文心雕龙》《诗品》《原诗》《人间词话》等独立成篇成文的"专论"，也在广义上包括那些蕴藏于经史子集各类典籍之中、具有鲜明文学理论属性的"泛论"，比如儒家的"四书""五经"，道家的《老子》《庄子》，以及《史记·太史公自序》《论衡·超奇》《诗式》《闲情偶记》《艺概》等各种蕴含文论思想的文史哲作品。王洪涛的《中国古典文论在西方的英译：历史进程与基本特征》（《国际汉学》2018 年第 1 期）一文采用宏观史学与微观史学相结合的方法，在再现中国古典文论英译 300 年整体史的基础上，将其划分成 5 个阶段，进而考察每个阶段中西文化交流的历史背景与西方汉学的发展状况，认为中国古典文论英译在西方从 17 世纪末至 19 世纪初的"酝酿期"推进到 19 世纪初至 20 世纪初的"萌发期"，之后消退到 20 世纪初至 20 世纪中的"过渡期"，再上升到 20 世纪中至 20 世纪末的"发展期"，然后进入 20 世纪末至今的"成熟期"的历史进程；其基本特征为在"酝酿期"是传教事业的副产品，在"萌发期"属于中国经学研究的一部分，在"过渡期"成为新旧汉学交替的载体，在"发展期"变成一种普遍的自我存在，而在"成熟期"则成为比较诗学研究的内容。中国古典文论在西方的英译与传播不仅与不同历史时期中西文化交流的态势相关，更与西方英语国家汉学研究从传教士汉学演化到学院汉学，再到传统汉学与新型汉学的交织并存，之后到新型汉学"中国学"的强势崛起，直至整个英语国家汉学走向深化和国际化的发展轨迹一脉相承、息息相关。

罗明坚的西班牙文"四书"作为已知最早的"四书"西方文字译本，不仅在文本翻译方面有巨大的研究价值，其作为欧洲人对儒家经典的首次尝试，还在中西文明交流史上占据举足轻重的地位。罗马国家图书馆馆藏的拉丁文"四书"译文写本是目前已知最早的中国儒家经典西文译本，写本内容包括《大学》《中庸》《论语》《百家格言》《孟子》五部分，完成于 1591—1593 年，《大学》是该手稿的第一部分。1593 年，耶稣会士波赛维诺（Antonio Possevino，1533—1611）出版《针对〈耶稣会教育计划〉在历史、各学科和万民救赎方面的书目选编》，简称《书目选编》，在该作品的第一卷第九章中收录了罗明坚《大学》写本译文的前四句，这是中国经典第一次在西方出版。《大学》译本经历了汉语原本、写本译本、印本译本三次转换，终得以与欧洲读者见面。李慧的《耶稣会士罗明坚〈大学〉拉丁文译本初探》（《国际汉学》2018 年第 3 期）一文认为罗明坚亲笔写本"四书"译稿中，《大学》译文的原本主要是朱熹的《大学章句》，但对文本的分析也显示，该译本有其他注疏本来源，有可能是张居正的《四书直解》，而对于原本版本的确定还需要更多的史料支持。波塞维诺在《书目选编》保留了前三句写本原文，而将第四句，即"八条目"译文进行了改编，使其文风更优雅、规整，增加"教化""法律""理性"等词,意欲更凸显中国人注重政治和教化相结合的思想。虽然波塞维诺的《书目选编》两次再版,推动了《耶稣会教育计划》(1598)终版的问世,可谓影响巨大,但遗憾的是,据目前的研究来看,《大学》译本并未引起当时学界的注意。或如龙伯格所说,16 世纪的欧洲读者起初会认为《大学》是一部探讨教育的著作,因为开篇讨论了教育的方法及其 3 个途径,然后却变成了对执政者义务和责任的讨论,最后的结论是实现这一切的方式是考察事物的性质和原因,没有亚里士多德式的推理和论证,只有格言警句般的结论,这样的逻辑会让欧洲读者感到不解。但《大学》这部中国经典经历了原本、写本译本、印本译本三重过滤,在译者和编辑相逢的机缘下,得以在对中国文化尚不感兴趣的 16 世纪末的欧洲出版,虽仅有四句,但也实属珍贵,是为儒学西传之开端,而下一部中国经典在西方的出版,要等到近百年后的《中国哲学家孔子》了。梅谦立、王慧宇的《耶稣会士罗明坚与儒家经典在欧洲的首次译介》(《中国哲学史》2018 年第 1 期)一文通过对罗明坚西班牙文"四书"的深入分析,着重揭示译者在西方语境中如何解释儒家核心问题上的创造性及其通过创造性的诠释如何进一步彰显儒家思想中的理性主义特色,以此来重塑罗明坚译本及其本人在中学西传史上的应有价值,并确定中华文化和西方文化初遇时的契合点。文章认为,罗明坚关注并重视当时璀璨丰富的思想体系——儒家思想,无疑是极具开创性的。虽其在华传教过程中因与佛教的纠葛过深被后世指责,但综合考察其译介"四书"的情况,着实可说罗明坚开了耶稣会合汇耶儒之先河,并对百余年间东西文化交流史产生了深远影响。利玛窦翻译的"四书"译本至今难觅踪影,无法直接和罗明坚西班牙文"四书"进行比较,但仍可以判断利玛窦参阅过罗明坚的"四书"译本,并在其著述过程中适当地借用借鉴。最直接的证据就是前文提到的罗明坚错将宋明儒学批评佛教误认为孔子批佛的内容,在利玛窦的著作中亦有出现,并被其后继者不断将这错误继承重现。自罗明坚伊始,耶稣会士开始重视对"四书"的翻译工作,而"中国哲学家孔子"最早的提出者正是罗明坚。可认定在 1590 年前后罗明坚已经对儒家经典有了较为清楚的理解,并已设立了一定的经典解释原则,还有了明确的目的性——显示了儒家与西方神哲学一致性。此外,罗明坚也通过"四书"的译稿,向欧洲证明了中国儒家通过理性，着实可了解关于天主的知识，不应被当作蛮夷来粗暴地对待。明清之际天主教传教士和儒家士大夫能在平等、尊重、理解的立场上展开两大文明的交流与对话，其中绝少不了罗明坚的奠基之功。罗明坚的翻译建立起西文译介儒家经典的基本解释框架，并由利玛窦和后继在华传教士延续了200多年。以往我们多将东西文化交流中各种亮点归功于利玛窦，但通过重新发现罗明坚西班牙"四书"手稿，足可将赞许还给它实至名归的主人。

"四书"之翻译，自利玛窦以来就是在华耶稣会士们的一项中心任务。这一工作有两个指向：一方面，促进自身对儒学的理解，以便在适应性意义上展开与儒家知识分子的深层对话，从而探求一些共同的哲学基础。这在耶稣会士看来，有望成为士人接纳天主教信仰的精神"铺垫"；另一方面，则是向欧洲的学者、教会显贵，以及那些颇富影响力的赞助人传播一种文化的精神财富，这种文化在欧亚大陆的另一端，与欧洲文化门第相当。卫方济（1651—1729）是第一位系统研究宋明理学的欧洲人。卫方济的翻译，以某种方式为125年来围绕"四书"的努力画上了句号，进而实现了这样一个目标：在他的著作《中国六经》之中，第一次呈现了四书的完整翻译。尤为值得一提的是在《孟子》一书上的成就，直到今天几乎还未能得到应有的认可和充分的研究。与之同时，卫方济还出版了一套著作，题为"中国哲学三论"，在此分三论（论上帝之名、论葬俗和论伦理观）对儒家传统的核心论题进行了思考。特别指出的是第三论"伦理观"对于理解《中国六经》具有重要意义。由德国学者叶格正（Henrik Jüger）撰写、赵娟翻译的《以亚里斯多德解读〈四书〉——卫方济（François Noël）的汉学著作》（《华文文学》2018年第3期）一文认为，卫方济正是以亚里士多德为中介来诠释四书的；他对"理智""中道"的解读，显示了亚里士多德与儒学之间会通的多种可能性。在亚里士多德对道德的定义之中，"理智"和"中庸"被放置到了一个语境之中；理性的思考和行为始终是中庸的，尽管就各自的情况而言，它是道德的主要特征在两端之间的适当"平衡"。从中世纪后期直至18世纪，亚里士多德式的"理性"曾是基督教与欧洲之外各种异教思想实现交流与会通的促成因素，不过，从18世纪中叶开始，欧洲中心主义式的"理性"观念却造成了欧洲与欧洲以外思想的隔阂。作者认为,卫方济著作最重要的意义在于,他在他的时代之中,从一个视角开启了中国经典,这一视角从根本上与迄今为止的各种可能性的视角迥然有异,例如,他与中国儒家知识分子有着数十年的相处经历,对于他们而言,这些儒家经典文本的基础,在日常交流之中有一个活泼泼的传统。他能够在一定程度上介绍儒家知识分子的教育背景,这些对于我们今天来说几乎是不可能了。此外,他深深扎根于欧洲精神史之中,因此能够算作他这个时代的教育精英。再有甚者,他处在教会和中国朝廷的双重压力之下,必须对两个权利中心(罗马和北京)各自提出的问题给出回答。除了以上这些外部因素,在进一步的卫方济研究之中,卫方济作品的诠释学问题应该得到回答,因为只有将其作为一个深入和高度不同的理解过程的成熟"果实",人们才能够恰切地澄清他的意图和解决方法。

另外一篇梅谦立的《耶稣会士卫方济对鬼神的理解》(《北京行政学院学报》2018 年第 5 期)重点说明卫方济如何更正确、更深入地理解宋明理学,并且如何接受宋明理学的鬼神思想。鬼神问题也许是中国哲学最棘手的问题,来华耶稣会士无法回避。利玛窦站在古儒的经典立场上用这个概念来证明中国古人相信灵魂不朽,并且,他否定宋明理学关于鬼神的解释如"二气之良能""造化之迹"等。但是,利玛窦对儒家经典及宋明理学仅有很肤浅的理解,他误会了宋明理学的意思,将其归于无神论、泛神论、唯物主义。后来,龙华民(Niccolò Longobardo,1565—1655)不仅反对新儒,也反对古儒。他努力研究《性理大全》,但他还坚持以西方思想的精神、物质区分去理解鬼神,错误地把鬼神理解为物质性的东西。卫方济是第一位系统研究宋明理学的欧洲人,并且他努力接纳这个思想体系。他对鬼神的定义、分类、属性都展示出了宋明理学的观念,他证明,虽然鬼神体物不遗,然而有形而上学的维度,使天通过无形的鬼神造化万物。最终,天主教会没有接受古儒,当然更不会接受宋明理学。对鬼神的争论不在于它们的本质如何,而主要在于鬼神在祭祀中扮演的角色,卫方济在《中国哲学·第二论》中专门讨论了这个问题。《中国哲学》问世不久,耶稣会总会长便禁止其继续发行,导致其影响甚微。不过,从学术角度而言,我们可以肯定这本书的价值,即它第一次在西方系统地介绍了宋明理学,特别是比较复杂的鬼神问题。

到了 18 世纪,随着海外贸易的频繁交往和西方势力的不断扩张,大批来中国传播基督教的西方传教士发现了中国文化的独特魅力和儒家思想的博大精深,他们有意识、有选择地翻译一些文化名作,让西方了解了中国文化。正如方豪先生在《十七八世纪来华西人对我国经籍之研究》一文中所说,"西人之研究我国经籍,虽始于十六世纪,但研究而稍有眉目,当在十七世纪初;翻译初具规模,乃更迟至十七世纪末;在欧洲发生影响,则尤为十八世纪之盛事。故我国文化之西被,要以十七八两世纪为关键"。张树军的《18 世纪两部中国文化名作的西译与海外传播》(《兰台世界》2018 年第 7 期)一文认为大批西方传教士随着西力东侵的不断扩张和海外贸易的逐步推进,不远万里来到中国传教。他们在学习汉语的过程中被中国文化的魅力吸引,开始翻译和传播一些文化名作,儒家思想开始传播到欧洲,中国人的精神世界开始展现在欧洲人面前,开启了中国文化名作海外传播的序幕。同时他们自身亦发生了蜕变,由传教士变成中西文化交流使者,单纯的教义输出转变为两种文明的相互交融,更在客观上促进了中国文化的海外传播和中西方文化交流。

在中国文学史上,"才子佳人小说"是一个特定的概念,是指明末清初以《平山冷燕》《玉娇梨》等为代表,以男女婚恋为题材的中篇小说。才子佳人小说兴于明末,至清初蔚为大观,成为小说的一大类型。19 世纪初期,新教传教士来华之后,把才子佳人小说作为汉文写作的模板,直接移用才子佳人小说原有情节、人物,将小说中的语句、段落重新组织,构成新的小说文本在中土流传。西方传教士的汉文小说写作,经历了长期的过程,不同的阶段有不同的特征。宋莉华的《近代传教士对才子佳人小说的移用现象探析》(《文学遗产》2018 年第 4 期)一文以 19 世纪新教传教士来华之初通过"嫁接"才子佳人小说这一特殊方式而形成的新作作为特定研究对象,考察才子佳人小说在西方社会产生的影响。才子佳人小说从 18 世纪开始在西方流传,为西方读者接受,19 世纪传教士来华时又以其为底本,通过移用、模仿、改写而构成新篇,这是中西文化交流中的特有现象。这一方面可以视为西方社会认可中国古典小说,是对中国文学产生审美认同的最直接表白,另一方面对跨语际、跨文化交流具有普遍性的启示意义。钱穆先生曾经指出:"旷观

世界各民族文化大流,求其发源深广,长流不竭,迄今犹负世界指导人类之重任者,在东方厥惟我中华,在西方厥惟欧美之两支。"①以欧美为代表的西方文化对中国古典小说的接受,具有突出的文化异质性和异构性,更能体现跨文化交流的特点,为中国文化、中国文学走出去的国家战略提供切实的历史图景和可行的路径。

任何跨文化的文学交流活动都存在着"文化过滤",即"接受者根据其自身与对象的不同文化背景和文学传统,对交流信息做出选择、改造、移植与渗透等行为",需要指出的是,传教士们对"三国"的阅读不仅是"跨文化"的阅读,也是"跨语际"兼"跨文化"的文学交流活动。马礼逊 1807 年来到中国,是第一位来华的新教传教士。他在 1815—1823 年出版的《华英字典》是世界上第一部汉英—英汉对照字典。这部字典除了解释字词意义,还有一些与中国历史文化有关的词条,包括古代名人。专门立为词条的中国古代历史文化名人并不多,不超过 30 人,而与"三国"有关的人物则有 6 位,分别是孔明、曹操、刘备、孙权、孙夫人、夏侯惇,随文提到的还有董卓。另外,在"七星宝剑"的释义中提到《三国志》,在讲"太守"一词的历代沿革时提到了"三国"时期。郭实腊在《中国丛报》1838 年第 7 卷第 5 期上发表了《〈三国志〉介绍》。郭实腊在文中说这部小说出版于 14 个世纪以前,把小说出版时间误为西晋陈寿的史著《三国志》的出版时间,这种混淆现象在当时传教士中并不少见。在这篇文章中,天示异象、黄巾起义、朝廷内乱、剪除董卓等内容占了一半的篇幅,其余的内容集中在曹操与诸葛亮这两个人物身上,介绍了诸葛亮用火烧曹操的船(应该是火烧赤壁)、草船借箭等故事,充分展现了诸葛亮的智慧和曹操的勇敢、纪律严明及不择手段。而对于全书的重点三国之间的合作与斗争只是零星涉及,并无清晰脉络。美魏茶 1843 年在《中国丛报》发表了《〈三国志〉中一位英雄孔明的介绍》。在这篇文章中,美魏茶叙述了刘备得到诸葛亮,随后就是刘备去世,指定诸葛亮摄政,中间的火烧新野、舌战群儒、草船借箭、赤壁之战中的神机妙算、三气周瑜等大量内容都被略去了,在介绍《三国演义》内容的同时,传教士们也表达了对这部作

---

① 钱穆:《文化与教育》,广西师范大学出版社,2004,第 17 页。

品的肯定和推崇。传教士们对《三国演义》中人物的评价集中在诸葛亮和曹操身上。对诸葛亮毫无例外是赞美,对曹操的评价则以否定性为主。在中西文化交流处于起步阶段的情况下,传教士们对《三国演义》的介绍和评论起到了向西方传播中国文学的中介作用。对阴谋、计谋的详述既反映了他们本身的兴趣所在,也暗含了他们想吸引其他西方读者的愿望。另外,传教士们对诸葛亮的"禳星延命"、道士的法术、灵帝时自然界的异象、妖术等内容的详细叙述既体现了他们作为传教士对中国本土宗教的关注,在某种程度上也未尝不是为了满足读者及他们自己对东方的猎奇心态。陈淑梅的《跨语际文学接受的典型样本——早期来华传教士〈三国演义〉评介研究》(《中山大学学报(社会科学版)》2018 年第 4 期)一文认为,早期来华新教传教士最初是从实用主义的角度接触《三国演义》的,相较于稍后出现的来华西人中更为专业的中国文学批评者,传教士们的中国文学阅读有明显的功利目的,他们之所以阅读"三国",一是为了学习汉语,二是为了了解中国,而这一切的最终目的是在中国顺利传教。尽管如此,我们仍然可以说,他们的评介呈现出《三国演义》与西方最初相遇的景观,不但对于《三国演义》的西传起到了重要作用,而且反映着异域文学接触的典型征候,对于研究"跨语际的文学接受"有着不可忽视的重要价值。

郭实腊(Karl Friedrich August Gützlaff,1803—1851),又译作郭实猎、郭士立、郭甲利等,是 19 世纪德国普鲁士来华新教传教士,曾在中国内地、香港、澳门,以及暹罗、马来、爪哇等地传教。1831—1833 年,郭实腊不顾清政府的禁令,曾先后三次冒险乘船沿着中国海岸北上考察,并在《中国丛报》以连载的形式刊登他的中国沿海游记,详细地记录他的所见所闻,使其声名鹊起。1840 年第一次鸦片战争期间,郭实腊也是以翻译的身份参与了战争及《中英南京条约》签署的全过程。在近代来华的西方传教士中,郭实腊一直是毁誉参半、备受争议的人物。他的文化身份和传奇经历非常多元而错综复杂,既是德国传教士、翻译和医生,又是冒险的旅行家、天才的语言学家、多产的汉学家、英国东印度公司的雇员和英国政府的香港官员等。除汉语之外,郭实腊还精通德语、英语、荷兰语等多种语言,能说广东话、福建话等方言。郭实腊的 85 篇论著之中有中文论著 61 篇,其中大约三分之一为

中文小说。① 其内容丰富,包罗万象,广泛涉及政治、经济、贸易、宗教、历史、地理、文学等领域,对 19 世纪中西文化交流做出了巨大贡献。值得一提的是,郭实腊是在《中国丛报》上关注和译介中国古典文学,尤其是中国古典小说数量最多的撰稿人,包括《三国演义》《聊斋志异》《红楼梦》等。李红满的《德国传教士郭实腊对中国古典小说的译介与阐释——以〈中国丛报〉为考察中心》(《外语与翻译》2018 年第 4 期)一文认为,郭实腊关注到中国古典小说这个特殊的文学体裁,通过《中国丛报》向西方读者较早地译介了《三国演义》《聊斋志异》《红楼梦》《南宋志传》《神仙通鉴》《大明正德皇游江南传》等中国古典文学,尤其是中国古典小说。毋庸置疑,郭实腊在《中国丛报》对中国古典小说的译介中存在多处明显的误读和错译。虽然郭实腊颇具语言天赋,精通汉语,但他多年来一直身兼数职,分身乏术,而且以多国文字笔耕不辍。因此,他在《中国丛报》对中国古典小说的误读错译在所难免。尽管存在诸多的错译,然而,郭实腊的早期译介和阐释代表着 19 世纪西方传教士对中国古典文学的独特兴趣和解读,反映中国古典文学英译肇始阶段的典型特征。由于《中国丛报》的广泛传播和流通,郭实腊的这些译介文章引起了西方读者对《三国演义》《聊斋志异》《红楼梦》等中国古典文学作品的关注,在一定程度上推动和促进了 19 世纪中国古典小说的早期海外传播。

　　这场文化的相遇与对话留下了大量宝贵的汉文历史文献,涉及科学、历史、宗教、哲学、文学及艺术等多个学科领域。目前,这批"西学汉籍"主要藏于法国国家图书馆(National Library of France)、耶稣会罗马档案馆(Archivum Romanum Societatis Iesu)、梵蒂冈图书馆(Vatican Library)和上海徐家汇藏书楼等地。2014 年,北京外国语大学与梵蒂冈图书馆及罗马大学合作,终于完成了梵蒂冈图书馆藏汉文文献的复制,并出版了《梵蒂冈图书馆藏明清中西文化交流史文献丛刊(第一辑)》。这套丛刊由北京外国语大学张西平教授、任大援教授,罗马大学马西尼(Federico Masini)教授及梵蒂冈图书馆副馆长裴佐宁(Ambrogio M. Piazzoni)博士共同主编,第一

---

① ［英］伟烈亚力(Alexander Wylie):《1867 年以前来华基督教传教士列传及著作目录》,倪文君,译,广西师范大学出版社,2011,第 54-66 页。

辑共 44 册,整理、收录了 170 种珍贵汉籍文献,其中最古老的文献可追溯至 14 世纪初元朝统治期间。《梵蒂冈图书馆藏明清中西文化交流史文献丛刊(第一辑)》的出版是学术界第一次大规模整理、影印并出版梵蒂冈图书馆藏西学汉籍,也是第一次在中国大陆大规模出版明清之际的西学汉籍。贾海燕的《评〈梵蒂冈图书馆藏明清中西文化交流史文献丛刊(第一辑)〉》(《国际汉学》2018 年第 3 期)一文认为,较之以往影印出版的文献丛书,《梵蒂冈图书馆藏明清中西文化交流史文献丛刊(第一辑)》的价值不仅体现在文献版本上,更突出的是所刊文献的史料价值。在其收录的 170 种汉籍文献中,共有 67 种未见于其他文献丛刊,均为首次刊出。《梵蒂冈图书馆藏明清中西文化交流史文献丛刊(第一辑)》的一个显著特色就是每篇文献前都附有提要,对该文献进行了提纲挈领、简明扼要的介绍,内容包括卷数、作者、版本、梵蒂冈图书馆馆藏号、文献形态信息及内容简介等。

虽然古代中国并没有与近代西方博物学完全对应的现成的学科,但中国自古就有研究天文、地理、农学、医学等自然事物的知识传统,这属于一个广义的"博物"概念。中国历代关于草木的书籍更是不胜枚举,像《毛诗草木鸟兽虫鱼疏》《离骚草木疏》《全芳备祖》《群芳谱》《广群芳谱》《植物名实图考》等均为本土植物学著述的杰出代表。然而这些中国传统的植物学研究成果在很长时间里并没有机会与世界接轨,将中国的植物学知识西传至欧洲的过程是由明清来华传教士完成的。从晚明入华的利玛窦、金尼阁、曾德昭、卫匡国等人开始,早期传教士的中国作品中已经对中国的植物有了一些零星介绍,比如曾德昭的《大中国志》中曾经介绍过龙眼、荔枝等中国南方特有的水果。然而,真正对中国自然物种进行一定规模的田野调查,探索出汉学研究中的博物学方向,同时将中国植物作为一个专题进行系统研究的,当以耶稣会士卜弥格及后期的韩国英、汤执中等为代表人物。

卜弥格是欧洲早期汉学发展史上重要的传教士汉学家。作为欧洲研究中国和中学西传的先驱者之一,卜弥格在译介和传播中国自然科学知识方面取得了很大成就。他最早翻译了《黄帝内经》和《脉经》,系统向欧洲介绍中医药知识;他撰写了《中国植物志》(*Flora Sinensis*)等相关著作,首次向西方形象地展现了一批中国动植物的情况,其中部分内容还被德国耶稣会学者基歇尔（Athanasius Kircher，1602—1680）收入《中国图说》（*China Illustrata*），并引发了欧洲学者关于麝香和蛇石的争议，开创了传教士汉学博物研究的新领域。卜弥格所做的这些具有探索精神的研究工作，开创了西方人认识和了解东方博物学的先河。18世纪法国耶稣会士韩国英继承这一传统，对植物等自然物种进行了田野调查，发表了题材广泛的博物学论著，进一步推动了中国博物学知识的西传。李真的《传教士汉学研究中的博物学情结——以17、18世纪来华耶稣会士为中心》（《福建师范大学学报（哲学社会科学版）》2018年第2期）一文将西方人在华的博物研究从晚清上溯至明清之际和清中期。在中西文化与科学初识的早期，来华耶稣会士充当了两种文明相遇的媒介与桥梁。中国古代已创作了大量研究植物、动物和矿产的著述，如本草、园艺农书、花谱、博物志、游记、笔记等，而耶稣会士对此善加利用，开展了一系列对华科学调查工作。在他们的作用下，中国传统的博物学知识逐步被引介到西方，引起了欧洲人的好奇与渴求。西方学者对中国博物界的兴趣和对中文著作与中国国情的兴趣往往相辅相成，融汇在一起，在一定程度上推动了欧洲汉学与博物学之间跨学科的对话。

中医在英国的传播表现为多种形式，主要为英国传教士和传教医生对中医药知识的翻译和介绍，以及他们在临床实践中施行中医诊疗技术。中医传入英国较早始于脉学知识的传播，主要传播者是英国医生弗洛伊尔（John Floyer，1649—1734）。17世纪末至18世纪初，弗洛伊尔将波兰传教士卜弥格关于中国脉学的文稿译成英文，连同他自己撰写的文稿合著成《医生诊脉表》一书，于1707年在伦敦出版，该书第三篇论述了中医脉学。范延妮的《17—20世纪英国来华传教士中医传播活动特征及影响》（《中医药导报》2018年10月）一文梳理了该历史时期传教士在英国传播中医的活动，根据其传播的内容从中医药综合知识、脉学知识、针灸学知识、中药知识、预防医学知识和其他中医药知识的传播等方面展开分类论述，并分析这些活动的特征特点。

三　"中国观"研究

从公元前1世纪至公元1世纪开始到海上丝绸之路的开辟,西方人对于中国的认识在一步一步地深化。古希腊—罗马时期,地中海地区已经知道东亚的存在。不少古希腊和拉丁文本都提到东方以及丝绸之路的贸易情况。在资料残缺不全且可信度不高的情况下,西方对东方的民情、财富和地理状况的想象是含糊和不切实际的。他们眼中的东方更是一个野蛮人出没之地。古希腊—罗马时期,中国便因奢侈品丰富而闻名于西方,其中丝绸最广为人知。公元1世纪时,丝绸已出现在罗马;但6世纪之后,拜占庭人懂得如何生产丝绸,丝绸便不再是中国的专利。不过中国的瓷器、植物、香料、香精、宝石和贵重金属仍为西方社会所垂涎。公元1000年以后,西方社会相对稳定,再次将目光投向自476年西罗马帝国解体后便失去联系的近东。1095年十字军第一次东征重新启动了西方与深受东方影响的拜占庭帝国之间的联系。阿拉伯和波斯商人自唐代(618—907)起便到广州进行贸易,穆斯林控制着印度洋海路,欧洲人不得不克服这道不可逾越的障碍,努力获得远东的财富。元朝时(1279—1368),蒙古人的统治跨越亚欧大陆,陆路重开,商道畅通。意大利商人遂沿陆路到东方开展贸易,其中最出名的旅行家兼商人是马可·波罗(Marco Polo,1254—1324),而《马可波罗游记》在西方的传播,使得西方又认识到了中国繁荣、文明的另一面。随着西方基督教文化的拓张,越来越多的西方传教士进入中国,他们不仅带来了西方的文化、思想和宗教,同时在传教的过程中他们通过信札或回国后以回忆录的形式记录下中国社会的各个层面,从而成为中国形象在西方的最有力也最有话语权的介绍者。16世纪英国哲学家弗朗西斯·培根(Francis Bacon,1561—1626)是现代科学思想的先驱之一。他认为,中国的三大发明引导人类社会进入现代时期:用于在海上定位的罗盘、记录商业贸易的纸张,以及保护强买强卖的火药。欧洲人有效地使用这三大发明,征服新的土地,获取东方的财富。

中国传统思想在西方译者的诠释、论述、批判乃至超越中传至西方。借

助中国经典英译,欧洲与中国实现了跨文化相遇。从明嘉靖时起,在沙勿略、范礼安第一批传教士的指引下,罗明坚、巴范济等耶稣会士相继来到中国开始他们传教及传递中国形象的历程。此时的中华帝国虽古老却具有悠久深厚的文明以及优越的伦理哲学体系。中国之于西方可谓"仰之弥高"的文明典范。儒家思想在中国士大夫的推崇下,早已渗透进国人生活肌理的每一个细胞中,俨然成为一种精神寄托。利玛窦于 1594 年将"四书"译成拉丁文。经典诠释过程中,耶稣会士将中国典籍置于宗教框架内,旨在挖掘中国人的宗教潜力及信仰痕迹。孔子恰好符合他们所树立的中国人既理性又唯灵论的形象,他们认为孔子是维系中国社会良好运转和长期发展的根本,是中国社会在没有"福音"的情况下仍有较高道德水平的原因。因此在他们眼中,中国虽表面上倾向于迷信和无神论,却有着最易于接受纯正信仰的灵魂。同时,耶稣会士发现一个宗教如要从其发源地传播到异域,须吸纳当地本土文化,符合当地风俗习惯,迎合当地人的思维方式。许雷的《从传教士到汉学家:西方镜像下的孔子形象衍变》(《文艺争鸣》2018 年第 1 期)一文认为,利玛窦重视儒家思想,选择对中国占统治地位的儒家经典进行翻译,通过"儒家语境""扬儒抑佛""耶儒合流"实现对中国宗教的影响。利玛窦在中国传教过程中就指出"孔子是最伟大的哲学家,同时也是儒教之创始人、改革者或教主"。儒、道、佛为中国古代原有三大宗教,虽然儒教没有偶像崇拜,但他们所崇拜的"天地"是一个有灵的机体,是最高的神明,可见在传教士眼中儒学是集宗教、道德、哲学、伦理于一身的综合体。此后,随着西方对中国了解程度的加深及面向的增加,孔子形象逐步回归本真。作为翻译活动的主体,译者的理念、动机、情感等心理因素会带来不同程度的文本适应与选择。以《论语》文本为起点,译者建构着自身对异域想象的空间,一边"译介经典",一边也在"发现孔子"。在译者的有意误读下,孔子成为西方世界为言说自我而创造或建构出来的形象。这种对孔子形象简单化、模式化的描述归根结底就是为表明中国作为他国的差异性。伴随着儒家经典的英译、孔子形象的建构和民族文化符号的确立,所有这些差异性构成了西方读者眼中的中国,并使其与欧洲世界区分开来。作者认为,研究西方译者笔下孔子形象的核心在于该形象如何参与到西方现代身份建构及认同的过程中,为西方世界提供身份确证的想象性资源。无可否认,西方译者译本丰富了《论语》英译版图,通过不同译者所塑造出的风采各异的孔子形象,西方读者领略到《论语》的精彩面向及微言大义。译本为《论语》提供了一种参考模式及观察视角,但难免存在对遥远异己文化的杜撰与想象,儒家精神及孔子思想更无法依靠西方译者进行完整传达。

在西方思想史领域,洛克(John Locke,1623—1704)是启蒙时代最具影响力的思想家之一,对其生平和思想的研究是非常重要的课题,大家频出,硕果累累。洛克对中国的态度是启蒙时代欧洲中国文化观的重要方面,然而洛克的"中国观"却鲜为人知。在同时代欧洲思想家对中国的巨大热情映衬下,洛克一直被认为对中国不感兴趣。英国学者安·泰尔伯特(Ann Talbot)在英国牛津大学博得礼图书馆收藏的"拉夫雷斯档案"(The Lovelace Collection of the Papers of John Locke)中发现了洛克亲笔写的关于中国的笔记。该手稿归入"神学和宗教"类目,档案编号"B. L., MS. Locke c. 27",共 35 页,分参考书目、正文和索引 3 个部分。手稿以中国人的信仰问题为核心,兼及中国文化的其他方面。韩凌的《洛克中国观的知识来源初探》(《北京行政学院学报》2018 年第 4 期)一文通过梳理洛克藏书、著作、书信和手稿,发现洛克并非如惯常认为的那样对中国漠不关心。相反,洛克对中国兴趣盎然,一生收藏和阅读了大量关于中国的书籍,并且在晚年对中国的宗教和哲学进行了集中研究,写下了系统研究中国人哲学、信仰和礼仪问题的"中国笔记"。洛克"中国观"最核心的部分是中国人的信仰问题,即中国人是否为无神论者。为寻求这一问题的准确答案,洛克尝试了多种途径来获取关于中国的知识,而当时欧洲出版的关于中国的书籍是洛克"中国观"的最主要知识来源。

1684 年,法王路易十四决定派出第一批驻东方使团,这批传教团由"国王的数学家"组成,在职业外交官蒙寿骑士(Chaumont,1640—1710)的带领下登船远行,其成员包括洪若翰、白晋(Joachim Bouvet,1656—1730)、张诚(Jean-Franois Gerbillon,1654—1707)、李明(Louis Le Comte,1651—1728)、刘应(Claude de Visdelou,1656—1737)和吉·塔夏尔(Guy Tachard,1651—1712),成员在暹罗下船,后来返回法国。所有人都是耶稣

会士,而且除了李明,他们都在出发前几天,即 1684 年 12 月 20 日,被自然科学院任命为通信成员。传教团 1685 年 3 月 3 日从布莱斯特港出发,1688年 2 月 7 日抵达北京。法国耶稣会士一行也多次到访广州或在此居住,其本意是在广州交通便利、靠近港口的地方设置一处法国联络点,以便法国耶稣会传教团和法国进行书信联系,而无须通过澳门,从而留下了不少关于广州的记录。法国学者蓝莉著、郭丽娜译的《1685 年路易十四遣华耶稣会传教团信件中的广州》(《中山大学学报》2018 年第 1 期)一文讨论了他们除了测量北京和西安的地理位置,法国耶稣会传教团也使用更加科学的方法对广州的地理位置进行测量,其结果比当时的地图更加准确。他们与自然科学院密切联系,送去数据,让卡西尼能够在世界地图上更加准确地标定中国的位置。1708—1718 年,传教士奉康熙皇帝之命绘制中国各省地图,即1720 年在北京出版的《康熙皇舆全览图》。这项在 18 世纪开展的地图绘制工程的信息后来被送往法国,为地理学家当维尔(Jean-Baptiste Bourguigon d'Anville,1697—1782)绘制中国各省地图提供了参考数据。当维尔的地图收录在 1735 年杜赫德(Jean-Baptiste du Halde,1674—1743) 在巴黎出版的《中华帝国和中华鞑靼地区概述》第一卷中。

欧洲对喜马拉雅区域的了解始于古希腊和罗马帝国时代。公元 1 世纪老普林尼记载了来自印度和中国(Seres)的商品。托勒密地理学在欧洲现代早期得到复兴,也对认知这一区域产生影响。10 世纪或 11 世纪早期的印度梵文文献中提到 et-Turbet,el-Tubbet,Thobbet Thobbit。10 世纪的波斯地理著作《世界境域志》中写作 Tubbat 和 Tuput,其他的波斯文形式有Tibit,Tibbit,Tibbet,Tibat,Tibbat,Tibbut 等,蒙古文则是 Tёbёt。巴赞等认为类似的名称是中世纪欧洲的旅行者结合波斯形式和蒙古文形式而来的,波斯形式来自阿拉伯文,而后者则是粟特文 Twp'yt(读如 Topet)的对音,这是所有拼写形式的雏形。《马可波罗行纪》的不同版本中用过 Tebet,Thebet 等。这些符号各不相同,所指也千差万别。据统计,在 13—15 世纪的欧洲文献中,有关土伯特的名称有 29 种之多,1747 年统计时亦有 20 种不同的名字。13 世纪前期蒙古大军西征,引起欧洲的震动,其后果之一便是若干使者前往东方。他们的见闻有涉及土伯特的地方,成为欧洲最早关于这一区域的知识,其影响长达三四个世纪。新航路开辟以后,尤其是17、18世纪,传教士有涉足藏区的,始有关于这一区域的新知识陆续出现于欧洲知识界。陈波的《欧洲文献中的土伯特:以13至18世纪为重点》(《学术月刊》2018年第9期)一文主要研究18世纪以前欧洲文献中有关藏文化区域的各种符号及其不同的所指跟相邻的地域概念之间的关系,梳理这些符号在欧洲现代早期经受其族性地理思想塑造、重组的历程。值得注意的是,这个历程跟欧洲人认知藏文化区域诸地的进程密切相关,其中由南亚尤其是拉达克而向拉萨这一方向的推进尤其关键,这是欧洲人传教和游历的进程。藏文化对各地的分类已经发挥作用,而更大的作用则是在18世纪以后。其结论是:首先,18世纪以前,一定意义上乃至19世纪初叶以前欧洲知识界对土伯特的认知是一部分人旅行经历的反映,是琐碎的,没有内在的一致性,他们通过蛛丝马迹可寻出其联系性。构建内在一致性毋宁说是一个对符号和所指进行想象的过程。因此,在一定意义上说,土伯特的归属是由族性地理观和来自当地的信息在知识互动过程中确定的。其次,这一进程极大地无视当地的事实,基本上忽略当地总体的文化世界特别是其内外关系,只在有限的和间接的意义上受到当地文化世界及其观念譬如汉文献中的记载和藏文化中地理分类的影响,以及历史事件譬如蒙元时期正式将吐蕃纳入中央朝廷治下的影响。因此,面对当地的地理分类体系,欧洲知识界极为坚持由欧洲人旅行活动而提出的地理分类,尤其是大小土伯特和3个土伯特的划分。这种坚持一度排斥新知,使得它在面临更为详尽的有关藏文化区的知识体系时不堪一击。这一知识进程却有一个诉求,就是成为一个知识体系,以替代或改造当地的世界观。无论何者,它们都在不知不觉中带上欧洲的族性地理分类体系。从这个意义上说,这些知识必然且随时会遭受当地知识体系的挑战。如果欧洲地方生产的异域知识会带上权力面纱和权力诉求的话,当地知识体系也不缺乏权力面纱和权力诉求。在这个意义上,知识体系间相互的对话和挑战就跟政治体系间的对话、挑战乃至斗争合二为一。如果我们不同时揭示当地的知识体系及其地理分类系统,我们将无法理解它们之间的关系的性质及其互动后果。最后,欧洲现代早期的东方学中,土伯特是跟更大的政治体连在一起的,它曾从属于契丹,尤其是鞑靼和知纳这两个欧洲东方学界先后营造出的政治概念,欧洲现代藏学兴起后有模糊这种所属关系的倾向。

囿于主客观原因,耶稣会士著作中存在诸多失实之处。"辽东省"的存在可谓一例明证。利玛窦所著《利玛窦中国札记》,首次使用了"辽东省"这一指称。1615 年出版了《利玛窦中国札记》。该书一经出版,就取代西班牙人门多萨的《中华大帝国史》,成为欧洲人了解中国的首选。利玛窦在此书臆想出来的"辽东省"也被当作事实传播开来。利玛窦在书中认为,明朝的疆域包括两个王室直隶区——南部省和北部省,此外还有 13 个省,共计 15 个省。这与明朝两京 13 省的一级行政区划事实相符。他在介绍明朝防卫时,使用了"辽东省"一词,并将之称为北方三省之一,还指出此地一半的人口经常为皇帝服兵役。张殿清的《臆想的传承:耶稣会士著作中的"辽东省"》(《贵州社会科学》2018 年第 11 期)一文认为,舆图对辽东的处理方式,时间错位地解读中文文献、辽东与长城的特殊关系,明代辽东的行政管理错综复杂等方面因素的叠加导致利玛窦臆想出了辽东省。随着文化交流的加深,有可能比交流伊始出现更多的文化误解。利玛窦最初介绍中国时,尊崇中国文献,直接将其译介到欧洲。然而随着认知能力的提高,他开始用审慎眼光看待中文文献,甚至依据自己的思维做出某些判断。在此过程中,知识结构的缺陷,容易造成错误结论。更为重要的是,误解一旦形成,会有强大生命力,并不随真相浮出而即刻销声匿迹。

1671 年于法国出版的《鞑靼统治下的中国历史——自 1651 年鞑靼征服后至 1669 年这个帝国所发生之大事录》,就是一部重要的原始文献。该书作者耶稣会士聂仲迁,在华传教 40 年,亲身经历了清朝康熙初年爆发的"钦天监历狱"事件,为向欧洲教会、公众介绍当时的中国社会状况,编写了这本《鞑靼统治下的中国历史》。解江红的《耶稣会士聂仲迁及其〈鞑靼统治下的中国历史〉》(《文献》2018 年第 4 期)一文对聂仲迁生平及传教活动略作考证、梳理和评述,进而简述《鞑靼统治下的中国历史》一书的史料价值。文章认为,人类的文明史就是一部不同文明间不断交流和融合的历史。任何国家的文化都必须通过与异质文化的对话和交流获得养分,才能不断发展壮大。在明清时期的东西方文化交流中,来华传教士无疑起着积极的媒介作用。聂仲迁,这位在中国生活40年的法国耶稣会传教士,以独特的视角看待中国,将中国的文化、宗教、政治制度等介绍给西方教会及民众。他的著作《中国历史》及《续编》是现今记述"钦天监历狱"最详细的西文原始材料之一,深入详尽地描述了清初西方传教士在华传教的具体情况,而且与同时代的其他著作相互补充印证,形成一系列完整的历史事件画面,这对研究清初期天主教在华传播史以及中国历史均大有裨益。

在近代学术研究中,王安石及其变法是一个极具牵动力的核心议题,严复说:"以余观之,吾国史书之中,其最宜为学者所深思审问,必得其实而求其所以然者,殆无如熙宁变法之一事。商君、王莽之所当,其致力之难,得效之不期,不如是之甚矣。"经过长期的积累,王安石及其变法研究在中外学界都已取得丰硕成果,对这些成果进行适时的总结和反思,是推动学术进一步发展的动力。迄今为止,国内学界有关王安石及其变法的研究已建构起比较完备的学术史,但国外学者特别是欧洲学者的成果一直没有得到系统的梳理。18世纪上半叶,法国传教士杜赫德出版了四卷本巨著《中华帝国全志》(以下简称《全志》),全景式地向欧洲人推介有关中国的最新知识,同时也把王安石及其变法介绍给欧洲学界,奠定了此后近两个世纪内欧洲学者论述这一问题的基调。杜赫德对王安石的讨论是在宗教辩论的背景下展开的。耶稣会士进入中国后,一直尝试在中国传统文化中寻找与基督教教义吻合或相近的因素,当利玛窦在儒家经典中发现"上帝""敬天"等说法时,就把"上帝"和"天"与基督教的"天主"等同起来。此后,大多数耶稣会士都认为,中国古代曾经崇拜过唯一的神,即"天"或"上帝",这种信仰就是原始的基督教信仰。但耶稣会士仍需面对一个挑战,即在中国盛行的"新儒学"所具有的无神论性质,他们的策略就是把古儒学与新儒学区别开来,宣称无神论是后起的理论。杜赫德在《全志》中指出,新儒学形成于"偶像崇拜(指佛教)传入中国一千余年后的宋朝",杜赫德批评新儒学是对古代儒学的污染,但对这种"疯狂的学说"(mad notions)兴起的过程,尚需提供一个合理的解释。杜赫德并没有将之归咎于程颐、朱熹等新儒学的代表人物,因为朱子学说在康熙朝被确立为国家正统,对他们进行批判显然会不利于在中国的传教,王安石便取而代之,被当作无神论的始作俑者。"天变不足畏,祖宗不足

法，人言不足恤"，所谓的"三不足"说一直被认为是王安石变法的口号，但问题在于，"三不足"说很可能并非王安石自己提出，而是反对变法派对王安石观点的转述和总结，其中难免有断章取义的成分。但杜赫德显然对变法引发的政治纷争并不感兴趣，他的目的不是揭示北宋中后期政治的特质，而是为耶稣会士提供支持，因此，他将二人论战的政治背景虚化，将二人有关天变的言论孤立出来并推向前台，已经歪曲了王安石本意的"天变不足畏"的政治口号，在杜赫德的重新诠释下，又成为否定"天主"存在的无神论宣言。这样，《全志》虽然转述了事件的梗概轮廓，却完全改变了其内涵，事件被解读为宋人围绕无神论而展开的宗教争论，王安石成为"新注释家"的代表，是无神论的始作俑者，事件背后的政治意义消弭殆尽。孙健的《18 世纪欧洲学界对王安石及其变法的解读——以杜赫德〈中华帝国全志〉为中心》（《江西社会科学》2018 年第 1 期）一文就杜赫德《全志》有关王安石及其变法的记述进行讨论，进而尝试在 18 世纪欧洲的知识语境中，探究欧洲早期汉学对中国古代史的解读方式。作者认为，从《全志》开始，直到近代学术兴起以后的 19 世纪末 20 世纪初，王安石及其变法在欧洲学界饱受批评，当《全志》中弥漫的强烈的宗教因素逐渐褪去后，杜赫德出于宗教目的而引入的史观、援引的史料却依然持续地影响着后代学者对这段历史的认知和理解。这样一个过程提醒我们，所谓的"西方汉学"，其实并不完全是一种"异域的想象"，其知识体系的形成与中国传统学术存在着千丝万缕的联系，当前学界已经就西方汉学对中国近代学术发展的影响多有论述，可当我们汲汲于寻求"他山之石"，以作为反观自身的镜鉴时，也不应该忘记首先检视"石头"的由来。

《中华帝国全志》对宋代中国在文、武两方面表现的描述和评价，影响了此后近两个世纪西方学者对宋代历史的认知和理解。在他们看来，中国是一个很少或没有兴趣扩张版图的民族，这个国家由文人学者等知识阶层来管理，人们对学者型官员极为尊敬，而军人的地位相对较低。在中国，战争政策由文人学者规划，军事问题也由文人学者决定，他们的建议和意见比军事领袖的更受皇帝重视。因此，凡是有教养的人都不赞成战争，他们宁愿做最低等的文人,也不愿做最高的武官。① 中国忽视对武装力量的建设,军队毫无英勇气概,军事训练如同玩笑,科举仅以文章取士,因而造成重文轻武的风气。② 杜赫德在《全志》中勾勒出一个文治昌盛、不尚武功的宋朝形象,它几乎是传教士此前建构的中国形象的缩影:这是一个具有高度文明的国家,不仅物质条件优裕,而且文化发达,同时没有欧洲历史上绵延不断的战争。宋朝统治者崇尚文化、尊重知识、敬重知识阶层,构成一个充满人文精神和理性气质的群体,在他们的扶植下,宋代文化取得了辉煌的成就。杜赫德记述了宋朝君主"敬孔"的种种举措,一方面可以视为宋朝君主重教育、重文治的证据,另一方面也充斥着强烈的宗教色彩,他的目的是说明祭孔完全是一种世俗性的活动,与偶像崇拜有根本性的差异,从而为处在"中国礼仪之争"中的耶稣会辩护。孙健的《西方早期汉学对宋代中国"重文轻武"形象的构建——以杜赫德〈中华帝国全志〉为中心》(《国际汉学》2018 年第 2 期)一文尝试就《全志》呈现的宋代中国"重文轻武"的形象展开讨论。作者认为,杜赫德对宋代历史的叙述,服务于其树立一个文明开化的帝国形象的总体目的,因此在涉及宋朝与周边民族政权的战争时,他对宋朝多方回护。宋太宗两次北伐、两宋之交的宋金战争,宋朝都经历了惨痛的失利,但在《全志》中却很难看到此类痕迹,杜赫德显然不愿意过多渲染"中国"在对外战争中的颓势,以免引起西方读者的轻视。战争本身不是杜赫德想要考察的主要对象,他对战争进行描述不是要探究战争的起因、经过、影响,而是借助战争的背景来传递宋人的智慧和美德。这样一种宋代中国的形象,并不完全来自宋朝史料,同时也是对欧洲特别是法国国内连续不断的战争的反鉴,是对欧洲统治阶层的劝诫。杜赫德对宋代知识阶层对待战争的态度和看法的描述,在欧洲知识界确立了一个"重文轻武"的宋朝形象,同时也充实了欧洲知识界的思想,使得宋代中国成为反衬欧洲社会的一面镜子。

继杜赫德之后,格鲁贤(Jean-Baptiste Gabriel Alexandre Grosier,1743—1823)是另外一位对法国汉学产生重大影响的汉学家。1785 年,格

---

① 利玛窦、金尼阁(Nicolas Trigault):《利玛窦中国札记》,何高济、王遵仲、李申,译,中华书局,1983,第 59-60 页。

② 曾德昭(Alvaro Semedo):《大中国志》,何高济,译,上海古籍出版社,1998,第 119-120 页。

鲁贤发表的《中国通典》既传承了杜赫德作品的内容,又有其个人创新:根据一个特殊的目录,他重新组合提炼了前人的成果,并且刻意收进了由当时仍在北京的最后一批耶稣会士撰写的《关于中国人的历史、科学与艺术回忆录》(1776—1791)这样最新到达欧洲的知识。《中国通典》1785 年首版获得极大成功,同一年再版,并被译成英文和意大利文,随后多次单独发行,分别于 1785 年、1787 年和 1818—1820 年,有过 3 个独立法文本;1788 年和 1789 年分别在伦敦和莱比锡推出英译本和德译本,英译本又于 1895 年再版。因此,杜赫德的《中华帝国全志》和格鲁贤的《中国通典》可称作 18 世纪法国向欧洲推介中国的姊妹篇,在西方汉学领域产生了日月同辉的影响。在法国,它们不仅为法国汉学的发生与发展提供了丰富的素材、广泛的题材、富饶的沃土、无限的思考和多彩的远景,而且在伏尔泰称之为"难以满足企求了解中国的渴望"的 18 世纪,也可以说它们在催生启蒙精神形成和促使旧制度崩溃过程中发挥了不可取代的作用。《中国通典》全书分上、下篇。上篇讲述中华帝国十五省、鞑靼地区、岛屿、从属国的地理地貌、主要城市、人口民族、水陆交通、地方物产、自然历史、动植物、中医药草药材等。下篇讲述最近到达欧洲的有关中国的新知识,内容涉及中国政府、统治权力、文武官员、武装力量、军队纪律、法律、城市治安、宗教习俗、语言文学、经济生活、科学技术等。《中国通典》较之《中华帝国全志》突出表现了作者的独立思想、独立观点,他注重依据中国人的材料和经过考证的文献资料,反对与驳斥某些偏激作家恣意鄙夷中国和中国人的谎言与不实之词,批驳了当时甚嚣尘上的中国人起源于埃及人说。《中国通典》被译成多国文字,多次再版,被誉为"最重要的耶稣会士科学作品",足见其广泛而深远的历史影响。由法国学者格鲁贤撰写,张放、张丹彤翻译的《传教士笔下的中国内务行政——〈中国通典〉选译》(《国际汉学》2018 年第 2 期)一文选译自《中国通典》下篇卷——《中国政府》第十二章至第十五章(原文 1787 年版,第 102-143 页),重点介绍了清代康乾时期的内务行政、典章制度、官员和职责、皇帝谕旨的执行与监督、官员之间的上传下达、中央与地方之间的传输监察乃至皇宫生活与官员家庭管理规则细节等,传教士们的描写大都迎合 18 世纪法国"中国热"的需要,突出中国"君主开明,制度完善",彰显法国的"专权和黑暗统治不可取"。传教士们的观察全面细腻,描述生动具体,尽管有时存在夸大或想象发挥之嫌。他们描绘了皇帝亲耕仪式的全过程;康熙皇帝私访为平民百姓伸张正义,惩办污吏;官员职责的考察监督,定期的"坦白报告"制度;皇帝以及各级官员印玺种类、大小、不同材质等,提供了有趣的信息,既可以呈现300年前的清代从皇帝到各级官员的管理状况,也可以看出法国传教士们的良苦用心,值得今人思考。

关于中国上古史的讨论,19世纪西人的研讨和争议在中西交流新格局下进行,并取得令人瞩目的进展,既延续了此前欧洲学界的长期讨论,亦在新的时代背景下有所发展。19世纪初荷兰学者德胜和法国学者小德经对传统的中国上古史体系的质疑和否定,获得来华基督教传教士及英美学者的呼应,他们发表了众多相关著述。其中,郭士立提出的"孔子造史说"和时代愈后、中国古史年代愈长的说法,颇值得注意。但他们的观点遭到格鲁贤、克拉普罗特、杜尔班等法、德学人的辩驳。双方对《尚书》中史料的真伪问题、中国古代史学传统问题及《圣经》年代学体系的地位问题,都进行了较为激烈的争论。各方围绕中国上古史发表的观点相互参差,甚至明显冲突,但均写下了西方汉学史、中西文化交流史上的重要一页。

吴义雄的《十九世纪前期西人对中国上古史的研讨与认识》(《历史研究》2018年第4期)一文从学术文化史的角度进行分析,认为可以将19世纪西人关于中国上古史的讨论看作17世纪、18世纪讨论之延续。无论是对中国古史体系采取质疑和否定观点,还是维护这一体系的论辩,都可以清晰地看到前后相承的关系,其中18世纪法国汉学研究相关成果的影响十分显著。19世纪前期的讨论无疑也有相当发展。从"疑"之阵营来看,德胜以及德经父子寻求从日本古籍中发现否定中国古史体系的线索,小德经对《尚书》的分析性研究,郭士立以及小德经、德庇时关于孔子建构尧舜形象的观念,以及郭士立提出类似"时代愈后、古史期愈长"的论说等,均为值得重视的发展。从"信"的阵营来看,格鲁贤和克拉普罗特对小德经观点的辩驳,使得相关讨论向更深入的细节发展,麦都思关于《尚书》真实性的天文学论证,具有相当的深刻性,对19世纪后期乃至20世纪前期更为专业的天文学史研究,亦具有一定的影响。从学术群体的角度来看,来华基督教(新教)传教士成为"疑"之阵营的中坚力量,与18世纪来华天主教传教士多倾向于"信"的情况相反;而法国学者则是构筑"信"的阵地的主力。不过,就具体观点来说,有些人的取向并非绝对分明,特别是关于中国的"疑史"与"信史"之界线,可谓言人人殊。作者认为,各方围绕中国上古史发表的观点相互参差,甚至明显冲突,但从知识发展史的角度来看,这些分歧和冲突亦可看作走向更深入认识之必经步骤。尽管这一时期西人"疑古"作品,其学术水准尚不能与19世纪后期得到进一步发展的汉学研究相提并论,但这种重建知识体系的努力带来的批评性思维,却也触及了当时中国学者不可能触及之处,为此后研究做了必要的铺陈。"疑"之阵营提出的夏以前中国历史非信史(特别是郭士立提出的与后来"层累构成"说相似的观点),对《尚书》等古文献真实性的怀疑,"孔子之前无信史"等论点,或许并无足够严密的论证,但其对旧说构成的挑战,其意义是很明显的。另外,"信"的一方固然具有谨守旧说的特征,但他们却怀有抗衡宗教史观的理性精神,反对盲目的怀疑和一概的否定,主张认真对待中国史学传统,这种态度显然也有可取之处。英国学者桑顿认为欧洲存在"被普遍接受的中国历史不可信的印象",卫三畏也说"时下流行"贬低中国古史体系的观点,说明到19世纪中期,"疑"的一方正在取得更大的影响。

随着中国的国门被列强一步步地打开,西方传教士的中国传教之路也从沿海开始向中国内地深入,他们开始兴办学校、创立教会、建立教堂,在政府中担任官职,为了使传教更加有序地进行,他们也注重研究中国的法律制度、官僚体系、风土人情等方方面面,但凡所见,都成为他们在书信或回忆录中描写的对象。而对于中国政治形象书写,除了对对外关系的描述,传教士回忆录普遍集中在对刑罚和监狱等中国司法制度层面的描绘。在他们眼里,中国的司法和刑罚制度漏洞百出,刑罚随意使用,监狱中乱象丛生……这些一方面是对中国真实形象的写照,另一方面则是他们自身文化和种族优越性视野下的观照。因为相比于当时中国的这种落后,在西方世界则是有着完善的法律、正规的庭审规则,法官们都在这种规则下审讯案件。娄宇的《形象学视野下西方传教士眼中的中国政治形象——从晚清的刑罚和监狱说起》(《广西职业技术学院学报》2018年第2期)一文认为晚清传教士笔下的中国形象,是在他们自己的价值观和视野下对中国形象的一些塑造和描写,他们用有利于他们的语言和表达方式,对中国形象进行了记录、加工甚至虚构。但正是因为传教士身份的特殊,这些关于中国的介绍通过他们之手传回到西方,成为西方人了解中国、想象中国的绝佳材料,而这种形象对于中国来说可能是不公平的,是会产生误解的。因此,对传教士们文本进行研究是极其重要的,它们不仅是塑造我们中国历史的一部分来源,更重要的是有利于我们研究西方的一种文化语境及其他的影响。杨晨的《西方人认识的中国古代法律制度——以明清时期西方的相关文学作品为视角》(《法制》2018 年第 34 期)一文认为,耶稣会士通过带回中国的书籍、对中国的文献进行翻译、撰写在中国的见闻等方式传播中国的文化,这些游记类作品中不乏关于中国古代法律制度的描述,其中既有与当时中国现实相符的记录,也存在一些夸大或者不实的描述。对比不同时期的内容可以发现,西方人对中国古代封建法律的认识是一个从模糊笼统到客观细致的过程。

17 世纪中期以前,欧洲人主要通过文字报道了解到有关中国的食物知识。17 世纪中期成书的相关著作,则应用大量图像,深化了欧洲人眼中的中国食物形象。周鸿承的《十七世纪中期西方人眼中的中国食物原料研究——以卜弥格、卫匡国和基歇尔为中心》(《中国农史》2018 年第 1 期)一文以卜弥格、卫匡国(Martino Martini,1614—1661)和基歇尔(Athanasius Kircher,1602—1680)为中心考察了 17 世纪西方人眼中的中国食物原料。卜弥格、卫匡国和基歇尔都是 17 世纪西方耶稣会士。他们在 17 世纪中期成书的相关著作中,都有向西方传播中国食物知识。卫匡国和卜弥格曾先后前往中国进行实地考察,他们都在其地图著作中展示了中国的物产情况,这一点在既往研究中还未深入讨论。基歇尔尽管从未前往中国或其他东方国家,但他在《中国图说》中,却大量地采编来自卫匡国《中国新地图集》、卜弥格《中国植物志》和《中国地图集》中有关中国食物原料的图文知识。欧洲本土学者基歇尔在《中国图说》中大量引用来自卜弥格和卫匡国的图文材料,说明了本土知识分子对传回西方的中国饮食知识的接受。这些在欧洲公开出版的或以未刊手稿的形式存在的有关中国的著作,是西方汉学形成的重要组成部分。伴随着 17 世纪欧洲印刷业的快速发展,耶稣会士所塑造

的中国饮食形象深刻地影响了当时的西方社会。

茶在中国广泛种植,茶在中国人的日常生活中扮演了习俗礼仪的载体,更好地促进了人际交往,同时在对外贸易上价格昂贵,成为富饶物产的象征;茶也充当了衡量国力的砝码,丰富了西方的中国想象。利玛窦是早期促进中国茶走向世界,促进茶文化扩大影响的文化使者。1582 年,时年 30 岁的利玛窦进入中国,直至 1610 年 5 月在北京去世。利玛窦晚年用意大利文展开对东方古国的"日记""记录"。1613—1614 年,比利时耶稣会士金尼阁将利玛窦的手稿整理出版,这就是著名的《利玛窦中国札记》。在这本带有"异国见闻录"性质的奇书中,传教活动成为重要主题和任务,利玛窦面对强大的中华帝国并不具备"文化侵略"的能力,他其实是以一种"仰视"角度观光华夏文明。在此视域下,利玛窦眼中的中国茶被赋予富饶、文明、健康的要义,为茶文化的东风西渐传播起到了积极作用。在《利玛窦中国札记》一书中,利玛窦眼中的中国茶文化议题鲜有人关注。李理卯、顾绅楠的《利玛窦眼中的中国茶文化——以〈利玛窦中国札记〉为视角》(《茶文化研究》2018年第 5 期)一文考察了利玛窦眼中的中国茶文化具有丰富的内涵和要义。在利玛窦眼中,茶成为中华帝国富饶物产的重要象征,茶在中国人的日常生活中起到了不可或缺的作用,那就是扮演了习俗礼仪的重要载体。茶在这个时候不是用来消费或食用的饮料,而是用来承担人际交往和姿态行礼的媒介。在利玛窦眼中,中国茶具备有益健康的功能,比西方现代药物更胜一筹的是,茶的疗效是纯天然的,没有副作用的。茶除了其本身所具有的价值外,它还在无形中充当了国家力量比较的重要砝码。总之,利玛窦作为品味中国茶的耶稣会士,也是作为推行茶文化的先锋人士,对促进国际友好和文化交流做出了不可磨灭的贡献。西方人对中国茶的基本了解,对茶文化的初步想象,与利玛窦撰写的"日记"和"记录"有着千丝万缕的关系。从这个角度来说,利玛窦称得上早期促进中国茶走向世界,促进茶文化扩大影响的文化使者。利玛窦眼中的中国茶文化由此被赋予了真正的价值和意义。

黄河既是中华文明的主要发源地之一,也是历代中国社会生活不容忽视的重要存在。论及古代中国,很难避开有关黄河的话题,通过研究明清来华耶稣会士有关黄河的记载,发现黄河经由耶稣会士呈现给西方的形象,仅仅是一条由泥沙堆积的黄色河流,显然与黄河在中国的真实存在严重不符。16—17世纪,来华耶稣会士留下的对黄河的描述主要出现于他们撰写的关于中国的书信、游记。他们对黄河的描述十分平淡,既没有突出黄河在中华文明史上的重要地位,也没有详述历史上黄河的决堤与泛滥,这与黄河在中国的真实存在严重不符。留给读者的印象可以概括为:"一条有泥沙堆积的黄色河流!"缘何他们笔下的黄河形象显得那么平淡苍白呢?这要从17—18世纪欧洲的中国观角度来分析。8世纪中叶,欧洲的地理学思想决定了欧洲人对黄河的认识与评价。黄河本质上属于地理学的研究对象,而这时期欧洲地理学还处于古典地理学思维阶段,当时的耶稣会士尚缺乏后来意义上的地理学观察眼力,难以深入思考黄河的自然特征及其与中国文化间的重要关系,只能是肤浅地描述自己的观感。至于西方学者对黄河与政治的专门研究,19世纪中叶后才出现。1853年,马克思在对亚细亚生产方式的论述中初步分析了河流与政治制度之间的关系,提出基于从河流取水进行农业生产,"需要中央集权政府进行干预"[①]。1855年,黄河在铜瓦厢决堤后,西方学者才推出大篇幅分析黄河及中国政治制度的文章,但就后者的分析,还是局限于河政方面。最终把黄河与专制主义联系起来考察的则是由20世纪中叶德国学者魏特夫(Karl August Wittfogel,1896—1988)来完成的,他在《东方专制主义》一书中指出,这恰恰是18世纪中叶,欧洲启蒙时期改革家们否定中国的主要论调。由此可见,耶稣会士塑造的黄河形象在19世纪中叶才发生变化,迟至20世纪中叶才发生真正逆转。王毅的《明清来华耶稣会士笔下的黄河形象》(《国际汉学》2018年第1期)一文通过梳理明清来华耶稣会士笔下的"黄河形象"历史发展轨迹,认为16—18世纪耶稣会士"适应政策"对当时欧洲中国观产生深远影响,但是"黄河形象"在18世纪中叶并没有随着欧洲中国观的改变而改变,迟至20世纪中叶才发生逆转,这是由近代欧洲地理学思想的发展滞后所致。"黄河形象"的演变轨迹也说明,近代欧洲对中国具体事物的认识,尤其是对一些自然现象事物的认

---

① 中共中央马克思恩格斯列宁斯大林著作编译局:《马克思恩格斯选集》(第一卷),人民出版社,1995,第762页。

识,相对于思想层面,显得固态化一些,在演变速度上没有那么快。考察 18 世纪中叶后欧洲中国观的演变时,需要参照近代西方学科专业知识的发展史。

李烨樊的《浅析西方对中国认识的逐步深化——从"游记、传教士、汉学家"的转变说起》(《兰州教育学院学报》2018 年第 7 期)一文考察中国这个神秘的东方古国吸引了众多西方学者来华交流和学习,他们带着西方文化来到中国,自身成为一种"他者",来使中国人反观自己,客观上推动了中华文化的进一步发展。可以说,西方对中国的认识历经了一个漫长的发展阶段,并且势必会在目前的基础上更加深入,我们也应该求同存异、兼收并蓄,更好地促进文化交流,推动世界文明的交流互鉴,促进人类文明进步与世界和平发展。

(本章作者:谷雪梅,宁波大学人文与传媒学院副教授)

论著索引

说明：

1. 本索引主要收录以下 3 个方面的研究成果：①关于 1840 年之前古代海上丝绸之路的论著；②关于 1840 年之后中外海上交通的部分论著；③关于 21 世纪海上丝绸之路的主要论著，以及关于丝绸之路经济带的部分论著。

2. 本索引以中国大陆的出版物为主，兼收我国香港、澳门、台湾地区的部分论著，同时也收录一些重要的外文论著。

3. 本索引所收录的著作，包括 2018 年首次出版的中文著作和外文译著，以及在 2018 年再版、修订的著作。

4. 本索引按作者姓名音序顺序排列。

著 作

[日]妹尾达彦.隋唐长安与东亚比较都城史.高兵兵,郭雪妮,黄海静,译.西安:西北大学出版社,2018.

[日]上田信.东欧亚海域史列传.寇淑婷,译.厦门:厦门大学出版社,2018.

[日]松浦章.清代华南帆船航运与经济交流.杨蕾,等,译.厦门:厦门大学出版社,2018.

《大汉辉煌》编委会.从丝绸之路到"一带一路"丛书 大汉辉煌:丝绸之路的盛大开拓.成都:电子科技大学出版社,2018.

白斌,刘玉婷,何梦蕊.宁波海洋经济史.杭州:浙江大学出版社,2018.

蔡鸿生.广州海事录——从市舶时代到洋舶时代.北京:商务印书馆,2018.

陈国灿,于逢春.环东海文明互动与东亚区域格局研究.北京:中国商务出版社,2018.

陈硕炫.闽在海中:福建与海上丝绸之路/图说福建与海上丝绸之路.福州:福建教育出版社,2018.

陈贞寿.美名传世南国仰:沿海地区的海神文化.北京:中国大百科全书出版社,2018.

丁毓玲,林瀚.涨海声中:福建与波斯阿拉伯/图说福建与海上丝绸之路.福州:福建教育出版社,2018

范翔宇.汉港珠郡.桂林:广西师范大学出版社,2018.

福建省地方志编纂委员会.妈祖文化志.北京:国家图书馆出版社,2018.

宫楚涵,俞冰.海上丝绸之路文献汇编.北京:学苑出版社,2018.

广东省档案馆.民国广州要闻录(近代广东海关档案·粤海关情报卷).广州:广东人民出版社,2018.

黄纯艳.宋代东亚秩序与海上丝路研究.北京:中国社会科学出版社,2018.

黄科安,郭华.全球视野下的海上丝绸之路研究.北京:中国社会科学出版社,2018.

黄艳.明代平湖御倭史略.沈阳:万卷出版公司,2018.

黄宇鸿,李志俭.广西海上丝绸之路史.北京:中国社会科学出版社,2018.

金国平,贝武权.双屿港史料选编(中文卷、法英文卷、葡西文卷、日文卷,全4册).北京:海洋出版社,2018.

李斗石.闽籍唐通事研究.北京:社会科学文献出版社,2018.

李庆新."南海1号"与海上丝绸之路.北京:北京语言大学出版社,2018.

林广志,陈文源.明清时期澳门华人社会研究论文集.澳门:澳门基金会,2018.

林金榜.湄洲妈祖志.北京:人民日报出版社,2018.

林梅村.观沧海·大航海时代诸文明的冲突与交流.上海:上海古籍出版社,2018.

刘南威,张争胜.《更路薄》与海南渔民地名论稿.北京:海洋出版社,2018.

刘勇.近代中荷茶叶贸易史.北京:中国社会科学出版社,2018.

罗三洋.古代丝绸之路的绝唱:广东十三行.北京:台海出版社,2018.

聂德宁,张元.牵星过洋:福建与东南亚/图说福建与海上丝绸之路.福州:福建教育出版社,2018.

宁波市镇海口海防历史纪念馆.浙江海防文献集成:第1辑.宁波:宁波出版社,2018.

潘茹红.海洋图书变迁与海上丝绸之路.厦门:厦门大学出版社,2018.

苏惠苹.众力向洋:明清月港社会人群与海洋社会.厦门:厦门大学出版社,2018.

孙玉琴,常旭.中国对外贸易通史(四卷本).北京:对外经济贸易大学出版社,2018.

汤苑芳.汕尾港与海上丝绸之路.广州:广东经济出版社,2018.

万明.丝绸之路的互动与共生学术研讨会论文集.北京:中国社会科学出版社,2018.

王承文.唐代环南海开发与地域社会变迁研究.北京:中华书局,2018.

王连茂.刺桐杂识.北京:海洋出版社,2018.

王日根.耕海耘波:明清官民走向海洋历程.厦门:厦门大学出版社,2018.

吴平和,吴建伟.鉴真年谱.扬州:广陵书社,2018.

吴清雄,等.更路簿新读.海口:南方出版社,2018.

吴永章,夏远鸣.畲民历史文化与资料.广州:广东人民出版社,2018.

武斌.丝绸之路全史.沈阳:辽宁教育出版社,2018.

徐斌,张金红.顺风相送:福建与东北亚/图说福建与海上丝绸之路.福州:福建教育出版社,2018.

于逢春,王涛.环东海研究:第2辑.北京:中国社会科学出版社,2018.

张虹鸥,黄耿志.新世纪海上丝绸之路:东南亚发展与区域合作("一带一路"专题研究).北京:商务印书馆,2018.

张开城,卢灿丽.广东海上丝绸之路城市历史文化.北京:海洋出版社,2018.

张侃,壬氏青李.华文越风:17—19世纪民间文献与会安华人社会.厦门:厦门大学出版社,2018.

张嵚.台湾地区风云(1368—1683:大航海时代的失陷与收复).天津:天津人民出版社,2018.

张振玉.海丝遗珍.福州:海峡文艺出版社,2018.

郑永常.明清东亚舟师秘本:耶鲁航海图研究.台北:远流出版事业股份有限公司,2018.

朱彦.唐宋中国与日韩工艺美术交流研究.北京:清华大学出版社,2018.

论　文

Angela Schottenhammer.航海、贸易以及知识转移:中古早期至近代中国的海洋政治与商业.国家航海,2018(2):167-168.

Noaad Beahava Gayle(赞夜明).东亚本土无神思想综论:探究中国清代日本江户时代鬼神迷信与佛教神学之批判.杭州:浙江大学,2018.

Kimura Jun.海事考古视角下7至13世纪中国南海与东海之间的海上贸易.国家航海,2018(2):169-170.

Mathieu Torck.火线与职责:明清之际边防与海上贸易中的中国陆军与海军.国家航海,2018(2):174-175.

安乐博,余康力,余梦珺.中国明清海盗研究回顾:以英文论著为中心.海洋史研究,2018(1):339-354.

白虹.利玛窦对阿奎那人学思想的中国化诠释:以《天主实义》"论人魂不灭大异禽兽"篇为例.北京行政学院学报,2018(2):114-120.

白甜甜.室町时期五山禅僧的中国观考察.大连:大连外国语大学,2018.

保罗·伯希和,叶妮雅.伯希和《马可·波罗游记译注》中对"ZAITON"的考释.海交史研究,2018(1):1-15.

卞梁,连晨曦.潮汕地区妈祖信仰在地化探究.莆田学院学报,2018(4):9-14.

蔡梦麒,皮华林.中国韵书在朝鲜王朝的传承与演变.中国文字研究,2018(2):200-210.

蔡蕊.海上丝绸之路沿线港口发展现状及效率分析.时代经贸,2018(19):81-88.

蔡珊.联结欧洲和中国的纽带:中国外销瓷.遗产与保护研究,2018(7):1-6.

蔡天新.妈祖信仰的由来及其古丝路传播的时空研究.妈祖文化研究,2018(3):10-20.

蔡香玉.乾隆末年荷兰使团表文重译始末.清史研究,2018(2):99-113.

蔡颖.路通千载:略论丝绸之路与中西文化交流.传播力研究,2018(36):11-12.

曹保平,李莹.利玛窦的汉字认知与理解:以《西国记法》例证字为例.海外华文教育,2018(4):74-81.

曹春茹.朝鲜诗人对黄庭坚诗歌的接受研究.齐鲁学刊,2018(6):113-118.

草苍.帝国的生意:怡和洋行在华的劳工招募.文化纵横,2018(2):15.

车才良.《蒲室集》版本及其在日本的流传.域外汉籍研究集刊,2018(1):401-411.

车欣.《燕行录》中清鲜笔谈研究:以清朝为视角.哈尔滨:黑龙江大学,2018.

陈彬强.1840年以来我国海上丝绸之路文献整理成就述论.图书馆建设,2018(6):31-38.

陈波.风说书的世界:异域风闻所见之明清鼎革.海洋史研究,2018(2):291-316.

陈波.欧洲文献中的土伯特:以13至18世纪为重点.学术月刊,2018(9):162-176.

陈博翼.明代南直隶的海防格局和部署.学术研究,2018(4):114-123.

陈冲.南澳Ⅰ号沉船所见景德镇民窑青花瓷的生产年代.华夏考古,2018(4):85-96.

陈春晓."中国石""中国铁"与古代中国铜铁器的西传.海洋史研究,2018(2):62-84.

陈东军,谢红彬.泉州民众的"海丝"文化认同研究.福建农林大学学报(哲学社会科学版),2018(5):83-89.

陈昊武,吴泽旋.浅析欧洲近代符号象征学中的中国清代广彩外销纹章瓷.艺术教育,2018(11):150-151.

陈昊武.广彩外销瓷与欧洲洛可可艺术的审美趣味互动.中国陶瓷,2018(7):82-84.

陈恒汉.闽潮文化在"海上丝绸之路"的流播.东南传播,2018(10):64-67.

陈华在.全力实施"南向、北联、东融、西合"打造广西全方位开放发展新格局.桂海论丛,2018(5):117-120.

陈佳美思.壬辰倭乱后中朝日关系演变研究.长春:吉林大学,2018.

陈凯,甘猛猛.虚拟现实技术在历史文化中的应用研究:以郑和下西洋为例.科技资讯,2018(17):9,11.

陈利权.宁波发展的战略举措:创建"一带一路"综合试验区.大陆桥视野,2018(12):84-90.

陈平平,孙美姝.郑和第七次下西洋的使命与贡献.南通航运职业技术学院学报,2018(3):48-54.

陈尚胜.隆庆开海:明朝海外贸易政策的重大变革.人民论坛,2018(30):142-144.

陈少丰.范锷奏议与密州市舶司的设立.合肥师范学院学报,2018(2):

35-39.

陈少丰.南宋海南岛"住舶"考辨.史志学刊,2018(4):53-56.

陈少丰.宋初海上贡道考索.海交史研究,2018(2):31-39.

陈少丰.宋代两浙路市舶司补探.国家航海,2018(1):11-26.

陈淑梅.跨语际文学接受的典型样本:早期来华传教士《三国演义评介》研究.中山大学学报(社会科学版),2018(4):47-54.

陈思.17世纪中前期荷兰殖民者眼中的澳门与台湾:从1660年荷兰东印度公司进攻澳门计划说起.广东社会科学,2018(6):99-108,255.

陈思.从17世纪前期台湾海峡中、日、荷三角贸易格局看早期日荷在台湾的冲突.海交史研究,2018(1):92-102.

陈松洲.汕头在"21世纪海上丝绸之路"建设中的发展策略研究.南方职业教育学刊,2018(2):84-92.

陈文源.明朝中国海商与澳门开埠.中国史研究,2018(2):195-207.

陈雯鸷.18世纪下半叶至19世纪中叶中美外销瓷贸易探析.辽宁经济管理干部学院学报,2018(4):51-53.

陈小法.古代浙商与中日关系之研究.浙江档案,2018(6):52-56.

陈晓珊."针迷舵失"与中国古代航海活动中对岛礁区风险的认识.国家航海,2018(1):27-37.

陈晓珊.从保寿孔与桅下硬币看古代欧亚间造船文化的传播.海交史研究,2018(2):70-85.

陈秀英,刘胜."21世纪海上丝绸之路"沿线国家服务贸易竞争力分析.首都经济贸易大学学报,2018(2):51-61.

陈学璞,庄严.简论广西"一带一路"有机衔接重要门户的定位.广西社会科学,2018(1):34-37.

陈衍德.17世纪东亚海域贸易的新态势.东南亚南亚研究,2018(2):10-19,108.

陈章.东亚视野下的"侍卫":清代侍卫制探源.南京大学学报(哲学·人文科学·社会科学),2018(3):93-112,159.

陈振杰.匠心问舟:记海上丝绸之路中式木帆船模型展览.中国远洋海

运,2018(3):92-94.

陈志国.濒海之地与盗寇之患:明代香山的空间格局与海上世界.农业考古,2018(1):73-82.

陈志坚.雷州市乌石㙟帆船的传统技艺与习俗.国家航海,2018(1):38-49.

陈祖芬."海丝"中国段妈祖文化遗存的产生历史及其价值.中国海洋大学学报(社会科学版),2018(1):62-67.

成珠庆.朝鲜南宗画之形成:兼及玄斋沈师正的山水画风.杭州:中国美术学院,2018.

程璐璐.赴日元僧竺仙梵僊研究.杭州:浙江工商大学,2018.

程晓勇."一带一路"背景下中国与东南亚国家海洋非传统安全合作.东南亚研究,2018(1):99-114,153.

程智,梁志钦.广州十三行外销漆器初探.中国生漆,2018(1):30-32.

崔霁云.南海一号八百年的沉船之谜.旅游世界,2018(4):34-35.

大连海洋经济研究基地课题组.大连参与"一带一路"建设拓展海洋经济新空间的对策建议.大陆桥视野,2018(5):90-91.

戴昇.许栋里籍考:兼论地域认同与徽州海商群体形成.国家航海,2018(2):1-11.

党鹏举.唐太宗亲征高句丽与宗藩关系的维护.通化师范学院学报,2018(1):19-24.

邓妮雅."一带一路"倡议下南海资源共同开发的模式选择.中国海洋大学学报(社会科学版),2018(2):41-48.

邓颖颖."一带一路"建设背景下大力推进海南与东盟文化交流的思考.新东方,2018(1):34-38.

丁晨楠.18世纪初朝鲜燕行使对陈尚义海盗集团的情报搜集.海洋史研究,2018(1):268-286.

丁见祥."南澳Ⅰ号":位置、内涵与时代.博物院,2018(2):39-49.

丁黎黎,刘梦溪,宋维玲,等."一带一路"建设下青岛海洋经济发展的新思路.海洋经济,2018(2):41-46.

丁亮.论六朝时期都城南京与海上丝绸之路的关联.文物鉴定与鉴赏，2018(14)：52-54.

丁涛.北宋东南钱荒缘由考辨.中华文化论坛，2018(12)：39-46.

董光海.海口：撬动"海上丝绸之路"开放发展的支点.大陆桥视野，2018(3)：88-89.

董俊珏，谢西娇.古代福清与海上丝绸之路的文化因缘.福建师范大学福清分校学报，2018(1)：1-5.

董科.古代中日文化交流中的动物要素.浙江外国语学院学报，2018(2)：91-99.

董龙梅.清前期中暹朝贡关系研究.曲阜：曲阜师范大学，2018.

董学增.夫余研究管见.地域文化研究，2018(4)：62-68，154-155.

杜氏垂兰，刘志强.华人与17—18世纪越南北部的城市化：以庯宪为例.海洋史研究，2018(8)：97-121.

段方.岭表瓷韵：广东唐宋陶瓷选萃.收藏，2018(8)：33-36.

范金民.16—19世纪前期海上丝绸之路的丝绸棉布贸易.江海学刊，2018(5)：174-187，239.

范敬如.明朝首辅赵志皋与万历明日和议.齐鲁师范学院学报，2018(5)：116-122.

范清桦，黄挺：中国与重洋：潮汕简史.海交史研究，2018(2)：157-160.

方昭远，李建毛.明代巴考沉船及其出水陶瓷初探.湖南省博物馆馆刊，2018(1)：491-500.

费驰，彭瑞轩.清初敕使及随行人员在朝鲜朝的贸易研究.东疆学刊，2018(4)：43-48，111-112.

费晟.论18世纪后期大洋洲地区对华通航问题.海洋史研究，2018(1)：182-206.

冯尔康.乾隆年间下层民众生活状况、心态与皇帝崇拜：以《1793年乾隆英使觐见记》《马戛尔尼使团使华观感》记叙为例.天津师范大学学报（社会科学版），2018(3)：28-43.

冯尔康.清代前期的中铎与禁教中天主教的延续.安徽史学，2018(1)：

18-33.

冯尔康.试析康雍乾三帝接受俄葡英三国使节国书礼仪.安徽大学学报(哲学社会科学版),2018(5):79-93.

冯海波.中国茶文化,从广州走向世界.同舟共进,2019(10):19-21.

冯杰.吴哥古迹里的中国元素.我们爱科学,2018(9):36-39.

冯立军."中澳航线":一段被"忽略"的"海上丝绸之路".厦门大学学报(哲学社会科学版),2018(4):97-104.

冯立君.隋唐辽东之役的延续性问题.西北民族论丛,2018(1):83-96,387-388.

冯其红.《绘本太阁记》中的插图研究:以"壬辰战争"为中心.北京:北京外国语大学,2018.

冯一下.关于康熙"开海"的几个问题.中学历史教学,2008(6):47-49.

冯正腾.南海Ⅰ号出水金器工艺浅析.文物鉴定与鉴赏,2018(13):31-33.

傅齐纨.宁波茶港文化及对日交流.宁波职业技术学院学报,2018(4):47-52.

干春晖,王强.上海自贸试验区对接服务"一带一路"建设研究.科学发展,2018(12):31-41.

高杭.论明末西学的传入与西方逻辑的引进.学术探索,2018(11):121-125.

高山."中国靴子"改写欧洲历史.世界文化,2018(10):42-44.

高山.两千年从未中断的海上丝绸之路.世界文化,2018(4):40-41.

高山.欧洲人种下第一株中国茶树.世界文化,2018(12):37-39.

高山.中国人教会全世界印钞票.世界文化,2018(9):41-42.

高晞.16—17世纪欧洲科学家视野下的中国医学.复旦国际关系评论,2018(2):1-18.

耿明松,张佳佳.浅论17—18世纪中国工艺设计领域的"东学西渐".山东工艺美术学院学报,2018(4):37-43.

高贤智.明代浙派后期与朝鲜中期渔父题材绘画比较.杭州:中国美术

学院,2018.

高艳林.明代日本对华施为考辨.廊坊师范学院学报(社会科学版),2018(1):66-72.

高燕.论康熙的西学观及对西学东渐的影响.怀化学院学报,2018(6):63-66.

高志超,王云英.清前中期黄海海防述论.中国边疆史地研究,2018(3):195-205,216.

格鲁贤.传教士笔下的中国内务行政:《中国通典》选译.张放,张丹彤,译.国际汉学,2018(2):23-32.

耿元骊.五代十国时期南方沿海五城的海上丝绸之路贸易.陕西师范大学学报(哲学社会科学版),2018(4):79-88.

龚昌奇,张治国.华光礁一号宋代古船技术复原初探.国家航海,2018(1):71-88.

龚金镭.嘉靖时期海洋贸易禁令及在浙东地区的实施.武汉:中南财经政法大学,2018.

龚缨晏.千帆航琛越水来:海上丝绸之路与中外文化交流.上海建桥学院学报,2018(2):60-69.

古龙高,古璇,赵巍.加快江苏"一带一路"交汇点建设的思考.大陆桥视野,2018(4):32-41.

古若男,侯东昱.17世纪中西服饰文化比较研究.西部皮革,2018(19):17.

顾书娟.清代广州十三行贸易与广绣发展关系研究.学术研究,2018(2):126-134,178.

广西北部湾经济区和东盟开放合作办公室.全力打造北部湾经济区升级版 谱写新世纪海上丝绸之路新篇章.广西经济,2018(1):38-39.

郭超,王霞.汉唐之际合浦地区采珠业发展述论.钦州学院学报,2018(2):36-38.

郭华夏,许敏琳.地理研学实践活动设计:以"海上丝绸之路"汕头站"樟林古港"为例.地理教学,2018(17):50-53.

郭丽娜.1685 年路易十四遣华耶稣会传教团信件中的广州.中山大学学报,2018(1):113-118.

郭丽妮,李文实,丁琳霞.海丝文化对泉州传统民居的影响.泉州师范学院学报,2018(6):94-98.

郭晓珍,何军明.福建省推进 21 世纪海上丝绸之路核心区建设对策研究.厦门特区党校学报,2018(6):74-77.

郭晔旻.威廉·亨特:见证羊城历史瞬间的"番鬼".同舟共进,2018(12):45-48.

国威.宋代禅籍《人天宝鉴》的域外流传与整理.域外汉籍研究集刊,2018(1):349-364.

韩东.十八世纪朝鲜通信史笔谈中的朝日医员对话.外国文学评论,2018(2):39-50.

韩东育.明清前东亚封贡体系的演变实态.社会科学战线,2018(12):89-100,282.

韩凌.洛克中国观的知识来源初探.北京行政学院学报,2018(4):120-128.

韩香.唐代来华波斯商贾与海上丝绸之路.西北民族论丛,2018(1):97-110.

韩毅潘,洪岩.明代海禁政策变迁中的博弈:从双边分歧到多边促成.山东师范大学学报(人文社会科学版),2018(6):87-100.

韩悦.日本京都大学藏《周礼疏》单疏旧钞本探论.文史,2018(2):5-25.

何成学.从大布局中理清广西参与"一带一路"的基本思路.当代广西,2018(4):56-57.

何成学.从大作为中推进广西参与"一带一路"的深度融入.当代广西,2018(5):56-57.

何成学.从大历史中增强广西参与"一带一路"的文化底蕴.当代广西,2018(3):57-58.

何国卫,杨雪峰.就秦代航海造船技术析徐福东渡之举.海交史研究,2018(2):86-95.

何乃恩.明代浙江备倭官制与职能研究.西安:陕西师范大学,2018.

何沛东.清代方志舆图的海防描绘:以《嘉兴府志·海防图》为例.海洋史研究,2018(1):234-249.

何沛东.试析中国古代的航海计程单位"潮".自然科学史研究,2018(4):438-447.

何思雨.外交政策分析视角下郑和下西洋的"伊斯兰因素"及其借鉴.亚太安全与海洋研究,2018(1):102-117.

何雯,胥刚.广西宗教文化多元融合的历史和现状.中国宗教,2018(12):78-79.

何孝荣.佛教抑或伊斯兰教?:也论郑和的宗教信仰.古代文明,2018(3):75-92.

何英,刘义圣."一带一路"下两岸关系的问题与新路径.发展研究,2018(12):93-96.

何玉华,何介强.宁波建设国际港口名城存在的短板和对策研究.宁波经济·三江论坛,2018(9):7-16.

贺玉洁.再论黄省曾《西洋朝贡典录》.史学理论研究,2018(2):96-104,159.

洪琳.景德镇陶瓷文化对外传播研究.南昌:江西师范大学,2018.

洪柳.凭君点出琉霞盏:瓷器的前世今生.求学,2018(11):37-43.

洪霆.侨批:海丝之路的历史文化遗存.东南传播,2018(3):17-20.

侯杰,张鑫雅.海洋中国:妈祖信仰的传播:以天津为中心考察.文学与文化,2018(4):26-30.

侯洁如.梧州六堡茶的海丝之路.中国投资,2018(9):44-46.

胡端.明代海禁政策与普陀道场的兴废.历史档案,2018(2):69-75.

胡涵菡.18世纪英国瓷器的生产:以伍斯特瓷窑为例.重庆:西南大学,2018.

胡珊.16至18世纪外销瓷盘边饰的研究.厦门:厦门大学,2018.

胡文婷.耶稣会士利类思《狮子说》拉丁文底本新探.国际汉学,2018(4):53-60,200-201.

胡梧挺.渤海国道地药材与东亚医药交流:以渤海人参为中心.北方文物,2018(1):91-97,107.

胡晓伟.郑和宝船尺度新考:从泉州东西塔的尺度谈起.海交史研究,2018(2):107-116.

胡宇.海上丝绸之路对清代民间广彩陶瓷设计的影响.包装工程,2018(2):223-227.

黄彪.情感与书写:明清时期朝鲜燕行使笔下的女性形象:以《燕行录全集》为中心.长春:东北师范大学,2018.

黄超.中国外销银器研究回顾与新进展:兼论18世纪广州的银器外销生意.海洋史研究,2018(2):114-135.

黄付才.外销欧洲的中国纹章瓷释读:以荷兰阿姆斯特丹海军舰长定制的联姻纹章瓷盘为例.文物鉴定与鉴赏,2018(8):5-7.

黄俊凌.论荷据时期殖民当局统治汉人的阶段划分.台湾研究集刊,2018(6):81-90.

黄全毅.两次廓尔喀战争时期中英两国交往考释.青海师范大学学报(哲学社会科学版),2018(4):80-86.

黄普基.17世纪后期朝鲜王朝政坛的"奉清""崇明"之辨:以1667年南明漂流民事件为中心.中山大学学报(社会科学版),2018(3):76-83.

黄琴琴,付璐.郑和下西洋中的纪律措施对当代领导干部廉洁教育的启示.领导科学论坛,2018(13):32-35.

黄顺力.晚清海塞防之议与台湾海防地位的衍变.厦门大学学报(哲学社会科学版),2018(4):116-125.

黄修志.明代嘉靖"大礼议"与朝鲜王朝之回应.古代文明,2018(2):95-106,128.

黄修志.书籍与治教:朝鲜王朝对华书籍交流与"小中华"意识.世界历史,2018(1):49-64,157.

黄旭峰.对室町幕府中前期对外关系的考察:以"国书"和"使节接待"为中心.北京:北京外国语大学,2018.

黄意华.源于郑和下西洋的福州话.炎黄纵横,2018(1):50-51.

黄毅青.东印度公司对华贸易探析.成功营销,2018(10):79-80.

黄勇.打造"一带一路"战略枢纽的三点建议.浙江经济,2018(3):16-17.

黄友泉.明代海防同知初探:兼论明代镇戍权力格局.历史档案,2018(4):60-66.

黄卓越.19世纪初期的"方言热":来华新教士的语言工程.北京大学学报(哲学社会科学版),2018(3):104-112.

回嘉莹,潘娜,王思瑾.宋元时期中日医学交流史.医学与哲学(A),2018(3):87-89,95.

霍杰.宁波在海上丝绸之路地位演变研究.内蒙古科技与经济,2018(3):9-11.

霍秀媚."一带一路"倡议与岭南文化的传承传播.探求,2018(3):21-24.

纪昌兰.异域来香:宋代宴饮中的香药.安徽史学,2018(6):18-25.

季南,陈静.朝鲜文人金命喜与清朝文人交流研究:兼谈尺牍资料的价值.延边大学学报(社会科学版),2018(6):40-47,140.

贾发义,李志贤.东南亚华人的关帝崇拜:"海上丝绸之路"文化传播的一个例证.山西大学学报(哲学社会科学版),2018(5):29-39.

贾海燕.评《梵蒂冈图书馆藏明清中西文化交流史文献丛刊(第一辑)》.国际汉学,2018(3):195-200.

贾瑞,张喜琴.清代中俄贸易信用体系探析:以晋商对俄贸易为例.学习与探索,2018(11):182-189.

江晟.18世纪欧洲对华贸易的结构性失衡与变局:以法国对华贸易为中心.浙江师范大学学报(社会科学版),2018(2):36-42.

姜毅然.疾病的美学化与医药的风雅:从《源氏物语》看古代日本人对中医药的受容.社会科学研究,2018(1):189-195.

蒋丽萍.古代浙东地区海上丝绸之路文化遗产调研.中国民族博览,2018(11):13-16.

焦景丹.古丝绸之路上希腊—巴克特里亚的经济生产与对外贸易.西安

财经学院学报,2018(2):48-55.

　　焦明远.仇英与李朝末期申润福绘画中女性形象的比较研究.长春:吉林艺术学院,2018.

　　金炳堇.韩国朝鲜时期的漕船马岛4号船及其木简的考察.海交史研究,2018(2):57-69.

　　金峰.清船不过马六甲缘由考析.海交史研究,2018(2):1-16.

　　金国平.英人初抵澳门前泊地"Monton de Trigo"之地望考.海洋史研究,2018(1):207-218.

　　金洪培,李长龙.壬辰倭乱时期朝鲜名将权慄的军事活动述略.延边大学学报(社会科学版),2018(6):24-31,140.

　　金晖.明清外销漆器研究.上海:上海大学,2018.

　　金基富.朝鲜王朝初期对赵孟頫的学习与再利用:以《朝鲜王朝实录》为中心的考察.湖北美术学院学报,2018(4):107-111.

　　金美兰.浅谈朝鲜朝丙子之役纪实文学的战争叙事:以《南汉解围录》与《江都被祸记事》为例.延边大学学报(社会科学版),2018(4):54-61,141.

　　金明实.清朝时期"燕行"路线及驿站形象研究:以丹东地区为中心.吉林师范大学学报(人文社会科学版),2018(1):78-81,112.

　　金曙.近代海关保税关栈制度的构筑特点:近代中国海关"共治"模式的又一突出范例.海交史研究,2018(1):117-126.

　　金晓刚.日藏足本正德《兰溪县志》考述.中国地方志,2018(4):59-65,126.

　　经盛鸿.南京与海上丝绸之路.钟山风雨,2018(3):59-62.

　　柯会.《高丽图经》与宋丽文化交流史意义研究.武汉:华中师范大学,2018.

　　孔源.地理大发现视角下看佩特林使华报告的传播与影响.社会科学,2018(5):161-172.

　　孔源.佩特林使团访华问题新探:基于民族史材料的考证.俄罗斯东欧中亚研究,2018(4):27-43,156.

　　赖怡芳.非物质文化遗产在海上丝绸之路的传播与保护:以妈祖信俗为

例.特区经济,2018(5):42-46.

赖泽冰,汤开建.明代的澳门与长崎:以1608年澳门日本朱印船事件和1610年长崎葡萄牙黑船事件为例.古代文明,2018(4):109-118,126.

兰淑坤.朝鲜使臣视角下的清代茶文化:以"燕行录"记载为中心.广西职业技术学院学报,2018(6):25-30.

兰小燕.日藏唐钞儒家四部经典残卷整理与文字研究.上海:华东师范大学,2018.

蓝海红.广绣的历史发展与文化特质.岭南文史,2018(2):72-76,80.

雷铭.五台山在宋日交往中的地位:以成寻参五台山为中心探讨.五台山研究,2018(3):27-30.

冷东,罗章鑫."外洋会馆图记"之发现暨"十三行"正名考.古代文明,2018(3):115-124,128.

冷东,邢思琳.清代前期广州口岸海难救助.广州城市职业学院学报,2018(1):18-23.

李枫.作为宗教文化之传播媒介的"中国瓷".陶瓷学报,2018(6):818-821.

黎江韵."一带一路"建设背景下,粤港澳大湾区的发展与挑战.特区经济,2018(10):41-46.

李德山,李路.夫余王城及汉文化影响论.吉林大学社会科学学报,2018(3):98-107,205.

李东辉,翟渊潘.唐代登州港与新罗的交流情况.延边大学学报(社会科学版),2018(6):13-17,139.

李方.《几何原本》对徐光启数学编译的影响.三峡论坛,2018(4):94-96.

李锋,陆丽萍,邱鸣,等.上海打造服务"一带一路"桥头堡进展及其重大抓手.科学发展,2018(8):50-57.

李广志.南宋海商谢国明与中国文化在日本的传播.宁波大学学报(人文科学版),2018(6):69-75.

李国宏.郑芝龙创造《塞尔登中国地图》.文物鉴定与鉴赏,2018(17):5-7.

李国荣.清宫档案:乾隆帝为何留下广州这扇"南风窗".中国档案报,2018-07-27.

李国选,严双伍."21世纪海上丝绸之路"倡议推进下的中国南海岛礁建设.当代世界与社会主义,2018(2):152-162.

李花子.宗藩关系的真实面貌:17—18世纪朝鲜对清危机意识和防御措施.中国史研究动态,2018(5):61-64.

李慧.耶稣会士罗明坚《大学》拉丁文译本初探.国际汉学,2018(3):31-39,205.

李慧.意大利来华方济会士康和子的《拉意汉词典》(1732).辞书研究,2018(5):51-62,94.

李佳.唐日书籍传播及其汉语诗学教育影响考论.贵阳:贵州师范大学,2018.

李健,刘晓东.明初"倭人入寇"与明朝的应对.辽宁大学学报(哲学社会科学版),2018(3):162-168,181.

李健.明代前期中琉关系研究.长春:东北师范大学,2018.

李洁宇.21世纪海上丝绸之路创新内涵、阻力及应对之策分析.西部学刊,2018(12):42-44.

李竞艳.晚明士人的西学态度探析.平顶山学院学报,2018(1):30-34.

李理卯,顾绅楠.利玛窦眼中的中国茶文化:以《利玛窦中国札记》为视角.茶文化研究,2018(5):13-16,21.

李猛."一带一路"背景下制定高标准粤港澳大湾区自由经贸协定研究.亚太经济,2018(2):135-142.

李梦竹.汉唐服饰与日本和服形制的比较性研究.长春:吉林艺术学院,2018.

李纳珂.澳门城防系统的历史变迁.理论界,2018(3):80-86.

李清霞.海上丝绸之路文化的发展与民俗文化的传承:以海上丝绸之路起点泉州为例.哈尔滨师范大学社会科学学报,2018(3):148-151.

李晴.伊本·白图泰远航中国考.海交史研究,2018(1):29-40.

李庆.晚明中国与西属菲律宾的贸易规模及历史走向:基于"货物税"

(almojarifazgo)文献的数据分析.中国经济史研究,2018(3):171-181.

李秋霞,曹理想,徐润林.宋代海底沉船"南海Ⅰ号"出水木质文物中细菌类群.微生物学报,2018(8):1439-1452.

李双双.明朝初期与周边诸国的图书交流.安庆师范大学学报(社会科学版),2018(5):64-67.

李爽.高句丽与柔然关系研究.地域文化研究,2018(5):84-90,155.

李松杰.商路、商帮与景德镇陶瓷文化海外影响力构建.陶瓷研究,2018(4):10-14.

李松杰.水系、商路与中国器物文化对外传播:以景德镇陶瓷器物文化传播为例.内蒙古艺术学院学报,2018(2):133-138.

李伟,马玉洁.丝绸之路上中伊文明交流的历史叙事.国际汉学,2018(4):32-36.

李未醉.琉球华人通事与中琉经贸往来.闽商文化研究,2018(2):48-53.

李文化,夏代云,吉家凡.基于数字"更路"的"更"义诠释.南海学刊,2018(1):20-27.

李文怡."21世纪海上丝绸之路"贸易法治化研究.天府新论,2018(3):130-136.

李细珠.从东亚海域到东南海疆:明清之际台湾战略地位的演化.台湾研究,2018(6):70-86.

李骁衡.俄罗斯与清在黑龙江的边界拉锯考.文学教育,2018(5):50-51.

李效杰.唐初的辽东之役与东亚的海上交通.暨南史学,2018(3):1-17.

李新贵.明万里海防图之全海系探研.史学史研究,2018(1):35-45.

李熊熊.明清青花纹饰中的十字架(上).东方收藏,2018(10):63-68.

李熊熊.明清青花纹饰中的十字架(下).东方收藏,2018(14):51-57.

李熊熊.明清青花纹饰中的十字架(中).东方收藏,2018(12):62-67.

李学智.马戛尔尼使团是以"祝寿"名义来中国吗?.团结报,2018-07-05.

李雪威.韩国海洋观的历史变迁.韩国研究论丛,2018(1):25-40.

李烨燊.浅析西方对中国认识的逐步深化:从"游记、传教士、汉学家"的转变说起.兰州教育学院学报,2018(7):82-84.

李盈悦.雪村友梅及其《岷峨集》研究.成都:四川师范大学,2018.

李原,汪红驹."一带一路"沿线国家投资风险研究.河北经贸大学学报,2018(7):45-55.

李长龙.试论壬辰倭乱时期权慄的抗倭活动.延边:延边大学,2018.

李真.传教士汉学研究中的博物学情结:以17、18世纪来华耶稣会士为中心.福建师范大学学报(哲学社会科学版),2018(2):97-105,171.

李振福,李婉莹."郑和学院"倡议及建设构想:以共建21世纪海上丝绸之路为背景的研究.东南亚纵横,2018(5):22-27.

李竹雨.18至19世纪欧洲茶叶盒略谈.农业考古,2018(2):253-259.

连晨曦,孙家坤.论妈祖信仰在琉球久米村的社会功能及其演变.妈祖文化研究,2018(1):57-63.

连心豪.论妈祖信仰与海上丝绸之路.妈祖文化研究,2018(4):1-11.

梁虹艳,徐春伟."嘉靖大倭患"期间的浙直总兵考.浙江档案,2018(11):47-49.

梁杰龙.明清时期闽浙海上航路研究:以天一阁藏《海岛礁屿和沿海水途》为中心.宁波:宁波大学,2018.

梁寿年.郑和下西洋与明初时局.神州,2018(8):22.

梁文力.王颀追击高句丽王位宫相关史事考辨.通化师范学院学报,2018(3):9-15.

梁曦.琉球航海女神信仰研究.陇东学院学报,2018(4):32-36.

梁颖,陈乔.加强政策沟通 推动21世纪海上丝绸之路建设.宏观经济管理,2018(10):69-75.

梁玉多,李希光.汉代夫余经济文化中的中原因素小考.黑龙江社会科学,2018(3):137-139,160.

廖国一,樊博琛.岭南及东南亚等地发现的汉代货币与海上丝绸之路.区域金融研究,2018(3):86-90.

廖萌.21世纪海上丝绸之路背景下中国企业投资印尼研究.亚太经济，2018(1):126-132,148.

廖萌.21世纪海上丝绸之路核心区的发展现状、问题和对策研究.经济视角,2018(2):83-93.

林国聪,金涛,王光远.浙江象山县"小白礁Ⅰ号"清代沉船2014年发掘简报.考古,2018(11):50-70.

林宏.元代海运地名"万里长滩"考.中国历史地理论丛,2018(3):75-90.

林丽娟.福建打造21世纪海上丝绸之路核心区的战略思考.福州党校学报,2018(2):43-47.

林唐欧."南海Ⅰ号"船载铁器初探.遗产与保护研究,2018(8):66-71.

林唐欧."南海Ⅰ号"沉船瓷器墨书初步研究.南海学刊,2018(4):91-100.

林涛.毕拱辰与《泰西人身说概》.春秋,2018(5):54-55.

林炫羽."日本国王良怀"的名号与伪使问题.海交史研究,2018(1):68-81.

林炫羽.明初遣日使的外交斡旋与信息搜集:以洪武五年使团的活动为中心.历史教学·下半月刊,2018(12):30-36.

林耀卿.漳州月港在古代海丝之路的历史地位.东方收藏,2018(6):49-51.

林帜,姜欣.一叶知秋:美国对华态度变化在茶中的映射分析.辽宁师范大学学报(社会科学版),2018(3):128-133.

刘斌.清代广州外销银器的发展阶段及特点.中国港口,2018(S2):10-17.

刘昌玉.上古时期东地中海贸易活动探析.外国问题研究,2018(3):51-57,118.

刘大椿.明末清初的西学东渐与中国近现代科技转型.中国人民大学学报,2018(6):152-158.

刘冬媚.明代晚期景德镇民窑瓷器的官窑因素:以"南澳Ⅰ号"沉船出水青花瓷器为例.文博学刊,2018(3):37-43.

刘冬媚.陶瓷贸易:13 至 17 世纪的"海上丝绸之路".艺术品,2018(10):74-80.

刘锋.古代中国出兵朝鲜半岛的起因研究.北京:外交学院,2018.

刘慧茹.浅析陶瓷制作工艺对出水瓷器病害的影响:以"南海Ⅰ号"出水德化窑大碗为例.全面腐蚀控制,2018(7):56-62.

刘捷.从《天地瑞祥志》看《山海经》的接受与传播.文学人类学研究,2018(2):48-62.

刘景莲.从葡萄牙东波塔档案馆藏中文档案看清代澳门的借贷.历史档案,2018(2):134-138.

刘炬责.苏定方东征高句丽得失析.地域文化研究,2018(6):137-143,152.

刘丽敏.试论清前期的茶叶贸易.福建茶叶,2018(9):55.

刘丽萍.明清外销瓷中五彩纹章瓷探析.陶瓷研究,2018(1):105-107.

刘璐璐.晚明东南海洋政策频繁变更与海域秩序.厦门大学学报(哲学社会科学版),2018(4):105-115.

刘祁.七世纪上半叶唐朝、高句丽、日本的道教交流.延边:延边大学,2018.

刘清涛.唐宋时期海上丝绸之路上的古罗国:基于中文史料的探析.海交史研究,2018(2):17-30.

刘善涛,王晓.汉外语文辞书编纂四百年(1575—1950).国际汉学,2018(1):102-108,205.

刘帅.清乾隆时期中国科技发展状况及其原因管窥:以英国马戛尔尼使团访华记录为视角.重庆第二师范学院学报,2018(1):31-35,127.

刘万锋,王军."一带一路"背景下宁波舟山港国际强港发展之路.浙江经济,2018(13):23-24.

刘啸虎."异僧"与"异境":试析唐代人眼中的新罗僧及新罗形象.宁夏大学学报(人文社会科学版),2018(3):46-51.

刘燕燕.晚明传教士"点金"谣言的传播与辩驳.华侨大学学报(哲学社会科学版),2018(6):157-162.

刘章才."奇迹般的商品":18世纪中英茶贸易述论.海洋史研究,2018(1):169-181.

柳若梅.1771年俄罗斯人首航澳门考.海洋史研究,2018(1):219-233.

刘铮.朝鲜使臣所见18世纪清代东北社会状况:以《燕行录》资料为中心.郑州大学学报·哲学社会科学版,2018(2):116-121,159-160.

刘志学,陈云奔.晚清传教士译物理教科书科学启蒙特点及其影响.科普研究,2018(2):84-90,94,109.

龙建辉.香港融入国家开放发展的路径与协同策略研究.广东社会科学,2018(4):95-101.

娄宇.形象学视野下西方传教士眼中的中国政治形象:从晚清的刑罚和监狱说起.广西职业技术学院学报,2018(2):87-92.

卢虹.19世纪东南亚海上丝绸之路沿线海盗问题探析.文化创新比较研究,2018(29):136-137.

陆芸.清代广州伊斯兰教的一些特点:从碑刻谈起.暨南史学,2018(3):136-148.

陆芸.宋、元时期泉州著名的穆斯林.西北民族大学学报(哲学社会科学版),2018(1):48-53.

罗海燕.全球史视域下的元代文学研究:以金华文派在朝鲜半岛的影响为中心.殷都学刊,2018(4):81-88.

罗亮亮.清代前期粤海关监察制度特点简析.海交史研究,2018(1):103-108.

罗琼,臧学英.天津市海洋经济融入"一带一路"建设的对策建议.中共天津市委党校学报,2018(1):91-95.

骆卫坚,黄应锋,吕凤霄.黄埔古村海上丝绸之路从这里扬帆世界.生态文明世界,2018(3):35-39.

雒景瑜.鸦片战争前后中英交涉的心态变化浅析.吕梁教育学院学报,2018(3):22-24.

吕俊昌.卜正民《塞尔登的中国地图:重返东方大航海时代》读解及相关问题辨析.南海学刊,2018(2):75-82.

吕振纲.明代中国商人在中国与东南亚区域贸易体系建构中的角色研究.广州:暨南大学,2018.

马光.开海贸易、自然灾害与气候变迁:元代中国沿海的倭患及其原因新探.清华大学学报(哲学社会科学版),2018(5):61-73,196.

马建春,王霰.元代马八儿—亚丁新航线疏证.国家航海,2018(2):84-106.

马捷,李小林.从一则"丝绸之路"中医药文告看中越医药文化交流.中医药文化,2018(3):67-70.

马金科,杨雅琪.韩国古代汉诗"学黄"境况探微.延边大学学报(社会科学版),2018(4):33-38,140.

马爽斌.明朝时期王阳明学说在中朝两国的不同命运探析.天津:天津师范大学,2018.

马晓丹.茶叶贸易在美国早期对华贸易中的作用和影响研究.福建茶叶,2018(11):37.

马秀娟,张岚.西学东渐视域下南怀仁《坤舆全图》研究.河北大学学报(哲学社会科学版),2018(6):78-84.

马芸芸.宁波日本遣明使接待制度研究:以日本遣明使日记为中心.宁波:宁波大学,2018.

冒志祥.从朝鲜《吏文》管窥明代外事文书的办理流程和行政效率.南京师范大学文学院学报,2018(4):144-154.

梅谦立,王慧宇.耶稣会士罗明坚与儒家经典在欧洲的首次译介.中国哲学史,2018(1):118-124.

梅谦立.耶稣会士卫方济对鬼神的理解.北京行政学院学报,2018(5):110-115.

孟东丽.义净:穿行海上丝绸之路的求法僧.中国民族报,2019-11-26.

孟繁颖.试论朝鲜世宗至宣祖时期书院的形成与特点.延边:延边大学,2018.

孟倩.明代中后期倭寇形象:以文学作品为例.长春:东北师范大学,2018.

孟原召.华光礁一号沉船与宋代南海贸易.博物院,2018(2):11-26.

苗威,李新.西汉海伐卫氏朝鲜考论.海交史研究,2018(2):96-106.

苗威.以"新城"为中心考察高句丽的西部拓展.社会科学战线,2018(6):140-146.

牛乐平.从郑和下西洋看指南针问题.长江丛刊,2018(31):22-27.

潘静静,王莹.福建省港口融入海上丝绸之路建设现状与思路.重庆交通大学学报(社会科学版),2018(1):64-68.

潘天波.瓷器:全球性文化展开之物.陶瓷研究,2018(5):56-60.

潘玥."一带一路"背景下中印尼合作:成果、问题与对策.战略决策研究,2018(1):60-77,107.

逄文昱."针迷舵失"与中国古代航海活动中对岛礁区风险的认识.国家航海,2018(1):27-37.

彭纯玲,游庆爱,陈媛媛,等.鸦片战争前粤海关统计制度探析.海交史研究,2018(1):109-116.

彭瑞红.他者镜像中的中国近代民间礼俗:法国传教士禄是遒对中国婚丧、岁时风俗的书写与研究.民俗研究,2018(4):62-70,158.

彭维斌.漳州窑大盘与16、17世纪的航海文化.国家航海,2018(2):107-122.

朴聪聪.中国境内高句丽山城防御体系研究.长春:东北师范大学,2018.

朴雪梅,朴惠珍.朝鲜使臣姜纬的中国人际交流考及其中国想象.延边大学学报(社会科学版),2018(5):61-68,141.

朴一薰.韩国唐乐器概述:以《高丽史·乐志》和《乐学轨范》为例.当代舞蹈艺术研究,2018(4):19-26.

颇钦·蓬拉军."一带一路"与中泰关系.南开学报(哲学社会科学版),2018(1):151-158.

普塔克,蔡洁华.山东与海上丝绸之路.海洋史研究,2018(2):339-344.

齐东武,张涌,余明明.西学东渐视阈下中西合译的策略模式与语言特征研究.淮南师范学院学报,2018(3):79-83.

齐光.1685年第一次"雅克萨战役"前大清帝国致沙皇俄国的两封蒙古文书信.中国边疆民族研究,2018(00):91-98,241.

齐上志.水下考古与闽都海上丝绸之路.炎黄纵横,2018(4):37-42.

钱耀军.中国与新加坡贸易合作研究:基于"21世纪海上丝绸之路"战略背景.调研世界,2018(4):51-55.

乔璐璐.阿拉伯古典文献中的广州海上丝绸之路.智库时代,2018(49):190,205.

乔晴雨,佟波.清代中朝鸭绿江互市研究现状.白城师范学院学报,2018(5):24-27.

钦州市社科联,钦州市政协研究室联合调研组.大力提升综合服务能力加快推进"一带一路"南向通道陆海枢纽城市建设:广西钦州市融入"一带一路"建设的探析.大陆桥视野,2018(9):84-91.

秦大树,任林梅.早期海上贸易中的越窑青瓷及相关问题讨论.遗产与保护研究,2018(2):96-111.

秦大树.在肯尼亚出土瓷器中解码中国古代海上贸易.中国中小企业,2018(10):61-65.

秦芳芳.17世纪波兰汉学的汉语声母特征分析:以"大秦景教流行中国碑"的拉丁注音为中心.语言研究,2018(2):109-119.

屈婷.考古学家在"南海一号"沉船发现年代最早的31粒胡椒.新教育,2018(9):4.

权太东,高福升.古代山东沿海与朝鲜跨海贸易探析.山东理工大学学报(社会科学版),2018(6):72-75.

全毅,陈元勇.福建省融入中巴经济走廊的路径与对策建议.福建论坛(人文社会科学版),2018(6):164-170.

壬氏青李.试论18、19世纪越南南圻华人生活:以永隆省明乡社资料为中心.海洋史研究,2018(1):122-155.

任华东.论"海上丝路"中外瓷器艺术与审美文化交流之维.兰州大学学报(社会科学版),2018(6):10-19.

任晓霏,毛天培,解泽国.《孝经》在古代日本的传播与影响.域外汉籍研究集刊,2018(2):459-468.

任昳霏.禁锢与开放的博弈:浅析古代海洋地图的分类及海洋观.文津学志,2018(00):353-363.

荣健欣,毛艳华."一带一路"倡议下香港伊斯兰金融中心的构建.港澳研究,2018(2):67-77,95-96.

单丽.异源杂流:海道针经的撰述与流传.海交史研究,2018(2):117-126.

邵天松.日本石山寺藏《大唐西域求法高僧传》版本初探.古籍整理研究学刊,2018(5):33-43.

沈桂才.广西古运河与海上丝绸之路(上).当代广西,2018(9):57-59.

沈桂才.广西古运河与海上丝绸之路(下).当代广西,2018(10):56-58.

沈玲,万晓惠.明清对外文化交流及瓷器花卉装饰纹样研究.大众文艺,2018(17):55.

沈学政.走向世界的中国茶文化.中国投资,2018(9):37-39.

沈阳燕,海鸣.申遗背景下的中国海上丝绸之路史迹研究.中国文化遗产,2018(2):52-55.

施存龙.郑和下西洋的出国门:五虎门考辨.南通航运职业技术学院学报,2018(2):74-77.

施亚岚,侯志强,焦珊珊.中国海丝旅游城市文化软实力建设研究:比较的视角.华侨大学学报(哲学社会科学版),2018(2):72-82.

施晔.荷兰代尔夫特蓝陶的中国渊源研究.文艺研究,2018(1):135-146.

施泳峰.东西方文化交融的纹章瓷.文物鉴定与鉴赏,2018(9):34-36.

施由明.论中国茶叶向世界传播对世界文明的贡献.农业考古,2018(5):7-12.

石立善.日本古钞本《毛诗传笺·唐风研究》(上):与敦煌出土写卷法藏 P.2529 对勘.域外汉籍研究集刊,2018(1):285-313.

石涛,董晓汾,卫宇.19 世纪上半叶中美茶叶贸易中假茶问题研究.山西大学学报(哲学社会科学版),2018(6):46-56.

石云涛.唐诗咏海上丝路舶来品.中国文化研究,2018(3):93-105.

石正方,李嘉欣."一带一路"视域下两岸文创产业合作探讨.现代台湾研究,2018(6):19-26.

史倩男.《韩客巾衍集》整理与研究.延边:延边大学,2018.

舒畅.韩国古典小说《春香传》蕴含的中国儒释道文化研究.中华文化论坛,2018(2):161-166.

松尾恒一,梁青.明代后期日本长崎的国际关系和妈祖信仰:考察郑芝龙、郑成功史迹和国际友好的文化资源化.妈祖文化研究,2018(1):39-48.

宋建忠.那些凝固的"时间胶囊":沉船承载着的人类历史.博物院,2018(2):23-27.

宋立杰.理身理国:沈一贯研究.长春:吉林大学,2018.

宋娜娜.唐与新罗朝贡关系解析.外国问题研究,2018(1):107-111,120.

宋时磊.18世纪英国茶罐中的实用美学与消费革命.农业考古,2018(2):247-252.

宋伟.壁画中的高句丽民俗体育文化.古籍整理研究学刊,2018(3):63-67.

宋心雨.渤海、新罗与唐关系比较研究.长春:吉林大学,2018.

宋逸鸥.中国文化对美国开国元勋的影响:兼论美国学者的研究.北京:北京外国语大学,2018.

苏德辉,李祖耀,陈英杰.文兴古渡与刺桐城"东方第一大港"的兴衰往事.城市地理,2018(9):33-37.

苏淼,赵丰.从公元17世纪对俄丝绸输出看明末清初中俄丝绸外交.丝绸,2018(11):95-102.

苏铁.唐、明二朝市舶太监制度钩沉:兼述对"海上丝绸之路"的负面影响.海关与经贸研究,2018(3):35-52.

苏晓威.日本现藏三种《楚辞集注》朝鲜版本考述.域外汉籍研究集刊,2018(1):315-325.

苏晓威.日本现藏数种《尔雅》类文献研究.域外汉籍研究集刊,2018(2):

445-458.

孙成旭.清鲜关系中清朝礼制的张力:以康熙年间清朝册封朝鲜王世弟为中心.文史哲,2018(5):116-125,167.

孙春日,李秀玉.朝鲜前期"北拓"政策与"徙民"图们江、鸭绿江流域过程.延边大学学报(社会科学版),2018(1):23-32,139.

孙鸽.康熙朝法国传入的器物及其影响研究.长春:长春师范大学,2018.

孙健.18世纪欧洲学界对王安石及其变法的解读:以杜赫德《中华帝国全志》为中心.江西社会科学,2018(1):138-147.

孙健.西方早期汉学对宋代中国"重文轻武"形象的构建:以杜赫德《中华帝国全志》为中心.国际汉学,2018(2):111-117,206-207.

孙丽华.明代御倭战争中的奖惩制度及其军法实践.学术交流,2018(6):177-184.

孙青.魔灯镜影:18—20世纪中国早期幻灯的放映、制作与传播.近代史研究,2018(4):65-83,160-161.

孙卫国.朝鲜世宗朝之历史教育:以《资治通鉴》与《资治通鉴纲目》为中心.安徽史学,2018(2):19-28,118.

孙卫国.清官修《明史》对万历朝鲜之役的历史书写.历史研究,2018(5):21-37,189.

孙希国.《宣和奉使高丽图经》与宋代妈祖信仰的流传.广西民族研究,2018(3):110-116.

孙中旺.苏州历史上的意外漂海事件.江苏地方志,2018(3):85-88.

台州市发改委课题组.台州参与"一带一路"建设的路径研究.大陆桥视野,2018(10):86-91.

谭林.试析中国与西方茶叶贸易的特点及贸易衰落的社会影响.福建茶叶,2018(7):48.

谭树林.马礼逊在华外交活动述论.聊城大学学报(社会科学版),2018(4):53-65.

谭树林.英国东印度公司对华贸易中的"外籍翻译"问题探究.安徽史

学,2018(6):51-58.

谭圆圆.17—18世纪德累斯顿与奥古斯都二世:中国瓷器的收藏巅峰与迈森瓷器的诞生兴起.文物天地,2018(3):78-86.

谭苑芳,林玮.论海上丝绸之路之于"六祖革命"的文化地理学意义.宗教学研究,2018(3):93-97.

汤开建,周孝雷.清前期来华巴黎外方传教会会士及其传教活动(1684—1732):以该会《中国各地买地建堂单》为中心.清史研究,2018(4):61-86.

汤开建.《利玛窦明清中文文献资料汇释》补遗.国际汉学,2018(4):145-180.

汤开建.明清时期澳门王室大法官制度的建立、发展及其终结.暨南学报·哲学社会科学版,2018(2):84-103.

唐奇展,杨凤英."一带一路"背景下广西对接东盟文化产业合作路径探析.广西大学学报(哲学社会科学版),2018(1):113-118.

唐睿,冯学钢."一带一路"倡议是否推动了入境旅游的发展?:基于"21世纪海上丝绸之路"沿线地区双重差分的实证.上海对外经贸大学学报,2018(4):17-27.

陶诗秀.伊比利半岛的青花瓷.东方收藏,2018(1):64-66.

陶源,姜欣,姜怡.中国茶文化模因在西方的传播:以《茶的世界史》为例.农业考古,2018(5):41-46.

田小维.17—18世纪韩国和日本的朱子学辞书比较研究:以韩国《语录解》和日本《语录译义》为例.厦门:厦门大学,2018.

佟景洋.中俄开展直接贸易的开端:《尼布楚条约》签订以前的中俄贸易.对外经贸,2018(3):32-35.

涂丹.明代禁海与开海之争.中国社会科学报,2018-11-12.

万芬芬,宁钢.明清外销瓷中的叶纹装饰设计.陶瓷学报,2018(6):809-813.

万静.屈大均海上丝绸之路诗歌及其文化精神.五邑大学学报(社会科学版),2018(2):56-60.

万明.15世纪海上丝绸之路的货币新探.外国问题研究,2018(3):10-

20,117.

万明.从《郑和锡兰布施碑》看海上丝绸之路上的文化共生.国际汉学，2018(4):25-31.

万明.万历援朝之战时期明廷财政问题:以白银为中心的初步考察.古代文明,2018(3):93-107,127-128.

万明.寻找契丹:明代中俄的第一次直接接触.社会科学战线,2018(4):104-116,282.

万翔,林英.公元1—4世纪丝绸之路的贸易模式:以贵霜史料与钱币为中心.海洋史研究,2018(2):45-55.

汪勃.扬州城与海上丝绸之路.大众考古,2018(11):27-30.

汪超.日藏朝鲜刊五卷本《欧苏手简》考.文献,2018(5):114-130.

汪瑾,韩佳伶."一带一路"下广西与越南边境贸易发展研究.广西社会学,2018(10):22-27.

汪晓东."出砖入石"渊源考辨.装饰,2018(9):106-109.

王成,王茂军,王艺.中国嵌入"21世纪海上丝绸之路"航运网络的关键节点识别.地理科学进展,2018(11):1485-1498.

王成,王茂军,杨勃.港口航运关联与港城职能的耦合关系研判:以"21世纪海上丝绸之路"沿线主要港口城市为例.经济地理,2018(11):158-165.

王川.历史文化语境下渡日元僧明极楚俊与元日文化交流.广东外语外贸大学学报,2018(6):60-67,77.

王丹丹.论清朝与朝鲜两国的漂流民救助与送还.延边:延边大学,2018.

王丹丹.南音文化传承研究.人民音乐,2018(10):45-49.

王飞.清代十三行贸易和恰克图贸易比较研究.经济问题,2018(3):96-99.

王光远.浙江象山县"小白礁Ⅰ号"清代沉船2014年发掘简报.考古,2018(11):50-70.

王海洁.法国茶文化中的中国元素探析.福建茶叶,2018(3):294.

王昊,万鑫,席光兰.珊瑚岛一号沉船遗址石质文物清理技术探讨.文物世界,2018(5):71-75.

王红焱.英国东印度公司对华茶叶贸易及其对中国的影响.现代商贸工业,2018(10):63-64.

王宏志.从西藏拉萨到《大英百科全书》:万宁与18—19世纪中英关系.国际汉学,2018(3):122-147.

王洪斌.全球史视野下18世纪中英瓷器贸易与艺术交流研究.艺术学界,2018(1):198-208.

王洪涛.中国古典文论在西方的英译:历史进程与基本特征.国际汉学,2018(1):43-56,203-204.

王华锋.乾隆朝"一口通商"政策出台原委析论.华南师范大学学报(社会科学版),2018(4):169-177,192.

王建华.走进郑和故里 弘扬丝路精神 共谱珠江航运新篇章.珠江水运,2018(14):17-20.

王剑波.宋元海上丝绸之路的财富源头:龙泉及瓯江两岸在宋元海上丝绸之路中的重要地位.人民论坛,2018(17):143-144.

王娟,孟凤娇,杨晨,等."21世纪海上丝绸之路"通道建设研究:以青岛为例.青岛科技大学学报(社会科学版),2018(3):30-35.

王军,邹晓玲,陈娉婷.粤海关赴港澳轮船相关章程释析.海交史研究,2018(1):134-142.

王可佳.北宋密州市舶司兴起原因考略.黑龙江史志,2018(8):43-48,64.

王铿.六朝时期会稽郡的海外贸易:以古代中日之间的一条海上航道为中心.中华文史论丛,2018(2):121-148,401.

王兰娟,陈少牧.闽南文化在海上丝绸之路建设中的历史作用与时代价值.西安建筑科技大学学报(社会科学版),2018(3):67-72.

王亮.莞邑海上丝绸之路遗产述略.遗产与保护研究,2018(11):45-48.

王列辉,朱艳.上海港在"21世纪海上丝绸之路"的地位及发展战略研究.人文地理,2018(4):121-129.

王林生."一带一路"倡议中深圳城市文化品牌建设的优势、问题与路径.城市观察,2018(5):159-164.

王玫黎,吴永霞."一带一路"建设下中国—东盟港口建设发展研究.广西社会科学,2018(6):82-86.

王诺,林婉妮.建设"21世纪海上丝绸之路"视角下南海海上搜救体系构建研究.中国软科学,2018(5):10-17.

王鹏.印尼华人穆斯林与郑和清真寺.世界博览,2018(7):28-29.

王巧荣.海上丝绸之路南海航线对中国南海权益的历史价值.桂海论丛,2018(4):52-57.

王荣波.马礼逊《五车韵府》的成书过程考证.淮海工学院学报(人文社会科学版),2018(4):47-50.

王绍卜."一带一路"背景下宁波—舟山港经济腹地空间布局与拓展.浙江万里学院学报,2018(1):1-7.

王胜,黄丹英,钟天祥.海南加强与泛南海地区国家经济合作探析.南海学刊,2018(2):34-38.

王树勋.前期倭寇与明初中日关系.西安:陕西师范大学,2018.

王涛.18至19世纪初西人的南海测绘与黄岩岛地名演变.中国边疆史地研究,2018(4):166-181.

王涛.郑芝龙的兴衰对中国海商命运的影响.闽商文化研究,2018(2):8-13.

王晚霞.濂溪学在朝鲜半岛的传播与影响.河南师范大学学报(哲学社会科学版),2018(1):22-28.

王希丹.中国古代音乐史视域下高句丽音乐研究的得与失.天津音乐学院学报,2018(1):35-45.

王锡伦.东方的树叶成了国际贸易大宗主力商品.世界文化,2018(11):33-35.

王锡伦.东方帝国最后的世界首富.世界文化,2018(9):36-37.

王锡伦.荷兰女王的昂贵账单:80金币买一瓶茶.世界文化,2018(12):34-36.

王锡伦.亲自打通丝绸之路的中国皇帝.世界文化,2018(5):36-38.

王欣媛.高句丽"南进"研究.长春:东北师范大学,2018.

王新宇.儒学传播与高丽时期墓葬"岁寒三友"图像的形成.中国民族博览,2018(9):1-4.

王幸福,高维新.湛江海洋产业对接"一带一路"倡议的对策研究.湖北经济学院学报(人文社会科学版),2018(10):26-29.

王亚哲.清代广东西路海防地理专题研究.广州:暨南大学,2018.

王毅.明清来华耶稣会士笔下的黄河形象.国际汉学,2018(1):142-150,207.

王樱洁.论郑和下西洋的文化交流作用.佳木斯职业学院学报,2018(2):22-27.

王永杰.意大利昂布罗修图书馆藏《职方外纪》研究.外国问题研究,2018(3):74-77,118.

王煜焜.博弈与牺牲:近世初期德川幕府海洋政策特点.海交史研究,2018(1):82-91.

王跃.明清时期的中西音乐交流:浅谈利玛窦对中国音乐的影响.艺术科技,2018(1):108-109.

王韫,李彦龙.郑和下西洋对明朝对外贸易的影响考究.神州,2018(6):45-49.

王长印.毌丘俭征高句丽战争过程考补六则:以《北史》《三国志》《三国史记》为中心.古籍整理研究学刊,2018(3):96-100.

王长印.两汉魏晋史料所见东北战争.长春:东北师范大学,2018.

王珍珍,甘雨娇.中国与"一带一路"沿线国家港口联盟机制研究.东南学术,2018(1):175-183.

王真真.广州陆海环境和海上贸易之便.中国港口,2018(S2):34-38.

王臻.朝鲜壬辰战争中明朝经略宋应昌的活动探析.东疆学刊,2018(2):71-77.

王臻.天启年间朝鲜廷臣金尚宪人明"陈情辩诬"考述:以金尚宪的《朝天录》为中心.暨南史学,2018(2):73-83.

王政军.明清时期经福建地区引入中国的美洲作物刍议.闽商文化研

究,2018(2):64-69.

王志红.马尼拉大帆船贸易运行体制研究(1565—1642).上海:华东师范大学,2018.

王志民,陈远航.中俄打造"冰上丝绸之路"的机遇与挑战.东北亚论坛,2018(2):60-65.

魏春泉.海上丝绸之路与福建近代中西文化的撞击.青年文学家,2018(9Z):18-22.

魏峻.13—14世纪亚洲东部的海洋陶瓷贸易.文博学刊,2018(2):73-80,121.

魏沂钊.壬辰战争中火器因素的影响探析.鞍山师范学院学报,2018(1):14-19.

魏子健.万历朝鲜之役中明军将领在中朝史籍中的形象建构.济南:山东师范大学,2018.

温建钦,陈贤波.重门之御:明代广东海防体制的转变.海交史研究,2018(2):144-146.

温玉鹏.公元14到18世纪:中国青花在海外.美术报,2018-01-27.

文少彪.新时期中国参与斯里兰卡港口建设探析.当代世界,2018(5):66-69.

文长存,王丽娟,陈秧分."一带一路"倡仪背景下浙江农业"走出去"的SWOT分析及发展策略.浙江农业科学,2018(11):1953-1958.

吴昊.禁海与开海:论清代前期政府海疆治策的转变.中国边疆学,2018(1):49-61.

吴建新.明代南海的对外贸易环境与广东商品性农业爆发的时间.中国农史,2018(6):70-77,134.

吴晶晶.论元代货币在海外贸易中的流通.大连民族大学学报,2018(4):333-337.

吴敬.宋元时期北方地区海港体系的考古学观察.社会科学,2018(6):137-144.

吴明俊.龙泉:"海上丝绸之路"的重要一员.文物鉴定与鉴赏,2018(8):

22-27.

吴培植.泉州港江口古码头:"海上丝绸之路"遗产点.遗产与保护研究,2018(8):35-38.

吴平贞.纽约早期进口中国陶瓷研究.中国港口,2018(S2):1-9.

吴平贞.浅谈外销瓷中的"费茨休"(Fitzhugh)装饰图案:从馆藏的两件瓷器说起.东方博物,2018(4):55-67.

吴平贞.销美瓷器上的"鹰"纹图案鉴析(1784—1844).福建文博,2018(4):36-47.

吴权.新时代推进"一带一路"交汇点建设的思考.群众,2018(5):40-42.

吴若明.17世纪外销瓷器中的女性题材和东方"伊丽莎"形象辨考.形象史学,2018(1):99-112.

吴若明.海上丝路与图像交融:17世纪尼德兰绘画的东方元素.中国艺术时空,2018(4):34-41.

吴若明.克拉克瓷名辨及海上丝路贸易区域功用研究.美术研究,2018(6):99-102.

吴石坚.广州番禺学宫与海上丝绸之路的历史因缘.广州文博,2018(00):159-165.

吴韬,俞峰.宁波建设"一带一路"综合试验区:现实基础与战略方向.管理观察,2018(2):96-97.

吴小玲.钦廉籍华侨华人与海上丝绸之路.八桂侨刊,2018(2):22-26.

吴岩.李朝燕山君时期购求唐物研究.长春:东北师范大学,2018.

吴义雄."国体"与"夷夏":鸦片战争前中英观念冲突的历史考察.学术研究,2018(6):100-114,178.

吴义雄.海外文献与清代中叶的中西关系史研究:英国东印度公司广州商馆中文档案之价值.广东社会科学,2018(3):112-114,255.

吴尹清.鸦片战争前英国阿美士德使团在华情报活动.江南社会学院学报,2018(1):48-52.

吴用耕.连江福斗妈祖庙:郑和舟师下西洋誓师地.福建史志,2018(4):

29-31,64.

伍玉西.鸦片战争前英国对中国司法主权的破坏:以"伶仃岛事件"为中心的研究.韩山师范学院学报,2018(1):62-70.

武欣,另青艳.从外销画管窥清代广州插花艺术风格.广东园林,2018(2):36-40.

喜富裕.关于侯显"五使绝域"及参与郑和下西洋问题的认识.西藏研究,2018(2):29-35.

夏爱华.清代广州外销画的主要品种及其变化初探.文博学刊,2018(3):79-87.

夏海霞,何沅宁."一带一路"倡议背景下如何提升广东外贸竞争力.上海市经济管理干部学院学报,2018(3):32-40.

夏立平.新时代"冰上丝绸之路"的发展布局研究.人民论坛·学术前沿,2018(11):24-34.

向月翠.浅谈英国在舟山的开埠通商.科技经济导刊,2018(23):119-121.

项坤鹏.管窥9—10世纪我国陶瓷贸易的域外中转港现象:以东南亚地区为焦点.东南文化,2018(6):76-84.

肖凡.浅谈清代东溪窑青釉器.遗产与保护研究,2018(7):23-27.

肖文.《南海Ⅰ号沉船考古报告之一———1989—2004年调查》简介.考古,2018(3):120.

谢曼.来宋日僧俊芿与中日律宗交流研究.杭州:浙江工商大学,2018.

谢明光.天主教徒王徵和《西儒耳目资》:从关学到天学.唐都学刊,2018(5):69-76.

谢庆立.看不见的"推手":《中国丛报》与1834年"律劳卑事件"报道研究.新闻记者,2018(2):22-30.

解江红.耶稣会士聂仲迁及其《鞑靼统治下的中国历史》.文献,2018(4):153-168.

解祥伟.万历援朝战争初期祖承训平壤之战考述.暨南史学,2018(2):56-72.

辛方坤.21世纪海上丝绸之路:生态风险及应对.太平洋学报,2018(7):50-64.

辛红娟,费周瑛.布迪厄社会学理论观照下的翻译现象剖析:以徐光启、利玛窦翻译《几何原本》为例.外国语言与文化,2018(4):79-88.

信君,邓树平.夫余与秽貊考辩.社会科学战线,2018(9):110-115.

邢思琳.广州十三行"德源行"史料之新发现.广州社会主义学院学报,2018(1):96-102.

熊昭明.汉代海上丝绸之路合浦港的考古发现.民主与科学,2018(1):25-28.

徐芳亚.古代洛阳与海上丝绸之路研究.洛阳师范学院学报,2018(3):56-59,65.

徐菲,张春,谢琨."一带一路"倡议下中国—南亚区域合作:发展、困境与转向.南亚研究季刊,2018(1):94-100.

徐国群,管群,夏华清.贸易与文化:试述明清瓷器贸易对西方文化的影响.南方文物,2018(2):287-289,301.

徐虹.广州海上丝绸之路遗迹:怀圣寺研究述评.暨南史学,2018(1):212-224.

徐洁.从历史深处走来的东溪窑.炎黄纵横,2018(9):63-64.

徐桑奕,顾苏宁.六朝时期南京的海外贸易及其影响因素探析.中华文化论坛,2018(10):52-54.

徐素琴.琼州海峡与南海贸易.海洋史研究,2018(2):26-28.

徐晓望.破译"料"与郑和宝船的尺度.学术评论,2018(1):12-21.

许初鸣.南靖东溪窑:"海丝"重要遗址.福建史志,2018(2):25-28.

许菁频,雷雾.海上丝绸之路与宋元明时期龙泉青瓷的对外传播.文化与传播,2018(4):48-51.

许雷.从传教士到汉学家:西方镜像下的孔子形象衍变.文艺争鸣,2018(1):187-192.

郇长波.壬辰御倭战争中的降倭问题.济南:山东大学,2018.

闫金利.哈尔滨与俄罗斯茶路的兴衰.黑龙江档案,2018(3):115-117.

严茹蕙.圆仁三藏供奉入唐请益往返传记中所见唐人乐郜:兼论九世纪后半渡日唐人于唐日交流中所扮演角色.唐史论丛,2018(1):284-324.

阎根齐.论海南渔民在"南海丝路"上的地位和作用.南海学刊,2018(1):69-75.

杨晨.西方人认识的中国古代法律制度:以明清时期西方的相关文学作品为视角.法制,2018(34):117-118.

杨东升.建设连云港"一带一路"交汇点核心区和先导区的思考与建议.大陆桥视野,2018(1):78-84.

杨逢珉,田洋洋.中国与"21世纪海上丝绸之路"沿线国家农产品贸易研究:基于竞争性、互补性和贸易潜力的视角.现代经济探讨,2018(8):54-65.

杨凤芹.中西合璧瓷为媒 清代中国外销的"耶稣瓷".中国宗教,2018(4):72-73.

杨桂芳.明朝私人海外贸易研究.闽西职业技术学院学报,2018(4):85-89,112.

杨国桢,陈辰立.历史与现实:海洋空间视域下的"海上丝绸之路".广东社会科学,2018(2):110-116.

杨国桢.福州与海上丝绸之路.闽都文化,2018(1):67-73.

杨宏烈.十三行街:大清帝国的"华尔街".中国地名,2018(7):48-49.

杨简硕.金乔觉入唐求法及其对中韩佛教交流的影响研究.延边:延边大学,2018.

杨军.濊人与苍海郡考.地域文化研究,2018(4):56-61.

杨玲.汉至宋时期的梧州与"海上丝绸之路".钦州学院学报,2018(6):46-53.

杨璐.从宫廷乐舞看隋唐与高句丽、百济的文化交融.延边:延边大学,2018.

杨芹.2018年中国海洋史研究综述.海洋史研究,2018(2):373-386.

杨睿."南海Ⅰ号"南宋沉船若干问题考辨.博物院,2018(2):35-38.

杨少芳.西人汉语学习第一篇:《宾主问答辞义》初探.国际汉学,2018(2):

135-145.

杨绍固,白文.元代色目文人与高丽:朝鲜文坛的汉语诗文互动.西域研究,2018(4):117-126,143.

杨文新.宋代泉州九日山祈风石刻研究.海峡教育研究,2018(2):35-37.

杨晓春.江苏太仓元代《昆山州重建海宁禅寺碑》所载南海交通史事拾遗.南海学刊,2018(4):84-90.

杨雨蕾,郑晨.多元的认识:韩国古舆图中的琉球形象.海交史研究,2018(2):40-56.

杨泽伟."21世纪海上丝绸之路"建设的风险及其法律防范.环球法律评论,2018(1):163-174.

杨昭全.新罗名僧慧超的《往五天竺国传》研究.东疆学刊,2018(3):1-10.

杨芝."CHINA与世界":解开沉船古瓷的海丝密码.宁波通讯,2018(4):62-65.

杨芝千.洪江古商城:一个活着的商道传奇.中华民居,2018(5):53-64.

姚兰.试论唐罗书籍交流及其影响.通化师范学院学报,2018(7):141-145.

姚晓东.从宁波旧志看海上丝绸之路史料及价值.宁波通讯,2018(17)62-63.

姚宜,伍庆.广州建设文化对外开放新枢纽路径.开放导报,2018(4):105-108.

叶春燕.马礼逊早期汉语学习过程探析.新闻传播,2018(2):70-71.

叶格正(Henrik Jüger).以亚里斯多德解读《四书》:卫方济(François Noël)的汉学著作.赵娟,译.华文文学,2018(3):39-48.

叶少飞.大汕《海外纪事》与"大越国"请封.海交史研究,2018(1):53-67.

伊铭.南海I号沉船考古报告之二:2014—2015年发掘.考古,2018(7):66.

殷存毅,吴维旭.分享与融合:"一带一路"与深化两岸经济关系的新趋势.台湾研究,2018(1):65-70.

尹向明,魏磊.海商兴衰对21世纪海上丝绸之路建设的启示.区域金融研究,2018(9):5-9.

尹星燕.清代一口通商时期中国对东南亚的帆船贸易(1757—1840).厦门:厦门大学,2018.

余衍子,王涛.明清海盗(海商)的兴衰:基于全球经济发展的视角.海交史研究,2018(1):150-152.

俞如先.客家人从"心向中原"到"面向海洋"的历史转变与原因探析.闽商文化研究,2018(2):56-60.

袁成.朝鲜时代汉字教材《训蒙字会》研究.苏州:苏州大学,2018.

袁丁.中国(广东)自由贸易试验区在21世纪海上丝绸之路建设中的节点作用.东南亚纵横,2018(5):3-9.

袁晓春.南海"华光礁Ⅰ号"沉船造船技术研究.南海学刊,2018(2):61-63.

袁晓春.菏泽元代古船初步探析.中国港口,2018(S2):23-26.

约瑟夫·亚伯拉罕·莱维.从历史语言学的视角看利玛窦的《葡汉辞典》.徐越,译.国际汉学,2018(3):20-30.

曾好.中英茶文化异同的对比.英语广场,2018(5):42-44.

曾景婷,周莹,李鹏.古罗马文学对中国蚕丝文化的异域想象.蚕业科学,2018(1):149-155.

曾玲玲.蔡鸿生.广州海事录:从市舶时代到洋舶时代.海交史研究,2018(2):147-152.

曾庆江.海上丝绸之路沿线华文媒体与中国近现代化进程.中华文化海外传播研究,2018(2):112-122.

曾小红.中国古琴在日本的传播情况.海外华文教育,2018(3):137-144.

曾忠禄.国家"一带一路"建设与澳门的机遇.当代港澳研究,2018(1):3-15.

张伯伟.日本《世说新语》注释本叙录(中).域外汉籍研究集刊,2018(2):

69-88.

张伯伟.日本僧人《世说新语》注考论:江户学问僧之一侧面.岭南学报,2018(1):61-82.

张博.中国茶文化对日本茶道的影响.农业考古,2018(2):44-48.

张朝晖,高怡丹.海上丝绸之路对广彩瓷器的影响研究.陶瓷研究,2018(2):36-40.

张殿清.臆想的传承:耶稣会士著作中的"辽东省".贵州社会科学,2018(11):58-65.

张帆.对大航海时代西方国家海洋战略的一点思考.珠江论丛,2018(3):159-182.

张浩.南汉国的海外贸易.海南热带海洋学院学报,2018(6):33-36.

张宏利.宋代沿海社会秩序的构建.浙江师范大学学报(社会科学版),2018(2):29-35.

张宏勇,施由明."一带一路"与农业文明学术研讨会暨2018年中国农业历史学会年会在云南农业大学举办.农业考古,2018(4):2,273.

张慧琴.浅谈中国三彩的艺术发展.东方藏品,2018(9):108-109.

张家寿.广西参与推进"一带一路"建设研究.桂海论丛,2018(11):45-50.

张建威.阿美士德使团在辽东半岛活动考.大连近代史研究,2018(00):372-377.

张金英.明代儒学典籍在朝鲜王朝教育机构的传播和影响.延边:延边大学,2018.

张立民,李文娟,曹源.丝绸之路钱币与中外文化交流研究.甘肃金融,2018(6):45-48.

张丽,刘伟勋.华茶17—19世纪在英国的兴衰及其虚拟价值的变化.广义虚拟经济研究,2018(2):10-20.

张丽娜.明代泉州港研究.宁波:宁波大学,2018.

张柳,潘洪岩.从海商利益集团兴起的角度分析明代海禁制度.兰台世界,2018(2):112-115.

张晴晴.明代前期宫廷外交研究.济南:山东师范大学,2018.

张然.试探督饷馆的设立与晚明海外贸易间的关系.中国民族博览,2018(7):100-101.

张学君.葡萄牙人东来与利玛窦的中国经历.文史杂志,2018(1):55-59.

张睿镝.黑石号:让世界重新认识唐代.中外文化交流,2018(10):68-70.

张守广.郑和下西洋研究的新开拓:评陈忠平教授主编的《走向多元文化的全球史》.国家航海,2018(2):164-166.

张树军.18世纪两部中国文化名作的西译与海外传播.兰台世界,2018(7):130-133.

张爽.唐宋时期海上丝绸之路上的古罗国:基于中文史料的探查.海交史研究,2018(2):17-30.

张淘.苏轼转世故事的异域回响:日本五山禅僧对文人僧化典故的引用及误解.四川大学学报(哲学社会科学版),2018(5):175-183.

张童心,张翼飞.简析浙江在郑和下西洋过程中的重要地位.济南大学学报(社会科学版),2018(4):73-77,159.

张伟玉."一带一路"倡议五周年:建设成果、风险挑战及应对措施.海外投资与出口信贷,2018(5):3-7.

张炜,祁山.徐福与海上丝绸之路考辨.山东师范大学学报(人文社会科学版),2018(3):1-16.

张晓,白福臣.广东与东盟"四位一体"科技合作模式研究:基于海上丝绸之路建设视阈.广东开放大学学报,2018(1):28-34.

张晓明.晚明东北亚变局中的建州女真:以壬辰战争时期为中心.鞍山师范学院学报,2018(3):25-29.

张学渝,蔡群.呈进、采办与造办:清代西洋机械钟表入华与技术传播.海洋史研究,2018(2):136-150.

张亚光.近代对华鸦片贸易的再审视:以西方文献为视角.河南大学学报(社会科学版),2018(1):45-52.

张岩鑫.谈宁波在中国古代海上丝绸之路的地位:由两幅地图和一幅绘画谈起.艺术教育,2018(23):147-148.

张云江.羲寂法师与宋初天台宗往高丽、日本求取教籍事略论.五台山研究,2018(2):44-48.

张再生.发挥天津独特优势 推进"一带一路"建设.大陆桥视野,2018(3):90-91.

张振亭,张超.朝鲜古代诗学中国情结的"主体间性"特征.延边大学学报(社会科学版),2018(5):52-60,140-141.

章骞.海权与海上丝绸之路.地理教学,2018(2):4-6.

章荣玲.从清宫档案探讨"十三行"名称的含义.岭南文史,2018(3):56-60,67.

赵佳.文本类型理论指导下的《1500—1644年中葡瓷器贸易》英译汉研究报告.南昌:南昌大学,2018.

赵君尧.海洋文学作品中的琉球册封航路与妈祖信仰.妈祖文化研究,2018(3):59-60.

赵凯莉.明朝初期海外诸国对华输出动物考论.惠州学院学报,2018(4):61-65.

赵隆.共建"冰上丝绸之路"的背景、制约因素与可行路径.俄罗斯东欧中亚研究,2018(2):106-120,158.

赵倩.大治本《玄应音义》异体字研究.南宁:广西大学,2018.

赵全鹏.中国古代海洋珍宝消费与朝贡贸易关系.南海学刊,2018(1):34-40.

赵蓉.唐代留学生教育的特点及原因.佳木斯职业学院学报,2018(9):80-81,292.

赵少峰.公元纪年在近代中国的传播与历史书写的变革.学术探索,2018(2):108-114.

赵双.明清版画的东传对日本浮世绘艺术的影响.沈阳:鲁迅美术学院,2018.

赵伟.下西洋:明前期的开拓与内敛.青岛大学学报,2018(1):54-61.

赵晓阳.圣经翻译和景颇文、傈僳文的创制.铜仁学院学报,2018(10):58-65,71.

赵彦民.壬辰战争:耳冢历史记忆的再建构、越境与交涉.民俗研究,2018(4):95-101,159.

赵莹.宋日木材流通.济南:山东大学,2018.

赵宇欣.东传日本的筝及流变轨迹初探.上海:上海音乐学院,2018.

赵志军.宋代远洋贸易商船"南海一号"出土植物遗存.农业考古,2018(3):7-17.

郑海麟.世界新格局下的中国海洋战略思考.亚太安全与海洋研究,2018(4):7-8.

郑好.广西特色海上丝绸之路文化遗产保护区建设的思考.广西社会主义学院学报,2018(3):33-37.

郑浩.杭州慧因高丽寺论考.浙江档案,2018(8):53-56.

郑红英.朝鲜初期对明"宗系辩诬"问题.延边大学学报(社会科学版),2018(6):32-39,140.

郑锦霞,施喜莲.独特的社会记忆:海南渔民《更路簿》档案价值探析.兰台内外,2018(1):21-22.

郑君瑜.论妈祖文化与海上丝绸之路的关系.文化学刊,2018(8):23-28.

郑爽.女真与明、朝鲜贸易研究.延边:延边大学,2018.

郑闻天.论郑和航海时期的中国海洋外交.东岳论丛,2018(11):114-123.

郑泽民.海口港的发展与海上丝绸之路建设.南海学刊,2018(1):62-68.

钟兴龙.宋代铜钱之外流日本问题.北华大学学报(社会科学版),2018(1):50-54.

钟月强.论近代科技对茶叶贸易的影响.农业考古,2018(2):118-124.

衷海燕,牛浩,周晴.外销画中的广州生态茶园.农业考古,2018(2):40-43.

仲秋融.日藏弘仁本《文馆词林》所辑魏晋官文书的文史价值.杭州学刊,2018(4):192-205.

周嫦妮.近代粤港澳商贸关系:以澳门茶叶贸易为中心的考查.农村经济与科技,2018(14):84-86.

周鸿承.十七世纪中期西方人眼中的中国食物原料研究:以卜弥格、卫匡国和基歇尔为中心.中国农史,2018(1):97-105.

周建灿,杨跃鸣.台州窑青瓷与海上丝路新证.台州学院学报,2018(5):15-18.

周小伶.试析禁烟运动时期林则徐对英新闻舆论的态度:以南京图书馆藏《澳门新闻纸》抄校本为中心的探讨(1839—1840).新闻春秋,2018(4):53-54.

周晓峰.处州瓯江文明与"海上丝绸之路".东方收藏,2018(18):19-29.

周兴樑.广州海丝之路溯源及其发展过程研究.中国名城,2018(1):35-38.

周玉璠.福建海上丝路茶贸易史略.中国茶叶,2018(8):63-65.

周运中.青龙镇海上丝绸之路两则新史料.都会遗踪,2018(2):160-168.

周运中.雅各《光明之城》新证.海交史研究,2018(1):16-28.

朱光立,侯超.浅谈郑和下西洋对当下意识形态传播的启示.南通航运职业技术学院学报,2018(1):23-26.

朱慧敏.克拉克瓷:海上丝绸之路见证者.理财·收藏,2018(5):98.

朱婧.探寻千年古刹的历史谜团:走近海上丝绸之路申遗点宁波保国寺.文化交流,2018(7):44-46.

朱立新.18—20世纪初西方视野中的中国休闲生活.湖北理工学院学报(人文社会科学版),2018(1):16-21,45.

朱莉丽.通信使与壬辰战争前的朝日交涉及信息传递:以《金鹤峰海槎录》的记载为中心.史林,2018(5):144-152,221.

朱勤滨.清代前期出海帆船规制的变化与适用.史学月刊,2018(6):100-108.

朱雄."共同体"视域下东亚海洋人文网络历史内涵与启示.浙江海洋大学学报(人文科学版),2018(6):8-14.

朱冶.《资治通鉴节要续编》在朝鲜王朝的传播与影响.史学史研究,2018(3):66-77.

朱子彦.元明时期的海运与海禁.济南大学学报(社会科学版),2018(1):113-123.

庄萍萍.探析海上丝绸之路:以福建南安九日山为例.文物鉴定与鉴赏,2018(19):60-61.

邹瑜.唐代广州海外贸易发展及其社会影响.濮阳职业技术学院学报,2018(5):14-16.

邹赜韬,李广志.明代东南海疆倭乱记忆中的烈女故事:以浙江方志书写为中心.浙江海洋大学学报(人文科学版),2018(3):6-13.

邹振环.郑和下西洋与明朝的"麒麟外交".华东师范大学学报(哲学社会科学版),2018(2):1-11,169.